2018 年第 1 辑　总第 298 辑

上海审判实践

郭伟清　主编／顾全　陈树森　副主编

上海市高级人民法院　主办

上海人民出版社

序
——写在《上海审判实践》改版发行之际

司法理论研究是事关人民法院科学发展的一项基础性、前沿性、开拓性的重要工作，对于指导法院审判实践、推动科学决策具有重要意义。随着经济社会的发展，各级法院和法官在审判过程中遇到的新问题、新情况日益增多，迫切需要加强审判研究、强化前瞻思考、推动理论创新，为审判执行工作提供重要的理论指导和智力支持。

《上海审判实践》（内刊）创刊于1989年1月，发展至今凝结了数代上海法院人的智慧和心血。29年来，它一直立足审判实践，总结审判经验，汲取理论研究的先进成果，探索应用法学研究和法治发展的前沿课题。29年来，它始终是上海法院推动改革发展和服务大局的重要载体，促进问题研讨和审判指导的重要阵地，开展法治宣传和对外交流的重要窗口。《上海审判实践》29年来的发展与积淀，对上海法院乃至全国法院的应用法学研究作出了积极的贡献。

为了进一步推进应用法学研究，更好地服务审判执行工作，更好地服务法院工作大局，上海市高级人民法院主办的《上海审判实践》正式改版发行。希望改版后的《上海审判实践》以习近平新时代中国特色社会主义思想为指导，深入贯彻党的十九大精神，继续秉持创新意识，及时回应新时代经济社会发展对司法的新需求，鼓励理论创新，积极分析新情况、研究新问题、贡献新方案。秉持兼容并蓄，既立足上海，又跳出上海；既立足法院，又跳出法院，汇聚国内外、法院内外的优秀研究成果，传递"法律圈共同的声音"。秉持精品意识，善搭平台，善出精品，善作精品，努力构筑应用法学研究的学术与精神高地。

百舸争流，奋楫者先。祝《上海审判实践》越办越好！

是为序。

上海市高级人民法院党组书记、院长　刘晓云

2018年4月于上海

目 录

序 ／ 1

专稿

司法改革背景下法官岗位风险防控模型研究 ／ 林 立 1

专题策划

"揭开神秘的面纱"：网络交易合同主体的司法认定路径与
　　裁判对策 ／ 俞 硒 卢 颖 19
网络购物合同纠纷案件的审判现状分析 ／ 庄玲玲 38
新兴、规范与整合：网购合同纠纷民事审判中电商平台的
　　法律定位及责任问题研究 ／ 严 华 52

司法实务

《民法总则》的溯及力问题探析 ／ 黄 白 65
案例指导制度实践之审视与展望 ／ 上海市青浦区人民法院课题组 77
论新型商事交易结构中的合同解析及解释路径 ／ 吴智永 徐劲草 90
重复诉讼规则司法适用的大样本解析与新思维重塑 ／ 陈育超 105
《民法总则》司法适用的路径思考 ／ 陈 克 119
人案矛盾破解维度下劳动仲裁裁决撤销制度的完善 ／ 姚竞燕 徐文进 135

重大刑事案件适用认罪认罚从宽制度的重点与方法 ／黄伯青 伍天翼 152

《行政诉讼法》第五十三条及其司法解释的教义学分析 ／葛 翔 164

环境行政案件司法审查若干问题研究 ／崔胜东 杨 锋 181

改革前沿

诉讼服务中心标准化建设研究 ／江 帆 199

最高人民法院巡回法庭的实践检视、体系效应和治理优化 ／叶 锋 212

检视与反思：论法院在多元化纠纷解决机制中的定位与作用 ／丁 宁 卫晓蓓 230

司法大数据分析

上海法院案件权重系数研究与运用 ／上海市高级人民法院课题组 243

完善非法证据排除规则 推进诉讼制度改革 ／上海市虹口区人民法院课题组 259

民商事诉讼公民代理制度运行的有效性、约束因素及规制框架 ／施 杨
  张 能 宋轶群 俞 悦 274

案例精解

公司减资未履行通知债权人义务股东在减资范围内对公司不能
  清偿债务承担补充赔偿责任 ／杨喆明 张蒙蒙 291

用回收食品、超过保质期的食品作为原料进行食品生产经营行为
  的司法认定 ／吴颂华 徐洋洋 298

国家机关受法律委任制定的行政法规规章中规定的国家考试属于
  法律规定的国家考试 ／曲 翔 311

学术争鸣

数据竞争的法律制度基础 ／丁文联 320

审判业务文件

《上海市高级人民法院关于充分发挥审判职能作用　为企业家
　　创新创业营造良好法治环境的实施意见》解读　／上海市
　　高级人民法院研究室　329

《上海审判实践》征稿启事　／346
《上海审判实践》（网络版）目录　／350

司法改革背景下法官岗位风险防控模型研究
——以刑事、执行、网拍岗位为视角

林　立*

党的十八届四中全会对深化司法体制改革作出了全面部署，其中完善司法责任制在司法改革中居于基础性地位。最高人民法院制定下发了《关于完善人民法院司法责任制的若干意见》，要求以严格的审判责任制为核心，以科学的审判权力运行机制为前提，以明晰的审判组织权限和审判人员职责为基础，以有效的审判管理和监督制度为保障，建立"让审理者裁判，由裁判者负责"的审判权运行机制，确保人民法院依法独立公正行使审判权。要建立科学的审判和执行权力运行机制，必须在对法官授权放权的同时，针对司法体制改革后不同法官岗位的风险特点，加快岗位风险防控模型研究，推动建立和完善相关工作机制和制度，尽快形成对法官行使审判和执行权力的全方位、全过程规范监督制约体系。

一、传统法官岗位风险防控模型下存在的问题

法官岗位风险，实际上是基于法官不当履职所带来的负面后果的可能性，是一种司法责任风险。一般而言，这种风险可分为廉洁风险、质量风险和舆情风险。所谓廉洁风险，是指法官在行使审判和执行权力过程中徇私情私利，故意违反办案纪律，出现办"金钱案、关系案、人情案"的可能性。所谓质量风险，是指法官在行使审判和执行权力过程中，因能力水平限制或者过失履职，导致办案质量出现问题甚至严重后果的可能性。所谓舆情风险，是指法官在行使审判和执行权力过程中，因履职行为引发社会舆论负面关注的可

---

* 林立，上海市高级人民法院党组成员、纪检组组长。

能性。引发舆情风险的法官履职行为既可能是正当的，也可能是不当的。上述三种风险既可能单独存在，也可能在发生环节、表现形式、危害后果上相互交织、相互叠加、相互关联。

传统法官岗位风险防控模型建筑在司法改革前审判和执行权力运行机制的基础上。司法体制改革前，法官承办案件后，对案件的处理往往会先征求审判长的意见，在合议庭讨论案件意见不一致的情况下，法官习惯将案件上交部门内审判长联席会议或所在法院审判委员会讨论。在这种制度下，法官岗位风险防控的实质是由庭长、院长在案件审理过程中对案件进行实体和程序上的审核把关。因此，传统法官岗位风险防控的特点主要体现为集体担责、事中监管。在这种风险防控模型中，由于法官实际的司法权力小，因此岗位风险相对较小，承担的司法责任也小。

司法体制改革后，已经实行的"让审理者裁判，由裁判者负责"审判和执行权力运行机制改变了法官的司法责任承担模式。由于审判和执行权力重心下移，一线的承办法官被授予了更多、更大的权力，按照权责相一致原则，法官同时也要承担更多、更大的司法责任。与此相适应，由于传统法官岗位风险防控主要依赖于庭长、院长的审核把关，而在司法体制改革后，院、庭长审核把关的权力已经大幅缩小。最高人民法院下发的《关于落实司法责任制完善审判监督管理机制的意见》明确指出，院、庭长审判监督管理职责主要体现为对程序事项的审核批准、对审判工作的综合指导、对裁判标准的督促统一、对审判质效的全程监管和排除案外因素对审判活动的干扰等方面。院、庭长审核把关事项的大幅减少，给传统法官岗位风险防控带来了三个方面的挑战。

（一）当前法官队伍状况还未完全适应改革后的要求

司法体制改革的目标之一是建立一支具有较高职业素养的法官队伍，但是打造一支高素质的法官队伍不可能一蹴而就。应当看到，当前法官队伍人员能力以及综合素质参差不齐的情况将在较长的时间内客观存在。如果在向法官充分放权的同时，一方面减少了来自院、庭长的审核把关，另一方面又未建立新的有效的法官岗位风险防控模型，加强法官岗位风险防控实际上主要依赖法官个人的职业操守、道德水平和廉洁自律。权力缺乏有效制约就会产生腐败，在当前中国人情社会文化背景没有明显改变的情况下，传统法官岗位风险防控模型如果不及时进行相应的调整，很容易导致部分职业信仰和综合能力不强、自律不严的法官发生问题。

（二）监督机制未能与当下审判和执行权力运行相匹配

司法责任制改革通过依法合理放权，使一线法官成为有职有权、相对独立的办案主体。但是放权以后如果相应的权力监督制约机制不能跟上，不能将审判和执行权力关进制度的"笼子"里，司法责任制改革不仅不会产生预期效果，甚至还有可能在个案中造成司法公信力的下降。在新的审判和执行权力运行机制下，如果沿用传统法官岗位风险防控的模式，容易发生三个方面的问题。（1）对案件的事中监管成为盲区。因为在传统法官岗位风险防控模型下，监督主要依靠院、庭长以批代管，在新的审判和执行权力运行机制下，这种审核主要集中于案件的程序性事项，原有的案件实体性监管成为真空地带。（2）风险防控缺乏主动性。在新的审判和执行权力运行机制下，司法风险向下集中至一线办案法官，如不能对风险作出事先的预警和管理，风险事故发生的概率和处置风险事故的成本都将大幅提高。（3）缺少与权力清单相对应的责任清单。在传统法官岗位风险防控模型下，集体担责是主要的责任形式。在新的审判和执行权力运行机制下，已经以权力清单的形式明确了法官的司法权力，因此，定责、追责机制必须作出相应的完善。

（三）目前对司法权力的监控与人民群众对司法公信力的期待还有差距

司法改革的最终目的就是要让人民群众在每一个司法案件中感受到公平正义。严格依法办好案件是实现这一目标的前提和基础，但不是全部。如果没有与人民群众期盼相适应、与法官司法办案相适应的权力监督制约机制，即使案件处理适当，有时也会受到社会质疑，损害司法机关的公信力。当前，传统法官岗位风险防控中行政色彩较浓、执法透明度较低、群众基本不参与、司法责任和惩戒制度未能完全落实等特点已经不能满足人民群众对司法改革提升司法公信力的迫切愿望。

二、新型法官岗位风险防控模型的探索与实践

(一)建立新型法官岗位风险防控模型的总体思路

针对传统法官岗位风险防控模型与新的审判和执行权力运行机制不适应带来的挑战,结合上海法院工作实际,在新的审判和执行权力运行机制下,上海法院建立法官岗位风险防控模型的总体思路是以党的十九大精神和习近平新时代中国特色社会主义思想为指导,从审判和执行权力的运行规律出发,先从容易滋生违纪违法等问题的审判执行关键岗位、重点领域、薄弱环节入手,排查法官岗位风险,探索运用"机制 + 科技"的方法,抓紧完善相关权力监督制约机制,抓紧建立审判监督与纪律监督相结合的信息化平台,对法官行使司法权力进行全程监督预警,降低法官岗位风险,努力做到"三个确保":一是确保廉洁监督的利剑始终高悬,使法官心存敬畏,保障司法公正;二是防止权力被滥用,同时有效保护法官不受"围猎";三是从源头上构建不能腐的科技笼子,促进公正司法,不断提升司法公信力。

(二)建立新型法官岗位风险防控模型的具体路径

路径一是明确法官行使权力边界,充分发挥各审判组织在法官岗位风险管理上的作用。(1)对依法适用简易程序以及其他独任审理的案件,独任法官依法作出裁判,并直接签发裁判文书,依法决定案件审理中的程序性事项,但是根据规定应当报请审核批准的除外。对合议庭审理的案件,承办法官依法就案件程序性事项、事实认定、法律适用等提请合议庭评议并提出处理意见,合议庭其他法官都要参与庭审,就案件评议发表意见。合议庭审判长主持庭审以及合议庭评议工作,对重大、复杂、疑难和新类型案件,合议庭成员意见有较大分歧的案件,以及裁判后可能存在法律适用不统一的案件,可依照有关规定提请庭长召开专业法官会议进行讨论或依照有关规定和程序,建议将案件提交审判委员会讨论。(2)发挥专业法官会议作用。专业法官会议是为法官办案提供业务咨询意见的会议,主要讨论研究审判业务庭或审判专业领域内的重大、复杂、疑难和新类型案件,以及涉及法律适用统一等与审判业务有关的问题。如涉及跨专业领域的重大、复杂、疑难和新类型案件,

跨专业领域的法律适用等问题，专业法官会议可邀请其他相关审判领域的法官参加，从案件的事实认定、证据效力以及法律适用方面提出参考性意见。

（3）完善审判委员会运行机制。对提交审判委员会讨论的案件，审判委员会委员讨论案件时应当充分发表意见，按照法官等级由低到高确定表决顺序，院长最后表决。审判委员会评议应当录音、录像，作出会议记录，实行全程留痕。所有参加讨论和表决的委员应当在审判委员会会议记录上签名。

路径二是依托信息化平台加强对司法权力行使的全过程监督，完善法官岗位风险防控的监督、预警和分析。坚持"监督与司改同行，监督与管理并举，问题发现与及时处置同步"的总体思路，正确处理充分放权与有效监督的关系，通过充分利用人工智能和大数据建设优势，应用法官岗位风险防控模型研究成果，在法官案件办理的重要节点，对承办法官提示时间、办案规范等方面可能出现的风险，提出预告和事前风险管理的要求，打造能对司法权力运行进行实时监督、实时预警、实时分析的信息化平台，克服传统人力监管存在的局限性。系统研发的主要原则是坚持顺应改革，聚焦重点；遵行规律，管用合理；分步推进、先易后难。系统研发的主要方法是依托现有六大信息系统以及信访管理、廉洁风险提示、审务督察、车辆管理、12368、干部人事管理等多个信息化平台，从上述各平台中采集、整合、优化、提取出最有价值的岗位风险数据，运用人工智能技术进行对应比对、识别比对、智能比对，在判断上自动预警，及时处置，有效防止法官行使司法权力失范越轨。

路径三是充分发挥院、庭长在法官岗位风险上的管理、监督职责。院、庭长应当审理案件，参加合议庭审理重大、复杂、疑难和新类型案件，并根据在合议庭的职责分工履行相应的审判职责。院、庭长要依照法律法规以及相关规定，对提请审核的审判过程中的相关程序事项作出决定。院、庭长要认真履行对审判活动的监督职责，对特定案件通过指定审判组织审理等方式开展事前监督；通过抽查独任法官、合议庭审理的案件，接受来信来访等方式对法官审判活动进行监督；通过组织开展案件质量评查、办理检察建议、监察委建议、办理当事人申诉等对审判活动进行监督；依照法律规定对生效案件进行监督，发现错误的依法启动审判监督程序。院、庭长在履行审判管理职责时不得有以下行为：违反规定变更已分配案件的独任法官、审判长或合议庭成员；违反规定变更案件的审理程序、审理期限；违反规定对审判执行过程中的相关程序性事项作出决定；违反规定对案件处理作出批示或提出具体处理意见；直接改变独任法官、合议庭对案件的裁判结论；违反规定对未参加审理案件的裁判文书进行审核签发；其他违反法律、纪律规定干扰、过问独任法官、合议庭依法独立审理案件的行为。

路径四是切实体现法官岗位风险管理的问责引导作用，完善司法办案监督、考核、流程管理机制。制定"两个规定"实施细则，防止来自内部和外部对案件的不当干扰。充分保障案件当事人的知情权，加大案件承办透明度，完善办案流程管理系统，运用信息化手段规范和公开送达、告知、移送等具体流程。切实推进电子卷宗同步录入、同步生成、同步归档，并与办公办案平台深度融合，实现对已完成事项的记录跟踪、待完成事项的提示催办、即将到期事项的定时预警、禁止操作事项的及时冻结等自动化监管功能。建立科学的岗位绩效考核评价机制，把是否按照规范执法办案，办案预警要求执行情况，留痕是否全面准确，是否按规定实行司法公开等指标纳入考核体系。严格执行"三同步"工作机制，不断强化网络舆情应对。继续完善案件廉洁回访规定，完善外部监督评价机制，自觉接受案件当事人、诉讼代理人监督。认真落实党风廉政建设主体责任和监督责任，自觉接受权力机关法律监督、人民政协民主监督、检察监督、舆论监督和社会监督，不断提高公正裁判水平。

路径五是严格落实法官岗位风险管理责任，完善司法办案的责任追究机制。要按照"谁办案谁负责、谁决定谁负责"的要求，厘清司法责任。法官在审判工作中，故意违反法律规定的，或因重大过失导致裁判错误并造成严重后果的，依法应当承担违法审判责任。合议庭审理的案件，由合议庭成员对案件审判共同承担办案责任，合议必须有录音或文字记录资料存档，以备核查。合议庭成员根据其是否存在违法审判行为、情节、发表的个人意见情况和过错程度合理确定各自责任。案件经审判委员会讨论的，构成违法审判责任追究情形时，根据审判委员会委员是否故意曲解法律发表意见的情况，合理确定审判委员会委员的责任。要完善司法责任追究机制。法官应当对其履行审判职责的行为承担责任，在职责范围内对办案质量终身负责。法院监察部门通过受理举报、投诉，发现违法审判线索的，由院长委托审判监督庭审查或者提请审判委员会进行讨论，经审查初步认定有关人员具有违法审判责任追究情形的，职能部门应当启动违法审判责任追究程序。

路径六是优化司法资源配置，推进案件随机分配及合议庭成员不固定等风险防控工作机制探索。大力推进根据审判领域类别和繁简分流安排，随机确定案件承办法官，指定分案为特例。已组建专业化合议庭或者专业审判团队的，在合议庭或者审判团队内部随机分案。承办法官一经确定，不得擅自变更。因存在回避情形或者工作调动、身体健康、廉洁风险等事由确需调整承办法官的，应当由院、庭长按权限审批决定，调整理由及结果应当及时通知当事人并在办公办案平台公示。明确指定分案为特例：（1）重大、疑难、复杂或者新类型案件，有必要由院、庭长承办的；（2）原告或者被告相同、案由相同、同一批次受理的两件以上的批量案件或者关联案件；（3）本院提审的案件；（4）院、庭长根据个案监督工作需要，提出分案建议的；（5）其他不适宜随机分案的案件。指定分案情况，应当在法院办公办案平台上全程留痕。依法由合议庭审理的案件，试点合议庭原则上应当随机产生。因专业化审判需要组建的相对固定的审判团队和合议庭，人员应当定期交流调整，期限一般不应超过两年。

三、具体审判部门法官岗位风险防控模型分析

（一）刑事审判部门法官岗位风险防控模型分析

司法改革前，刑事审判部门中非独任法官审理案件需要所在合议庭审判长授权、审批案件；由分管院长、庭长、副庭长组成的庭务会，对疑难、复杂案件进行讨论，对承办法官、合议庭的定罪量刑意见具有一定影响力。司法改革后，刑事法官被授予了较大的独立办案权限。入额法官独任审理案件均自行决定案件定罪量刑意见、自行签发裁判文书，合议庭审理案件由合议庭成员按照合议庭评议规则决定案件定罪量刑意见；专业法官会议对案件讨论的意见仅供承办法官或合议庭参考，承办法官或合议庭可以采纳或不采纳专业法官会议讨论形成的意见，具体办案责任由承办法官或合议庭承担。

1. 司法改革后刑事审判部门法官岗位风险情况

（1）廉洁风险。一是在分配承办法官案件上，存在着选择性分案的隐

忧。二是在合议庭组成上，合议庭的固化可能会导致集体腐败的风险；随意变更合议庭成员，也可能存在干预法官办案的情况。三是在会见律师、当事人及其亲属上，存在个别私下会见、非办案场所会见律师、当事人及其亲属，存在影响司法公正的隐忧。四是在涉案财产的查封、扣押、冻结上，存在查封、扣押、冻结不及时，或者应当查封、扣押、冻结的财产不采取续加措施，不但影响到当事人的利益，还可能存在工作失职乃至司法廉洁方面的风险。五是在刑事和解上，存在可能异化为"花钱买刑"的风险。六是在变更强制措施上，存在不当变更强制措施的风险。七是在改变指控事实及罪名上，存在不当改变指控事实及罪名的风险。八是在非监禁刑适用以及暂予监外执行、提请收监案件上，存在非监禁刑的适用标准不够细化，监外执行的标准太过专业化，有较大主观性的风险。九是在判处财产刑及涉案财物（含代管款）的处理上，存在财产刑无幅度或幅度过大，导致法官在适用财产刑时无明确标准，主观随意性大，代管款缴纳或移送至法院后久拖不还的风险。十是在面对人情案、关系案上，办案过程中存在发生请托、打听案件信息、泄露审判秘密的风险。

（2）质量风险。一是法官业务能力不足、缺乏担当、机械办案，引发的无罪的判有罪、有罪的判无罪的风险。二是在重大、敏感案件的审理上，一旦出现事实认定及法律适用不准确，会对司法的公信力产生破坏性影响。三是在非法证据排除上，存在非法证据难以排除，影响刑事案件质量的风险。四是在变更指控事实、罪名、量刑情节上，存在错误变更指控，引发检察机关抗诉的风险。五是在庭审规范上，存在庭审不规范的风险。六是在裁判文书规范上，存在发生低级差错或者释法说理不正确、不到位的风险，并直接影响刑事案件质量。七是在审判程序规范上，存在轻则导致案件质量存在瑕疵，重则剥夺被告人合法权益的风险。八是案件审理期限过长可能导致被告人羁押时间过长，且案件超审限可能导致被告人超期羁押，甚至影响到被告人实际被判处的刑期，不利于公正的及时实现和准确量刑。九是二审改判、发回重审案件或再审改判案件上，可能存在因法官主观原因导致的案件质量问题。十是在引发信访的案件上，可能存在工作上的瑕疵、差错或者裁判说理不到位、不透彻的情形。

（3）**舆情风险**。一是重大、敏感、新类型案件等涉众型案件以及社会关注的热点案件，一旦审判工作存在瑕疵或办案缺乏"温度"，可能形成舆论热点。二是定罪量刑存在重大争议的案件，有可能涉及对裁判依据及裁判标准的质疑，易引发网络舆情。三是突发事件或者审判工作发生重大差错，经网络媒体传播后引发社会公众关注，极易形成舆论热点。

2. 司法改革后加强刑事审判部门法官岗位风险防控建议

建议一是一律实行随机分案为主、指定分案为特例的分案机制，防止选择性分案和办案。充分利用信息化手段，对各个法官办案能力及特点进行科学评估，兼顾考核公平性和各个法官的办案量，进行电脑随机分案。对于重大、疑难、复杂案件和敏感案件，根据入额法官的审判能力，可以进行指定分案，但必须作出说明，并实行网上审批。除法官离职等特殊原因外，不得中途变更承办法官；法官非因回避事由，未经批准不得拒绝办理相关案件，更不得要求办理特定案件。

建议二是完善合议庭随机组成机制，强化合议庭评议工作。改变原有的固定合议庭模式，对需要组建合议庭审理的案件，由一名法官与两名陪审员或两名法官与一名陪审员随机组成，陪审员应随机产生，防止合议庭固化，形成"一团和气"的合议庭。强化合议庭评议工作，合议庭成员必须对参与审理的案件按照合议庭评议规则发表详细意见，并记录在案，防止合议庭"形合实独"。针对重大、疑难、复杂案件和敏感案件，合议庭必须由两名以上法官组成，以强化合议庭的功能。

建议三是规范涉案财产的查封、扣押、冻结及判后处理措施。立案时，应要求检察机关附涉案财产查封、扣押、冻结清单，提供证据证明涉案财产的权属关系，并在指控意见中明确对涉案财产的处理意见；完善审判信息管理系统，加强对涉案财产的信息化管控、预警和提示，提醒、督促法官及时续行涉案财产续批，防止涉案财产失控；判决时明确涉案财产的处理意见，制作涉案财产处理清单，明确处理方式、具体数额和联系方式，对赃证物实行全程录像监控。严格落实最高人民法院司法解释，强化刑事执行工作信息化管理，涉案财产及财产刑判决生效后应及时移送立案庭立案后执行。对于因找不到被害人、代管款长期无法发还的案件，或经调查确无财产可供执行的案件，依照相关规定予以执行终结，将相关代管款上缴国库，避免案件回流、案款长期不处理。

建议四是进一步细化裁量标准，规范法官自由裁量权行使，防止权力异化。细化非监禁刑、财产刑等刑罚适用标准，针对常见案件，如危险驾驶案件，根据酒精含量、驾驶路程、行驶路线、有无酒驾记录、是否发生事故等，确定缓刑适用标准，避免滥用非监禁刑；针对盗窃案件、毒品案件、抢劫案件、信用卡诈骗案件、妨害公务案件，细化量刑规范化意见，引入"206"工程的审判偏离度，确保量刑大体均衡；针对财产类犯罪，明确财产刑适用幅度，避免财产刑适用差异过大。围绕裁判标准确定刑事和解的大致赔偿幅度，对于赔偿数额明显高于裁判标准的案件，即便是基于双方当事人真实意愿，在裁量刑罚时亦应严格掌握从宽幅度。

建议五是拓展专业法官会议讨论范围，强化审判管理功能，通过全程留痕和公开、透明方式，防止暗箱操作和司法腐败。加强对重大、疑难、复杂和敏感案件的讨论，慎重把握罪与非罪问题，为独任法官、合议庭裁判案件提供智力支持；将变更强制措施案件、改变指控事实及罪名案件以及决定暂予监外执行案件、决定收监案件和拟宣告缓刑的部分案件（如危险驾驶案件中处于缓刑适用标准临界点、模糊地带的案件和职务犯罪、毒品、涉黑涉恶案件以及重大敏感案件）纳入专业法官会议讨论范围，若发现独任法官、合议庭裁判意见明显不当，分管院长可报请审判委员会讨论决定；对改变强制措施的案件，应严格执行报经分管院长审批同意的程序。

建议六是强化审限管理，对长期未结案加强监管和督促办理。强化对二次延期审理案件的管理，对于拟二次延期审理的案件，应提交专业法官会议讨论，以明确案件办理思路和审理方向，并限期办结，防止案件审限过度延长。对需补充侦查的，应说明补侦方向及主要内容，避免案件久拖不决。对于案件疑难、复杂，确需报上级法院批准延长审限的，由分管院长审批同意后方能报请延长审限。

建议七是强化案件随机抽查和讲评制度，加强过程监管。定期对案件庭审、文书、归档卷宗进行抽查，对职务犯罪案件、判处非监禁刑案件、暂予监外执行案件等予以重点检查，对审理程序、庭审规范、文书质量、定罪量刑中存在的问题进行重点审查并汇总分析，集中讲评庭审不规范、文书质量不高、量刑不平衡等问题，促进适法统一和裁判水平的提高。运用信息化手段，对审判运行过程中的异常情况进行提示、预警，及时发现问题。

建议八是强化二审改发案件讲评制度。中级法院、基层法院每季度开展二审改发案件讲评工作，并定期学习二审法院案件质量讲评意见，准确把握二审裁判思路，减少案件被改判或发回重审的几率；针对改发案件中发现的异常问题，查究原因，根据审判委员会的决定追究案件差错责任，必要时由廉洁监察员进行排摸，以确定是否涉及司法廉洁问题。

建议九是落实"三同步"工作机制，强化网络舆情应对机制。针对重大、敏感案件、群体性案件、矛盾激化案件，在案件受理后要及时与公安、检察机关取得联系，了解涉案信访矛盾、答复口径、舆情关注情况；要严格落实"三同步"工作机制，密切关注涉案信访情况和网络舆情，及时报送信息；提前制定预案，做好庭审应对方案，防止干扰正常庭审，依法、公正审理好案件；针对突发事件、重大差错，要关注网络舆情，予以科学评估，及时发布信息，必要时组织网络阅评，引导网络舆情。

建议十是依托信息化手段，加强审判管理。进一步完善审判信息管理系统，加强信息监控、预警和提示，充分运用信息化手段对审判工作进行过程性管理；拓宽信息化管理的维度，进一步将涉案财产、量刑情况纳入信息化管理范围，运用信息化手段开展裁判文书智能分析，对适法不统一、量刑不平衡等问题进行提示，为审判管理提供高效、便捷的信息化手段，切实提高审判管理的水平。

建议十一是强化学习培训，不断提升司法能力。充分发挥法官助理作用，强化法官助理文书制作、文书校对、争议焦点整理、裁判说理能力，以进一步提升裁判文书规范性和说理性。加强职业操守的培育，开展和组织专题培训，增强职业信仰的忠诚度，强化法官审查判断证据的能力培养，严格落实非法证据排除规则，提升运用证据认定事实的能力、法律适用能力、庭审驾驭能力、裁判说理能力、文书制作能力和群众工作能力，不断提高刑事司法水平。

建议十二是严格落实司法廉洁制度。坚持发放廉洁监督卡，开展廉洁回访，接受廉洁监督；对涉及同学、师长代理的案件，法官应主动提出回避，严禁私下会见或在非办案场所会见案件代理律师、当事人及其亲属；严格保守审判秘密，不得过问和干预他人办理的案件，不得泄露审判秘密，对遇到过问或干预案件的情况，应做好记录和上报工作。

（二）执行部门法官岗位风险防控模型的分析

司法改革前，执行部门办案模式主要以执行局、庭、团队、法官四级管理为主。司法改革后，对重要流程节点的执行操作，如评估、拍卖、变卖、拘留、案件报结等环节涉及裁定、决定、报告等均需按照原有流程严格审批，对执行代管款的管理更加严格。与改革前相比，执行法官对案件质量的责任更重，终身负责。

1. 司法改革后执行部门法官岗位风险情况

（1）**廉洁风险**。一是在立案阶段，违反法律规定，对应当受理的执行案件不予受理，或者对不应当受理的执行申请违法受理。二是在执行准备阶段，明知具有法定回避情形，不依法自行回避，造成不良影响的；分案过程中，主动挑选有利益关系的案件的；迟延发放或者不发放执行通知书、财产申报表的。三是在执行实施阶段，依照有关规定应当对被执行人财产进行调查、搜查、查封、扣押、冻结、变卖，或者应当委托有关机构审计、评估、拍卖而不作为的；违反法律规定对被执行人、协助执行人以及其他人采取拘传、拘留、罚款、纳入失信被执行人名单、曝光、限制出境等强制措施的；案件执行完毕后，不及时屏蔽失信被执行人名单、撤销曝光、限制出境等强制措施的；超标的查封、扣押、冻结、变卖被执行人可分割的财产，造成较大损失的；擅自解除已被查封、扣押、冻结的财产的；违法执行案外人财产的；不依法送达执行文书，造成严重后果的；无正当理由，拖延发还案件执行款或者其他财产，造成债权人损失的；对外地人民法院委托执行的具备执行条件的案件，无正当理由拖延执行或者不执行的。四是在案件结案阶段，违反法律规定，中止执行、终结本次执行程序的；违反法律规定，对应当恢复执行的案件不予恢复的以及终结本次执行案件长期在"体外循环"。五是在执行全过程中可能发生徇私舞弊，使用、截留、挪用、侵吞、私分案件执行款及其利息或者其他财产的廉洁风险。六是滥用职权，利用执行工作之便为自己、配偶、子女或者其他人谋取不正当利益的风险。

（2）**质量风险**。一是财产调查不全面的风险。对于被执行人财产的调查未能做到应查尽查，对于当事人提供的财产线索未能做到逐一核实。二是财产查控不及时的风险。基于办案压力等原因导致查控不及时，对于当事人提供的明确财产线索或是依据职权调查的财产线索未能做到及时查控，财产被转移、藏匿，导致案件长期无法执行到位。三是案件执行久拖未执的风险。对于有财产可供执行，且具备执行条件的案件，存在执行不力、消极执行的风险。

（3）舆情风险。一是因作风不当导致的舆论风险。特别是如果最终案件长期无法执行到位导致信访矛盾突出爆发，容易引发舆论围观，导致舆论风险。二是因案件执行不能导致的非合理信访，导致社会舆论对法院执行的不公正评价，引发负面舆论风险。三是重大敏感案件执行中，因指挥、采取措施不当引发的舆论风险。一旦任何一个环节出现瑕疵，都有可能导致大量的负面舆论评价，法院执行工作将很容易成为舆论攻击的焦点。

2. 司法改革后加强执行部门法官岗位风险防控建议

建议一是分案环节实行随机分案，指定分案为特例。 探索实施严格的随机分案制度，承办法官一经随机确定，不得擅自变更，如有特殊情形（可以预先设定相关情形）确需变更的，可由专业法官会议启动是否变更的程序，然后报经院、庭长审批，院、庭长审批以及案件承办人变更过程应当在办案信息平台上公示并且全程留痕。

建议二是严格保全以及解除保全的时限、标准。 督促执行业务部门进一步规范保全操作标准，执行法官采取财产保全措施，应当在保全裁定作出后规定时限内开始执行；情况紧急的，应当立即开始执行。执行法官查封、扣押、冻结被保全人财产，以生效法律文书确定的债权额及执行费用为限，不得明显超标的额查封、扣押、冻结。当事人申请解除保全，相关审判业务部门作出解除保全裁定的，执行法官应当尽早采取解除查封措施，保障被保全人利益。

建议三是明确执行准备环节程序要求。 在收案审查上，执行法官应当及时审查新收执行案件，对不符合执行立案条件的，应当在规定时限内，通过执行组，报送局（处）领导或者局务会讨论决定。在保全财产的查明上，执行法官应当及时核查新收执行案件是否采取过保全措施，已采取过保全措施的，应当调取和审查保全材料，查明被保全财产的权属、种类、保全期限届满日及保全手续齐全与否等情况，以确保能适时对被保全财产进行处分。

建议四是完善财产查控途径和手段。 制定专门规范，督促执行法官根据当事人提供的被执行人财产与财产线索，或者依据职权，对被执行人名下的不动产、银行存款、车辆、股权（票）等财产或财产性权益进行全面核查，并在此基础上对被执行人财产采取控制措施。检查申请执行人提供的财产线索，并在查实后采取控制措施，应用"点对点"、"总对总"财产查控系统，集约调查被执行人的财产情况，在发现被执行人财产后及时采取控制措施。保障案件当事人知情权，执行法官应当在控制被执行人财产后，按照规定通知相关权利人，并向申请执行人送达《财产控制情况告知书》，明确告知其控制期限及续封、续冻事宜。

建议五是加强执行财产处置规范化建设。关于委托评估，执行法官委托评估财产，应当提交合议庭讨论并制作合议庭笔录，合议庭同意委托评估的，执行法官应当按照执行案件管理系统的要求，录入待评估财产的相关信息，并打印相关凭证，报执行长以及局（处）领导审批。执行法官收到评估机构作出的评估报告后，应当在合理期限内向当事人以及其他利害关系人送达，并允许在合理期限内提出异议。关于启动拍卖，在法定期限内提出启动拍卖程序。拍卖被执行人财产，应当采取网络司法拍卖方式进行，但法律法规规定应当采取其他方式处置，或者不宜采取网络拍卖处置的除外。

建议六是加强代管款发放环节风险防控。执行到的财产应当按照"一人一案一账号"的要求，将钱款汇入相应被执行人名下账户。执行法官发放代管款，应当填报《代管款发放审批表》，并按用途、金额的不同，分别办理报批手续。代管款需发放给多个债权人，且不能足额清偿全部债务的，执行法官应当制定分配方案，并在执行组作出评议意见后，报请专业法官会议审核把关。

建议七是加大对案件结案的监管力度。除执行财产保全裁定、恢复执行的案件外，其他执行案件的结案方式包括执行完毕、终结本次执行程序、终结执行、销案、不予执行、驳回申请。执行法官报结执行案件，除以执行完毕方式结案外，均需提交合议庭评议决定。严格按照结案的标准和方式报结案件，要防止执行案件"体外循环"，一旦发现必须逐一进行登记，采取重新变更承办人的办法加强监督制约，纳入监管范围。将终结本次执行程序的案件纳入信息库管理，定期筛查，发现财产的及时恢复。探索执行部门内部设立专门的执行恢复组，对恢复执行案件负责进行审查和办理。对应当恢复的案件不予恢复的，当事人可提出执行异议，法院必须受理，并制作谈话笔录。

建议八是依托信息化手段加强执行流程管理。充分借助网络查控系统、失信惩戒系统、协助执行平台等信息化手段，增强对被执行人人员和财产的查控力度，提升执行工作效率，减少因人为工作失误导致的执行风险。建立标准化的执行流程管理系统，减少权力滥用的空间。在法定的执行框架内，建立和完善执行工作行为规则。对执行工作从申请、立案、财产控制到变现各个阶段制定办理流程标准，明确各个环节的办理期限、质量标准、职责权限以及各环节之间相互衔接的具体要求，对执行程序进行细化，切实做到有章可循。

建议九是通过强化内外监督确保执行规范。完善执行队伍建设机制，加强廉洁教育和作风监督，加强执行条线业务培训，提高执行法官的职业操守和业务水平，减少执行案件质量风险。对执行重点环节引入内外双重监管机制，在强化内部队伍管理的同时，通过监督部门积极介入，对廉洁风险苗头性、倾向性问题主动介入，强化问责，确保执行工作规范。主动接受人大监督和检察机关监督，广泛接受社会各界监督。

建议十是积极推进执行公开保障当事人合法权益。贯彻落实最高人民法院执行公开工作要求，积极做好执行文书送达、执行信息发送、执行情况告知、执行线索核查等工作，确保相关当事人及时获取案件信息，促进执行公正。

建议十一是建立执行信访首问责任制。对于来信来访，由首次接待的执行法官全程负责处理，直至信访事宜处理完毕或者依法依规转入下一非信访处理环节。

（三）网拍部门法官岗位风险防控模型的分析

司法改革前没有网络司法拍卖部门，司法拍卖由执行局承办法官负责，具体办案模式是执行法官将拍卖申请交上海市高级人民法院立案庭，上海市高级人民法院立案庭从拍卖机构名册中由电脑配对随机确定后，向拍卖机构出具委托函。拍卖机构持委托函与执行法院执行法官联系，办理具体事项。拍卖中所有事项由执行法官办理。司法改革后，根据《最高人民法院关于人民法院网络司法拍卖若干问题的规定》《上海法院网络司法拍卖实施细则

（试行）》的规定，自2017年3月起，上海法院以拍卖方式处置涉案财产的，应当优先采用网络司法拍卖方式。执行过程中需要以拍卖方式处置财产的，执行局应当制作、送达拍卖裁定书后移交本院网络司法拍卖办公室进行委托评估、办理网络司法拍卖等具体事务。网络司法拍卖成交并完成拍卖款结算后，网拍办应当将拍卖成交确认书移交执行局，执行局收到拍卖成交确认书后应当及时制作、送达成交裁定书。网拍办需及时办理拍卖财产交付。与司法改革前相比，网拍法官岗位是全新岗位，面临全新的风险。

1. 网拍部门法官岗位风险情况

（1）**廉洁风险**。一是拍卖程序启动不及时。基于招呼、关系对应拍卖的迟迟不启动拍卖程序，导致债权长期无法兑现。二是个人违法干预拍卖程序。尽管拍卖事务实现集中管理、网络拍卖等措施，但也可能存在着与评估公司、拍卖公司围标、串标，降低评估价格，干预拍卖流程的情况。评估过程中有可能出现承办人对评估价格的影响，以及因此而引发的廉洁风险。三是拍卖保证金、价款监管存在的廉洁风险。网络司法拍卖参与方有法院和网络平台，相关保证金、价款金额巨大，如出现廉洁风险会造成很大的社会负面影响。拍卖相关资金有的需交到法院，有的通过互联网平台交到监管账户，客观上存在较大监管难度，对资金如何监管急需出台相关规定。四是网拍信息系统一直未更新升级，有可能导致出现技术漏洞被人为利用。

（2）**质量风险**。一是对处置财产评估存在的风险。由于网络司法拍卖的案件较多，承办人将案件委托出去以后，不联系评估机构，也不催办。在评估程序中对需要进行现场看样的标的，未及时与承办人取得联系，造成因沟通不畅而拖延评估进程，因此容易导致效率低下、评估流程过长等问题。二是网拍办与执行局的工作衔接也存在风险。在操作流程中，往往存在着两个部门衔接不畅的问题，影响执行效率和质量。三是存在不通知相关当事人的质量风险。在工作中，网拍办未能通知相关当事人，以送达相关法律文书。如评估报告未能及时送达被执行人，使被执行人丧失了提出异议的权利。没有通知优先购买权人，使优先购买权人丧失了优先购买的权利。四是存在发布拍卖公告不及时、不准确的风险。在网络司法拍卖中，需通过网络平台制作、发布拍卖公告，上传视频、照片，及时完成优先竞买代码相关设置。存在上传的材料中不能全面准确反映财产的现状，特别提示不清晰，以及发布公告不及时，没有按规定的时间发布等问题。

（3）舆情风险。一是网络拍卖程序启动慢、拍卖周期长引发的舆情风险。网络司法拍卖操作流程有严格的步骤，首先要评估，通知当事人；其次要上传网络制作拍卖公告；再次要收取拍卖定金。一般周期要六个月左右，特别是第一次流拍周期更长，极易引发上访和舆情风险。二是拍卖财产成交金额低引发的舆情风险。当拍卖财产成交金额没有达到被执行人的心理价位，或没有达到预设的价格时，容易引起被执行人信访，认为法院暗箱操作，在此情况下，容易导致社会舆论对法院拍卖的不公正评价，引发负面舆情风险。三是网络平台在拍卖过程中存在的舆情风险。网络司法拍卖本身是通过网上进行，竞买人多，如相关公告、特别提示等对其有限制容易引发舆情风险。

2. 加强网拍部门法官岗位风险防控建议

建议一是制定操作规程，明确操作流程。 网络司法拍卖中法院与辅助机构、拍卖平台的关系，拍卖款、保证金的监管等急需作出相应的制度规定。在《上海法院网络司法拍卖实施细则（试行）》的基础上，要制定各法院网拍工作的操作规程，从制度上进一步细化、明确相关的操作流程，尤其对于底价确定、委托事项流转等应予以明确，原则上要依书面的裁定、报告等操作。

建议二是坚持公开公正，接受社会监督。 运用网络化手段向社会全程公开司法拍卖过程，接受社会监督，增强司法拍卖活动的社会参与度和透明度，进一步规范司法拍卖，维护司法权威，提升司法公信力。

建议三是强化执拍分离，确保工作可控。 坚持和完善执拍分离工作机制，防止拍卖辅助机构对拍卖工作不适当、不合规的干预，确保网拍工作全程可控。监察室负责对网拍工作进行监督，采取定期汇报、专项督察、不定期抽查相结合的形式，及时查处违纪、违规问题。

建议四是加强流程管理，做到全程留痕。 从当事人选择平台、上报本院网拍办、本院上报高级人民法院、拍卖辅助机构准备工作、标的信息审核上报、最高人民法院工作平台推送各平台拍卖、在线拍卖、拍卖暂缓与中止、拍卖结果反馈、确认成交、流拍的处理、拍后辅助工作、拍卖完成等均通过可视化、可检索的方式设置流程表，全程留痕。

建议五是畅通对接渠道，形成良性互动。 形成网拍办与高级人民法院条线、本院内部、网络平台、委托辅助机构会商机制，以问题为导向，及时发现、解决工作中发生的问题，进一步推动网拍工作。同时了解相关当事人关切事项，切实维护合法权益。

建议六是加强舆情关注，及时作出应对。对网络舆情予以密切关注和跟踪，对于大标的、特殊拍品或案件本身具有高度关注性的网拍活动，要事前做好预案、事中做好跟踪、事后加强反馈，确保舆情风险可控、可防。

建议七是升级网拍信息系统，加强人员监督。对现有网拍系统进行升级，防止技术漏洞产生。对从事网拍工作过久的法官和其他人员，应及时开展岗位交流，防止在重点岗位上任职过久，引发廉洁问题。

（责任编辑：高佳运）

"揭开神秘的面纱"：网络交易合同主体的司法认定路径与裁判对策

俞　硒　卢　颖*

近年来，网络交易①发展迅猛，但与此同时，相关纠纷也频繁发生。交易对象的可确定性，是保护交易安全、维护交易信任的基石，但基于网络交易平台的虚拟性，交易双方缺乏面对面沟通，一旦发生纠纷，如何确定合同相对方成为司法实践难点。本文对此展开系统化思考、梳理与归整，希望能促进网络购物交易安全，并促进适法统一。

一、网络交易纠纷主体问题的现状检视

笔者在北大法宝、中国裁判文书网等网站，输入"网络购物"、"网络交易"、"合同主体"等关键词，搜索到65份涉及网络交易合同主体问题的民事判决书。本文以此为研究样本，管窥该问题之概貌。

（一）交易相对方不明导致被告主体多元化

网络交易法律关系的主体呈现多元化特征，消费者、销售者②或服务者、网络交易平台提供者系三大基本法律主体，此外还存在其他相关者，例如为网络交易平台提供技术支持的技术公司、提供第三方支付平台的经营者、提

---

* 俞硒，法学硕士，上海市浦东新区人民法院法官。卢颖，法学硕士，上海市第一中级人民法院法官。

① 网络交易是指发生在网络交易平台上的企业与企业之间（简称B2B）、企业和消费者之间（简称B2C）以及个人与个人之间（简称C2C），通过网络通信手段缔结、完成的销售商品及提供服务的交易。

② 为表述简洁，下文以销售者指代销售者与服务者。

供配送服务的物流企业、生产商、平台提供者所属的集团公司等。在信息不对称情况下，消费者对于繁复的法律关系及法律主体判断能力较弱，在样本案件中体现为起诉对象类型复杂（见表1）。因无法确定合同相对方，有些消费者遂将网络交易所涉及的各方主体均诉诸法院；或者在借助诉讼方式明确了适格被告之后，对起诉对象作出相应的变更调整（见表2）。上述情况，势必引起被告主体适格之争议。

表1　样本案件关于被告主体类型的情况汇总

序号	被告数	被告主体类型	案件数	比例
1	单数	销售者	2 件	3.1%
2		网络交易平台提供者	21 件	32.3%
3	双数	销售者、网络交易平台提供者	30 件	46.2%
4		销售者、技术公司	2 件	3.1%
5		网络交易平台提供者、技术公司	2 件	3.1%
6		销售者、开具发票的公司	1 件	1.5%
7		销售者、集团公司	1 件	1.5%
8		销售者、生产商	2 件	3.1%
9		网店、网络交易平台提供者	1 件	1.5%
10	多数	销售者、网络交易平台提供者、技术公司	2 件	3.1%
11		销售者、网络交易平台提供者、生产商	1 件	1.5%

表2　样本案件中对被告主体予以变更的情况类型统计

类型	案号	当事人	具体情形
申请撤回起诉	（2015）浦民一（民）初字第 17479 号	原告蔡某卿诉被告纽海电子商务（上海）有限公司、长沙利锐服饰有限公司、滨海县泽奇商贸有限公司网络购物合同纠纷	原告申请撤回对被告滨海县泽奇商贸有限公司的起诉
	（2015）鄂西塞民初字第 00236 号	原告闵某某诉被告北京京湘通科技发展有限公司、南京苏宁易购电子商务有限公司网络购物合同纠纷	原告申请撤回对被告南京苏宁易购电子商务有限公司的起诉

（续表）

类　型	案　号	当事人	具体情形
申请追加	（2016）沪0115民初5983号	原告李某某诉被告纽海电子商务（上海）有限公司网络购物合同纠纷	经原告申请，法院依法追加北京中邮展鸿通信设备股份有限公司为共同被告
	（2015）浦民一（民）初字第37184号	原告蔡某莉诉被告北京京东叁佰陆拾度电子商务有限公司网络购物合同纠纷	经被告京东公司申请，法院依法追加上海圆迈贸易有限公司为共同被告
	（2016）沪0115民初20300号	原告郁某诉被告浙江淘宝网络有限公司网络购物合同纠纷	原告通过诉讼明确了卖家，故申请追加张某为被告
曾起诉但被判决驳回，又以相同事实更换起诉对象再次起诉	（2015）浦民一（民）初字第17426号	原告姜某诉被告江西山歌食品有限公司、江西赣花油脂有限公司网络购物合同纠纷	原告曾起诉1号店经营者纽海电子商务（上海）有限公司，要求退一赔十，法院判决驳回。现以相同事实起诉销售商与生产商，要求连带退一赔十
	（2015）浦民一（民）初字第17427号	原告姜某诉被告来品网络科技（北京）有限公司、江西员辰油脂有限公司网络购物合同纠纷	
对被告主体的定性予以变更	（2015）浦民一（民）初字第19347号	原告甄某某诉被告北京当当网信息技术有限公司、无锡当当网信息技术有限公司网络购物合同纠纷	经法院释明，原告对被告的定性从电子商务网站变更为大型食品销售商

（二）网络交易平台提供者成为主体适格争议的主角

在样本判决书中，有61份载明了各个被告的答辩或上诉意见。消费者起诉对象中包含销售者的，基本能提供一定的证据对销售者的身份予以证明。除了未出庭亦未答辩的情况，销售者在庭审中基本自认身份，重点抗辩在于是否应承担相应责任。而对于主体资格表示异议的，主要为网络交易平台提供者与其他主体，主张其并非与消费者进行交易的合同相对方，具体理由有所差别（见表3）。

表3　样本案件中被告关于其主体适格问题的主要意见

被告类型	答辩或上诉意见的主要理由	样本数
网络平台提供者	其系平台提供者，并非买卖合同相对方，不参与产品的经营销售，非本案适格被告。	24
	与原告发生买卖合同关系的是××，其并非合同相对方。	21

（续表）

被告类型	答辩或上诉意见的主要理由	样本数
网络平台提供者	与原告未签订过网络购物协议，其从未向原告供货，也未收到过货款，故与原告之间不存在买卖合同关系。	3
	提供网络服务平台，只是代收取货款，扣除应得服务费用后与销售者结账，故不是适格被告。	1
	网络交易平台的营运方为另一公司，其与本案无关，非适格被告。	2
销售者	自认系涉案产品的销售者。	24
	其系提供海外代购服务，与下订单者之间成立委托合同而非网络购物合同，故无需承担赔偿责任。	1
	开具发票的主体是京东，提供交易平台的是京东，被上诉人应直接起诉京东或者将京东作为共同被告，方能查明案件事实。	1
其他主体	不是买卖合同的相对方，也不是平台提供管理者，与本案无任何关联。	3
	笼统提出并非系争合同的相对方，与其无关。	2

（三）平台企业集团化经营模式带来困惑

样本案件涉及京东集团、苏宁集团、国美集团等多家集团性企业，在合同主体认定问题上更显繁复。以京东商城为例，涉及北京京东世纪贸易有限公司（以下简称"京东贸易"）、北京京东叁佰陆拾度电子商务有限公司（以下简称"京东电商"）、上海圆迈贸易有限公司（以下简称"圆迈公司"）、北京京东世纪信息技术有限公司（以下简称"京东信息"）、昆山京东尚信贸易有限公司（以下简称"昆山京东"）等五家公司。样本案件中有的起诉了一家公司，如有5件起诉了京东电商，有1件起诉了京东信息，有1件起诉了京东贸易；有的共同起诉了两家公司，如有3件共同起诉了京东电商与圆迈公司，有1件共同起诉了京东电商与昆山京东，有1件共同起诉了京东信息与昆山京东；有的共同起诉了多家公司，如有1件共同起诉了京东贸易、京东电商与圆迈公司，另有2件共同起诉了京东信息、京东电商与圆迈公司（见表4）。

表4　样本案件中涉及与京东商城相关的公司情况统计

被告数	涉及主体			案件数
单数	京东电商			5件
	京东信息			1件
	京东贸易			1件
双数	京东电商	圆迈公司		3件
	京东电商	昆山京东		1件
	京东信息	昆山京东		1件
多数	京东贸易	京东电商	圆迈公司	1件
	京东信息	京东电商	圆迈公司	2件

二、网络交易合同主体的司法认定分析

（一）网络交易合同主体的司法认定路径

经梳理，样本判决对于涉案合同主体予以确认（见表5）或否定（见表6），均存在不同的裁判路径，展开分类研究，有益于发现问题、有的放矢。

1. 确认为涉案合同主体的判断思路

（1）形式性认定。依据书面（电子）证据及其他相关材料作出认定。一是将涉案商品发票记载的开具方直接认定为买卖合同相对方，二是依据平台提供的商家注册信息认定，如能确定与原告发生涉案交易的账户名称，根据该账户在平台的注册身份判断。有判决书详细阐述了理由：与原告交易的会员名实际注册人，理应对该会员名及密码尽到审慎注意、管理义务，作为买家也有理由相信以该会员名在网络交易平台所发生的行为应当由注册者承担相应法律责任。③三是综合考量多份书面（电子）证据，如电子订单、网络交易平台身份资料、第三方支付平台身份资料、送货单、发票等。

（2）实质性认定。在无充分书面（电子）证据的情况下，通过合同义务的履行主体及网络交易平台的特征展开判断。一是将合同特征性义务的履行主体认定为适格主体，如消费者支付货款的对象，涉案货物的发送主体等；或将合同义务的履行主体均认定为合同相对方，如一方被告负责网站经营、

---

③　（2014）浙杭商终字第1107号。

出具订单、收取货款、处理投诉，另一方被告负责送货、开具发票，由此判断卖方的主要义务由二者共同履行完成，原告亦予以接受，从而认定买卖合同的相对方为上述二者。二是以网络交易平台的特征作为判断依据，当被告以其为网络交易平台提供者而非销售者为由抗辩，法院严格依据网络交易平台的特征，确认其是否为销售者。

（3）当事人陈述。原告陈述或被告自认常被作为辅助性认定因素，结合其他证据综合判断，单独作出认定的极少。当然，原、被告双方在审理过程中对于合同相对方达成一致，法院对此予以确认。

2．否认为涉案合同主体的判断思路

（1）采用排除法。作为销售者的一方被告已明确存在，法院要求原告继续举证，抑或证明其余被告与原告成立买卖合同关系，或发生利害关系，抑或证明其余被告与销售者之间存在关系等。如无法举证，则否认为合同相对方。

（2）依据协议约定作出判断。消费者在注册成为平台会员时同意会员章程或服务协议，如条款明确协议签订主体，则该条款成为重要认定依据。

（3）依据企业经营范围是否相关。有样本判决对于某技术公司通过查询工商登记信息，显示经营范围与网络交易无直接关系，确认其系为平台提供技术支持，从而认定其非涉案合同相对方。

（4）行政处罚主体不作为认定依据。法院并未将工商行政管理部门所作的行政处罚决定书上载明的处罚对象作为认定依据，反而结合其他证据，排除了该处罚对象为合同相对方。

表5　样本判决书确认涉案合同主体的主要认定路径

类型	依据	案　号	当　事　人	判决书说理
形式认定	购物发票	（2015）浙台商终字第1050号	上诉人上海圆迈贸易有限公司与被上诉人卢某某及原审被告北京京东叁佰陆拾度电子商务有限公司、北京京东世纪信息技术有限公司网络购物合同上诉案	京东网随货出具的发票出票人为圆迈公司，由此可知本案合同相对方应当是圆迈公司。
		（2012）浦民一（民）初字第33373号	原告曹某某与被告新蛋贸易（中国）有限公司、上海新蛋电子商务有限公司网络购物合同纠纷	根据原告提供的购物发票，出票人为新蛋贸易公司，而非新蛋电子公司，后者并非货物的销售方，且两被告各具有独立的法人资格。

（续表）

类型	依据	案号	当事人	判决书说理
形式认定	注册信息	（2014）杭余商初字第1644号	原告罗某某与被告浙江淘宝网络有限公司网络购物合同纠纷	与罗某某发生涉案交易的是淘宝账户tkxtom的卖家，根据淘宝公司提供的证据显示淘宝账户tkxtom由李某某注册，由此可见，与罗某某发生涉案交易的是李某某。
		（2014）浙杭商终字第1107号	上诉人楼某某与被上诉人丁某某、浙江淘宝网络有限公司网络购物合同纠纷	丁某某作为"楚门的世界2020"的实际注册人，理应对该会员名及相应密码尽到谨慎注意、管理义务，而作为买家也有理由相信以该会员名在淘宝网上所发生的行为应当由注册者承担相应的法律责任，故楼某某与丁某某之间成立合法有效的买卖关系。
	综合考量	（2015）鄂西塞民初字第00236号	原告闵某某诉被告北京京湘通科技发展有限公司、南京苏宁易购电子商务有限公司网络购物合同纠纷	根据原告提交的订单截图、易付宝付款截图、送货单截图，可以认定原告闵某某与被告京湘通公司之间存在网络购物合同关系。
		（2016）沪0115民初84203号	原告李某某与被告嘉康贸易（大连）有限公司、浙江淘宝网络有限公司网络购物合同纠纷	从原告提供的订单网页截图、淘宝和支付宝身份资料截图以及被告淘宝公司提供的买卖双方注册信息截图来看，应可认定原告与被告嘉康公司已就买卖涉案商品达成了买卖合同。
实质认定	合同义务履行主体	（2016）京0115民初12917号	原告赵某某与被告深圳市恒波电子商务有限公司、深圳市恒波商业连锁有限公司网络购物合同纠纷	由恒波商务公司进行发货，赵某某与恒波商务公司成立合法有效的买卖合同法律关系。
		（2012）浦民一（民）初字第37054号	原告唐某某与被告纽海信息技术（上海）有限公司、上海益实多电子商务有限公司、新疆喜乐食品开发有限公司网络购物合同纠纷	益实多公司负责1号店网站经营、出具订单、收取货款、处理投诉；喜乐公司负责送货、开具发票（实际未开），故买卖合同中卖方的主要义务由二者共同完成，原告亦予接受，故可认定原告与上述二被告买卖合同成立。

（续表）

类型	依据	案　号	当　事　人	判决书说理
实质认定	网络平台特征	（2016）沪0110民初15501号	原告林某某诉被告上海东方电视购物有限公司网络购物合同纠纷	被告在系争产品的宣传网页中仅作了"商品由东方全球购提供"的提示，根据常识理解，消费者并不能从中判断销售方。被告理应就其公示不明承担相应的法律后果。被告关于其为网络交易平台之辩称，难以成立基本的表征事实，本院不予采纳。确认原、被告之间订立网络购物合同。
当事人陈述	辅助性因素	（2015）浦民一（民）初字第37184号	原告蔡某莉诉被告北京京东叁佰陆拾度电子商务有限公司网络购物合同纠纷	从原告提供的网上订单打印件、商品发票以及原、被告在庭审中的陈述，应可认定原告与圆迈公司已就涉案商品达成了买卖合同。
		（2014）浦民一（民）初字第15666号	原告杨某与被告北京京东叁佰陆拾度电子商务有限公司、北京东方安艺商贸有限公司网络购物合同纠纷	京东公司在确认原告提交的订单时，已向原告披露合同的交易主体即东方安艺，原告在审理中也确认其向东方安艺购买涉讼冰箱，故确认涉案合同交易主体为东方安艺。
	达成一致	（2015）涧民二初字第351号	原告孙某某诉被告浙江淘宝网络有限公司网络购物合同纠纷	当事人均认可与原告发生涉案交易的一方是淘宝账户为"彩虹宝宝886"的卖家，而非淘宝公司。

表6　样本判决书否认涉案合同主体的主要认定路径

类型	案　号	当　事　人	判决书说理
排除法	（2014）绍嵊长商初字第72号	原告郑某与被告嵊州市分贝电器有限公司、浙江天猫网络有限公司网络购物合同纠纷	本案中作为销售者的第一被告已明确存在，并不存在网络平台应先承担责任的情形，原告亦未举证。
	（2016）京0115民初12917号	原告赵某某与被告深圳市恒波电子商务有限公司、深圳市恒波商业连锁有限公司网络购物合同纠纷	恒波连锁公司向原告出具发票一张，但无其他证据证明其与原告成立买卖合同关系，且原告未提交相关证据证明恒波商务公司与恒波连锁公司存在关系。

（续表）

类 型	案 号	当 事 人	判决书说理
排除法	（2015）浙台商终字第 1050 号	上诉人上海圆迈贸易有限公司与被上诉人卢某某及原审被告北京京东叁佰陆拾度电子商务有限公司、北京京东世纪信息技术有限公司网络购物合同上诉案	被告京东信息与京东电商是两个独立法人，以自有财产独立承担责任，原告也未能证明被告京东信息系合同相对方。
书面协议	（2015）宁民终字第 6714 号	上诉人高某与被上诉人苏宁云商集团股份有限公司网络购物合同纠纷	高某在注册成为苏宁易购网站会员时认可受苏宁易购会员章程约束，对苏宁易购公司为网站的运营方应知晓。高某以苏宁云商公司为苏宁易购网站的经营者为由，认定其系网络销售合同的相对方，与事实不符，法院不予采信。
企业经营范围	（2016）鄂07民终421 号	上诉人程某某与被上诉人浙江天猫技术有限公司、佛山市品一照明有限公司网络购物合同纠纷	被告天猫技术公司工商登记信息显示，其经营范围与网络交易没有直接关系，其职责在于为网络交易平台提供技术支持，并不与消费者通过网络交易平台发生交易，不是涉案合同的相对人。
行政处罚主体	（2015）浙嘉民终字第 1052 号	上诉人上海圆迈贸易有限公司与被上诉人姜某、原审被告北京京东叁佰陆拾度电子商务有限公司、北京京东世纪信息技术有限公司网络购物合同纠纷	虽然北京市工商行政管理局开发区分局处罚的主体为京东信息，但京东网送货后出具的发票开票人为圆迈公司，且圆迈公司也认可其销售者的身份，故与姜某形成消费合同关系的相对方应当认定为圆迈公司。

（二）关于合同主体的司法确认方式

依据案件难易程度，样本判决书中对于涉案合同主体确认的方式主要存在四种。一是将该问题归纳为争议焦点，予以详细阐述论证；二是基于事实查明，在判决书说理部分简单确认涉案合同双方主体；三是在案件事实查明部分直接认定涉案合同主体双方，判决书说理部分便直接进行责任承担的论证；四是开门见山讨论被告的责任问题，或者因不支持原告的诉讼请求，故未区分不同被告的身份性质（见图1）。

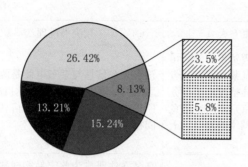

图1　样本判决书对于涉案合同主体的主要确认方式

三、影响网络交易合同主体认定的因素探寻

（一）实践因素：网络交易平台的新发展

"互联网＋"战略的实施推动了社会经济活动与互联网的紧密联系，电子商务企业的经营模式与业务类型推陈出新，为合同主体认定增添了复杂性。

1. 自营业务：网络交易平台提供者身份的二重性

目前网络交易平台的业务模式多样，以消费者使用广泛的消费商品类网站为例，淘宝网、天猫网等自身并不直接从事销售业务，主要为平台上的交易提供服务；而京东商城、当当网、1号店等则存在自营业务及他营业务两类。平台提供者在设立和经营的平台上以直接经营的方式进行销售，即为自营业务。如"苏宁易购会员章程"载明"苏宁自营商品：指在商品详情页明确标识为由'苏宁'销售并提供售后服务或苏宁自营的商品"。此时平台提供者身份便转变为销售者。而在他营业务中，其仅为入驻的第三方商家提供平台支持，并不掺杂自己的经营活动，此为纯正的平台提供者身份。由于经营模式的多样性，导致认定交易相对方存在难度。

2. 企业集团化经营：传统单一合同相对人角色分配多元化

企业集团化经营是目前开设电子商务平台企业常见的经营模式，京东商城较为典型。消费者通常所理解的京东商城在法律上其实是一个股权结构复杂的企业集团，京东贸易可视为集团公司。京东电商、圆迈公司是该集团中承担不同分工的子公司，也是被共同起诉率最高的两家。京东电商是网站经营者，负责接受订单销售商品，基本相当于传统交易中合同签订部分。圆迈公司则负责商品运输配送、出具发票和接收货款，基本相当于传统交易中合同履行部分。本应由京东贸易直接作为单一的合同卖方与消费者完成合同的订立和履行，由于介入了电子商务平台，分别分配给两个子公司，而该母公司则退居幕后。传统单一合同相对人所承担的角色被多元主体所充当，从而给合同主体的认定造成了很大困难。

（二）理论因素：现有电子商务及企业集团法律研究薄弱

随着电子商务的发展，我国学界对电子商务的法律规制问题已展开了较长时间的摸索和研究。然在电子合同法律问题方面，现有研究的视角多集中于电子商务平台中传统合同问题（如要约与承诺的达到时间、撤回撤销等），对合同主体本身的认定并无特别关注。一方面，这是由于现有研究一般认为企业采取电子商务平台只是作为合同订立的便捷手段，而在合同主体本身的认定上并无困难和特殊性，特别对于电子商务和企业集团化策略交织所带来的新问题尚未引起足够重视。

另一方面，现有关于企业集团的法律观点只是指出企业集团中控股公司和其子公司的法律人格相互独立，独立对外发生法律关系，并以各自独立的财产承担责任。而当企业集团内各子公司以集团名义分别承担合同中的不同部分，尤其是形式上直接订立合同的主体只是注册资本有限的电子商务平台公司时，此时合同主体的认定问题却是企业集团法律研究中一直未引起关注的新问题。

（三）法律规范因素：平台先行赔付责任的法律规定不明

在网络交易法律关系构造中，销售者与消费者之间构成买卖合同关系或服务合同关系。因"互联网＋"的特性，网络交易平台提供者共同参与，为交易双方提供平台服务而构成网络服务合同关系。消费者因网络购物而产生的纠纷，理应向销售者主张。而《中华人民共和国消费者权益保护法》第四十四条 ④ 则规定了例外情形，当平台提供者不能提供销售者的真实名称、地址和有效联系方式，消费者可向其要求赔偿因网络消费而产生的损失，平

---

④ 《中华人民共和国食品安全法》第一百三十一条第二款有相同的规定。

台提供者在赔偿后得以向销售者追偿。此规定突破了合同相对性原则，目的是助益于消费者维权。从样本案件中平台提供者屡被消费者诉诸法院的现象可以看出，该条款的实际效果突出。然法理基础与具体要求不明，导致司法实践产生不同的理解，进而影响对主体性质的判断。

一是法理基础存在争论。学界对此论证较少，但已存在如下学说：一是竞合侵权行为说，该说认为网络交易平台为交易提供服务，构成间接加害行为，与销售者的直接侵权行为发生竞合。⑤ 二是附随义务说，该说认为协助消费者找到销售者维权是网络交易平台与消费者所签订的服务合同之附随义务，如违反，即应承担责任。⑥ 平台提供者承担此类责任究竟是基于经营者的过错，还是基于自身的过错？此类案件的案由究竟是网络购物合同纠纷抑或是网络服务合同纠纷？在样本案件中两种案由均存在，直接影响对合同主体的认定。

二是披露义务的履行时间不明。由于网络交易平台对入驻经营者的控制能力远超消费者，应尽到必要的审查义务。此审查义务亦展现出从线上关于内容的形式合规性审查，上升为线上线下一致性审核的趋势。⑦ 对于经营者身份与资质的审核，要求确认用户提交的信息与真实一致，并能对消费者及时披露。然该条款并未规定披露义务的时间要求，司法实践主要存在如下几种意见：（见表7）一是要求该披露义务应是事先的、主动的；二是当消费者向网络交易平台进行投诉并要求其披露时，应及时披露；三是认为平台提供者在诉讼过程中履行披露义务。样本判决书中，对于未事先披露的，有的将网络交易平台提供者认定为销售者；对于诉讼中披露的，有的直接驳回原告对网络交易平台提供者的诉讼请求，有的在追加销售者后再对主体进行实质审查。

---

⑤ 参见杨立新：《网络交易平台提供者为消费者损害承担赔偿责任的法理基础》，载《法学》2016年第1期。

⑥ 相关观点详见王丽娜：《网络购物纠纷中网络交易平台先行赔付责任分析》，载《财经界（学术版）》2016年第21期。

⑦ 参见赵鹏：《私人审查的界限——论网络交易平台对用户内容的行政责任》，载《清华法学》2016年第6期。

表7 样本案件对网络交易平台提供者披露义务履行时间的主要意见及处理方式

时间	案号	案件信息	判决书主要内容	处理结果
消费者购物时应披露	(2016)沪0110民初15499号	原告林某某诉被告上海东方电视购物有限公司网络购物合同纠纷	法院认为，交易平台的经营者应依法在网络页面的醒目位置公开对进入平台销售商品的主体刊登营业执照登载的信息或者其营其营执照的电子链接标识，而被告未在"全球购"提供"产品的宣传网络页面中仅作了"商品由东方全球购提供"的提示，故被告理应就其公示不明承担相应的法律后果。	法院直接将网络交易平台提供者认定为销售者，并判决其承担相应责任。
	(2012)浦民一(民)初字第37054号	原告唐某某诉被告纽海信息技术(上海)有限公司、上海益实多电子商务有限公司、新疆喜乐购物开发有限公司网络购物合同纠纷	法院认为，网络交易平台被告益实多公司在合同缔结时应向消费者披露交易相对方，其在提供给消费者的格式条款中未予披露交易主体，造成双方对合同主体理解发生争议的，应由其承担相应的法律后果。	法院认定买卖合同的相对方为被告益实多公司，营乐公司。原告诉请与营乐公司无依据，判决驳回原告诉请。
消费者投诉时应披露	(2015)洞民二初字第351号	原告孙某某诉被告浙江淘宝网络有限公司网络购物合同纠纷	法院认为，原告进行了投诉，并要求淘宝公司提供卖家信息，淘宝公司客服人员明确答复已依法向其提供卖家真实信息，该案事实说明淘宝公司积极履行了法律赋予的义务。	法院认为原告针对被告的诉讼请求既无事实依据，也不符合法律规定，依法驳回原告诉讼请求。不予支持。
	(2014)浦民一(民)初字第37184号	原告蔡某莉诉被告北京京东叁佰陆拾度电子商务有限公司网络购物合同纠纷	被告京东电商在诉讼中披露真实销售者为圆迈公司，并向法院申请追加要求追加其为共同被告。	法院依法予以追加，并判决认定圆迈公司与消费者达成买卖合同关系，被告京东电商不承担相关义务。
诉讼过程中披露即可	(2014)浦民一(民)初字第9381号	原告单某某诉被告纽海电子商务(上海)有限公司网络购物合同纠纷	被告在审理过程中明确表示拒绝向原告披露销售者的真实信息。	法院判决被告赔偿原告相应损失。
	(2014)余商初字第2095号	原告钟某某诉被告浙江淘宝网络有限公司网络购物合同纠纷	原告与淘宝卖家发生纠纷后并未要求被告披露卖家信息。诉讼过程中，淘宝公司提供了涉案淘宝卖家的真实身份信息及联系方式。法院认为其已尽到披露义务。	法院判决驳回原告的诉讼请求。
	(2014)浙杭商终字第2497号	上诉人罗某某为与被上诉人浙江淘宝网络有限公司网络购物合同纠纷	法院认为，原告以淘宝公司在一审开庭当天才提供卖家的身份信息为由主张淘宝公司存在过错，依据不足，对其意见不予采信。	一审法院判决驳回原告诉讼请求，二审法院维持。

四、网络交易合同主体认定的司法规则与裁判对策

网络交易一开始就建立在匿名模式和"别名"模式的基础之上。[8] 当纠纷发生，揭开虚拟主体的神秘面纱，追溯真实主体承担责任，是维护交易双方基本信任的基础，更是保护网络交易安全性及生命力的保障。

（一）理念定位：交易安全保护与合理信赖原则

匿名是互联网经济所有不安全因素的源头，而风险正是信任产生的背景。[9] 但基于对隐私权的保护，无法完全禁止互联网所有匿名通信与交流。在商业领域，知悉交易对方的基本身份是防止欺诈、保护交易安全，进而维护社会利益的基础。禁止"实质匿名"而非"形式匿名"，允许能通过一定机制追踪到真实主体身份。[10] 信赖是民法理念的圭臬之一。在消费法律关系中，消费者不可避免地处于市场地位与信息结构上的弱势地位，特别是在网络购物环境下更甚。一旦网络交易平台上"形式匿名"制度失灵，消费者的知情权更应获得保障。"如果被表意人获得救济，他必须相信且信赖表意人的陈述。"[11] 消费者依据交易表象产生的信赖（包括对交易对象的认识），理应受到司法保护。

（二）规则搭建：审理思路五步法

第一步是区分自营商品或第三方商品。

对于并不以自己名义从事销售业务的涉案网络交易平台，即为纯粹的平台提供者，扮演信息汇聚和交易撮合的角色，并不参与网络交易，故可

---

[8] See Sharon K.Sandeen, In for a Calf is not Always in for a Cow: An Analysis of the Constitutional Right of Anonymity as Applied to Anonymous E-Commerce, 29 Hastings Const. L. 2002. pp.536—537.

[9] See Mayer R.C.& Davis J. H., An integrative moel of organizational trust, Academy of Management Review, 1995, pp.709—734.

[10] 详见高富平：《在线经营主体身份认证——论我国在线交易安全解决方案》，载《河北法学》2007 年第 4 期。

[11] ［英］帕特里克·阿蒂亚：《应重视利用"合理信赖原则"》，刘守豹译，载《环球法律评论》1992 年第 5 期。

排除其成为买卖合同相对方。对于同时销售自营商品的网络交易平台，则应首先区分涉案商品是自营商品还是第三方商品，从而明确主体认定方向。自营商品的销售主体与平台提供者重合，第三方商品的销售主体为第三方商家。

第二步是明确是否存在合同约定。

合同主体的认定首先应以合同约定为依据。网络交易中伴随着大量的格式条款。首先，对于自营商品，网络交易平台制定的《服务协议》《会员章程》等应视为合同约定。消费者自愿注册为用户，同意接受上述条款，双方就该条款的适用形成合意，属双方真实意思表示。若载明平台提供者以及自营商品经营者的主体信息，可据此直接判断合同主体。

然问题是，由于在网络消费环境下，消费者在购物时一般是通过点击鼠标来表示接受或者拒绝服务。销售者或者网络交易平台提供者须向消费者作出合理的提示，以足以使一般的消费者注意到为原则。否则，此类格式条款对消费者不具有约束力，相关合同主体的认定亦无法以此为依据。

其次，消费者购物订单、发票等材料为推断合同主体提供一定的线索，或成为证据链的组成部分。订单只是销售者对消费者购物的要约作出承诺的书面确认形式，往往不标示真实主体或仅标明虚拟名称。发票只是对消费者已付货款的确认证明和税务凭证，无论是发票抬头还是发票专用章所列的主体，抑或是与网站相同的图标，有时无法单独作为直接认定依据。

第三步是判断是否存在公示信息。

网络交易平台被认为是一种聚合交易信息的"通道"，并对交易拥有一定的控制能力，从而引导、塑造交易秩序。[12]故平台提供者对于所运营的平台具有监管义务。依据《网络交易管理办法》的相关规定，从事网络交易的企业应依法登记，并在网站公开营业执照信息；从事网络交易的自然人并不强制要求登记，但应向网络交易平台提供真实身份信息。《消费者权益保护法》亦规定了平台提供者的真实信息披露义务。故在无合同约定或约定不明的情形下，对于平台自营商品，可依据网站上公开的企业信息认定销售主体；对

⑫　详见赵鹏：《私人审查的界限——论网络交易平台对用户内容的行政责任》，载《清华法学》2016年第6期。

于第三方商品，可依据公示的企业信息或在注册流程的实名认证中所提供的自然人身份信息确认销售主体。

第四步是是否存在被告自认。

《最高人民法院关于民事诉讼证据的若干规定》（以下简称《证据规定》）第八条规定"诉讼过程中，一方当事人对另一方当事人陈述的案件事实明确表示承认的，另一方当事人无需举证。"自认制度既是民事诉讼辩论原则的内在要求，也是当事人行使处分权的外在表现。法院应受当事人自认的约束，将自认事实作为判决的依据。同时，自认制度亦存在一定的例外情形，包括涉及身份关系的案件事实、虚假诉讼的自认、违反众所周知事实的承认等。网络交易纠纷中，被告对其合同相对方身份的自认，通常应予以确认。但亦应谨防被告之间串通的情形，特别是涉企业集团的案件中，一方被告主动担责而免除其他子公司的相应责任。故谨慎起见，应结合其他证据材料一并考量。

第五步是判断是否可采用合同解释方法——探寻当事人真意。

若无充分的认定依据，我们应当回归合同解释的本源目的，即探寻双方当事人的真实意思。所谓当事人真意，并非内心主观之意思，而是从意思表示受领人立场去认定的"客观表示价值"。[13]此乃一种规范性的判断标准，以当事人于合同上所作的价值判断及利益衡量为出发点，依诚实信用原则并斟酌交易惯例加以认定，期能实现合同上的平均正义。若平台提供者并未明确披露商家的真实身份，或者其与交易所涉及主体之间的关系，普通消费者在购物时通常无明确的合同相对方概念。这并非解决个体消费者对于合同相对方主观判断的问题，而是根据交易具体特征及利益衡量判断双方当事人理性、客观的可期待的意思。此问题在企业集团经营模式下尤为突出。

（三）规范运用：对平台先行赔付责任条款的解读

1. 先行赔付责任的正当性基础

平台先行赔付为消费者损害承担赔偿责任，系基于未能履行信息披露义

---

⑬ 王泽鉴：《债法原理（第一册）》，中国政法大学出版社 2001 年 7 月版，第 216 页。

务而存在过错。本源于对于所运营的平台具有监管义务，与传统形式的交易平台类似，即便二者在平台载体、交易方式等方面存在本质不同。⑭

2．法律规范的准确适用

（1）披露时间应合理。有效的救济制度应兼具合理性与及时性。网络交易的企业应依法公示营业执照信息，故不产生平台提供者未尽披露义务的问题。对于网络交易的个人信息，当发生纠纷消费者向网络交易平台要求披露时，应予以披露；如其拒绝提供而在诉讼过程中披露，不应具有免除其责任的效力。但如消费者在纠纷发生后未要求平台提供，其在诉讼过程中披露的，应视为尽到披露义务。

（2）披露程度应合理。披露义务应与审查能力相匹配。自然人被要求提供姓名、地址、有效身份证明、有效联系方式等，企业被要求展示营业执照等，上述系网络交易平台的审核范围。对外披露的内容不应超出审查义务的界限。联系地址、联系方式发生变更是常态，只要在审核时有效即可。一旦涉诉，平台提供者披露的信息应能满足消费者在起诉立案时"有明确的被告"这一条件。

对于平台提供者尽到信息披露义务的，应驳回原告诉讼请求；如当事人申请追加真实销售者，则依法追加并进行主体审查。未尽到披露义务但能证实其网络交易平台身份的，承担先行赔付责任；无法证实其网络交易平台身份的，则承担销售者相应责任。

（四）几类特殊主体的认定问题

1．个人网店是否具有主体性质？

在样本判决书中，有的原告将网店列为被告⑮，有的判决书确认买卖合同成立于消费者与网店之间。⑯《民法总则》在民事主体分类方面采用了三分法，在原《民法通则》规定的自然人与法人基础上增加了其他组织。未经

---

⑭ 《消费者权益保护法》修正案第一次审议稿将网络交易平台提供者相关内容增至展销会、租赁柜台经营的损害赔偿责任的条文中。

⑮ （2016）鄂28民终1390号。

⑯ （2016）沪0115民初20300号、（2016）琼01民终416号等。

工商注册登记的个人网店，是自然人利用网络交易平台设立的提供商品或服务的网上商店。尽管不少观点认为应视之为个体工商户性质，赋予其独立于设立者的民事主体地位[17]，但也只是限于学理讨论，对照三类民事主体的特征与要件，无法归入任何类型，故不具有民事主体资格。个人网店在民事诉讼法上亦未被赋予民事诉讼主体资格。因此，未经工商注册登记的个人网店的经营行为应视为由店主或与之相关主体所进行，不应将之列为诉讼被告。

2. 集团公司是否应作为合同相对方？

集团公司作为网络交易平台的实际控制者，是否应当纳入合同相对方？首先，对消费者的信赖保护不应无限扩展，而应限于合同双方在个案中均可合理期待的主体范围。集团公司并未与消费者直接发生法律关系，将其强行纳入合同主体的范围亦违背企业集团架构设计的本意及子公司法律主体的独立性。其次，子公司以共同的名义进行交易也难以构成对集团控股公司的代理行为。在京东商城模式下，京东电商和圆迈公司虽以"京东商城"的名义从事交易，但"京东商城"并不特指集团公司本身，因此难以通过代理理论将子公司的行为后果归于集团公司。

结语——兼论民法典编纂与消费者保护

互联网经济已成为中国经济重要组成部分，对未来经济发展的贡献率会更大。"互联网＋"战略深入推进，平台型互联网企业影响日益深远。随着新型网络消费模式的发展，消费者权益保护产生何种新问题、如何增强力度成为重要课题。目前我国民法典编纂已正式进入立法程序，民法典应当兼具揭示并体现信赖个人自由的新时代精神，及大幅度提高法律适用理性的双重功能。[18] 实现对"人"的保护，是任何时代民法典的根本目的，加强消费者保护显然是题中之义，保护弱者更是民法实质公平原则的基本体现。虽然消费者保护法包含一些不同于私法一般规则的内容，但仍构筑于私法的基本原

---

[17] 赵晨笑：《个人网店的民事主体定位》，载《山东审判》2016年第3期。刘志娟：《个人网店商事主体地位辨析》，载《重庆邮电大学学报（社会科学版）》2013年第4期。

[18] 苏永钦：《寻找新民法》，北京大学出版社2012年7月版，第19页。

则之上，并非独立于私法。⑲ 因此，应借鉴《德国民法典》修订之经验，将消费者保护内容纳入民法典，具体可考虑在总则民事主体部分定义消费者与经营者，在债法部分规定消费者合同相关内容。

（责任编辑：张心全）

---

⑲ ［德］克里斯提安·冯·巴尔等主编：《欧洲私法的原则、定义与示范规则：欧洲示范民法典草案》，高圣平等译，法律出版社 2014 年 9 月版，第 15 页。

网络购物合同纠纷案件的审判现状分析

——基于基础性、客观性、主观性审查难点的多重考量

庄玲玲*

一、网络购物合同纠纷案件的特点：以 2014 年至 2017 年上半年上海基层法院及闵行法院相关数据为样本 ①

（一）收案数成倍增长

上海基层法院 2014 年至 2017 年上半年受理网络购物合同纠纷案件共计 1123 件，其中：2014 年上半年收案 33 件，下半年收案 33 件；2015 年上半年收案 74 件，下半年收案 76 件；2016 年上半年收案 134 件，下半年收案 331 件；2017 年上半年收案 442 件。

从数据看，网络购物合同纠纷案件的收案数成倍增长，且 2016 年出现快速跃升的趋势，原因有三点：其一，2015 年 10 月 1 日新《食品安全法》实施，"假一赔十"的惩罚性条款进一步激发了消费者维权动力，带动案件量成倍增长；其二，手机网民数量快速增长，网购向移动端转移，网络购物便利性提高，网购已融入人们的日常生活；其三，电商平台数量增加，各大电商平台竞争导致优惠活动增多，刺激了网购的交易频次。

---

* 庄玲玲，法学硕士，上海市闵行区人民法院法官助理。

① 根据《上海市高级人民法院关于开展跨行政区划民商事案件集中管辖改革试点的公告》规定，2017 年下半年开始，闵行法院的涉食品药品安全的民商事案件，开始由上海铁路运输法院集中管辖，故相关分析数据采集至 2017 年上半年。

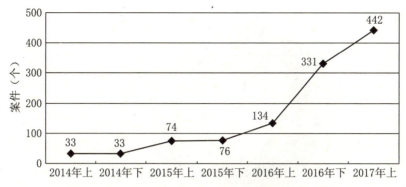

图 1　2014 年至 2017 年上半年上海基层法院收案数

（二）调撤率高

从上海基层法院 2014 年至 2017 年上半年已审结的网络购物合同纠纷案件结案方式来看，撤诉（含按撤诉处理）591 件、调解 108 件、判决 220 件、移送 8 件、驳回起诉 3 件，调撤率达 75.16%。

从闵行法院审结的该类案件来看，2014 年调撤率为 100%，但因收案数量较少，不具有代表性；2015 年调撤率为 42.86%；2016 年调撤率为 63.8%；2017 年上半年调撤率为 86.32%，可见调撤率在不断提高。

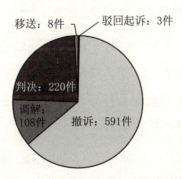

图 2　2014 年至 2017 年上半年上海基层法院结案方式分布情况

从目前的数据来看，网络购物合同纠纷案件调撤率也呈现出不断提高的态势，主要原因在于：

（1）网络购物合同纠纷中，基于《消费者权益保护法》《食品安全法》主张惩罚性赔偿的案件居多，"假一赔十"与"假一赔三"对原告来说，扣除成本后可获得的利益较高，因此调解空间就比较大。

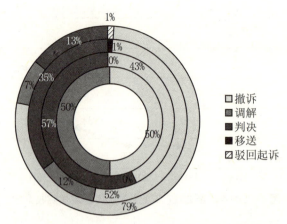

图3　2014年至2017年上半年闵行法院结案方式年分布
（从内圈至外圈依次为2014年至2017年上半年数据）

（2）网络购物合同纠纷中，职业打假者占相当比例，在考虑成本及收益的基础上对胜诉率不高的案件往往选择撤诉或调解。

（3）网络购物合同纠纷中，不少商品确实存在或大或小的质量问题，经营者出于减少商誉负面影响的考虑，往往同意进行调解，特别是在网购金额不大的情况下。

（三）简易程序审结率高

2014年至2017年上半年，闵行法院已审结网络购物合同纠纷案件209件，其中适用简易程序审理175件，简易转普通程序审理29件，小额诉讼程序审理5件，可见此类案件简易程序审结率较高，主要原因是案件诉求结构单一，大多以主张惩罚性赔偿为主。

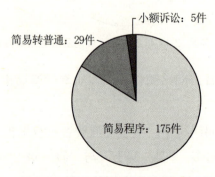

图4　2014年至2017年上半年闵行法院网络购物合同案件

（四）适用公告程序的案件逐步增加

闵行法院 2014—2015 年无公告案件；2016 年上半年收案中公告数为 6 件；2016 年下半年收案中公告数为 10 件；2017 年上半年收案中公告数为 27 件（有部分案件刚立案，亦存在公告的可能，该数据为现有值）。

造成送达不能导致公告案件数越来越多的原因在于，电商平台对注册商户的信息采集不准确，商家经常变动经营地址，特别是个体网络商铺。

（五）提起管辖权异议比例降低

闵行法院 2015 年上半年收案中提起管辖权异议 4 件，占收案数的 100%；2015 年下半年无提起管辖权异议案件；2016 年上半年收案中提起管辖异议 3 件，占收案数的 11.11%；2016 年下半年收案中提起管辖异议 14 件，占下半年收案的 16.47%；2017 年上半年收案中提起管辖异议 7 件，占上半年收案的 4.76%。

提起管辖权异议的比例明显降低，这种趋势与公告案件数增加有一定关系，公告数高，被告应诉率降低、答辩率低，则提起管辖权异议的比率也相应降低。同时，2015 年 2 月 4 日起施行的《最高人民法院关于适用〈中华人民共和国民事诉讼法〉的解释》，对网络购物合同纠纷的管辖进行了明确，大大减少了管辖权争议。

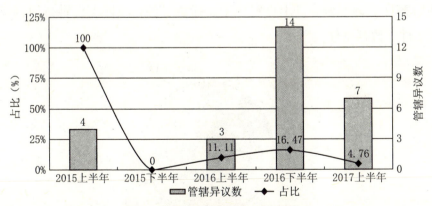

图 5　闵行法院管辖权异议案件情况

上述提起管辖异议的案件中，提起上诉的案件 21 件，占所有管辖权异议案件的 75%，可见管辖权异议上诉率高。从上诉结果来看，驳回上诉 16 件，撤诉1件，撤销原裁定2件。

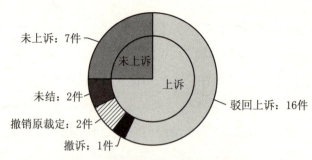

未上诉：7件
未结：2件
撤销原裁定：2件
撤诉：1件
驳回上诉：16件

图6　闵行法院管辖权异议上诉情况

管辖权异议上诉的撤销率为 9.52%，虽然不高，但是从撤销的两起案件来看，均涉及"管辖特别约定"的问题，其中一个是商家在商品详情页的特别约定，一个是亚马逊平台的格式条款中的特别约定。两起案件恰好突出了目前在管辖问题上的审理难点，如商品详情页管辖特别约定的形成时间如何判断，再如电商平台有关管辖格式条款，如何判断已采取合理方式提请消费者注意。

（六）结案上诉情况

2014 年至 2017 年上半年，闵行法院共计判决结案 53 件，已生效案件 32 件，其中上诉案件 15 件，上诉率 28.3%。相比其他案件上诉率，网络购物合同纠纷案件上诉率偏高。上诉案件中，撤诉 2 件，驳回上诉维持原判 7 件，未结 5 件，改判 1 件。

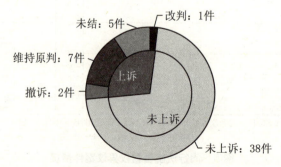

未结：5件
改判：1件
维持原判：7件
撤诉：2件
上诉
未上诉
未上诉：38件

图7　2014 年至 2017 年上半年闵行法院上诉案件分布

虽改判率不高，但是从改判的案件中可以看出，审判实践中对一些问题的理解和认识还存在分歧，如职业打假的限制方式及限制内容等问题。

二、判决内容分析：以中国裁判文书网公布的上海基层法院 92 件生效判决为样本

（一）惩罚性条款：原告主诉"退一赔三"或"退一赔十"的类型分析

1. "退一赔三"与"退一赔十"的数量对比

从上海法院 2014 年至 2017 年上半年已生效并在中国裁判文书网公布的 92 件判决书看，主张"退一赔三"28 件，主张"退一赔十"41 件，其他 23 件。

数据显示主张"退一赔十"的案件明显多于主张"退一赔三"的案件，也就是说基于《食品安全法》和《最高人民法院关于审理食品药品纠纷案件适用法律若干问题的规定》的诉讼占据多数，造成这种现象的主要原因在于食药领域存在获赔更高、风险更低的特点。

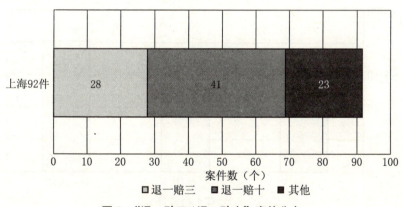

图 8 "退一赔三 / 退一赔十"案件分布

2. 惩罚性赔偿的主诉商品类型分布

收集的 92 件判决书中，主张惩罚性赔偿的案件的商品类型分布为：电子电器产品类 16 件；生活用品类 7 件；添加剂类 20 件；食品标签类 4 件；药食同源类 9 件；进口牛肉类 2 件；其他食品类 6 件；化妆品类 4 件。

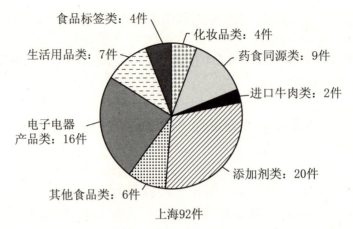

图9 主张惩罚性赔偿的案件涉案商品类别分布

（二）原告胜诉率分布

1. "退一赔三"与"退一赔十"胜诉率

收集的92件判决书中，原告胜诉案件48件，胜诉率52.17%，其中"退一赔三"胜诉率35.71%，"退一赔十"胜诉率80.49%。

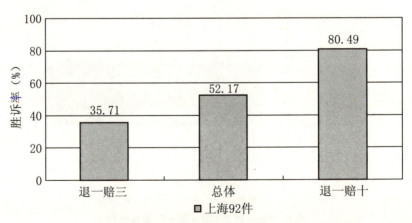

图10 网络购物合同"总体/退一赔三/退一赔十"胜诉率

2. 不同类别商品胜诉率

根据收集的92件案件分析数据，主张惩罚性赔偿案件中不同类型商品胜诉率分别为：电子电器产品类31.25%；生活用品类42.86%，添加剂类85%；食品标签类25%；药食同源类77.78%；进口牛肉类100%；其他食品类66.67%；化妆品类100%。

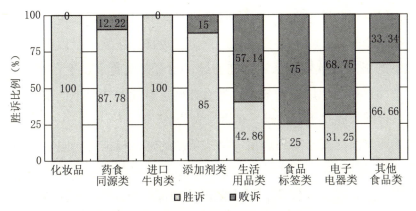

图11　不同类别商品胜诉率（上海法院 92 件）

对比上述数据，可以看出"退一赔三"的胜诉率远低于"退一赔十"的胜诉率，"退一赔三"主要分布在食品、药品之外的一般消费品领域范围内，而"退一赔十"分布在食品、药品范围内。从商品类别胜诉率中看，进口牛肉类、化妆品类、药品、食品同源类、添加剂类的胜诉率较高，均超过网络购物合同案件的平均胜诉率。造成这种现象的原因在于，食品、药品领域存在特殊政策，即《最高人民法院关于审理食品药品纠纷案件适用法律若干问题的规定》第三条，该条规定从保护人民群众生命健康权出发，明确了在食品、药品领域，消费者即使明知商品为假冒伪劣仍然购买，并以此诉讼索赔时，人民法院不能以其知假买假为由不予支持。而在"退一赔三"的普通商品消费领域，由于对知假买假有所限制，所以胜诉率相对较低。

三、审理困境：基础性、客观性、主观性问题及对策

（一）基础性审查难点：合同成立的判断与格式条款的效力认定

1. 要约与要约邀请争议下的合同成立判定与责任承担

商户借助网络平台发布货物图片、信息详情、价格、库存量等内容的行为，是要约还是要约邀请，不无争议。从梳理各大网络购物平台的用户协议或责任声明中，笔者发现，针对该问题，有不少网站已经将其列入协议之内，例如亚马逊、京东和 1 号店，京东较之亚马逊更为详尽，其在注册协议第三条第三项中明确："本软件上销售商展示的商品和价格等信息仅仅是要约邀请，……系统生成的订单信息是计算机信息系统根据您填写的内容自动生成

的数据，仅是您向销售商发出的合同要约。"就该"要约邀请说"的合理性来看，存在两个问题：（1）平台是在用户协议等格式条款中予以明确，网络购物环境下的格式条款效力认定存在问题；（2）如果商家在平台就商品信息、价款以及库存量均予以明确显示，那么在确定有货的情况下，如果商家不发货，并以合同未成立予以抗辩，是否有失公平。

对于商家前述关于要约邀请的格式条款约定，根据《合同法》第三十九条和第四十条的规定，笔者认为，可以认定网络服务中格式条款发生法律效力。首先，要遵循公平原则，最大限度地确保网络服务合同内容的公平性，同时不损害消费者的主要权利；其次，需要以合理的方式提请对方注意。如在陈某与深圳某网络科技有限公司网络购物合同纠纷一案中，该案一审法院认为网站关于合同成立的格式条款加重了消费者的交易负担，认定无效，并认定网络公司将商品信息公布属于要约。二审法院予以改判，认为格式条款没有违反公平原则，陈某注册即视为同意格式条款内容。而且网络公司通过网站推出活动针对的是不特定多数的网民，属于要约邀请。目前，理论界对此仍存在较大争议。

2. 新形势下移动端注册对格式条款提示程度的认定和约定管辖格式条款效力的判断

格式条款在网络购物环境下，由两类主体提供：一类为网络购物平台在用户注册时提供的"用户注册协议及用户隐私政策"，有的平台设定为勾选同意后方可注册（例如京东、亚马逊等），有的平台则直接显示注册即视为同意（例如淘宝、小红书等），此类属于点击类格式条款；另一类为入驻商户在商铺首页或商品详情页标识的例如关于诉讼管辖、瑕疵免责等格式条款。如何认定这些格式条款的效力，存在困难。

（1）如何确定平台格式条款提供方尽到了明示和说明的义务。

多数平台以注册作为同意协议的条件，并仅以链接形式列明，而对协议的具体内容，移动端鲜有以窗口弹出协议内容的做法，绝大多数用户都是直接注册，不看协议内容。笔者认为，基于移动端设备的限制，强制要求电商平台窗口展示协议内容也很难实现，但是就目前注册方式来看，"打钩才能注册"的方式明显比"注册就视为同意"更具有提示的效果，打钩的行为可提示消费者注意打钩后面的协议内容，消费者可以根据自己的选择点开或不点开协议链接。所以针对目前的电商平台现状，判断电商平台有无尽到提示义务可以考虑平台的注册方式。

（2）对于网站用户协议和商户详情页中载明的管辖格式条款效力，存在较大争议。

首先，关于用户协议中载明的约定管辖格式条款效力问题。重庆市第三中级人民法院在一起网络购物合同管辖权异议上诉案件中，认为网站用户协议加重了消费者的诉讼负担，故认定无效。对该处理方式，笔者认为符合法律对网络购物合同可以以收货地管辖的立法意图，该规定考虑到网络购物是跨地域的，所以为了减轻消费者维权的诉讼负担，故而设定收货地管辖。

其次，关于商户详情页载明的约定管辖格式条款效力问题。此种约定对比网站的协议更明显，且更容易被消费者注意到，故一般予以认可。但因网页数据易修改，对于特别约定的形成时间，举证责任在于被告，被告需证明在购物行为发生之日便已有该约定，否则承担举证不能的后果。对于数据形成时间可以申请网站平台介入，一般来讲，商家数据在平台服务器均有记录。

（二）客观性审查难点：主张惩罚性赔偿的事实认定

1．被告否认原告收到的商品为其所出售

在审判实践中，有时被告会否认涉案商品系其所出售的情况。因网络购物的特殊性，商品通过物流公司交付到消费者手中，商家与消费者未当面交付，如何确定商品交付情况，成为审理的新难点，举证责任合理分配至关重要。

2000 年的"黄水晶球"一案，一审二审均以原告无法证明"此球即彼球"而驳回原告的诉讼请求。对此，学界探讨很多，对于该案的举证责任分配，是否应完全落在原告身上，否定意见居多。举证责任包含两个方面，一个是行为意义上的举证责任（可理解为举证义务），一个是结果意义上的举证责任（可理解为不利后果的承担），当事人主张有利于自己的事实并为了避免承担结果意义上的举证责任，理应由其承担行为意义上的举证责任。[2]"黄水晶球"案中，原告以发票收据等证据证明了交易确已发生，且以鉴定报告证

---

[2] 邵明：《民事举证责任的涵义和分配标准》，载《法学前沿》第 4 辑，法律出版社 2001 年 2 月版，第 80 页。

明球为假球，至此，从高度盖然性的角度，原告行为意义上的举证责任已经完成，正常情况下原告可避免承担其主张事实的结果意义的举证责任。而此时被告提出"此球非彼球"是新的事实，被告可基于该新的事实免责，那么被告就应当对该新事实承担行为意义上的举证责任，否则在原告已经完成行为意义的本证举证责任的情况下，被告就要承担结果意义上的举证责任。

基于网络购物非现场性的特点，消费者要证明"此球即彼球"的难度更大。例如网购绿松石手链的案件，按照原告承担举证责任的说法，消费者举证快递单、网页订单信息（经公证）、商家的商品详情页（经公证）等证据证明交易的完成，再举证鉴定报告证明手链为假，如商家否认商品为其所售，则需进一步举证，有的消费者举证拆包裹的视频，但是视频只能凭肉眼看，因涉及材质问题，无法判断视频中的物品就是涉案的物品，更何况大多数人网购商品，不会在拆包裹的过程中拍摄视频。故对于网络购物合同中的"此球非彼球"抗辩亟需明确举证责任如何分配。笔者认为前述基于"行为意义上的举证责任"与"结果意义上的举证责任"的分配思路值得参考，但具体分配方案仍需结合审判实践予以合理确定。

2. 被告以"代购"系委托合同关系为抗辩理由，否认网络购物合同关系的成立

目前代购市场在网络购物中所占比例越来越高，在消费者主张惩罚性赔偿的案件中，有部分商家会主张委托合同关系而否认买卖合同关系。例如消费者在淘宝网一店铺购买燕窝，商品详情中写明产地为越南，而我国法律禁止从越南进口燕窝，消费者主张退一赔十，商家则认为其是亲自去我国香港地区购买，并带回内地，不属于进口，其与消费者之间是代购的委托合同关系而非买卖合同关系。这类抗辩在涉及国外产品的案件中屡次出现，对该类案件法律关系的确认，目前存在争议。在写明系"代购"的情况下，有两种观点：

第一种观点认为，双方不是委托合同关系，应认为消费者支付的钱款系商品货款，而不是服务费。

第二种观点认为，在写明系代购的情况下，还需考虑付款与代购的先后时间，如代购在前，付款在后，则仍然是买卖合同关系。如付款在前，代购在后，则可认定委托合同关系，但法律关系的确认还需综合各方的举证。

对于第一种观点，直接根据价款认定过于片面，且一般代购价都包含购入价和利润价，如果委托关系成立，该利润部分也有被视为服务费的可能；对于第二种观点，目前代购主要分为专业网站代购和个人网络代购，两种代购都涉及现货代购和非现货代购的情况，该第二种观点其实就是针对"现货与否"进行的认定，一般"现货代购"并不是真正意义上的代购，本质还是买卖合同关系，而"非现货代购"才是委托合同关系，所以如果明确写明代购又属于非现货代购，那么基于委托合同关系，消费者向代购者主张惩罚性赔偿实难得到支持。对于该问题，尚无统一的定论，还需要进一步研究和探讨。

（三）主观性审查难点：知假买假者"明知"的法律评价

1. 基于标签瑕疵类案件的实践视角，看立法及司法实践的态度转变

主张标签类瑕疵的消费者，一般以没有中文标签等为由主张十倍赔偿。但在该类案件审理初期，对于是否构成"不符合食品安全的食品"的认定存有争议，有人主张形式说，即只要违反法律规定，就认为不符合食品安全；有人主张实质说，即要确定对身体有伤害，才构成不符合食品安全。初期基于谨慎考虑，以及最大化促进食品安全的考量，基本上予以支持。但随着对食品安全标准的深入认识，食品标签是否会对消费者权益造成损害，成为一个重要的判断标准，不再认为所有的标签问题都会影响食品安全，根据修改后的《食品安全法》规定，食品的标签、说明书存在不影响食品安全且不会对消费者造成误导的瑕疵的，不能适用惩罚性赔偿的规定。

2. 基于司法政策的利益平衡，看最高人民法院对"知假买假"的态度

2013年最高人民法院在《关于审理食品药品纠纷案件适用法律若干问题的规定》中明确，在食品药品领域，明知食品、药品存在质量问题而仍然购买的，仍然可以诉讼赔偿。对于食品、药品纠纷的特殊政策是否可以推广到所有消费领域，2017年5月，最高人民法院在《对十二届全国人大五次会议第5990号建议的答复意见》（法办函【2017】181号）中明确，食品、药品是直接关系人体健康，前述有关食品、药品的司法解释产生于地沟油、三聚氰胺奶粉、毒胶囊等一系列重大食品、药品安全事件频繁曝出，群众对食品、药品安全问题反映强烈的大背景之下，是特殊背景下的特殊政策考量。

根据最高人民法院的精神，"知假买假"行为在打击食品药品领域经营者违法侵权行为方面起了一定的积极作用，但也出现了公司化、组织化等新的发展和变化，其负面影响日益凸显，违背了诚信原则，浪费了司法资源，因此不宜将食品、药品纠纷的特殊政策推广适用到所有的消费保护领域，应逐步限制当事人的牟利性打假行为。

可以说，当前对职业打假予以逐步限制，虽然已形成了较为广泛的社会共识，但是在限制的程度、限制的方式等方面，还需要不断进行探索。

3. 基于民法的体系解释，看知假买假情形下的欺诈认定

2017年10月1日实施的《民法总则》第一百二十八条规定："对未成年人、老年人、残疾人、妇女、消费者等的民事权利保护有特别规定的，依照其规定。"对此杨立新教授认为："《消费者权益保护法》本身的属性以及对消费者保护的迫切性都要求将《消费者权益保护法》纳入民法体系，我国《民法总则》借鉴德国民法典第十三条规定消费者主体地位的做法并予以改进，将消费者保护法确认为民法特别法，确定了《消费者权益保护法》在民法中的地位。"③

在过去，《消费者权益保护法》关于欺诈的惩罚性条款，与私法领域内以"填平式"或补偿性的调整原则有所不同，其实质是惩罚，体现的是国家对损害赔偿的干预，是一种惩罚性的赔偿，也是对不法分子的处罚。基于这种异于民法私法基本原则的特征，曾经认为对惩罚性条款中"欺诈"的认定，也与民法的欺诈认定有所区别，民法要求被欺诈人因欺诈人的欺诈行为产生了错误的意思表示，该条件在《消费者权益保护法》中被淡化，基于惩罚的目的，仅强调经营者客观行为本身的成立，因此在一段时间内知假买假者的"明知"并未影响欺诈的认定。但是，在《民法总则》背景下，确认《消费者权益保护法》属于民法体系，对将来《消费者权益保护法》的惩罚性条款的适用和理解必然会有所促进，知假买假中对于欺诈的认定越来越公平合理。

---

③ 杨立新：《我国〈民法总则〉规定消费者概念的重要价值》，载《法学杂志》2017年第4期。

结语：外部考量

互联网的发展及其带来的移动端网购的便利，引发了更多的网络购物合同纠纷，该类案件呈现快速增长的趋势，也出现了许多新情况、新问题，为法院审判工作带来挑战。网络购物合同纠纷审判工作，需要食品药品监督管理、工商行政管理、出入境检验检疫、市场监督管理等部门的通力协作，在证据调取、多元化解等方面，给予法院大力的支持。另外，电商平台作为网络购物的平台提供商，应当完善交易规则，尽到提示义务。作为信息强势一方，在现有技术允许的情况下，应尽量完善用户协议移动端呈现方式，提高企业社会责任感，完善商家信息采集，协助消费者取证，从而有效降低网购纠纷，提升网购环境。

（责任编辑：张心全）

新兴、规范与整合：网购合同纠纷民事审判中电商平台的法律定位及责任问题研究

——基于 S 市法院 50 份典型网购合同纠纷民事判决书的实证分析

严　华*

随着电子商务的飞速发展，电商平台应运而生，网络购物已成为时下最热门的消费方式。随之而来的网购合同纠纷中，电商平台是在传统的买卖双方主体之上，顺应信息科技迅猛发展潮流新兴的"第三方"，它既不能被武断地视为"卖方"，也不能完全被视为与买卖合同关系独立的"第三方"，确切地说，还需要根据电商平台在交易中充当的角色进一步区分其法律责任。不同交易模式下不同类型电商平台的法律定位、其应承担的责任性质、范围等问题，不仅是该类案件民事审判的重点、难点，而且是值得理论界和司法实务界探讨研究的热点问题。

本文通过对 S 市法院 2013 年至 2017 年 50 份典型网络购物合同纠纷民事判决书样本进行实证分析，总结该类案件民事审判中确定电商平台的法律定位、法律责任性质及范围的审判思路，并进一步研究电商网购交易相关立法司法完善路径等问题。

一、问题视角下的数据统计：基于 50 份典型网购合同纠纷民事判决书的实证分析

（一）样本判决文书案情及数据综述

本文搜集、整理了 2013 年至 2017 年 S 市法院以网购合同纠纷案由判决

---

* 严华，法学硕士，上海市松江区人民法院法官助理。

结案的 50 份民事判决书作为研究样本，文书来源为中国裁判文书网、上海法院 C2J 裁判文书库等数据库。样本选择关注"典型案例"，具体选取标准为：涵盖当前主流的电商平台、系争商品涵盖各产品分类、可形成一定的对比性和参考性。

通过查找核对判决文本内容，本文对其中所涉电商平台占比、电商平台是否作为被告、是否担责、原告诉请依据与法院判决、文书引用法条等各方面情况进行了实证分析，并从中归纳 S 市法院民事审判中法官对电商平台的法律定位、责任性质及范围等问题的现有审判思路及该类案件民事审判仍存在的问题。

表 1　50 份民事判决书案情及判决情况综述

序号	所涉电商平台	是否（共同）被告	是否担责	原告诉请	诉请依据	判决情况	适用程序
1	天猫	否	否	退一赔十	销售明知是不符合食品安全标准的食品	支持	一审
2	天猫	否	否	退一赔十	销售不符合食品安全标准的食品	不支持	一审
3	天猫	否	否	退一赔十	生产、销售不符合食品安全标准的食品	不支持	一审
4	京东	是	是	退一赔十	销售明知是不符合食品安全标准的食品	支持	一审
5	1号店	否	否	退一赔三	宣传方式引人误解、误导消费者，属欺诈行为	支持	一审
6	东方CJ购物网	是	是	退一赔三	经营过程中存在欺诈行为	支持	一审
7	东方CJ购物网	是	是	退一赔三	虚假宣传误导消费者作出购买的错误意思表示，构成欺诈行为	支持	二审维持
8	易迅网	是	是	退一赔十	销售明知是不符合食品安全标准的食品	支持	一审
9	易迅网	是	是	退一赔十	销售明知是不符合食品安全标准的食品	支持	二审维持
10	京东	是（共同）	否	退一赔三	产品宣传与实际不符，经营者行为构成欺诈	不支持	一审

（续表）

序号	所涉电商平台	是否（共同）被告	是否担责	原告诉请	诉请依据	判决情况	适用程序
11	京东	是（共同）	否	退一赔三	产品宣传故意夸大，与实际不符，经营者行为构成欺诈	不支持	二审维持
12	1号店	是（共同）	否	退一赔三	故意告知虚假情况或故意隐瞒真实情况，经营者行为构成欺诈	不支持	一审
13	1号店	是（共同）	否	退一赔三	故意告知虚假情况或故意隐瞒真实情况，经营者行为构成欺诈	不支持	二审维持
14	京东	是	否	退一赔十	销售明知是不符合食品安全标准的食品	不支持	一审
15	京东	是	否	退一赔十	销售明知是不符合食品安全标准的食品	不支持	二审维持
16	天猫	否	否	退一赔十	销售明知是不符合食品安全标准的食品	不支持	一审
17	天猫	否	否	退一赔十	销售明知是不符合食品安全标准的食品	不支持	二审维持
18	京东	是	否	交付指定标的物	实际交付的标的物与网页描述产品介绍不符，构成欺诈	不支持	一审
19	1号店	是	否	退一赔十	销售明知是不符合食品安全标准的食品	不支持	一审
20	1号店	是	是	退一赔三	经营者销售假冒产品，构成欺诈	支持	一审
21	1号店	否	否	退一赔十	经营者销售不符合国家食品安全标准的食品	支持	一审
22	京东	是（共同）	否	退一赔三	经营者在产品销售过程中存在虚假宣传和欺诈行为	不支持	一审
23	京东	是（共同）	否	退一赔三	经营者在产品销售过程中存在虚假宣传和欺诈行为	不支持	一审
24	京东	是（共同）	否	退一赔三	经营者在产品销售过程中存在虚假宣传和欺诈行为	不支持	一审
25	国美在线	是（共同）	否	退一赔三	经营者在产品销售过程中存在欺诈行为	不支持	一审

（续表）

序号	所涉电商平台	是否（共同）被告	是否担责	原告诉请	诉请依据	判决情况	适用程序
26	小米科技官网	是	否	退一赔三	经营者的产品广告宣传存在欺诈行为	不支持	一审
27	小米科技官网	是	否	退一赔三	经营者的产品广告宣传存在欺诈行为	不支持	二审维持
28	天猫	是（共同）	是	退一赔十	经营者的产品广告宣传与实际不符，存在欺诈行为	部分支持	一审
29	天猫	是（共同）	是	退一赔十	经营者的产品广告宣传与实际不符，存在欺诈行为	部分支持	二审维持
30	淘宝网	是	否	退一赔三	电商平台明知卖家售假，未尽到必要审查、监管责任	不支持	一审
31	天猫	是（共同）	否	退一赔三	经营者商品描述与实物不符，存在虚假宣传，构成欺诈	不支持	一审
32	天猫	是（共同）	否	退一赔三	经营者商品描述与实物不符，存在虚假宣传，构成欺诈	不支持	二审维持
33	天猫	是（共同）	否	退一赔十	销售违反食品安全标准的食品	支持	一审
34	淘宝网	是	否	退一赔三	电商平台不支持"假一赔三"、未回复原告就涉案卖家提出的信息披露申请等情况	不支持	一审
35	天猫	是（共同）	否	退一赔十	销售明知是不符合食品安全标准的食品	不支持	一审
36	天猫	是	否	退一赔十	电商平台未事先审查，未尽到必要审查、监管责任	不支持	一审
37	天猫	是（共同）	否	退一赔一	经营者存在明显的虚假宣传和欺诈	不支持	一审
38	天猫	是（共同）	否	退一赔一	经营者存在明显的虚假宣传和欺诈	不支持	二审维持
39	淘宝网	否	否	退一赔三	产品外包装对消费者产生误导，构成欺诈	支持	一审
40	淘宝网	否	否	退一赔三	产品外包装对消费者产生误导，构成欺诈	不支持	二审改判
41	天猫	否	否	退一赔1000元	食品和食品添加剂与其标签、说明书的内容不符	支持	一审

（续表）

序号	所涉电商平台	是否（共同）被告	是否担责	原告诉请	诉请依据	判决情况	适用程序
42	天猫	否	否	退一赔1000元	食品和食品添加剂与其标签、说明书的内容不符	不支持	二审改判
43	京东	否	否	退一赔三	涉案广告宣传行为构成对消费者的欺诈	不支持	一审
44	京东	否	否	退一赔三	涉案广告宣传行为构成对消费者的欺诈	不支持	二审维持
45	京东	是	否	退一赔三	涉案广告宣传行为构成对消费者的欺诈	不支持	一审
46	京东	是	否	退一赔三	涉案广告宣传行为构成对消费者的欺诈	不支持	二审维持
47	1号店	是	否	退一赔三	涉案广告宣传描述与实际不符，构成对消费者的欺诈	不支持	一审
48	1号店	是	否	退一赔三	涉案广告宣传描述与实际不符，构成对消费者的欺诈	不支持	二审维持
49	1号店	否	否	退一赔三	广告宣传涉嫌价格欺诈	不支持	一审
50	1号店	否	否	退一赔三	广告宣传涉嫌价格欺诈	不支持	二审维持

（二）样本判决文书类型化分析

本文从以下几方面对上述50份文书样本进行分析和研究：

1. 所涉电商平台占比情况

样本所涉电商平台分布情况为：以规模较大、市场占有率高、自营类和非自营类（入驻商家型）营销模式并存的大型电商平台居多。其中涉及天猫商城的16例，占比32%；涉及"1号店"网站的11例，占比22%；涉及京东网上商城的13例，占比26%。同时，部分样本案例所涉的电商平台，具有线下实体与线上电商两者兼备的特征，如国美在线和小米科技官网。另外，东方CJ购物网结合了电视购物频道宣传和电话订购，与传统电商平台单纯的网络页面描述、网页点击下单等相比具有一定特殊性。

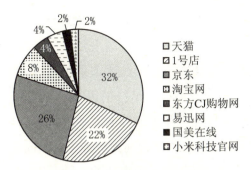

图1 所涉电商平台占比图

2．所涉商品种类占比情况

样本涉及商品种类分布情况为：目前的电商平台购物交易涵盖的实物商品类型广泛，包括食品、饮品（19件）、保健品（8件）、电子数码产品（13件）等日常生活必需品。

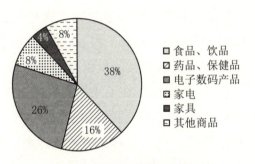

图2 所涉商品种类占比图

3．电商平台类型、列为被告及判决担责情况

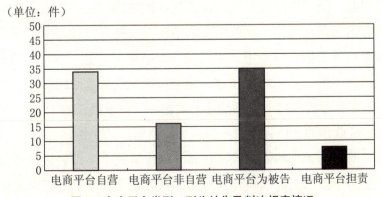

图3 电商平台类型、列为被告及判决担责情况

样本中电商平台自营类案件有 34 件，占比 68%；非自营案件 16 件，占比 32%。对于自营类销售模式而言，电商平台本身为网购合同卖方，涉讼电商平台是当然的被告和责任主体，其法律关系相对清晰明确。而对于非自营类销售模式则有几种不同情形：一是将销售商家与电商平台列为共同被告，二是只将销售商家列为被告而并未起诉电商平台，三是只起诉电商平台而并未起诉销售商家。样本中将电商平台列为被告（含共同被告）的有 35 件，占比 70%，其中最终判决电商平台承担责任的 8 件，占电商平台列为被告案件数的 22.86%。

通过分析涉案被告情况，笔者发现，非自营类电商平台销售模式中，原告选择单独起诉销售商或电商平台，或是将两者作为共同被告同时起诉，是综合不同的因素考量、博弈后的结果。显然，单独起诉销售商无疑是最简单便捷的诉讼策略，但虚拟网络空间中确定销售商真实身份信息、管辖地、电子数据举证等都存在一定困难，且仅向销售商主张很有可能无法弥补损失，故部分原告选择同时起诉销售商和电商平台。但这种情况下原告负有两方面举证责任，即证明销售商存在违约、侵权以及电商平台未尽监管、协调义务，诉讼难度更高。另有一部分原告在无法找到明确销售商或者出于其他考虑，选择单独起诉电商平台，原告负有更高的证明电商平台未尽到审慎监管、必要协助等义务的举证责任。样本中有 2 例未起诉卖家而单独起诉淘宝网的情况，其判决结果均为不支持原告诉请，理由就是原告未达到相应的证明条件。

4. 原告诉请及诉请依据情况

要求"退一赔三"是依据《消费者权益保护法》关于商家存在欺诈、虚假宣传的三倍惩罚性赔偿，一般是主张电商平台网页宣传与实物不符、网页广告宣传夸大等情形。样本中，主张存在欺诈要求"退一赔三"的有 28 件，占样本总数的 56%。其中主张故意告知虚假情况或故意隐瞒真实情况存在欺诈的 8 件，主张虚假宣传、商品描述与实物不符构成欺诈的 15 件，主张销售假冒产品构成欺诈的 3 件，主张产品涉嫌价格欺诈的 2 件。

要求"退一赔十"的依据是《食品安全法》关于生产、销售违反食品安全标准的食品十倍惩罚性赔偿相关规定，其往往涉及专业鉴定及行业标准的比对认定。样本中，主张经营者销售不符合安全标准的食品而要求"退一赔十"的有 17 件，占样本总数的 34%。

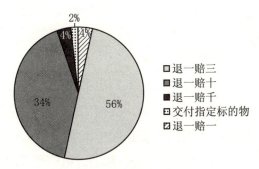

图 4　原告诉请占比图

5.判决支持情况及相关判决理由

样本判决结果支持原告全部诉请的有 12 件，仅占样本总数的 24%，支持原告部分诉请的有 2 件，占样本总数的 4%，而判决不支持原告诉请的占大多数，计 36 件，占样本总数的 72%。另值得注意的是，样本中有 2 例一审支持、二审改判不支持的情况。

综观 50 份民事判决书样本，最终判决电商平台不承担责任的判决理由，概括为：第一，电商平台并不是买卖合同的相对方，只有在不能提供销售者的真实姓名、地址和有效联系方法的前提下，消费者才可要求电商平台承担责任。第二，电商平台已在商家入驻前审慎审核了相关资质，在发生纠纷后，提供了具体的商家信息，亦已采取了冻结店铺、协助调查等必要措施。

而相反的，判决电商平台应承担责任的判决理由基本上也是：电商平台"明知或者应知"销售者或者服务者利用其平台侵害消费者合法权益未采取必要措施的，或未尽到合理审查、审慎监管、必要协助等义务。

6.引用法律条文情况

统计得出，50 份民事判决书样本引用法律条文情况如下：法律方面主要引用《合同法》《消费者权益保护法》《食品安全法》《产品质量法》《侵权责任法》《广告法》《反不正当竞争法》等；同时，侵害消费者权益行为处罚办法、食品广告发布暂行规定、最高人民法院关于审理食品、药品纠纷案件的相关司法解释、国家卫计委相关问题复函及通知、卫生证书等行政法规、规章及规范性文件也经常被引用；此外，该类案件判决还需要引用例如食品营养强化剂使用标准、食品中污染物限量、食品生产许可分类目录、食品添加使用标准等行业标准；另外，《中华人民共和国药典》、绿色食品豆类等学术标准也会被引用，作为参考。

7. 法律文书包含的建议内容

需要特别指出，样本中有一份民事判决书在"本院认为"部分采用一定篇幅对涉案电商平台进行了司法劝诫，其指出电商平台应对所销售商品的质量、性能、进货渠道等严格把关，本着保护消费者合法权益的目的，妥善解决问题，并能借本案改进经营作风，防微杜渐，诚信经营[①]，笔者认为，这部分内容实际上承担了类似于司法建议的功能，体现了法院审判对电商平台规范诚信经营的劝解和引导作用，它促使当事人不仅关注所涉个案事实与判决，更能进一步指引和规范电商平台的经营行为和秩序。

二、实证分析结合法学理论的思考：不同网购交易情形下法律关系、电商平台法律地位及责任

（一）网购合同纠纷中的法律关系及对应电商平台法律地位分析

目前学术界界定电商平台法律地位的主要观点有三种：第一，买卖双方中的"卖方"；第二，柜台出租方；第三，居间人[②]。笔者认为，电商平台提供商所参与的民商事法律关系不能完全按照传统的民商事法律体系进行界定，上述说法均是以现存法律关系框架和思维模式来界定电子商务关系，都存在一定局限性。电商平台在不同类型的网络交易情形下，对应不同的法律关系，应当具有其独特的法律地位，上述角色定位与不同网络交易类型下的电商平台都有一定的相似性，但电商平台的运作模式决定了电商平台定位与此类传统角色定位仍存在实质不同，需结合实际情况具体而论，不能泛泛而谈。

1. 电商平台作为直接的销售方

买卖关系一般适用于电商平台自营销售模式，可以说是将网络购物与现

---

① 见（2016）沪02民终7550号民事判决书。
② 吴仙桂：《网络交易平台的法律定位》，载《重庆邮电大学学报（社会科学版）》2008年第6期。

实购物等同,将电商平台认定为网购合同中的卖方,亦即买卖关系的直接当事人。在面向普通消费者的交易中,如消费者在购买、使用商品时其合法权益受到损害的,可以向卖方请求损害赔偿。③

一般交易中,卖方直接与买方进行磋商、缔约、交付商品和收取货款等,其利润直接来源于出卖货款与成本的利差,并对其所售商品的质量负有保证义务。买卖合同纠纷中买方的诉请直接针对卖方,其举证也主要围绕与卖方之间签订的买卖合同,卖方是诉讼的直接利益相关者。传统合同法理论主要就是围绕买卖双方的权利与义务关系而讨论。

本文第一部分样本实证分析中,大部分样本属于电商平台自营类网购合同纠纷(计34件,占比68%),电商平台均以唯一被告身份参与诉讼,法院的审判思路也比较清晰,即参照审判实务中普通买卖合同关系,依据传统的合同法思维,结合合同法及其他相关法律条文,判断电商平台作为卖方是否全面履行了其合同义务,并最终判断电商平台是否应承担相应责任。

2. 电商平台作为平台提供方

在实际网络购物交易中,除了一部分电商平台自营出售的商品外,另一部分电商平台并不是真正的卖方,通过平台所售的商品由电商平台的注册用户提供,出售商品的注册用户才是实际的卖方,电商平台只是提供一个销售的平台供买卖双方使用,是独立于买卖双方的第三方,而非卖家的合营者。本文第一部分样本实证分析中,就有32%的案例是电商平台非自营情况。

理论上电商平台不属于合同当事人,但电商平台促成交易,对交易的流程及环节皆有把控能力,甚至网络交易的流程及环节由其单方制定,无论是买方还是卖方皆严格遵循其所制定发布的网络购物平台交易规则,这些交易规则也是法院在审理此类案件时确定买卖双方在交易流程和环节上是否存在履行瑕疵或者违约的重要依据。另外,只有电商平台才同时掌握买卖双方的注册信息,没有电商平台的配合,双方都很难开展诉讼。电商平台对在其平台上从事交易的买方尤其是卖方都有管理义务。因此,即便电商平台非合同当事人,在未尽到平台管理责任的情形下,也应承担相应的法律责任。

---

③ 参见《消费者权益保护法》第三十五条。

（二）不同法律关系下电商平台的法律责任

1. 自营类网络购物电商平台的法律责任

自营类的网络购物交易电商平台承担的是直接责任，这种情形下电商平台即为买卖合同的卖方，是买卖合同的直接当事人，其应承担的法律责任也可以参考普通买卖合同相对方来确定，主要有违约责任和侵权责任两种类型，即作为卖家的基于买卖合同的违约责任，作为商品销售方的基于产品质量的侵权责任。

2. 非自营类网络购物电商平台的法律责任

《消费者权益保护法》第四十四条第一款规定："消费者通过网络交易平台购买商品或者接受服务，其合法权益受到损害的，可以向销售者或者服务者要求赔偿。网络交易平台提供者不能提供销售者或者服务者的真实名称、地址和有效联系方式的，消费者也可以向网络交易平台提供者要求赔偿；网络交易平台提供者作出更有利于消费者的承诺的，应当履行承诺。网络交易平台提供者赔偿后，有权向销售者或者服务者追偿。"电商平台作为一个网络的虚拟空间，有义务保障客户的安全。在排除共谋售假的情况下，电商平台仍应承担类似于未尽安全保障义务人的补充责任。如果电商平台未尽合理限度范围内的预防措施和告知义务，电商平台应在能够防止或制止损害发生的范围内承担相应的补充赔偿责任。电商平台在其承担责任之后，可向平台上与消费者建立合同关系的商家追偿。

《消费者权益保护法》第四十四条第二款规定："网络交易平台提供者明知或者应知销售者或者服务者利用其平台侵害消费者合法权益，未采取必要措施的，依法与该销售者或者服务者承担连带责任。"电商平台明知或者应知电商利用其平台售假，造成消费者权益受损，但未采取必要预防措施、履行告知义务的，其主观的过错、客观的不作为，与消费者权益损害的因果关系，完全符合侵权责任的构成要件，第三方平台与电商属于同等地位的侵权人，应承担连带的侵权责任。

非自营电商平台有时会因违反与买家的约定而承担违约责任。非自营类网络销售模式中，电商平台提供商所承担的违约责任主要来自其与用户签订的服务协议。以淘宝网为例，买卖双方在淘宝网上进行交易的前提是注册成为淘宝网的用户，在用户注册时，需要与淘宝网签订由其制作的服务协议，该服务协议为淘宝网与其注册用户之间的合同，也是其承担违约责任的依据。《消费者权益保护法》明确电商平台作出更有利于消费者的承诺的，应当履行。例如，电商平台对外作"全场正品"、"所有网店无假货"等承诺，就应当恪守，否则即违反协议约定。

三、规范与整合：电商平台法律定位及责任立法现状及完善建议

从相关法律规定和民事审判现状来看，目前对于电商平台应承担的义务和责任的规定仍旧比较模糊。电商平台相关立法体系如何进一步完善，笔者认为有两个方面的路径：

首先，《侵权责任法》《消费者权益保护法》《网络交易管理办法》等法律法规都对电商平台的相关义务作了规定，但却没有相应的罚则规定，最严厉的惩处也仅是与销售者承担连带责任。因此，在公法层面，仍应突出社会公共利益和行业监管理念，建议我国借鉴德国、日本等国家的电商平台立法的经验，一方面在现有《合同法》《侵权法》《消费者权益保护法》中进一步明晰电商平台的权利义务及法律责任，另一方面建议制定专门的《电子商务法》《电商平台责任法》等法律法规，明确电商平台提供者的法律定位，从行政管理上规定其行为规范，从根源上减少网上交易纠纷。

其次，在私法层面，坚持过错归责原则为前提，确定电商平台应尽到一般性的"合理注意"审查义务，特定情形下应承担较高的注意义务。电商平台在有能力预防、制止网购交易侵权行为而未尽到相应义务，或应当主动、及时采取必要措施而未采取时，应承担不利后果。总之，电商平台应承担起与其能力范围相当的注意义务和审查责任。至于如何判定电商平台已明知或应知网店侵害了消费者合法权益则更为困难，除非消费者可以证明，电商平台此前已经接到过例如售假、欺诈投诉却没有采取措施，但更多地仍需要通过诉讼途径，由法院来判定平台是否明知或应知。遗憾的是，对于何为"明知或者应知"，新《消费者权益保护法》并没有细化。这会给将来执法、司法带来一定障碍，也让电商平台有了一定的主张免责的模糊空间，建议对此进一步予以明确。

笔者认为，在当前电商平台相关立法未达到系统、完善的情况下，电子商务领域的司法审判应体现一定创新性、超前性和与立法的互动性。法院一方面应在电商纠纷审判实践中总结问题和经验，为今后网络交易平台提供商的立法提供前瞻性基础。另一方面，法院应通过司法劝诫、司法建议等方式实现电商领域的"柔性"司法，进一步引导和促进电商行业进行良好的制度设计，促进电商行业诚信有序、健康繁荣发展。

（责任编辑：张心全）

《民法总则》的溯及力问题探析

——以法的可预见性为视角

黄 白*

《民法总则》已于 2017 年 10 月 1 日起施行，能否适用于其施行前发生的案件及会对案件结果产生怎样的影响，已成为当前司法实务中的现实问题。围绕《民法总则》展开溯及力问题研究，有利于弥补我国民事法律溯及力在理论和立法层面的不足，也能为将来民法分则和其他民商事法律中新旧法衔接问题的处理提供有益借鉴。

一、《民法总则》溯及力问题的产生

作为我国民法典的开篇之作，《民法总则》在尊重民事立法历史延续性的基础上，对不适应现实情况的内容和制度进行了修改补充，对社会生活迫切需要规范的事项作出了创设性规定。《民法总则》施行后，大量案件事实发生在 2017 年 10 月 1 日前的纠纷将陆续进入诉讼，是否可以适用《民法总则》对这些案件作出裁判，涉及《民法总则》的溯及力问题，试举以下两个例子。

第一，《民法通则》规定的普通诉讼时效为两年，《民法总则》将其延长为三年。对于 2015 年 8 月 1 日到期的债权，债权人于 2018 年 1 月 1 日主张权利，如按《民法通则》计算，债权请求权已罹于诉讼时效，如按《民法总则》计算，时效抗辩权尚未产生，应适用新法抑或旧法？如果债权系 2015 年 12 月 1 日到期，债权人于 2018 年 1 月 1 日要求履行，又应如何适用？

第二，《民法总则》增加了胎儿利益特别保护条款，规定涉及遗产继承、接受赠与等胎儿利益保护的，胎儿视为具有民事权利能力。在此之前我国立

---

* 黄白，法学硕士，上海市第一中级人民法院法官助理。

法层面并不承认胎儿的权利能力，如果某人于 2017 年 1 月 1 日赠与某胎儿财产，是否可依据《民法总则》认可赠与行为有效？又如某孕妇于 2017 年 1 月 1 日遭遇车祸导致胎儿早产，娩出后胎儿死亡，法院是否可以判决侵权责任人承担"胎儿"的死亡赔偿金？

《民法总则》新增、修改和废除的民事规范范围广泛、影响深远。案件中，新法对其有利的一方必然以新法作为主张权利或提出抗辩的依据，新法对其不利的一方必然提出案件事实发生于新法施行之前，以"法不溯及既往"为由予以反驳，从而产生法律适用的争议焦点。

我国《立法法》第九十三条规定："法律、行政法规、地方性法规、自治条例和单行条例、规章不溯及既往，但为了更好地保护公民、法人和其他组织的权利和利益而作的特别规定除外。"这是我国法律对于法的溯及力的一般规定，确立了"法不溯及既往"原则，并将"更好地保护公民、法人和其他组织的权利和利益"作为法溯及既往的例外条件。除此之外，我国法律层面只有刑法明确规定"从旧兼从轻"。有关溯及力的法学研究也主要集中于刑法，兼及行政法、税法等公法领域，对于私法溯及力问题的研究相对欠缺。①

比较法上看，德国、瑞士、日本民事法律的制定不仅考虑了新旧法的衔接问题，而且以法律特别规定的形式作了细致安排。例如，《德国民法典施行法》自 1900 年与《德国民法典》同时生效以来，经过 1994 年的一次全面整理和重新公布，之后通过条文的直接修改和补充，及时反映立法状况和解决时间效力的冲突。②反观我国的民事立法，从《民法通则》到《合同法》《物权法》等单行立法，再到《民法总则》，始终未对溯及力问题加以明确。

在此情况下，最高人民法院通过司法解释和司法文件对于部分溯及力问题予以了回应。例如，《最高人民法院关于适用〈中华人民共和国合同法〉若干问题的解释（一）》（以下简称《合同法解释一》）第一条至第七条规定了合同法的溯及力问题，不仅重申了"法不溯及既往"原则，而且对合同的履

---

① 冯玉军主编：《新〈立法法〉条文精释与适用指引》，法律出版社 2015 年 9 月版，第 333 页。
② 贺栩栩：《法的时间效力界限与法的稳定性——以德国民法为研究视角》，载《环球法律评论》2011 年第 5 期。

行、合同效力及无效依据的法律位阶、技术合同诉讼时效等方面作了特别规定。除此之外，关于《民法通则》《继承法》《婚姻法》《公司法》等的司法解释也有个别关于溯及力的规定。另有一些适法意见散见于最高人民法院的通知、答复、会议纪要，甚至领导讲话中。这些解释和意见相对分散，也未能全面涵盖民商法领域。因此，司法机关只能依据《立法法》的原则性规定，结合最高人民法院以往的意见和相关法学理论，确定《民法总则》如何适用于当前纠纷。

二、我国法律框架下私法溯及力的理论重构

（一）"法不溯及既往"原则的法理基础

世界上大多数国家都将"法不溯及既往"作为一项基本原则，认为法不适用于其施行前发生的事件和行为，并主要从法治和人权的角度加以论证。法治意味着国家机关的全部活动应受预先确定并加以宣布的规则的制约，而人们通过这些规则能够准确预见国家机关将如何行使强制力，以便安排个人的生活和经营活动。"法不溯及既往"原则通过制约国家机关的行为，使公众的合理期望不致因溯及既往的立法、执法而落空，从而切实保障人的自由权利不受侵犯。[3]

基于经济社会背景和运行现状，法律不断地修订和完善。新法对旧法的扬弃体现了立法机关对现行法律缺陷的弥补，适用新法更有可能适应社会发展需求，法官在处理案件时也难免有适用新法的"冲动"。尤其是在旧法存有明显漏洞而新法予以完善的情况下，法官自然希望实现新法的价值取向，达到更为公平合理的结果。但是，新法的先进性尚不足以成为溯及既往的理由：首先，即便旧法欠缺公平合理性也是立法者导致的，而立法者的错误不该由当事人承担；其次，即便新法能够实现社会发展目标，也不应以牺牲个体自由以及对法治的信仰为代价。因此，法的溯及既往要获得正当性支持，需要其他更为充分的理由。[4]

---

③ 刘风景：《法不溯及既往原则的法治意义》，载《新疆师范大学学报（哲学社会科学版）》2013 年第 2 期。
④ 房绍坤、张洪波：《民事法律的正当溯及既往问题》，载《中国社会科学》2015 年第 5 期。

《立法法》第九十三条给出的理由是新法属于"为了更好地保护公民、法人和其他组织的权利和利益而作的特别规定"。立法机关认为,"对于法不溯及既往原则来说,主要是从轻例外,即当新的法律规定减轻行为人的责任或增加公民的权利时,……新法可以溯及既往。从新例外通常适用于公法领域,如刑法的溯及力问题上,各国普遍采取从轻原则"。⑤ 由此可见,虽然《立法法》第九十三条既适用于公法领域又适用于私法领域,但立法机关在起草该条文时主要是从公法的角度进行考虑的。事实上,在法的溯及力问题上,公法与私法有不小的区别。

公法直接调整国家公权力与公民、法人和其他组织的私权之间的关系,公法的修订体现了"公权"与"私权"之间的此消彼长。当新法扩大规制范围或加重法律责任,则公权得到扩张,私权受其抑制,反之亦然。因此在公法上,赋予公民、法人和其他组织更多自由、减轻或免除其法律责任的新法才具有溯及力,这是比较容易把握的。相比之下,私法调整平等主体之间的人身、财产关系,着眼于私权之间的平衡,私法的变更一般不体现为"公权"与"私权"的此消彼长,却往往带来"私权"相互之间的此消彼长。虽然民事法律的修改大多以保护某类当事人的权益为宗旨和内容,形式上符合《立法法》第九十三条的但书规定,但这通常是以削减其他当事人的利益为代价的。因此,私法上何谓"更好地保护公民、法人和其他组织的权利和利益",需要通过法律解释赋予其有别于公法的内涵。

(二)私法正当溯及既往的一般原则

与刑法相比,私法的溯及力问题在我国法学界受到的关注较少,也尚未形成较为完备的理论体系。部分学者借鉴国内外法律实践,总结出判断私法规则是否溯及既往的两项标准。第一项标准是未损害个人自由,符合这项标准的包括:(1)对当事人有利的法律,即对各方当事人都有利或者至少在不损害一方的前提下使另一方获利的法律规则;(2)使无效的法律行为变为有效的法律。第二项标准是如果损害了个人自由,只有为维护基本的公共秩序

---

⑤ 全国人大常委会法制工作委员会国家法室编著:《中华人民共和国立法法释义》,法律出版社 2015 年 7 月版,第 293—294 页。

和善良风俗的私法才能溯及既往，因为公共秩序和善良风俗是人类享有文明和自由的前提。而对于保护弱势群体是否构成私法溯及既往的理由，学界有所争议。⑥

笔者认为，无论是公法领域还是私法领域，"法不溯及既往"原则主要是为了避免新法减少、剥夺当事人依据旧法取得的权利和利益或者向当事人施加新的义务和责任。由于法律在颁布前不为社会公众所知，当事人无法依据未知的规则调整自己的行为，避免不利的后果，如果法律溯及既往对当事人产生不利影响，将损害当事人的信赖利益，进而挫伤社会公众对法律的信仰。可见，法必须具有可预见性，是"法不溯及既往"原则确立的基础，新法在颁布前的不可预见性，是法溯及既往的症结所在。反之，如果存在某些特殊情况，使新法的适用既发挥权益保护功能又不加重他人的义务和责任，不会带来无法预见的不利后果，那么这些更为先进、更能实现权益保护宗旨的法律就应溯及既往。

因此，私法溯及既往的条件可以归纳为：法律规范更好地保护民事主体的权益，且该法律规范的溯及既往不违反法的可预见性。以"权益保护＋可预见性"作为私法正当溯及既往的一般原则，具有以下合理性。

首先，在法律适用上具备可操作性。"权益保护＋可预见性"的思路以我国《立法法》第九十三条的条文为核心，结合"法的可预见性"这一法理，无需超越既有法律框架另起炉灶，符合解释论的要求，更能满足审判实践的需要。法的可预见性是法不溯及既往的逻辑起点，民主法治、自由人权等宏大叙事，终究是围绕法的可预见性展开，以法的可预见性作为逻辑起点进行个案判断，可以化繁为简，更具有可操作性。在判断当事人可预见性的过程中，法官可以置身于当事人的视角，回溯案件事实发生的全过程，分析不同时间点上当事人应对当时施行的法律可能作出的行为选择，从而将抽象的原则具体化到当事人对法律认知的实然状态，尊重当时有效的法律对当事人的指引作用。

---

⑥ 参见房绍坤、张洪波：《民事法律的正当溯及既往问题》，载《中国社会科学》2015 年第 5 期；朱力宇、孙晓红：《论法的溯及力的若干问题——关于法律不溯及既往的争议、实践、反思与主张》，载《河南省政法管理干部学院学报》2008 年第 1 期。

其次，可以实现原则性与灵活性的统一。由于公法领域恪守"法无授权即禁止""罪刑法定"等原则，因此案件的裁判基本围绕成文法进行，当事人对法律后果的预判也主要依赖于法律的明文规定。而私法的适用则灵活得多，法官需要通过类推适用法律、适用习惯及惯例、依据法律原则作出裁判等方法应对"法无禁止即自由"的社会经济生活。在判断法的可预见性时，法官可结合审判实践确立的裁判规则去衡量新法溯及既往的影响，这相比于单纯比较新旧法条内容的差异，更有利于对法溯及既往的正当性作出准确评价。

例如，《民法总则》第十六条新增了胎儿利益保护的特别规定，"涉及遗产继承、接受赠与等胎儿利益保护的，胎儿视为具有民事权利能力。但胎儿娩出时为死体的，其民事权利能力自始不存在"。根据该规定，胎儿在母体内遭受损害的，只要其娩出时为活体，则享有损害赔偿请求权。如果损害事故发生在《民法总则》施行前，法官是否可以适用《民法总则》第十六条？首先，该条文属于典型的权益保护型规定，形式上符合《立法法》的但书条款。其次，要考虑适用《民法总则》是否有违侵权责任人的可预见性。虽然《民法总则》之前并无胎儿利益保护的一般立法，仅有《继承法》规定应为胎儿保留遗产份额，但正是《继承法》的这一规定成为司法实践扩大胎儿利益保护的突破口。近年来的案例普遍结合《继承法》立法精神和法律原则支持胎儿损害赔偿请求权，不仅支持胎儿在母体内自身所受侵权损害的赔偿请求[7]，而且认可胎儿的父亲因侵权死亡的情况下侵权责任人应赔偿胎儿出生后的生活费、教育费等必要费用[8]。由此可见，侵权人应承担胎儿的损害赔偿责任的规则已为当前普遍的司法实践所宣示，适用新法的结果不违背侵权责任人的可预见性。针对此种情形《民法总则》第十六条的规定可以溯及既往。

结合上述分析，《民法总则》溯及力问题可转化为：《民法总则》中哪些规范溯及既往有利于民事主体的权益保护，且不违背法的可预见性？由于

---

[7] 例如甘肃省高级人民法院（2015）甘民一终字第61号判决、河南省高级人民法院（2015）豫法立二民申字第02324号判决。

[8] "王德钦诉杨德胜、泸州市汽车二队交通事故损害赔偿纠纷案"，载《最高人民法院公报》2006年第3期。

《民法总则》条文众多，无法在有限的篇幅内完全列举，本文仅选取其中的典型类型加以分析。

三、《民法总则》溯及既往的类型化分析

（一）纯粹对当事人有利的规定

正如前文所述，法不溯及既往的出发点在于当事人无法根据嗣后施行的法律实施当下的行为，所以不应承担新法所带来的义务和责任。相反，如果适用新法并未给各方当事人造成不利的法律后果，而且能够实现权益保护的宗旨，则此类新法应当溯及既往。在《民法总则》中主要表现为以下两种情况。

第一，新法减轻了各方当事人的法律责任（类似于刑法"从旧兼从轻"原则中的"从轻"情形）。例如，《民法通则》《合同法》均规定当事人恶意串通，损害国家、集体或者第三人利益的，因此取得的财产应收归国家所有或者返还集体、第三人。《民法通则》还规定，人民法院审理民事案件可以收缴进行非法活动的财物和非法所得。⑨ 这些有关收缴财产的规定，超越了民事案件当事人的诉讼请求，赋予司法机关直接剥夺民事主体财产的权力，带有明显的惩罚性质和公法色彩。《民法总则》删去了收缴财产作为无效法律行为后果的规定，并将收缴财产排除于民事责任的承担方式之外。立法机关认为，如果民事法律行为因违法被宣告无效，可以根据相关法律、行政法规的规定对财产予以没收、收缴。⑩ 由此可见，《民法总则》不再单设收缴当事人财产的法定事由，民事案件中收缴当事人财产也仅限于公法上的特别规定，这是对于各方当事人均更为有利的法律修改。因此在《民法总则》施行后，法院不得再以《民法通则》《合同法》为依据收缴当事人的"违法所得"，即使该违法行为产生于新法施行之前。

第二，新法保障当事人权益且不增加其他当事人的义务和责任。虽然在总体的层面上，民事主体的权益和义务"此消彼长"，但在具体个案中，新法

---

⑨ 《民法通则》第六十一条、第一百三十四条，《合同法》第五十九条。
⑩ 李适时主编：《中华人民共和国民法总则释义》，法律出版社 2017 年 4 月版，第 493 页。

的适用可能同时符合相关当事人的利益诉求。例如，《民法总则》新增了意定监护制度，规定具有完全民事行为能力的成年人，可以与其近亲属、其他愿意担任监护人的个人或者组织事先协商，以书面形式确定自己丧失或部分丧失行为能力时的监护人。这条规定赋予当事人通过意思自治为自己确定未来监护人的权利，同时突破了法定监护资格的人的范围，⑪ 既有利于尊重当事人意愿，赋予当事人选择监护人和承担监护责任的更大自由，而且便于每个自然人未雨绸缪，为自身权益的维护作长远打算。该条规定溯及既往，不仅不损害任何人的利益，而且能及时回应当前部分老年人权益保障的迫切需求。如果在《民法总则》施行前，当事人已经过协商，对未来的监护人作出了书面安排，则应当根据新法认可该行为的效力，当其丧失行为能力时，应当根据其事先的安排确定监护人。

（二）关于合同效力的规定

最高人民法院司法解释和文件曾多次明确，如果合同依旧法无效，而依新法有效，则新法可以溯及既往。《合同法解释一》第三条规定："人民法院确认合同效力时，对合同法实施以前成立的合同，适用当时的法律合同无效而适用合同法合同有效的，则适用合同法。"《最高人民法院关于适用〈中华人民共和国保险法〉若干问题的解释（一）》（以下简称《保险法解释一》）第二条对保险法施行前成立的保险合同的效力也作了相同规定。《关于认真学习贯彻适用〈最高人民法院关于审理民间借贷案件适用法律若干问题的规定〉的通知》则重申，新司法解释施行前成立的民间借贷合同效力的确认，应当按照《合同法解释一》第三条的精神，适用当时的司法解释无效而适用新司法解释有效的，应适用新司法解释。

《民法总则》第六章对现行法律中包括合同在内的法律行为效力的规定作了一定修改，同时《民法总则》关于权利能力、行为能力等规定，也将影响到相关案件中合同效力的认定。试举三例：

---

⑪ 前引⑩，李适时主编书，第87页。

表 1 《民法总则》对民事法律行为效力的影响

情 形	旧 法	《民法总则》	对 比
向胎儿赠与财产	胎儿无民事权利能力	涉及接受赠与的，胎儿视为有民事权利能力	**无效→有效**
九岁的未成年人订立合同	不满十岁的未成年人为无民事行为能力人	八周岁以上的未成年人为限制民事行为能力人	**无效→效力待定 / 有效（纯获利益或与其年龄智力相适）**
纯粹结果上"显失公平"的合同	"乘人之危"和"显失公平"分别作为独立的可撤销事由	显失公平作为合同可撤销事由，必须同时满足乘人之危的客观要件	**可撤销→有效**

以上几种情形适用《民法总则》认定其效力，相比于适用《民法通则》或《合同法》，将得到更加趋向于有效的结论，合同对当事人的约束力更能得到法律的认可。因此，应将既有司法解释的精神推而广之，溯及地适用新法的规定。理由如下：

首先，合同法律制度是私法尊重和维护当事人意思自治的集中体现，而合同效力的评价则体现了国家意志对私法自治的干预。当新法赋予合同更趋向于有效的效力评价，实际上是国家干预的程度降低，当事人的自由意志得到更多维护的表现，[12] 这与公法上赋予当事人自由，减轻当事人责任的情形是类似的。其次，合同是当事人之间的"法律"，当事人订立合同时必然期望按照自己的意思表示实现设立、变更、消灭法律关系的效果。因此新法溯及地认可合同的效力，不仅不违背法的可预见性，而且更符合当事人的实际预期。再次，虽然在纠纷产生后各方当事人立场不同，但法律的权益保护效果应针对法律事实发生时而非纠纷产生后，应当推定合同订立时当事人均善意地相信合同将对各方产生拘束力。诉讼中一方认为新法适用的结果对其不利，只因其违背了缔结合同时为自己设定的"法律"而已，因此不能仅以一方诉讼中的诉求否定《民法总则》保护当事人意思自治的立法目的和法律效果。

（三）"跨法"期间的计算

《民法总则》涉及的期间主要为请求权的诉讼时效和撤销权的除斥期间。

---

⑫ 民法总则降低限制民事行为能力的未成年人的年龄下限，也是为了更好地尊重这一部分未成年人的自由意志，保护其合法权益。参见前引⑩，李适时主编书，第57页。

期间越长，对请求权人和撤销权人越有利，期间越短，对义务人和法律行为的相对人越有利。相比于旧法，《民法总则》对期间的规定进行了多处调整，主要变化如下：

表2 《民法总则》对诉讼时效和除斥期间的修改

序号	内 容	旧法	《民法总则》	对 比
①	普通诉讼时效	两年	三年	延长
②	人身损害等四种特别情形的诉讼时效 ⑬	一年	三年	延长
③	未登记动产原物返还请求权的诉讼时效	无	三年	无限→有限
④	可撤销法律行为的撤销权的最长除斥期间	无	五年	无限→有限
⑤	重大误解当事人的撤销权的除斥期间	一年	三个月	缩短

当某一案件中诉讼时效或除斥期间依据旧法或新法计算，可能跨越《民法总则》施行之日，则涉及新法的溯及力问题。虽然关于期间的新旧法律衔接问题较为复杂，但回到"法的可预见性"这一标准，从当事人不同时间段对法律的应有认知出发，仍可以较为清晰准确地得出结论。

1.《民法总则》延长了权利行使期间

仍以2015年8月1日到期的普通债权为例，如时效不中断，债务人自2017年8月2日即享有时效抗辩权，双方已根据旧法形成对权利义务的合理预期，每当权利人要求履行，债务人都可以以时效为由拒绝，在此背景下双方的和解、调解，也必然是以债权无法强制执行为磋商的基础。因此，债务人依旧法享有的时效抗辩权应得到认可和保护，如果对此类情形适用三年的新时效，则会鼓励已过时效的债权人故意将纠纷拖延到新法施行后解决，有违诉讼时效的效率价值追求。

如债权于2015年12月1日到期，则2017年10月1日债务人的时效抗辩权并未产生，且将来是否获得时效抗辩权无法预期，因为时效随时可能因债权人主张、起诉等而中断。而在10月1日之后，应推定债务人对于法律后

---

⑬ 《民法通则》第一百三十六条规定："下列的诉讼时效期间为一年：（一）身体受到伤害要求赔偿的；（二）出售质量不合格的商品未声明的；（三）延付或者拒付租金的；（四）寄存财物被丢失或者损毁的。"新法废除了上述规定。

果的预期系基于已经施行的《民法总则》，即债务人判断自己是否获得时效抗辩的时间观念已由"两年"转变为"三年"，因此适用新法更符合当事人预期。

综上，对于表2中的①和②，新法施行前期间依旧法已届满的，依旧法处理，新法施行时期间依旧法未届满的，依新法处理。⑭

2.《民法总则》新设权利行使期间

表2中的③和④属于此种情况，但是两者有重要区别。请求权诉讼时效的起算以权利人"知道或应当知道权利受到损害"等主观要件为前提，而当法律未规定诉讼时效时，权利人不可预期其怠于行使权利将承担不利后果。因此，未登记动产原物返还请求权的诉讼时效应当自《民法总则》施行之日起算。⑮

而有关最长除斥期间的规定，以民事法律行为的发生这一客观事实为起算点，不仅不考量撤销权人主观认识的要件，而且立法目的正是为了矫正"主观期间"过度保护撤销权人。因此《民法总则》施行后，对于施行前法律行为的撤销权应直接适用五年的最长除斥期间。这是可预见性标准的一种例外。⑯

3.《民法总则》缩短了权利行使期间

关于重大误解的当事人的撤销权，实践中可能有以下几种情形。（1）如撤销权起算于2016年10月1日之前或2017年10月1日之后，则除斥期间分别按照旧法和新法处理，毫无疑问。（2）如撤销权起算于2017年1月1日至2017年9月30日，则当且仅当《民法总则》施行后，当事人应合理预见到撤销权行使期间仅为三个月，此类情形下撤销权的除斥期间均应于2017年12月31日届满，实际的期间总长因个案期间起算点的不同而有所差异。（3）如撤销权起算自2016年10月1日至2016年12月31日，权利人依据当时法律所享有的撤销权于《民法总则》施行后三个月内届满，则除斥期间不应因为新法"三个月"的规定而有所延长，仍应按照一年计算。

----

⑭ 参考《合同法解释一》第六条、第七条。
⑮ 参考《最高人民法院关于贯彻执行〈中华人民共和国民法通则〉若干问题的意见（试行）》（以下简称《民通意见》）第一百六十五条、第一百六十六条。
⑯ 参考《民通意见》第一百六十七条关于最长诉讼时效的规定。

（四）旧法没有规定而参照适用新法

《合同法解释一》第1条规定："合同法实施以前成立的合同发生纠纷起诉到人民法院的，除本解释另有规定的以外，适用当时的法律规定，当时没有法律规定的，可以适用合同法的有关规定。"此外，《民通意见》《保险法解释一》等均在明确相关法律不溯及既往的同时，规定如果新法施行前的法律和司法解释没有规定的，可以对当时的事件和行为参照适用新法。在旧法没有规定的情况下参照新法作出裁判也是法溯及既往的一种表现，其正当性在于新法施行前针对某种事实没有法律规范可以作为评价的依据，这导致该事实的法律后果不明，当事人和社会公众本来就不存在明确的、统一的对法律后果的预期，法官适用新法就无所谓"违背法的可预见性"之说。新法填补了这一空白，恰恰是通过立法程序确立的最有针对性、最能适应社会发展的裁判规则。当然，新法施行前是否处于法律空白状态，不应仅仅比对法律条文，还应结合法律体系和司法实践作综合判断。

例如，《民法通则》针对无权代理未经被代理人追认且不构成表见代理的情形，仅规定"未经追认的行为，由行为人承担民事责任"，关于相对人可以要求行为人承担责任的性质和内容，《民法通则》《合同法》以及司法解释均未予以明确。尤其是行为人与相对人订立的合同是当然无效抑或在行为人和相对人之间形成合同关系，对此存在不同的理解，司法实践中也出现了相反判决。《民法总则》填补了这一漏洞，赋予善意相对人选择权，"善意相对人有权请求行为人履行债务或者就其受到的损害请求行为人赔偿，但是赔偿的范围不得超过被代理人追认时相对人所能获得的利益"，法院在审理《民法总则》施行前的案件时可以适用该条款处理无权代理人和善意相对人之间的关系。

（责任编辑：李瑞霞）

案例指导制度实践之审视与展望

上海市青浦区人民法院课题组*

加强案例指导是我国司法体制改革的重要内容。随着英美法系和大陆法系的趋近发展，以成文法为主要法律渊源的大陆法系越来越注重判例的作用。我国法律体系是以成文法为主要法律渊源，在法治发展进程中，逐渐重视案例指导制度的确立及发展，亦是我国法律体系借鉴英美法系判例制度的实践过程。

一、制度缘起：案例指导制度的产生及其发展意义

（一）案例指导制度的产生

我国作为成文法国家，虽然司法实践中并无"遵循先例"的法制传统，但一直重视示范案例的指引作用。从时间轨迹来看，以几项标志性事件的发生为节点，案例指导制度的发展大致可分为三个阶段：一是探索阶段。自1985年起，《最高人民法院公报》（以下简称《公报》）开始刊登具有指导意义的案例。1996年，《中华人民共和国最高人民法院公报全集》出版说明中指出："《公报》发布的案例，也是经最高院反复推敲、字斟句酌，从众多案件中精选出来的……它具有典型性、真实性、公正性和权威性等特点，是最高人民法院指导地方各级人民法院审判工作的重要工具……"《公报》案例的持续发布以及其所赋予的指导作用是案例指导制度成型的积极探索。为更加有效地发挥案例的指导作用，从1991年开始，最高人民法院组织经验丰富的

＊ 课题主持人林晓镍，法学博士，上海市青浦区人民法院院长。课题组成员：吴小国，法学硕士，上海市青浦区人民法院研究室主任。罗越，法学硕士，上海市青浦区人民法院法官助理。张晓敏，法学硕士，上海市青浦区人民法院法官助理。

法官和著名学者编辑出版了《中国审判案例要览》《人民法院案例选》及各种审判参考。虽然这些案例均对审判实践起到一定的指引作用，但至此案例指导工作仍在探索，尚未形成有效的制度。二是确立阶段。2005年，最高人民法院发布《人民法院第二个五年改革纲要（2004—2008）》（以下简称《二五改革纲要》），首次正式提出"案例指导制度"与"指导性案例"的概念，并明确案例指导制度是司法改革的重要任务之一。2010年，最高人民法院发布了《关于案例指导工作的规定》（以下简称《规定》），虽然仅有短短10个条文，但不仅解决了理论界对案例指导制度应否存在的争议，而且对指导性案例的效力、制定程序作了基本规范。譬如《规定》第一条规定："对全国法院审判、执行工作具有指导作用的指导性案例，由最高人民法院确定并统一发布"，不仅明确了指导性案例与其他典型性案例及参考性案例的不同，也推动了案例发布体系的良性发展。《规定》具有重要的里程碑意义，由此案例指导制度在我国得以初步确立，甚至有学者称其为"一个具有划时代意义的标志"。[①] 三是发展阶段。自《规定》出台后，案例指导制度的运行有了适当的参考标准，而理论界关于案例指导制度应用问题的讨论也在持续开展，例如指导性案例的效力问题、指导性案例与法律和司法解释的关系问题等。2015年，最高人民法院发布了《〈关于案例指导工作的规定〉实施细则》（以下简称《实施细则》），进一步明确了案例指导工作的预期目标，并且对指导性案例的推荐、报送、适用程序进行了细化规定，由此案例指导制度的发展更加规范化。

案例指导制度的上述发展过程，反映出我国法治建设开始逐步重视法律适用。案例指导制度中指导性案例的遴选程序和报送程序虽已渐趋成熟，但一项制度的生命力恰恰在于运行和应用。因此，对案例指导制度成效的评判，不仅取决于指导性案例的发布数量、质量，更应取决于指导性案例在司法实践中的实际应用效果。

（二）案例指导制度的发展意义

从《二五改革纲要》的制定到《实施细则》的发布，均已明确要完善案

---

① 参见王利明：《我国案例指导制度若干问题研究》，载《法学》2012年第1期。

例指导制度、推进案例指导工作，也明确了"指导性案例在统一法律适用标准、指导下级法院审判工作、丰富和发展法学理论"等方面的作用。具体而言，案例指导制度的重要意义体现在以下几个方面：

1. 统一法律适用标准

社会生活纷繁复杂，新情况、新问题不断涌现。成文法由于其复杂的制定程序和特定的制定机构，虽有稳定性和体系性的优点，但也存在抽象性、滞后性及不周延性等不足，使社会生活中的诸多立法空白不能得到及时有效的解决。此外，不同裁判者对于同一法律条文的不同理解、新类型案件裁判所对应的适法空白，均可能导致裁判者在行使自由裁量权时，由于对法律适用存在认识偏差，而产生"同案不同判"的结果。虽然可通过原则性规定及司法解释进行一定程度的弥补，但这种模糊性和不确定性往往带来日后适用上的困难，甚至影响司法公正。相对而言，案例指导制度则更为灵活，其形成周期相对较短，形成程序较为简易，能较好地适应不断发展变化的社会生活，应对新的法律问题。故案例指导制度可汲取判例制度的成功经验，努力克服现行成文法的缺陷，填补法律空白、补充司法解释，以更好地达到法律适用标准统一的目的。

2. 明确司法裁判预期

司法裁判的可预期性通常是当事人在面临纠纷时的重要考量因素。法谚说："正义不仅应得到实现，而且要以人们看得见的方式加以实现。"裁判说理是司法裁判者内心判断外在化的过程，它通过外在说理，将内心判断表达出来，说理越充分，则裁判活动就更为公开透明。其严密的逻辑和情理不仅呈现法律的公正价值立场，并且能够使社会大众理解裁判及法律的公正性，从而更为明确司法裁判预期。相反，如司法裁判呈现不透明、不确定，则不仅有损司法机关的权威形象，也不利于案件实质正义的保护，甚至会抬高部分当事人的不合理预期，导致案件数量增多，浪费司法资源。案例指导制度旨在通过指导性案例的发布，在法律适用程序易出现争议的领域，指导同类案件的裁判，明确司法裁判预期，节省司法资源。

3. 规范自由裁量权行使

由于立法范围无法涵盖社会经济活动的方方面面，且立法规则本身便是抽象性的一般规则，故在司法裁判过程中，裁判者必然在一些领域享有一定的自由裁量权。在可行使自由裁量权的领域，裁判者往往通过借鉴相似案例来构建逻辑论证，而案例指导制度的确立使得这一自由心证变得规范。指导性案例所蕴含的辨析事实、论证、适法等正确的方法论，可使裁判者有借鉴适用的规范途径，从而强化裁判的说理论证。故案例指导制度的构建虽可以发挥裁判者的积极能动性，但并不是对法官自由裁量权的无限放大，反而是一种规范与约束。②

二、发展现状：指导性案例发布特征及其应用现状

（一）指导性案例的发布现状

要充分发挥指导性案例的应有作用，首先必须对指导性案例的发布情况有所了解。案例指导制度经过多年的探索与发展，截至 2017 年 8 月 31 日，最高人民法院已陆续发布 16 批共计 87 例指导性案例。根据对指导性案例发布情况的梳理，其特征可概括如下：

1. 发布数量大体呈上升趋势，类型分布越趋广泛

根据图 1 可看出，指导性案例的发布数量大体呈现出逐年增多的趋势。除 2011 年年底发布的第一批指导性案例为 4 例外，2012 年、2013 年和 2015 年各发布两批，发布的案例数量分别为 8 例、10 例和 12 例。2014 年和 2016 年各发布四批，发布的案例数量分别为 22 例和 21 例。2017 年上半年发布一批，发布的案例数量为 10 例。从指导性案例的案件类型来看，涵盖民事、刑

图 1　指导性案例历年发布数量

---

② 　参见岳志勇：《论我国案例指导制度的构建》，载《法制与社会》2009 年第 20 期。

事、行政、知识产权、海事、执行等多个领域。其中民事类案例共计36例，所占比例高达39%。

2. 文书类型多为判决书，裁判要点以实体指引为主

在最高人民法院已发布的87例指导性案例中，判决书的比例最高，共64例，占比为74%；其次为裁定书共18例，占比为21%；决定书共4例，占比为5%；执督复函仅为1例。从裁判要点来看，裁判要点涉及案件实体问题的共有79例，所占比例为91%。涉及程序问题的仅有8例。

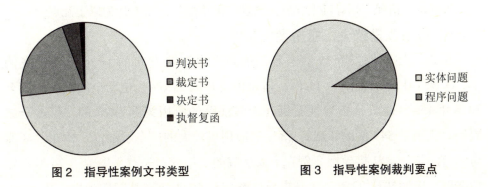

图2　指导性案例文书类型　　　　　图3　指导性案例裁判要点

3. 审理法院层级广泛，基层法院相对较少

在87例指导性案例中，审理程序以二审终结的案件共45例，占比为52%；其次为一审终结的案件，共有19例，占22%；而适用再审程序、执行程序、国家赔偿程序的案件占的比例相对较小。指导性案例的审理法院包括普通法院和专门法院两类，最高人民法院与高级法院审理的案件数量最多，共计48例，其次为中级法院21例、基层法院17例、专门法院1例。

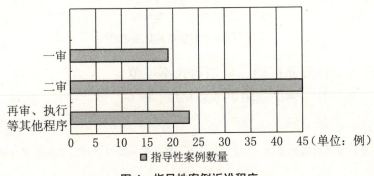

图4　指导性案例诉讼程序

（二）指导性案例在上海法院的应用现状及特征体现

本文中指导性案例的应用，是指在司法实践中，法官、当事人或其他诉讼参与人以明确方式作出参照指导性案例的意思表示。按照意思表示主体，可将指导性案例应用分为法官应用与非法官应用。按照指导性案例应用结果，可将其分为参照、未参照与无回应 ③。该部分的采样方式为，以"指导性案例"及相关词为搜索词，在上海 C2J 系统搜索相关案例，并逐一验证是否为指导性案例应用案例。根据采样情况，指导性案例在上海法院的应用特征可概括为以下几点：

1. 应用数量较少，应用案例集中

从指导性案例发布数量来看，最高人民法院发布的 16 批指导性案例中，来源于上海法院的为 11 例，占全国总量的 12.6%，位于全国前列。截至 2016 年 12 月 31 日，指导性案例在上海法院的应用案例为 24 例，仅占全国同期总应用量 549 例的 4.4%，落后于应用量较大的广东、浙江、山东、江苏与河南法院 ④。从指导性案例在上海法院的应用分布来看，集中于 24 号指导性案例，应用共计 22 次。9 号指导性案例和 60 号指导性案例分别应用 1 次，其他指导性案例均未被应用。

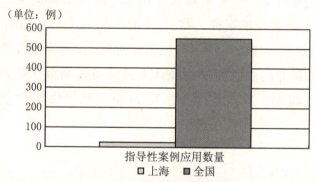

图 5　指导性案例应用数量情况

2. 应用主体分布广泛，应用形式不规范

从表 1 指导性案例的应用主体来看并不单一，包括法官、当事人及其他

---

③　根据指导性案例的实际适用情况，"无回应"指当事人要求参照，法官未说理评析、未予回应。

④　全国总应用量数据均来源于《最高人民法院指导性案例司法应用年度报告（2016）》。

诉讼参与人。其中法官应用占据较大比重，在 12 例案件的判决书说理部分均提及指导性案例。其次为当事人应用，在 11 例案件中要求法官参照指导性案例进行裁判。仅有 1 例为其他诉讼参与人应用，在该案中，鉴定机构以参照 24 号指导性案例裁判要点为由拒绝当事人申请鉴定参与度的请求。从表 2 指导性案例的应用形式来看，差异较大，有两要素、三要素甚至六要素之分，且不同法官在要素点的把握上有所不同。"主体"即"最高人民法院"的应用频次最高，其次为"裁判要点"和"编号"的应用频次。且值得一提的是，不包含"裁判要点"的两种引用形式均出现在《实施细则》出台之前。

表 1　指导性案例在上海法院应用主体分布情况

应用主体	相应次数
法官	12
当事人	11
其他诉讼参与人	1

表 2　指导性案例在上海法院应用形式分布列举

应用形式	相应次数
主体 + 编号	3
主体 + 裁判要点	9
主体 + 批次 + 字号	1
主体 + 编号 + 裁判要点	4
主体 + 日期 + 标题 + 裁判要点	1
主体 + 批次 + 编号 + 标题 + 裁判要点	2
主体 + 日期 + 编号 + 标题 + 裁判要点	3
主体 + 日期 + 批次 + 编号 + 标题 + 裁判要点	1

3. 应用方法不统一，文书说理以裁判要点为主

从指导性案例的应用内容来看，法官在裁判文书说理部分一般均会提及相关指导性案例的裁判要点。但从裁判文书的说理方法来看，一般可概括为两种类型。一种是演绎推理，法官将一般规则适用于具体案件。即视指导性案例的裁判要点为规则前提，未进行列举比对，直接适用。表述方法可概括为："最高人民法院第 N 号指导性案例的裁判要点 + 案件具体处理路径"。一

种是类比推理，由特殊到特殊，即法官将指导性案例与待决案件进行比对，比对内容一般包括案由、案情、请求权基础及法律适用，在比对、说理之后得出应否参照相关指导性案例的结论。

三、问题探索：指导性案例应用存在的问题

从第二部分的采样分析情况来看，虽然案例指导制度的实施在上海法院已有所体现，但指导性案例的应用在司法实践中尚未形成规范、统一的操作体系，指导性案例应达到的应用效果亦未完全彰显。

（一）指导性案例应用种类有限，诸多案例尚未涉及

《规定》第七条明确，最高人民法院发布的指导性案例，各级人民法院在审理类似案件时应当参照。但司法实践中对于"参照"约束力的不同理解，导致指导性案例的应用普及率偏低。从上海法院的应用数量情况来看，C2J系统共收集了涵括民商事、刑事、行政等各类案由的裁判文书共计470万余篇，然而以明确方式对指导性案例进行应用的仅有24篇。即使从全国范围来看，我国目前公布的裁判文书数量达3000多万篇，指导性案例的应用案例也仅有几百例。从应用的指导性案例分布来看，上海法院的应用集中于24号指导性案例，对其他案例鲜有涉及。而从全国范围来看，指导性案例也只有个别案例应用率较高，被应用的案例尚未达到发布数量的一半。可见司法实践中尚未形成应用指导性案例的惯例；即使有应用，也主要集中于个别案例上。

（二）指导性案例应用形式不统一，应用效果参差不齐

《实施细则》中第十一条第一款规定，在办理案件过程中，案件承办人员应当查询相关指导性案例。在裁判文书中引述相关指导性案例的，应在裁判理由部分引述指导性案例的编号和裁判要点。但在司法实践中，应用主体采取的应用形式繁杂混乱，可归类为两要素、三要素、四要素直至六要素，均无统一模式。对于应当引述的编号和裁判要点，亦有漏引漏述。从应用效果来看，一般法官主动应用的情形下，参照指导性案例的比例较高。当事人应用指导性案例的，效果参差不齐，一般可分为参照、未参照及未回应三种情况。这种比较混乱的应用现状，不仅不利于指导性案例指导作用的发挥，也

不利于维护其指导效力的权威。

（三）指导性案例应用路径不规范，"类似"判断不统一

《实施细则》第九条规定，各级人民法院正在审理的案件，在基本案情和法律适用方面，与最高人民法院发布的指导性案例相类似的，应当参照相关指导性案例的裁判要点作出裁判。根据对该条文的理解，法官在审理案件时，应当首先确认待决案件与指导性案例是否在基本案情和法律适用方面存有类似之处，该确认过程就是类比推理的适用过程。法官如应用指导性案例，应将自己的具体推理过程呈现于裁判文书中，以增加裁判结果参照或不参照指导性案例的说服力。诚然，在司法实践中，有部分案件对类似案件的推理过程陈述详尽，从案由、基本案情到当事人争议焦点逐一分析，最终得出具有说服力的裁判结果。然而也有部分案件只字未提类似案件的推理判断过程，仅仅采用陈列指导性案例裁判要点的形式，得出裁判结果。这种应用方式不仅与现有规范不一致，且不利于保证指导性案例应用的确定性与稳定性，进而可能影响指导性案例的指导效力。

四、原因探析：指导性案例应用问题原因探析

（一）审判管理角度：重案例申报，轻案例应用

为深入了解上海法院在审判管理中对指导性案例适用的相关规定及具体措施，课题组在内网及外网搜索与案例指导相关的规范性文件、信息、报道等一百余篇。通过研读以上材料，课题组认为与全国其他地方相比，上海法院高度重视案例指导工作，在指导性案例申报及入选数量上占有一定优势，但上海法院制定的规定及采取的具体措施，均倚重于优秀案例的申报，对指导性案例的具体适用方法有待进一步加强。

（二）案例研究角度：重案苗培育，轻应用研究

为推进案例指导工作的进展，上海多数法院曾作出针对性规定，如2012年，上海市高级人民法院制定《关于进一步加强上海法院案例工作的实施意见》，进一步加强案例工作，着力推进精品案例活动，建立健全精品案例的专

项指导、精审、把关、调研、宣传、申报确认、指引参考、能力培育、考核激励及组织保障机制，健全高院参考性案例的发布机制。不少中基层法院也有细化案苗机制的各项措施，包括案苗的挖掘机制、案例培育机制、案例筛选机制，明确案例评选标准，规范案例评选程序，确保参评案件的质量。但各法院的措施重点大多在前期案苗的培育上，却忽略了指导性案例在实践中的应用研究。

（三）案例应用理念：重成文法适用，轻先例遵循

我国作为成文法国家，司法制度与英美法系的判例制度迥然不同，长期以来并无"遵循先例"的法制传统和制度要求，故"遵循先例"在司法制度层面，一直被认为仅存在于普通法中，是其判例法的核心和基础。即使在司法实践中，先例观念顽强地存在于社会生活的各个领域（譬如法官在审理案件时，会寻找相似案件，以得到裁判结果的验证。当事人在面临纠纷时，会搜索对己方有利的先前判决，作为证据呈交法庭，以得到对己方有利的判决结果），但囿于我国司法体系，鲜有法官在裁判文书的说理中引述在先判决。即使有类似案件的在先判决，法官在司法实践中也更倾向于采取隐性应用方式进行说理论证。而这一理念的延续，也在一定程度上造成了对指导性案例应有指导作用的忽视。

（四）案例应用实践：重规则提炼，轻类案比对

从现有制度框架及指导性案例的发布、管理来看，我国案例指导制度与西方国家判例制度有较大区别。判例制度的突出特点是法律规则的自然生成，在判例法的适用技术中，类案比对贯穿始终。在遵循先例时，涉及案件的关键"判决理由"存有相似因素。在背离先例时，有先例被削弱与先例被推翻两种情况。先例被削弱是指法官在审理案件时，利用区别技术进行比对，对先例所体现的原则或规则进行回避，削弱先例的适用范围；先例被推翻是指有权法院在比对先例、审理待决案件时，认为先例所确定的判决理由是错误或不合时宜的，可放弃先例，使其失去原有拘束力。而我国的指导性案例系经过人工选择并公布，从而对司法实践产生指导效力。从产生途径来看，有学者认为这仍是以立法方式提供法律规则的路径。从应用内容来看，实践中

存有两种不同意见，一种认为裁判要点是指导性案例的核心，应以此作为判断是否参照审判的标准。另一种认为指导性案例真正发挥指导作用的是整个案例，而并非仅仅是裁判要点，不应仅以裁判要点作为判断是否参照审判的标准，裁判方法、裁判规则、法律思维、司法理念和法治精神，均应视为参照因素。但从司法实践来看，相当部分的法官将指导性案例的裁判要点作为规则适用，在裁判文书中未将待决案件与指导性案例进行要点对比、说理，依旧延续规则的演绎推理技术，而忽视了类案比对的适用技术。

五、完善路径：指导性案例应用之思考

（一）建立和完善指导性案例应用的引导机制

针对司法实践中法官对指导性案例应用程度尚不普遍的问题，应制定相应的引导机制，促使法官规范化应用指导性案例。首先，可在院级层面制定指导性案例规范化应用细则，一方面引起法官对指导性案例应用必要的重视，另一方面规范法官应用指导性案例的方式方法。其次，可由研究室或审监庭主导，建立审判庭应用指导性案例台账，以了解不同审判庭应用指导性案例的情况。对于应用指导性案例较为出色、论证较为详尽的案例，可在全院范围内予以展出，普及可适用的案例应用方法。再次，可采用工作激励的方式，将指导性案例的司法应用与案例指导制度的贯彻落实情况纳入法官个体的年度考核当中，根据法官应用指导性案例的程度单列考核项目，提高法官应用指导性案例的自觉性与积极性。

（二）建立和完善指导性案例应用的研究机制

指导性案例作为应用的载体，对其进行充分研究，是指导性案例应用良性化发展的前提。相似案件辨别技术与不同案件区别技术是指导性案例应用研究的侧重区域。对其研究的目标应为建立可操作性强、规范化、要点式的应用规则。对于相似案例辨别技术与区别技术的研究，应当结合指导性案例的编写体例，倡导方便易行的相似案件判别技术。譬如以诉请、争议焦点对基本案情进行细化，以案由、具体法律关系对法律适用进行细化。通过这些细化的连接点，在指导性案例应用与法官长期以来依据规则而形成的裁判思

维、法律推理方式之间建立起沟通的桥梁，探索具有中国特色的指导性案例应用机制。

（三）建立和完善指导性案例应用的培训机制

在司法实践中，指导性案例应用的程度主要依赖于法官的知识储备与职业素养。增强法官在指导性案例应用方法与技术方面的知识储备是指导性案例应用的重要保障。针对法官对指导性案例不够重视及应用知识储备的缺失，可从以下几个方面进行培训与完善。一是在法院内部加强对指导性案例的认识，定期组织指导性案例学习培训班，增加对指导性案例的了解程度；二是集中对指导性案例应用情况进行总结、学习和探讨，探讨应用指导性案例的方式方法。三是邀请专家学者到法院授课，增强法官对指导性案例的应用能力，逐步培养法官应用指导性案例的思维，进而形成应用指导性案例的习惯。

（四）建立指导性案例应用的监督机制

为进一步完善指导性案例的应用机制，规范指导性案例的应用流程，实现同案同判的目的，针对司法实践中对指导性案例应用不充分及应用不规范的问题，可制定有关指导性案例应用的内部监督体系。内部监督体系可分为上级法院对下级法院的监督与法院内部的监督。对于上级法院对下级法院的监督，主要体现在如待决案件与指导性案例在基本案情与法律适用等方面存在相似情况，法官应当参照而未参照指导性案例作出裁判，裁判结果与指导性案例裁判结果相违背的，当事人可以以此为由提起上诉，上级法院可推翻现有判决，进行改判。对于应当参照而法官在裁判文书说理部分未提及指导性案例的，或当事人要求援引，法官在裁判文书中未予回应的，应当启动提醒与纠正模式，以提高法官以明示方式应用指导性案例的自觉性与积极性。对于法院内部的监督，可由审监庭主导，对全院范围内的裁判文书，按照指导性案例裁判要点所涉及的关键词进行检索，评测是否存在应参照而未参照指导性案例的情况，以便对其及时纠正，从而使指导性案例应用在数量、质量及覆盖领域等方面均有提升与突破。

结　语

当前，在我国逐步发展完善案例指导制度，是司法机关为突破实践中纷繁的社会纠纷与相对固定的成文法出现不相适应情形而进行的积极探索。该项制度的运作方式在于通过具体的案件事实合理地阐释某一法律规定的含义，并作为裁判参照坐标，对之后类似案件在判决说理、适用法律及裁量幅度等方面均可起到具体的指导作用。故案例指导制度的生命力和号召力不仅在于其产生，更在于其应用效果及普及程度。基于此，本课题组以指导性案例在上海法院实践中的应用情况为样本，针对引导机制、研究学习、监督机制等方面的问题提出初步完善建议，探索指导性案例在基层法院的实践应用方法，以推进案例指导应用工作。

（责任编辑：陈树森）

论新型商事交易结构中的合同解析及解释路径

吴智永　　徐劲草[*]

在以直接交易方式为主的《合同法》实施初期，合同解释尚可应对经济发展的现实需要。但随着改革开放的深入，多合同文本构成的商事交易结构开始大量涌现，特别是自由贸易试验区设立以来，商业目的多元、法律关系复杂的新类型交易模式纠纷频出，形式化的合同解释方法已难以应对合同集群的整体理解，需探讨体系化的解释方法。

一、实例检视：商事交易结构的实践样态及构建动因

商事交易结构，就是将具有商业目的的交易行为，分割转变为不同法律性质和法律关系的多个合同文本。其基于市场主体的自由意志创制，因本土创新和国际植入而不断发展，产生了诸多令人眼花缭乱的"变体"。

（一）案例引入

案例一：A系融资租赁公司，其与B公司共同设立C公司，由C公司承包医院D的肿瘤科室。A公司出资购买医疗设备并放置于D医院的科室中使用，A公司、B公司通过C公司经营D医院的科室，享有该科室经营收益。A公司、D医院签订《融资租赁合同》，约定D医院为承租人，A公司购买的医疗设备为租赁物。A公司、B公司、D医院签订补充协议，明确D医院不实际承担租金支付义务，租金实际由A公司、B公司分担，D医院仅负有将B公司实际支付的租金转付给A公司以及当科室有盈余时自盈余中转付租

---

[*] 吴智永，法学硕士，上海市浦东新区人民法院外高桥法庭副庭长。徐劲草，法学硕士，上海市浦东新区人民法院法官。

金的义务。A公司和B公司通过C公司经营科室，所获盈利先弥补A公司、B公司负担的租金，再由A公司、B公司按约定分成。后A公司因科室经营亏损未能收回租金，遂以《融资租赁合同》出租人身份向承租人D医院主张租金。（交易结构见图1）

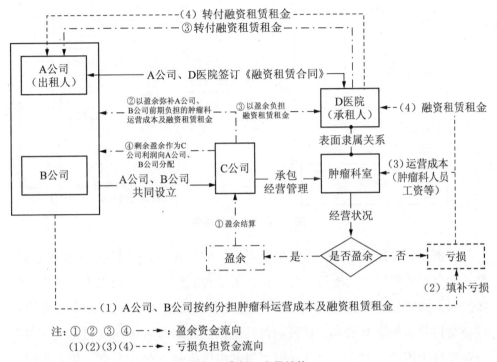

图1 案例一交易结构

案例二：A公司、B公司签订《设备借用合同》，约定A公司将医用设备借给B公司并放置于某医院使用，期限5年，B公司承诺每年向A公司订购一定数量的设备耗材，但B公司的订购对A公司不构成约束力。A公司、B公司另行订立一年一签的《经销商协议》，约定A公司向B公司提供设备耗材。后A公司、B公司因未达成新一年的《经销商协议》，A公司停止向B公司提供医用设备耗材，此时《设备借用合同》尚在期限内，B公司遂以A公司在医用设备借期内不向B公司提供该医用设备耗材，导致B公司向设备使用医院出售耗材赚取的可得利益减少为由，向A公司主张可得利益损失赔偿。（交易结构见图2）

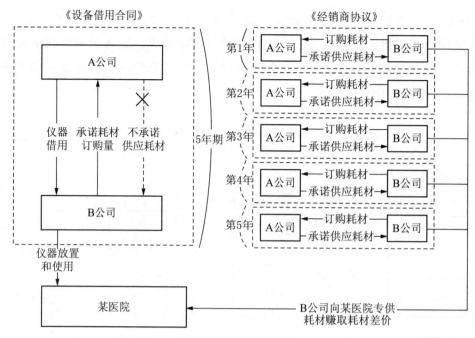

图 2　案例二交易结构

案例三：A公司不具备融资租赁资质，A公司、B公司签订《买卖合同》和《融资租赁售后回租协议》各一份，买卖合同约定A公司先将设备出售给B公司，融资租赁合同约定B公司再将设备卖回给A公司，而后A公司将设备交付并出租给B公司，B公司按约定租期分期向A公司支付租金，租金总额略高于该产品卖价，租金支付完毕前租赁物归A公司所有，租金支付完毕后租赁物归B公司所有。A公司、B公司间的两次往来买卖所涉货款支付和货物交付均未实际发生。后B公司未按约支付融资租赁租金，A公司遂起诉要求B公司返还租赁物并支付租金。（交易结构见图3）

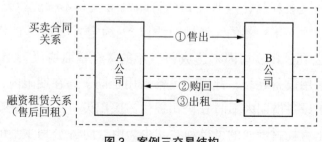

图 3　案例三交易结构

交易结构的判断和评价，涉及法律、经济、社会、伦理等诸多价值标准，并无定论。如何确定解释的边界，如何认定真实意思，如何界定合同类型，往往莫衷一是，而所谓的疑难复杂案件，其实正是对法律关系和意思表示识别方法的一种茫然无措。如案例一中，各方当事人以十多个合同文本构建权利义务关系网，诉讼中，A 公司截取其中的《融资租赁合同》向 D 医院主张租金，案件审理是应限定于《融资租赁合同》文本，抑或审视探究其背后的整体交易模式？案例二中，《设备借用合同》约定的 B 公司承诺购买设备耗材的义务应当如何解释？A 公司拒绝向 B 公司供货是否系阻止 B 公司履行其合同义务？案例三中，双方在买卖交易中嵌入融资租赁，最终表现为 B 公司分期向设备销售商 A 公司支付租金，两公司间的合同性质应判定为融资租赁、普通租赁、借贷抑或所有权保留的买卖？

（二）商事交易结构创设的动因分析

1. 促进交易之动因

生产日益专业化、分工日益精细化是商事交易模式的首要内在动因。现代商业模式由面对面的直接交易向强调贸易流转和信用交易转变，专业分工愈加细化，甚至价款支付和货物交付的事务也可自交易中予以剥离，许多交易通过预设交易前提、增加交易环节、引入他方主体、剥离交易事务完成，既降低交易费用，也减少交易风险。

2. 风险防范之动因

现代商业风险传导性强，影响面广，尤其在金融交易结构中，满足投资者风险偏好的多元化，需要基于风险敞口再分配的机制设计，为避免不可预见的传导性风险，充分利用有限合伙、信托等现有法律制度，构建风险隔离墙，是交易结构设计的重要目标。

3. 规避之动因

交易结构的规避目的除规避法律规范外，还有规避监管及避税之场景。如规避金融牌照机构不得从事通道业务、融资租赁机构不得直接以资金方式投资和承包经营医疗机构科室等行业监管要求。避税目的则更加隐蔽，且内容多不违反法律，如为适用增值税和营业税的不同税率，将同一项目拆成买卖合同和服务合同。规避之动因是实现交易结构权利义务交叉、腾挪、迂回之目的。

4. 优势地位谋取之动因

商事主体法律地位平等，但商业地位却难言完全平等。直接排除相对方权利可能引发司法效力判断上的不利后果，故创设独特的交易结构谋取商业优势地位，成为交易结构设计的重要考量因素。如案例二中，A 公司通过分离买卖合同关系的要素而获得了优势地位。其在有效期 5 年的《设备借用合同》中约定 B 公司订购耗材的最低金额，但 A 公司却不承诺对 B 公司均予供货，双方另行签订一年期的《经销商合同》约定耗材买卖。这意味着 B 公司须每年与 A 公司达成新的《经销商合同》，否则其在《设备借用合同》项下借用的设备就可能得不到充足的耗材供应。

二、困境解构：商事交易结构的审查难点及成因分析

交易结构中，法官面临的最大难点在于如何在不同的合同文本、繁杂且相互交织的条款中识别真实权利义务、合同关系以及交易目的。由于这方面思维方法的理论和实践准备不足，在进入交易结构的"合同迷宫"后，容易陷入"识别陷阱"而造成合同理解和解释的偏差。

（一）类型化偏差：类型化的思维目标导致非类型化结果

"类型化思维模式在现代的发展始自法实证主义追求的安定性和裁决计算的可能性以及社会巨变时代的不适应性"。① 面对非典型合同，法官一般会基于类型化思维采取类推适用方法。但面对主体众多、内容繁杂、条款交织、名目新颖的商事交易结构，在理论和方法支撑不足的情况下，类型化的思维方法恰恰容易导致非类型化的结果。

1. 陷入有名合同的"名实悖论"陷阱

交易结构所搭建的合同体系中，有的合同文本虽然有"名"，却无其"实"，或掺杂了其他法律关系，或部分要素约定于其他合同文本中。这种名实不符有时系交易结构设定时有意为之，法官如囿于单个合同文本以名释实，以名选实，则会不自觉地陷入名实悖论，或未过滤与该合同法律关系无关的

---

① ［日］伊藤刚：《拉伦茨的类型论》，信山社 2001 年版，第 32 页，转引自宁红丽：《论合同类型的认定》，载《法商研究》2011 年第 6 期。

部分，或未补全应当纳入本合同的意思表示，从而在类型化的结论中扭曲了交易结构的真实关系。

2. 陷入无名合同的"片面类推"两难

《合同法》在有名合同的确定上，本着因应工商现实需求的务实立法思想，并未从规范体系的逻辑或给付类型的代表性出发，抽象地思考应如何确定合同的类型。[②] 对非典型合同秉持类似合同处理的类推方式，但何谓"类似"，并非边界明晰的概念。比如服务合同，本质上为提供服务，但在适用法律时却可以准用买卖、雇佣、承揽、委托等，从而造成类推结果不一。非典型合同在很多情况下本身就是一种独立的合同类型，任何一种归类均无法对其进行圆满解释，探究"类似"共性的同时很可能抹杀"个性"差异。即便是有名合同，在交易结构中，其属性也被赋予了不同于一般有名合同的特质。如融资租赁中的买卖，其在瑕疵担保责任方面显著异于典型买卖合同，在价款支付、风险转移等方面也存在特殊交易习惯。

（二）文义化偏差：文义解释的思维定势割裂意思表示的关联性

1. 文义解释的"刻板化"

合同文本及文本间的解释不可避免地存在于商事交易结构的理解活动中。《合同法》第一百二十五条对合同解释的基本原则作了专门规定。一般认为，文义解释是首要解释方法，当合同的文字意思明确、具体的情况下，就会被认定为双方的真实意思，而不论这种文字表述所构成的权利义务关系是否违反常理和一般观念，陷入唯文义的刻板思维中。

2. 文义解释的"孤立化"

长期以来的观点认为"合同是双方真实意思表示"，意思表示与承载意思表示内容的合同文本形成天然的紧密同盟，对意思表示的理解限于合同文本的范围，合同文本外因素均不构成法律要素。但事实上，意思表示与合同文本并不具备必然的对应性，商事交易结构中，规避限制本就是其初始动因，在不同合同中分割并隐藏真意、虚伪表示，于此类交易实属常见。而现实中

[②] 参见朱广新：《民法典之典型合同类型扩增的体系性思考》，中国法学网，http://view.inews.qq.com/a/20170502G05S5300?refer=share_recomnews，于 2017 年 6 月 25 日访问。

对意思表示与合同"一一对应"的思维定势，尤其是割裂交易结构中不同合同中意思表示之间的关联，最终使得合同的文义解释结论牵强附会，有违一般交易观念，导致司法的不可预期性。

（三）效力性偏差：形式理性推演孤立于交易的内心动机

1. 效力性偏差的主要表现

一是失于保守，将有效认定为无效。主要体现为司法对创新型交易模式的法律性质存在不同认识。

二是失于片面，将无效认定为有效。尤其是以规避和优势地位谋取为目的的交易结构中，法官必须来回审视整体交易结构及其子合同，并在两者间构建相互证实的桥梁，审查是否能够形成逻辑自证。如仅将交易结构的某一片段作为法律事实交由法官判断，而未能将之放入整体事实，则极易造成效力认定偏差。

三是失于绝对，将此合同认定为彼合同。在某些交易结构中，合同文本仅具有宣示意义，通过该文本形成权利"过桥"，实际并未履行该合同，而是隐藏了合同的特征，从而将合同性质予以了转化。

2. 效力性偏差产生的根源

法律的形式理性是产生此类偏差的逻辑根源，其特点有三，即形式化的符号体系、严谨严密的推理规则以及确保裁判结论的相对确定性和可重复性，[③] 给法律技术带来两个影响：

一是法律事实的要件化。生活事实被转化成法律事实，进而抽象成不同的要素或构成要件。法官对于事实的审查，必须以具备相应要素或要件为前提。但实际上，同一法律效果下可以有不同的事实要件，这正是很多规避型商事交易结构的设计逻辑，即依据法律要件变换权利义务架构类型。

二是内在意志的客观化。"法秩序保护受领表示者，以依该当情境可以（并且必须）理解的意义来掌握意思表示，因此，它是一种具有规范性的意思表示。"[④] 人的自由意志被转化为可进行法律评价的意思表示，动机、价值等

---

③ 参见郑成良：《法治与形式合理性》，http：//mp.weixin.qq.com/s，于2017年6月12日访问。

④ ［德］卡尔·拉伦茨：《法学方法论》，陈爱娥译，商务印书馆2003年9月版，第179页。

主观因素即与意思表示分离。因此，交易结构中的意思表示得以各自接受法律评价而互不干扰，并迂回于各个合同文本中，无论该等意思表示是否出于同一交易目的或动机。

形式理性在维护商事活动的秩序和效率价值的同时，也产生了相应问题，其中之一就是"开展形式逻辑推演的前提时因人而异导出两套以上的形式化解释方案，但这些前提本身常常在执着的形式化演算中免于被讨论或检验"。[5] 面对同一案件，对要件事实和意思表示的挖掘差之毫厘，所推导出的结论就可能谬以千里。

三、定势破除：商事交易结构中合同、合同文本及意思表示关系之再厘清

基于交易结构案件审理中存在的类型化、文义化和效力性偏差，有必要对合同、合同文本及意思表示之间的关系进行再梳理。

（一）合同不当然等同于合同文本，意思表示不当然等同于合同条款

合同是民事主体间设立、变更、终止民事权利义务关系的协议，故合同概念着重于权利义务构成的法律关系，其核心要素为意思表示，"合同的解释，是对于既已成立的合同确定何为其内容的一种作业，……就此所作的判断便是对双方当事人的意思表示的解释"。[6] 合同文本，是合同内容的有形载体，其核心要素为合同条款。合同文本与合同要素之间、意思表示与合同条款之间不存在必然的一一对应性。一个合同文本可以记载一个要素完整的合同，也可以记载数个要素完整的合同或仅记载部分合同要素。一个合同条款可以表达一个完整的意思表示，也可以表达数个意思表示，或数个合同条款才表达完整意思表示。作此梳理，盖因合同与合同文本、意思表示与合同条款之间的分离，系新型交易结构得以迂回设计、达到各种商业效果之基础，

---

⑤　熊丙万：《法律的形式与功能》，载《中外法学》2017 年第 2 期，http://journal.pkulaw.cn，于 2017 年 6 月 10 日访问。

⑥　韩世远：《民事法律行为解释的立法问题》，载《法学》2003 年第 12 期。

也是法官陷于合同迷宫的重要因素，需要在审判中不断过滤筛选、审视考量。

基于此，意思表示的识别有时应脱离合同文本的物理限制。意思表示的识别有两种类型，即意思表示合并和分立。当事人将内心意思分为两个表示行为时，应当合并为同一的意思表示进行理解；当事人在一个表示行为中表达两个以上的内心意思时，则应先区分意思表示，再梳理意思表示的关系究竟为并列抑或先后，还是转化关系，进而确定不同类型。

（二）交易结构中的合同集群方式

意思表示与合同文本的分离，使得合同文本在交易结构中结合成不同的形态：

1. 合同文本组合

合同文本组合即以形式上构成独立法律关系的各合同文本组合成交易结构。（1）拆分合同。指当事人围绕同一的交易项目，为避税、规避监管、标的限额等动机，将同一交易项目拆分成数个合同，各合同的要素均独立存在，合同履行行为相互区隔。（2）名义合同。合同虽独立存在，但其存在仅为在形式上补全交易结构中某环节的法律关系，实际并未履行。[⑦]（3）滚动合同：合同各要素独立存在，但合同履行行为无法区分，当事人也无意区分。

2. 合同文本混合

合同文本混合即一个合同文本包含两种以上的法律关系。（1）并列合同，一个合同文本中包含几种独立的法律关系，典型如旅游合同，包含运输、租赁、服务等多种法律关系。（2）融合合同，即一个合同文本同时具有两种以上法律关系的特点，如定制物买卖，兼具承揽和买卖的特征。

3. 文本内容转化

文本内容转化即合同性质因其履行情况发生转变。（1）附条件的转化，如债转股或股转债。（2）名实不符的转化，如名为投资实为借贷、名为融资租赁实为借贷等。此类合同转性多为达到规避法律和规避监管之目的，但规避的结果并非绝对无效，实为合同解释之方法，如名为投资实为借贷、对赌

---

⑦ 如前述案例三中，A 公司将设备出卖给 B 公司的第一个买卖合同与 A 公司自 B 公司处购回设备的第二个买卖合同，均未实际履行，买卖合同仅为构建"买卖 + 售后回租"的交易结构而名义上存在。

条款、股转债等已为司法认可，又如流质禁止之规避者，让与担保亦获认可。

4. 借名合同

（1）挂靠合同，多出现在建设工程类案件中。（2）以债的加入或债的转让实现权利义务的迂回，如在一些资金融通领域，资金的实际使用人先以他人名义借款，继而通过债务加入、债务承担或者承担保证的方式实际获取资金。

复杂的交易模式会同时具备上述几种特征，虽然文本独立，但所载意思表示难言完全独立。此时，如何准确判断哪些合同文本或者不同合同文本中的哪些条款属于同一合同关系，从而在乱花丛中识别出交易结构中的合同关系，确立交易结构中各类权利义务、宣示效力，成为司法中的难点。

四、路径突围：商事交易结构中合同的体系化解释

"案件裁判合乎正义，这固然是法官活动中值得追求的目标，但并非另一解释标准。"⑧面对形形色色的交易结构，逐一地类型化和有名化缺乏现实性，唯有运用体系化的解释方式，将《合同法》第一百二十五条、《民法总则》第一百四十二条置于"穿透性审查"路径下，方可现其生命力。

（一）合同关系识别：以意思表示的同一为标准

判断合同同一性的标准在于给付的同一性，而给付同一性的判断以意思表示同一性为标准。经过意思表示的分立和合并，识别意思表示是否具有同一性，是判断双方权利义务族群的重要前提。

1. 依据合同基本要素识别意思表示

合同要素是指《合同法》第十二条规定的合同一般应当具备的条款。如果不具备这些要素，则法官应考虑在同一交易结构的其他合同文本中寻找相应的意思表示。当然，即使具备了这些要素，也不能完全排除继续寻找的可能性，比如合同约定不明之情景，需借助其他合同之意思表示予以明确。

2. 依据请求权基础识别意思表示

请求权基础的思维方法，已经成为法官识别当事人权利义务的有效思维

---

⑧ 前引④，卡尔·拉伦茨书，第224页。

方法，事实上，其对识别和排除不具有同一请求权基础的意思表示同样具有现实意义。比如，之所以纠纷解决条款相对于合同其他条款具有独立性，正在于意思表示的请求权基础不同。如，双方约定买卖条款和管辖条款，但一方并未加盖印章而是直接履行。立案审查时法官无法认定管辖条款成立，如有管辖权异议则应驳回，但经实体审理，却有可能认定合同成立并生效，其逻辑就在于驳回管辖权异议的法条规范是《民事诉讼法》第三十四条，而认定合同成立并生效的法条规范却在《合同法》第三十六条。请求权基础同一，并非指法条的一致，而在于是否能够形成完整的请求权基础，在不同的意思表示所依据的请求权基础构成补充性或阻却性法条之场合，仍应识别为同一的意思表示。

3. 依据合同目的矫正识别结论

意思表示与合同文本的分离可能导致合同文本在文义解释时得出不合常理的结论或权利义务失衡的结果，此时必须解释合同目的以矫正文义解释的结论。合同目的，一般指合同要达到的权利义务状态，但交易结构中各合同主体高度重叠，合同呈现连环锁定状态，合同的特殊目的各方心知肚明，合同目的更接近当事人通过交易结构所追求的利益状态。如很多交易促进型模式中，双方在直接交易中嵌入第三方交易环节，从而形成类似融资租赁的三角形交易模式，或者保兑仓、信用证、商业保理等四方形的交易模式，各合同目的相互关联，甚至互为合同目的，故交易结构的整体目的可视为其合同目的。合同目的解释对识别结论的矫正，形式上主要有两种：

（1）交易结构的整体目的判断。当法官面临一个复杂的交易结构时，必须首先弄清该交易结构的整体目标为何，不同的交易目的存在着不同的结构逻辑，其风险点亦有所不同。如优势地位谋取型交易结构，需重点对比显失公平类的规范目的；风险防范型交易结构，需重点对比排除重大权利、加重对方责任的规范目的。

交易目的对于规避型交易结构的效力判断尤具意义。以规避法律为目的之交易结构在效力上应为无效，当无异议。但现实中仍存有以规避行业监管为目的，或者错误规避情形，其效力如何，殊值探讨。本文认为，在规避监管为目的之交易结构，如无违反公序良俗之价值，应以交易结构之整体目的及所欲达成法律效果认定其真实意思表示，即依据真意保留或虚伪表示法则，按名实不符处理。在错误规避之情形中，比如双方以为法律禁止企业间借贷而采取融资租赁之回租方式提供资金，但其实并无法律禁止借贷之情形，则应结合其交易目的及合同履行情况，按实际构成的法律关系处理。

（2）合同条款穿透。即在解释交易结构中此合同的内容时，适用彼合同的条款。数个合同为同一交易目的，合同条款虽不能当然相互嵌入，但仍可能构成意思表示同一。比如合同拆分交易结构中，同一项目拆分为硬件买卖安装和软件服务两个合同，如果名为买卖的合同实际约定了从信息平台设计到上线的整个进度，而服务合同并无此约定，则以服务合同的合同目的予以解释，买卖合同的该条款构成意思表示的同一性，具有穿透适用于服务合同的效果，否则就可能出现同一项目中买卖遵循项目进度而服务则无进度约束的背离局面。

（二）法律事实挖掘：以适度扩张诉讼标的为路径

诉讼标的是限定法官审理范围和对象的界限，将诉讼标的理解为法律关系，并考量诉讼效益而适当扩展法官释明义务，是实务界判断诉讼标的的方法。⑨ 但将案件事实涵摄于法规范的构成要件之下，并非绝对严密的逻辑程序。拉伦茨认为："在判决的事实部分出现之'案件事实'，是作为陈述的案件事实。基于此项目的，事件必须被陈述出来，并予以整理。在无限多姿多彩，始终变动不居的事件之流中，为了形成作为陈述的案件事实，总是要先作选择，选择之时，判断者已经考量到个别事实在法律上的重要性。因此，作为陈述的案件事实并非自始'既存地'显现给判断者，毋宁必须一方面考量已知的事实，另一方面考虑个别事实在法律上的重要性，以此二者为基础，才能形成案件事实。"⑩ 而商事交易结构正是以多层次、多数量的法律事实为主要特征，不同要件构成不同的法律事实，而法律事实间又多存关涉，各要件事实是否能够作为形式逻辑推理的前提存在不确定性。因此适度扩张涉及交易结构案件的事实范围，不拘泥于当事人自行主张的具体法律关系和法律事实，方能合理确定"陈述的案件事实"。

---

⑨ 参见沈德咏主编：《最高人民法院民事诉讼法司法解释理解与适用（上）》，人民法院出版社 2015 年 3 月版，第 635 页。

⑩ 前引④，卡尔·拉伦茨书，第 160 页。

扩张诉讼标的之主要目的在于规制规避和虚伪表示,判断规避及虚伪表示的后果是法律解释的问题,依赖于对当事人真意的探寻。尤其是在合同混同的商事交易结构中,意思表示的分立和合并并存,最终会形成各类意思表示拆分、过滤、再还原的局面。"作为陈述的案件事实之终局形成,取决于可能适用于该事件之法规范的选择,而这项选择却又一方面取决于判断者已知的情境,另一方面取决于他对于——案件事实所属的——规范整体之认识如何。"⑪ 故挖掘事实、探寻真意和发现规范之间是一个"眼光往返流转"的过程。如上述案例二,局限于《设备借用合同》则可能得出合同双方权利义务失衡的结论,但若适当扩张诉讼标的,将目光流转于《设备借用合同》与《经销商协议》之间,当事人谋求优势交易地位之目的显而易见,该交易目的和结构安排并无违反强制性法规之虞,自应给予肯定性判断。

(三)效益的审视:履行过程与意思表示的效益度判断

效益原则不仅是商事行为的基本原则,也是司法裁判的重要原则。对交易结构的效益性审查,主要包括两方面。

1. 审查履行过程中的效益异常

合同履行情况虽不决定合同是否成立,但当我们审查交易结构中不同合同文本组合时,各类文本到底是相互独立的真实合同,还是虚伪表示的过桥合同,通过对履行过程的审视,可以判断出交易结构是增加了交易负担,还是减少了交易负担,有助于法官理解商事主体设计交易结构的侧重点,进而探究其隐于复杂结构之后的真实意思。比如,支付价款、开具增值税发票、交付标的是合同履行的三大标志,一般来说将增加当事人之利益,但如果交易结构中相应合同完全未得到履行,则说明该合同的履行可能不符合当事人之效益,将增加交易负担,基于此,就需对该等合同中的意思表示予以同一性审查。

2. 审查权利义务解释结论的效益程度

局限于交易结构中片段化的合同文本,可能会使司法结论与其他合同文本的权利义务安排相冲突,导致后续连锁诉讼,造成司法效益上的不经济。

---

⑪ 前引④,卡尔·拉伦茨书,第164页。

如上述案例三中，A 公司和 B 公司间形成"买卖 + 售后回租"的交易结构，如仅对融资租赁法律关系进行单独判断，则不排除法官会因 A 公司不具备相应业务资质而对该项业务作否定性司法评价，如此 A 公司若还欲主张权利，就只能在融资租赁案件裁判后，以原本仅系为交易结构完整构建而签订的名义上的买卖合同为依据进行诉讼，造成事实上的一事多讼，司法效益上无法与直接审查 A 公司和 B 公司间的整个交易结构相比拟。

（四）适度的宽容：尊重交易结构的市场价值判断

形成于商事主体之间日积月累的博弈和磨合的商事交易习惯，对商事行为影响巨大，有些看似匪夷所思的交易规则，实则具有高度的现实合理性和市场认可度。[12] 故司法在交易结构中更须严守自我的权力边界，遵循市场价值的判断方式。

1. 从市场需求看，是解放了市场活力还是增加了交易费用

以让与担保合法化为例，让与担保曾因规避"流质禁止"之嫌而长期未得到立法认可，但"为了回避典型担保物权之实行必须履行的程序产生的繁琐手续和高昂费用，催生了让与担保、所有权保留等被称为'专利转移性担保'的非典型担保制度"。[13] 应当说，这种模式是市场的自我选择，节省了交易费用，提升了交易效率，无需司法过度介入。

2. 从市场分层供给看，是满足了市场需求还是扰乱了市场秩序

市场有不同层级的需求，与此对应有不同层次的供给。对于能够弥补市场空白，满足市场需求的交易结构，司法应当给予一定的创新支持和合法性空间，在肯定交易结构的基础上适度把握交易流程的审查，从而起到规制、引导市场的功能。

结　语

法官作为裁判规则的运用者，其裁判蕴含着对创新商业模式的司法理解。

---

[12] 如"照付不议"规则的权利义务安排虽有失衡之嫌，但却能成为国际能源销售的通行惯例；又如"优先性协议"和"选择权合同"，是商事主体长期合作形成的维系信赖关系、提高交易效率的权利义务安排。

[13] 杜万华主编：《民间借贷司法解释理解与适用》，人民法院出版社 2015 年 8 月版，第 410 页。

商事交易结构的复杂性既在于其合同数量的庞大，还在于其合同结构及合同条款的庞杂及交叉。理解复杂的合同集群，需要进行"穿透性审查"，突破合同的形式化解释框架，深入交易目的、扩展到整体目标，对《民法总则》关于意思表示的解释规定补充以体系化的解释方式。

（责任编辑：李瑞霞）

重复诉讼规则司法适用的大样本解析
与新思维重塑

陈育超*

引　言

最高人民法院《关于适用〈中华人民共和国民事诉讼法〉的解释》（以下简称《民诉法解释》）于 2015 年施行，第二百四十七条明文规定了重复诉讼规则，即内容相同的两个诉讼同时系属或发生既判力遮断的，应以裁定驳回起诉。从司法适用角度看，该规定有三个待解难题：

判断标准"多维化"。第二百四十七条规定了"三同说"，即诉讼请求、诉讼标的和当事人均相同的构成重复诉讼。但新判断标准存有两个解释难题，一是诉讼标的系争论百年尚未达成共识的基础概念，明文入法却未清晰定义，积累百年的理论争议将如影随形，新近诉讼标的"相对化"趋势更进一步模糊了判断标准；[①] 二是"相同"这个貌似单义的概念，在后述司法实践中已经呈现形式上"同一"和实质上"等同"两种适用方式，理解不一。

关联制度"复杂化"。第二百四十七条将"二重起诉"与"既判力"打包进重复诉讼规则统一处理，而两者有不同旨意考量，理应作不同处理。[②] 另外，该解释第九十三条规定的"预决效"制度，形成事实层面约束力，而第

---

* 陈育超，法学硕士，上海市普陀区人民法院法官助理。

① 该趋势认为诉讼标的为多义概念，在不同程序场景中需有不同目的考量。参见陈杭平：《诉讼标的理论的新范式——"相对化"与我国民事审判实务》，载《法学研究》2016 年第 4 期。

② 段文波：《日本重复起诉禁止原则及其类型化析解》，载《比较法研究》2014 年第 5 期。

二百四十七条规定"后诉的诉讼请求实质上否定前诉裁判结果"的效力约束也可能延伸至事实，两者碰撞无可避免。

理论构造"例外化"。现有学说认为调解、裁定、仲裁裁决只有在例外情形下方可被赋予既判力，③ 而观诸审判实践，恰恰是这些文书较多以既判力解决，如后述表1案例一对调解既判力的赋予；案例二对仲裁裁决既判力的强调；案例三对裁定既判力的认定。第二百四十七条规定的"裁判"亦采广义视角，"例外变常态"。

这些待解问题反映出我国重复诉讼规则存在独特构造。而基于该规则涉及裁判效力和诉权保护这两个最重要的诉讼程序问题，对这个构造的揭示与解析，将加深对司法程序的理解，重要性不言而喻。

一、独特构造：重复诉讼规则司法适用的实践样态

2018年3月17日10时50分，在中国裁判文书网以"最高人民法院关于适用《中华人民共和国民事诉讼法》的解释　二百四十七条"为关键词，共可检索到19479份裁判例。过万的样本数导致人工阅读式的全面统计分析困难呈几何级上升，亟需方法论转化。下文采用"面上统计＋抽样分析"的实证分析方式呈现司法适用情况。前者采取关键词抓取方式，后者采取逻辑重构方式（因法律适用的核心推理结构有限，采取该分析较能保证相应结论的代表性）。

（一）基本情况

1. 新法规定被充分激活，已完成理论到实践的转换

重复诉讼规则属于理论上的裁判效力或既判力问题，在《民诉法解释》规定前缺乏明文规定，具体司法适用方案也争议不断。从实证分析角度看，2015年新规施行后，司法实践未因理论纷争而停滞不前，适用该规则已成为一种"新常态"。从适用数量看，④ 从2015年的3962份裁判文书（占

---

③ ［日］高桥宏志：《民事诉讼法制度与理论的深层分析》，林剑锋译，法律出版社2003年12月版，第638页。

④ 可能因有些裁判文书年份无法识别，依据年份统计的案件总数为18322件。

比 21.62%），到 2016 年的 7348 份（占比 40.30%），2017 年的 6775 份（占比 36.98%），总体稳步上升。从适用地域看，我国全部省级区域内都已产生相应裁判。从适用法院看，四级法院均以该条为依据作出过判决，基层法院 10875 件，占比 55.83%；中级法院 7642 件，占比 39.23%；高级法院 880 件，占比 4.52%；最高法院 82 件，占比 0.4%。

因此，以上传中国裁判文书网的案件情况而言，全国各地、四级法院均以第二百四十七条为依据作出了相当数量的裁判，具有很大"市场"。

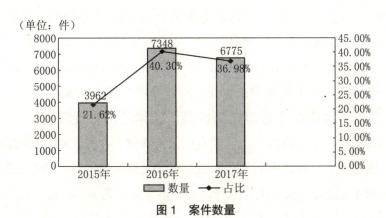

图 1　案件数量

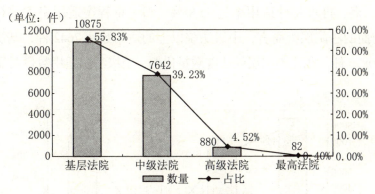

图 2　不同层级法院数量

2. "诉讼标的"成为重复诉讼规则适用的最鲜明标签

理论上，一般以诉讼标的与当事人主客观两要素作为判断重复诉讼的试金石。因此，反映到审判实践中，必然会对诉讼标的概念作出说明。从裁判文书网事由搜索关键词看，涉及 98 个，涵盖民事案件各个领域。但从数量而言，"诉讼标的"关键词项下案件 7669 件，在超过三分之一的重复诉讼案件中涉及诉讼标的辨析。

因此，加强重复诉讼规则司法适用的一个重要方法论指引就是加强诉讼标的理论研究，并从实践中提炼更好的解析方式。

3. 适用范围超越纯粹程序性判断，已从具体规定上升为一种理念

从第二百四十七条规定本身看，其主要处理的问题是重复诉讼，属于一个相对技术性的程序规定。但从立法背景和新规生效前的审判实践看，我国审判中早已根据"一事不再理"等学理展开重复诉讼的判断与适用，已经上升为一种司法理念。统计上，以案由为关键词，除了 13194 份民事裁判外，还涉及 67 份行政判决和 7 份刑事判决。从裁判文书类型看，除了 14599 份民事裁定书外，还涉及 3080 份判决书、1 份调解书和 2 份决定书。这就说明，刑事、行政诉讼和相关实体判决也在适用该原理处理相关事项。

4. 二审、再审程序适用比例较高，法律适用难度较大

如引言所述，第二百四十七条规定在条文解释上存有疑难，同时理论上至今也未形成通说，反映在审判实践中就是司法无法一锤定音，当事人实质争议较大，持续时间较长。从适用程序看，⑤ 一审适用数为 8454 件，占比 53.44%；而二审适用数为 6424 件，占比 40.61%，申诉再审适用数为 829 件，占比为 5.24%，二审、再审总计适用率达 45.85%，与一审程序适用率大致相当。另外，从前面的法院层级而言，中级法院以上的适用数达 7642 件，基层法院适用数为 10875 件，相比不同层级法院数量比例，上级法院适用数量明显居多。

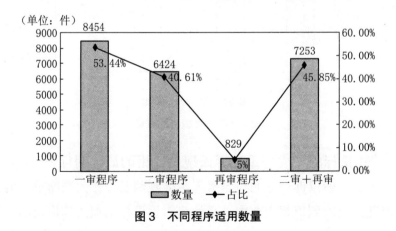

图 3　不同程序适用数量

----

⑤　同样可能因识别困难，该数据总数为 15820 件。

（二）司法适用逻辑的抽样分析情况

1．2015 年前公报案例司法适用情况

最高人民法院对 1985—2015 年公报案例进行了汇编，⑥ 三卷民事汇编和一卷商事汇编中涉及重复诉讼的裁判文书共计 9 份（详见表 1）。这 9 件案例占公报本身不多的程序性案例的大部分，足见该问题的重要性和复杂性，总体上呈现扩张性与形式化特征。

表 1　2015 年前最高人民法院公报涉重复诉讼规则案例

编　号	出　　处	案　　号	涉及问题
案例一	公报 2011 年第 4 期	最高院（2010）民申字第 1276 号民事裁定书	民事调解的法律约束力
案例二	公报 2011 年第 3 期	最高院（2010）民提字第 10 号民事判决书	民事仲裁裁决的法律约束力
案例三	公报 2006 年第 12 期	最高院（2005）民一终字第 95 号民事裁定书	民事裁定的法律约束力
案例四	公报 2004 年第 10 期	最高院（2003）民四终字第 2 号民事裁定书	事实认定的规制力
案例五	公报 2006 年第 6 期	最高院（2005）民一终字第 65 号民事裁定书	理由阐述的规制力
案例六	公报 2012 年第 11 期	最高院（2012）民提字第 44 号民事裁定书	主文判定的规制力
案例七	公报 2007 年第 5 期	最高院（2005）民四提字第 1 号民事判决书	主文比对
案例八	公报 2014 年第 8 期	最高院（2014）民四终字第 20 号民事裁定书	诉讼请求比对
案例九	公报 2015 年第 7 期	最高院（2013）民提字第 207 号民事裁定书	诉讼理由比对

（1）在适用对象上，规制效力全面覆盖民事调解、裁定、仲裁裁决（简称现象一）

在案例一、案例二、案例三中，法院分别以生效调解书、仲裁裁决书、

---

⑥　以下案例一至案例九源自沈德咏主编：《1985—2015 最高人民法院公报案例汇编》，人民法院出版社 2016 年 11 月版。

生效裁定为判断依据，构造三种文书具有"一事不再理"效力为前提的论证结构，已走在理论前头，着手处理了尚未达成共识的民事调解、裁定、仲裁裁决的重复诉讼效力问题，并发展出一定技巧。

（2）在适用载体上，裁判文书的事实认定、理由阐述、主文判定均可发挥规制效力（简称现象二）

在案例四、案例五、案例六中，法院分别以基础事实、支撑理由、诉讼请求同一为由认定重复诉讼，并发展出"自然观察法"、"主要诉讼请求"同一性实质判断方法。不同于域外有关既判力或者争点效的讨论，无论何种层面的裁判文书判项，都处于重复诉讼规制力范围。

（3）在适用方法上，发展出"——比对"技法，但存在机械化倾向（简称现象三）

在案例七、案例八、案例九中，法院分别比照前后诉调解主文内容是否矛盾，发展出"令人无所适从"、"是非不清"的常识判断方法；借助诉讼请求之间精细的"——比对"，提出诉讼请求指向是否拥有直接、实质关联的审查方式；以诉讼理由为参照审查诉讼请求同一性，深化了诉讼请求实质审查方式。凸显出"——比对"这一形式化适用方法在司法实践中的普遍性。

但也存在机械比对致不合理结果的情形。如案例三，前诉因债权转让不成立否定原告主体适格。后诉法院已确定债权转让成立，承认原告为权利人，却经简单比对认定前后诉主文相同而驳回起诉，致原告诉权被剥夺。案例一中，法院也是经机械比对，认为调解主文未涉及相关诉请即对其无拘束力，遗漏了可能存在的虚假调解问题。

2. 2015年后司法适用逻辑的抽样解读

随机抽取2015年后的裁判，从法律适用核心逻辑角度分解，显示出精细性与实质化特点。

（1）在适用对象上，继续肯定民事调解、裁定法律约束力

第二百四十七条生效后，裁判例依旧将生效民事调解和裁定作为重复诉讼比对对象，与2015年前司法适用情况无异。如前诉就工伤保险关系达成调解，后诉起诉相同事项，法院适用第二百四十七条驳回。

（2）在适用方法上，继续采用"——比对"方法，超越法条规定的"三同说"

第二百四十七条对重复诉讼提供了非常明确的三个判断标准，即诉讼

请求、诉讼标的和当事人相同。本可期待裁判例中展现的是如何比对这三项，并对其中相对空白的诉讼标的进行详细解释，⑦出乎意料的是，对诉讼请求、当事人的相同性根本未予严守，要件解释相当宽松；而对诉讼标的，则落在 2015 年前展现的"一一比对"思维中，根本未严格按现有几种概念予以择取。

容忍诉讼请求差异。包括：前后诉诉请不一，但是基于相同事实或理由；诉请之间具有包容性，简单如诉讼标的额不一；稍复杂如剔除前诉整个诉请未包括部分；更复杂如关于表达用语不同的诉请同一性认知。

肯定前后诉当事人不一。如追加责任人案，法院系实质审查而非简单因两诉当事人不一就排除重复诉讼，"两次诉讼的被告、第三人虽然不尽相同，但足以查明事实、解决争议的当事人……均参加诉讼，可以认为两次诉讼的当事人差异，并不影响案件实体处理"。同时，正因法条用语为"相同"，给滥用诉权之人留下空间，其往往会增加或改变当事人企图突破第二百四十七条规制，实践中已出现相应案例。

超越诉讼标的的辨析。法院未拘泥于对诉讼标的的各种学说作选择，从而产生诉讼标的的"相对化"现象，而是从诉讼请求、理由、事实、证据各个层面综合比对得出结论。呈现的表述是诸如"不属于同一事实、同一法律关系、同一当事人之间的纠纷，因此原告的起诉不属于重复起诉"。

（3）在操作方式上，开始精细构造例外规定和说理概念

为应对复杂状况，司法实践开始找寻重复诉讼规则的除外事项，如将裁判生效后发生信访答复认定为《民诉法解释》第二百四十八条的"新事实"。另外，也开始整合分散在不同法规中的例外规定，如《民诉法解释》第二百一十二条关于裁定驳回起诉或不予受理后的重新起诉；第二百一十四条关于当事人撤诉后又基于同一诉请的重新起诉；第四百九十四条关于当事人对折价赔偿不能协商一致致执行程序终结后的另行起诉；以及《关于审理民间借贷案件适用法律若干问题的规定》第五条关于经公安审查不予立案的涉嫌犯罪案件在被驳回起诉后的重新受理。

同时，引用"独立的诉的利益"等论证资源，"该请求权方向与前诉不

---

⑦ 严仁群：《既判力客观范围之新进展》，载《中外法学》2017 年第 2 期。

同，海源公司在法律关系上享有独立的诉的利益，不符合最高院关于适用《民事诉讼法》解释第二百四十七条有关重复起诉的情形"。

二、"矛盾低耐"：重复诉讼规则司法适用的深层思维

前述样本分析显示，司法实践中，重复诉讼规则在最高人民法院新规生效前后遵循大致相同的适用方法，因此，其必然深嵌于特殊局限条件中，背后有共通规律在指挥，且该条件尚未改变。⑧该条件可溯因为司法实践中固守的"矛盾低耐"深层思维：在我国民事法律领域，立法者、司法者对裁判文书中出现的判项特别注重防止、避免与已有认定的矛盾或不一致，无法容忍对相同或关联事项作不同认定，对矛盾判定的耐受度极低。

该深层思维可很好说明前文现象，因为不管矛盾显现的文书形式抑或载体布局如何，都无法改变其矛盾本质，故出现了重复诉讼规则适用对象和载体较域外理论扩张的现象。同样，从矛盾本身定义（A 和非 A 不能同时成立）出发，只要出现关联判项，司法者必然延伸查证范围，"一一比对"即是最佳排查工具。另外，出现机械比对，不在方法本身，在于遗漏了比对事项。该思维的产生原因主要有三：

（一）"三维空间"式的绝对性思维

绝对性思维是"矛盾低耐"的首要原因。对"矛盾低耐"思维与域外广泛承认的"既判力相对性"，可作牛顿三维空间力学体系与爱因斯坦四维时空相对论体系的有趣比喻。我国司法实践之所以低容忍一切矛盾，在于固守三维空间式的绝对性思维，认为同一事物在同一时空下必然不可能与其相对或否定共存。而"既判力相对性"则认为，不同的主体或者不同诉讼标的项下的相同理由已处于不同时空，可视为两个不同事物，即使表面冲突，也不妨碍其各自成立。若以裁判事项的不一致程度为自变量 x，对不一致的忍耐度为因变量 y，可建立 $y = f(x) + e$ 的函数关系，同样的不一致，"矛盾低耐"思维下的 y 值会低于域外相应制度下的 y 值。

---

⑧ 张五常：《经济解释》，中信出版社 2015 年 3 月版，第 72 页。

（二）绝对真实的诉讼理念和常识化的诉讼操作

具体到诉讼环境，绝对真实诉讼理念与常识化诉讼操作也是影响因素。我国民诉领域素有绝对真实偏好。⑨在司法实践或制度设计中，充分关注的是"事实"而非"理由"，以至于如法的观点指出义务等理论较少被研讨。庭审中存在漠视法庭辩论、过度依赖法庭调查、要求当事人缩减辩论内容、草草结束辩论等现象。因过去的事实已固定不可改变，对其绝对真实性可予认知，而理由论证至多达成共识，无法强求绝对，故绝对真实理念必更多聚焦事实。在绝对真实理念下，矛盾判项是巨型冲击波，因此，对于任何乃至表面性矛盾都必须予以排除。

另外，"矛盾低耐"思维下运用重复诉讼规则只需关注关联案件，简单比对不同判项即可，而非像整套既判力体系，需甄别适用对象，辨识不同诉讼标的，划分不同裁判结构，过于复杂与技术化。因此，常识化诉讼操作也是原因之一。

（三）行政化的管理体制与对特定用户视角的关注

我国法院的行政化管理体制以及关注特定用户视角也直接影响"矛盾低耐"。在行政管理视角下，采取"矛盾低耐"思维只用简单比照，无需找寻矛盾事项出现的不同时空，非常有利管理标准统一。现有司法管理中，对量化指标的偏好即是对这种简单可操作标准的追求。另外，随着"让审理者裁判，由裁判者负责"的司法责任制改革渐次推进，行政化管理可能减弱，进而削弱"矛盾低耐"。但基于院、庭长审判监督权以及上诉、再审制度的存在，必然隐形存在管理因素。

另外，管理视角也是一种用户视角，只不过是将目光投向上级偏好。在审判实践中，特别是涉诉信访仍作为综治考核及裁判文书公开，司法人员会设想裁判的第三方阅读，关注其对关联案件矛盾判项的指责。因第三方系在脱离具体诉讼语境下解读裁判，只可能采取简单比照乃至揪住表面矛盾"大

---

⑨ 张卫平：《事实探知：绝对化倾向及其消解——对一种民事审判理念的自省》，载《法学研究》2001 年第 4 期。

做文章"的方式,那种对既判力相对化适用的要求,不符合其阅读习惯。因此,司法实践对矛盾判项的低容忍甚至机械对比,是用户视角反馈所至。

三、两层递进:重复诉讼规则司法适用的方法重构

在强调适法统一、同案同判,特别是海量文书公开上网、实证分析日益升温的情境下,司法判例被检阅的几率大增,两个案件可能会突然被关联。相信"矛盾低耐"也会越演越烈,其催生的我国重复诉讼规则司法适用深层思维,短期内将不会改变。较合适的做法应是通过思维重塑,进一步精细化适用方法。

(一)重塑后的新思维:结构解析与映射判别

针对重复诉讼规则折射的适用载体广泛覆盖性和适用方式"一一比对"性,可抽象出两层递进式运用方针。

1. 第一层——结构解析

结构指一个体系的要素组成及其相互间联系。结构解析在于对体系要素的分离及相互间层次的逻辑重构,即采取层次填充的方式逐项划分前提与结论,明晰推导关系,完成论证结构可视化。

相应的,裁判的结构解析是指以演绎推理方式重组裁判中的证据认定、事实前提、理由过渡、主文结论获得过程,并画成推理路线图,较常用的为链式结构和圆环结构。

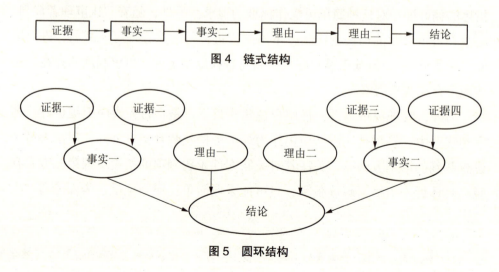

图 4　链式结构

图 5　圆环结构

进一步，前述两种结构隐含着"核心结构"判定模型，即逻辑重构涉及的都是对证成结论必不可少的元素，未予提炼加强论证的可有可无要素。这类似于英美法系判例拘束制度中理由与旁论区分机制。

对裁判进行可视化结构解析，至少可收获三点益处：验证裁判论证逻辑的严密性；分析裁判不同层面采用的论证资源，如理由层面的法律解释方法，事实层面的证明标准及证明责任学说，甚至可提炼整个论证的宏观价值导向；为重复诉讼提供判断载体，可对重构后要素进行一一比对，识别不一致及其层次。

2. 第二层——映射判别

映射判别借鉴的是数学上现代函数概念，用以指称两个集合之间的对应关系。⑩ 若将两个案件视为两个集合，并将第一层结构解析后的裁判要素当作集合元素，则可在两者之间建立一一对应关系。函数概念刚好契合重复诉讼判断规则。

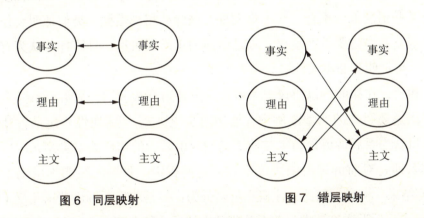

图 6　同层映射　　　　图 7　错层映射

类似于函数中存在双射、满射等不同对应方式，裁判中也有同层映射和错层映射的区别。前者指分别比较两个案件事实之间、理由之间、主文之间等相同层面，后者指比较事实与理由，理由与主文，事实与主文等不同层面。

（二）重构后的新方法："一步两合并判断法则"

依据上述两层递进式新思维，可重构出重复诉讼的"一步两合并判断法

⑩ ［美］R·柯朗等：《什么是数学——对思想和方法的基本研究》，左平等译，复旦大学出版社 2005 年 5 月版，第 280 页。

则"，并进而运用于法条概念解析。

1. 重复诉讼的判断法则

第一步，对比诉讼请求。若前后诉诉请相同或相反，或者后诉诉请与前诉理由、事实相反，则构成重复诉讼；在通过诉讼请求层面检验后，合并进行事实与理由的分别比对：若事实同一，适用《民诉法解释》第九十三条第五项的预决效；若理由相似，适用规则可定性为"参考"，若关联案件为指导性案例则是"参照"。所谓"参考"指考虑说理的说服力，而"参照"则指违反者有更强的推翻论理义务。

2. "实质上否定前诉裁判结果"类型析分

第二百四十七条在诉讼请求同一性判别中引入了"实质上否定前诉裁判结果"这一复杂待发展概念，突破了形式上"同一"的解释路径。有观点以前诉主文是否具有积极内容为准予以辨析，即具有积极内容的可发挥否定效力，无积极内容的因本身不存有实体无否定可能，但诉讼请求相同和实质否定于某些情况下会重合。[⑪] 不难发现，该标准相当模糊，类似证明责任领域权利成立与妨碍要件的争议，只是语词的正反面表达，且该标准认为有重合情形，可证明其非本质性。

相反，在如前诉以协议未生效请求返还财产被驳回，后诉以解除合同为由请求返还财产的典型案例中，运用两层递进式，"实质性否定前诉裁判结果"可认为系后诉诉讼请求与前诉裁判理由矛盾的错层映射类型，因后诉要求解除即是对前诉理由中协议生效认定的否定。且纳入裁判理由也未突破"裁判结果"文意。因此，该概念可两分为：一是前后诉诉讼请求相反（简单型）；二是后诉诉讼请求与前诉裁判理由相反（复杂型），清晰化辨别规则。

3. 生效裁判例示

同层映射判别，包括：证据之间的对比，如"本次诉讼所提供的'证明'和'声明'的内容在（2013）淮法席民初字第0362号诉讼中已得到了证实，该'证明'和'声明'的提供并不能改变生效判决对该事实的认定"；事实之间的对比，如"实质上和解协议本身就是基于张某某与邯郸县医院之间的医疗过错纠纷产生的，张某某仍是基于认为邯郸县医院存在医疗过错，要求

---

⑪ 前引①，陈杭平文。

邯郸县医院承担相应赔偿责任";理由之间的对比,如"其诉讼理由中损害国有资产的理由在前诉中也有提及"。

错层映射判别,包括:主文与理由的对比,如"前诉诉请为要求归还案涉房屋的产权,现提起的诉请为确认案涉房屋的产权,两项诉请看似不同,但实质上归还房屋产权,必须以确认王某某对案涉房屋具有所有权为前提"。主文与事实的对比,如"本案中又以已经法院判决的事实……起诉,实际上是否定(2015)大民一终字第 10 号案件的裁判结果"。

(三)重筑后的新体系:"三位一体"矛盾规制群

因重复诉讼规则镶嵌在"矛盾低耐"思维下,可进一步拓展上述新思维的可适用性,构建除前述"一步两合并判断法则"**主体制度**外的司法适用矛盾规制体系。

例外制度为第三人撤销之诉、再审、裁判生效后诉讼外和解这些虽表面上涉及重复诉项,但以后诉排除前诉,而非如"重复诉讼"以前诉排斥后诉的制度,但均可以适用共同判断法则。

第三人撤销之诉的形式化判断方案 ⑫ 可借鉴前述"实质否定前诉裁判结果"的两种类型:——比对撤销请求与前诉的诉请和事实、理由。该方案符合将第三人范围限定在与诉讼标的或案件处理结果有关的框架内的《民事诉讼法》第五十六条,因诉讼标的已被司法实践置于多义的事实、理由、法律关系上。也符合《民诉法解释》第二百九十二条将撤销条件规定为"发生法律效力的判决、裁定、调解书的全部或者部分内容错误",明示包括全部内容。上述原理也适用于再审制度。

至于裁判生效后的诉讼外和解,遵循最高人民法院第 2 号指导性案例的处理方案,结果基本合理,无需寻觅他法,只需加强审查和解协议是否无效、重大误解、胁迫、显失公平等。

配套制度系对于关联案件的搜寻、推送。"矛盾低耐"思维下构建的规制体系前提在于占有关联案件信息。可比对样本愈大,愈可防免矛盾判项出现,且随样本扩容,会勾连更多细节,即使对核心法律判断无影响,也会

---

⑫ 吴泽勇:《第三人撤销之诉的原告适格》,载《法学研究》2014 年第 3 期。

引发适法者对不一致的进一步思考从而带来更可欲判决结果，产生意外制度收益。

四、余论——对裁判领域人工智能算法设计的启示

裁判分析可采如前文对第二百四十七条适用情况传统抽样分析的人工方式，会产生一些洞见，但面对海量案件就挂一漏万，存在过度拔高或小样本选项可能。因此，大数据时代裁判领域引入人工智能颇有想象空间。但是，人工智能说到底尚非人脑思维方式，只是基于某种算法而构建与人类相同思维结果的产物而已，其引入基础在于算法的设计与优化。"两层递进式"提供了一种算法启示："结构解析"提炼裁判文书核心推理结构，转化为机器可理解的可视化选项，"映射判别"——比对关联项，并设定关联项偏离度阈值。该算法一方面可避免文书全文关联带来的效率减损，另一方面通过适当调整推理结构层级及关联文书样本，对矛盾判项的涉及度会更精细，水到渠成达成"同案同判"效果。且设定偏离度阈值可一定程度替代审判监督。同时，该算法也具备实践基础。民事审判领域的争点整理为核心推理结构提取提供了内容工具，因争点系法律论证中的关键推理结构，且不会无限弥散。另外，法院系统一直进行着各种裁判评定工作，积累了丰富优秀文书，可"喂给"机器大量优质样本，防止误伤测试出的超偏离度阈值案件。当然，为实现上述算法优化，要继续推进争点式说理文书模型建构，除提高技能方法外，还需常态化文书评查、抽查机制。另外，也要深化优秀裁判文书评选、收集机制，包括创新技术手段，如中国裁判文书网给每个案例设置了"推荐案例"按钮，学界案例评析研究潮流的涌动也是有益助力。

（责任编辑：李瑞霞）

《民法总则》司法适用的路径思考

陈 克[*]

导 言

《民法总则》的法律条文是经历多重的互动、争论、筛选留下来的，裁判者应尊重有权机关所作出的决断。因为只有对有权机关依照法律所认可的表决程序和表决规则作出决断的法律文本保持足够的敬意，才有助于推动法制秩序的形成。① 现状上，在民事部门法制定且运行多年之后，通过抽取最一般原则放进《民法总则》，是对碎片式的私法自治"回填"一个原则法。既需整理"纠结缠绕"的法律，又需完成民法之系统化，以增进现行民法体系之完整性与成熟度。目的上，《民法总则》体系效率在于实现体系性和信息的方便、透明，使裁判者思考脉络清晰，搜寻使用成本降低，并把裁判歧义控制在一定范围内。② 《民法总则》既已揭示了体系的结构和原则，之后的法律适用就应源于缜密的体系，强调适法的逻辑。据以上立场，更应注重考察《民法总则》的体系构造、规范目的及法律编撰技术，更应注重研判《民法总则》对审判实践的影响。如何在具体案件的审理中，理解透、使用好"作为裁判规范"的《民法总则》，已成为了当务之急。由此，本文是裁判者立足于《民法总则》的裁判法属性所进行的评析，循以下三个问题展开论述：第一，民法总则是否已经具备了储法机能；第二，如何利用民法总则的规范体系获取

----

* 陈克，法学硕士，上海市高级人民法院法官。
① 参见王轶教授 2017 年 5 月 4 日在东南大学法学院所作题为"《民法总则》法律技术与价值判断分析"的讲座。
② 参见［德］卡尔·拉伦茨：《法学方法论》，陈爱娥译，商务印书馆 2003 年 9 月版，第 18—24 页。

请求权基础，即如何找法；第三，如何依托民法总则通过请求权思维进行准确的法律适用，即如何用法。

一、《民法总则》内在体系与"储法"功能

作为裁判法的第一要素，它必须有丰富的法源储备，而且作为语言构造文本的法律规范，其表述模式必然是"若有如何之行为，则有如何之法律后果"，有时需要多个法律条文才能构成一个法律规范，再按照一定功能、目的，将法律规范组合成一部法律，这决定了法律应当是体系化的。之前分散、分步的立法，法律在数量上已经十分庞大、复杂，应由《民法总则》作"纲举目张"式的处理，力求将公平正义以可靠而且可以理解的方法实现之努力，促使民事立法向体系化方向运动。③

对于原则、体系导向的《民法总则》来说，其普适性要求不仅适用于一个或多个事件，而且必须保证法律的特征要适用于众多类似事件，要达到此目的必须进行抽象化作业，内容必然呈现抽象性。此本质还是法律规范层面的问题，涉及将生活事实以法言法语预先构造成法定的事实构成，以及立法者对应此构成所明确的法律后果两个方面，这又与规范类型与规范形式有关。而法律规范形式系由蕴含价值之概念组合形成，概念又由法律原则串珠成线。进而，建构体系之基础的法律原则，体现了体系价值之概念，组织了不同规范目的之法律规范，"原则—概念—规范"三位一体，在法理念指导下，通过法律规范间逻辑的排列，内化规范间的矛盾，共同构筑了《民法总则》篇章，形成了《民法总则》的体系框架。

《民法总则》体系框架成型之后，内容解读上仍要区别为不同抽象度的下位规范、上位规范、再上位规范……并遵循其形式逻辑之规则编制，此谓《民法总则》内在体系，由此也成就了《民法总则》作为法律储备的载体而存在。

民法内在体系的构成要素是法律规范，法律规范虽已经内容抽象，但为避免无目的之呈现，仍必须通过体系安排，实现法律内容直观简洁、可操作性强的目的。《民法总则》作为民法体系的最高位阶，要规定更抽象的基本规则，置于民法的最顶端。内容上要经多次提炼的"公因式"，按穿透形式覆盖

---

③ 参见黄茂荣：《法学方法与现代民法》，法律出版社 2007 年 10 月版，第 510 页。

民法的基本内容，并保持足够的开放性。结构上要把民法理论体系转化为法律体例框架，以其民法中的典范地位，维系民法内容的精确化，带动民法规范整体的系统化，并借助规范的法教义体系，减少恣意裁判。

（一）《民法总则》与民法体系之关系

极端而言，民法可以不存在总则，④我国民事立法于 2011 年第十一届全国人民代表大会第四次会议上就公开确认已基本到位。那为什么还要在民法典各编章上加盖总则这个"屋顶"呢？回答此问题，要回到《民法总则》作为民法法律的纲要来启动"储法"的定性上，这涉及《民法总则》与之后民法各编的结构关系，也涉及民法典与单行民法的结构关系。

其一，民法各编以及单行民事部门法林立，对相关事物的规制，立法者要达到既全面又不重复的目的，如果不设总则，就必须运用参引的技术。如《合同法》第一百七十四条规定，"法律对其他有偿合同有规定的，依照其规定；没有规定的，参照买卖合同的有关规定"。如此一来参引规定势必很多。将一般的内容置于《民法总则》，形成放在括号之前"提取公因式"的汇总，⑤是一个较优的选择。各编和单行部门法背后小而全的体系，进而导致的规范之间隔阂、冲突，也可就此梳理汰删，⑥以完善更高层次上的体系。

那么，可选择的正确方式是把大多数的共同者留给上位规范去处理。正向上，《民法总则》第六章民事法律行为就是从合同、决议、单独行为等提炼而成；反向上，舍弃权利客体之一的"物"，留待物权篇去规定，即为适例。《民法总则》的公因式提取在于扩大法律容量，弥补下位规范之不足，在此意义上，《民法总则》的规范内涵要超越下位规范的总和。再进一步说，如果提取的内容没有储存多余的内容容量，提取也就多余了。

其二，当前迅猛发展的新技术带动的新经济，使得一切皆有可能。《民法总则》体系上的架构要化繁为简，避免求全，要留有"透气孔"，以提升储存

---

④ 参见［日］大村敦志：《民法总论》，江溯等译，北京大学出版社 2004 年 10 月版，第 5—7 页。

⑤ ［德］梅迪库斯：《德国民法总论》，邵建东译，法律出版社 2001 年 9 月版，第 41 页。

⑥ 苏永钦：《从民法典理论看大陆新制定的〈民法总则〉：体系为纲，总分相宜》，载《中国法律评论》2017 年第 7 期。

规范的容量。通过从小括号中提取公因式，到中括号，再到大括号，不断地把公因式外提，更多生活事实都可在足够抽象的公因式下进行类似思考，先归纳再演绎，保持民法的足够弹性。如《民法总则》第六条坚持了公平原则，但对原来《民法通则》第四条规定的"等价"进行了删除，再如第十条将习惯规定为法律渊源，在各编和单行法未及响应之前，《民法总则》对新的社会实践提供支撑，为司法判断提供规范指引。同时，亦反向鼓励单行民法加快立法调整，领域性的推动问题解决。既有激励又有托底，是以开放性的立法应对新经济的发展，实现《民法总则》的"储法"功能。

（二）《民法总则》由垂直、水平、时间三根轴线构筑的体系结构

现代民法以"权利"为核心概念，构建了权利体系，并形成了整个民法体系。[7] 民法又把权利定性为一个人相对于他人的，以之可以追求和实现特定利益的决定权能。[8] 而《民法总则》一边要提取下层各编的规范，另一边还要定位于基础民事权利的宣示，更重要是要突出"权利"——贯穿整个民法体系的核心概念，而权利本身内涵的正当来源"意思自治"就成为了构建《民法总则》内容框架的原点。可以说，潘德克顿式民法典期待的《民法总则》，就是要以意思自治的总原则建立起基本的框架。[9]

意思自治首先涉及"公权—私权之间"（垂直）与"平等主体之间"（水平）两个面向。垂直面向，即管制面向上，体现了公权力对私权的尊重和保障，私权的行使只要跨越基本门槛，就应予以承认，主要涉及权利主体，即自然人、法人、非法人组织三章。它们是统摄权利的主体，虽说意思自治是从属于权利主体的自由、意志和理性，而《民法总则》中所谓的权利主体"人"，是切断感情统治的"人格人"。作为法律上的人，只有经由法律承认方有权利能力，对人格人的权利能力不存在一个先于法律的、准人类学的论证，权利能力基于实定法。[10] 即便是自然人，《民法总则》第十三条还强调"依法"

---

[7] 参见前引④，大村敦志书，第34页。

[8] ［德］施瓦布：《民法导论》，郑冲译，法律出版社2006年8月版，第134页。

[9] 前引⑥，苏永钦文。

[10] ［德］克尼佩尔：《法律与历史——论〈德国民法典〉的形成与变迁》，朱岩译，法律出版社2003年5月版，第60页。

才享有民事权利就是明证。另一方面，总则创设了营利、非营利、非法人组织的三分法，突破了传统的法人分类，于管制政策与工具统一界定上，体现了国家管制思维。

代理制度中，被代理人让代理人为自己活动，扩大了实现自身利益的范围，这本身就需要法律承认"一人可由他人代理进行效果及于该人"的行为，还要符合法律规定的可由他人进行代理的条件。[11]与公权通过资格确认来承认权利主体、行为主体身份的法人制度源出同门，代理制度也应理解为管制面向上的组成部分，相较将其作为法律行为制度的辅助，归入权利主体的制度范畴更具妥当性。故认为《民法总则》是从"公权—私权"的垂直管制轴线上来安排此四章与权利主体有涉的制度。

从平等主体间的水平自治关系来看，意思表示的自主形成与实现，通过法律行为进行的财产权益的使用、交换，以及由此产生的责、权、利，都被囊括在该水平轴线之下。彰显的是尊重民事权利主体的自主安排，只要跨越基本门槛，公权就无权干涉。在义务和责任明确厘清之后，私人之间的合作、竞争尽可能开放，实现市场参与者的自治。那么，民事法律行为、民事权利、民事责任三章构成了不受公权干涉的"平等主体"间的水平轴线。

此外，《民法总则》还存在一条时间轴线，前面两根轴线上的制度都应加上时间这个刻度。基于民商合一的背景以及社会秩序整体考量，权利应在合理的时间内得到尊重，[12]那么时间作为法律事实就成为权利发生、变更、消灭的依据。[13]包括行使权利的合理期限、寻求诉讼救济的合理期限、合理注意的期限等，再加上物权法编将予规定的取得时效，由除斥期间、诉讼时效、取得时效、失权期间等共同构筑了民法典的时间轴线。法律应当且能够保护的权利，是在"合理期待期间"内的权利，以此提升民事法律整体的体系运作效率。

上述以意思自治为原点展开的三条轴线，呈现了《民法总则》的三个面

---

⑪ [德]卡尔·拉伦茨：《德国民法通论（下册）》，王晓晔等译，法律出版社 2003 年 1 月版，第 814—815 页。
⑫ 前引⑥，苏永钦文。
⑬ 石宏主编：《〈中华人民共和国民法总则〉条文说明、立法理由及相关规定》，北京大学出版社 2017 年 4 月版，第 480 页。

向，并贯彻到《民法总则》的篇章结构安排上。第三、四、五章的权利和法律行为的主体，再加上第七章的代理是一个重点；第五、六、八章民事权利、民事法律行为、民事责任虽然条文不多，但仍是主轴，特别是民事法律行为一章更是《民法总则》的点睛之笔，占据整个民法的中心位置；⑭第九、十章诉讼时效、期间计算作为时间因素呈现在《民法总则》中。三个维度就此构筑了我国民法的基本框架。

据此，由垂直、水平、时间三根轴线构筑的《民法总则》体系结构，最终完成了《民法总则》的"储法"功能。

二、《民法总则》的体系结构与"找法"

《民法总则》创设完成"储法"的基本功能后，就主要进入"找法"和"用法"阶段，而"找法"又是"用法"的前提。"找法"即完成"法的获取"，即如何从大量的法律规范中挑选出"适合"当前纠纷解决的法律规范。

（一）《民法总则》体系的形成概说

对所需规范的内容要按照抽象原则予以规则化的处理，形成事实构成要件，再经由立法者赋予事实构成与法律结果上的因果性。⑮又因为法律是要达到对某类事实类型进行规范，应就该事实类型的共同特征予以抽象后，再以一般化的规制结果进行表述，即产生了规制对象的法律规范。此为"抽象——一般化"的法律规范的编撰技术，⑯法律规范的彼此结合再形成了法律的本像。在此基础上，裁判者对规范所调整的生活事实，只需经过准确的逻辑检验，就可以涵摄到经由准确定义和清晰描绘的抽象概念所构建的事实构成要件上，并由此确定相应的法律后果。此为法律适用的一般情况，其中关键是要找到与纠纷事实相适应的法律规范，即"找法"。

《民法总则》既为民事权利的宣言，其目的是调整平等民事主体之间的法律关系，所谓法律关系又是"由法律规定的生活关系"。⑰那么要找到规制纠

---

⑭ ［日］山本敬三：《民法讲义：总则》，解亘译，北京大学出版社2012年6月版，第63页。
⑮ ［德］恩吉施：《法律思维导论》，郑永流译，法律出版社2004年4月版，第42页。
⑯ 卢谌：《〈德国民法典〉的规制技术、语言和体系》，载《德国研究》2008年第3期。
⑰ 前引⑤，梅迪库斯书，第50页。

纷事实的法律规范，就要了解"纠纷事实"对应的"事实构成要件"在整个《民法总则》内容体系中的位置。反过来说，《民法总则》作为"法律秩序"来规制的"生活关系"不可能针对所有的生活关系，体系上将生活关系限制在现实的某些部分是必要的。⑱那么，《民法总则》是遵循什么原则来进行抽象的呢？此问题从法律原则对《民法总则》内容体系的塑造及找法线索的提供角度切入，是据此了解"抽象——一般化"编撰技术内在逻辑的钥匙，由此可发现所需法律规范在《民法总则》内容体系中的大致位置。

（二）法律原则对《民法总则》内容体系的塑造及找法线索的提供

最高层的原则具有主导性法律思想的特征，其不区分构成要件与法律效果，并不能直接适用于裁判个案。⑲但它作为进一步具体化的工作指标，对建构具体规则规范有指引作用，反向上自然也成为了找法指南。鉴于法律原则是《民法总则》内容体系建构上的基础，虽然原则之间有交互澄清之作用，但不同原则之间仍有不同位阶，⑳笔者在此以"意思自治"为最高位阶，排列组织《民法总则》相关内容，寻找"抽象——一般"编撰技术的内在逻辑，为找法提供思考主线。

笔者接受王轶教授的观点，认为私法自治（意思自治）是民法最重要、最有代表性的原则，是处于民法核心地位的基本原则。㉑在原则和规则层面上，于该原则之下，让有管理自己事务的能力者，就其私人事务利用法律行为形成其与他人之法律关系。事务涉及两人以上之利益者，必须经合意为之，此为契约；少数情况下按其他以事实行为或单方、多方法律行为、决议产生法律关系处置。同时，可能由于时间或专长的原因须借助于他人协助，发展出代理制度。由纯粹意思自治，以及因意思自治产生的代理制度，又衍生出自己决定、自己负责的自己责任规则。

在制度层面上，意思自治在于通过自治来保护当事人本来享有的既得利益，旨在保护静之安全，侵权行为、不当得利、时效制度，以及法不溯及既

---

⑱ 前引⑤，梅迪库斯书，第53页。
⑲ 前引②，卡尔·拉伦茨书，第348、352页。
⑳ 前引②，卡尔·拉伦茨书，第349、350页。
㉑ 王轶：《论民法诸项原则及其关系》，载《法学研究》2013年第2期。

往皆有保护静之安全的目的，此外物权制度原则上也以保护静之安全为主。[22]

但市场经济为交换经济，法律上也须保护交易安全，在《民法总则》民商合一背景下，更有保护动之安全立法需求。由此产生的表见代表、表见代理、善意取得、表见让与、权利外观制度等，皆牺牲静之安全来保护动之安全。动之安全的保障，亦是保护他人之合理信赖，而产生信赖之源头也是因自己之相关行为而产生信赖外观，也是自己责任的表现。可见还是要回溯至意思自治，意思自治作为民法基本原则也意在于此。

另外，考虑到社会生活中民事主体地位不平等的情况客观存在，《民法总则》第六条所体现的公平原则，从中通过利益权衡来调整意思自治，其目的是要落实《民法总则》第四条的"平等原则"。而平等又区分为强式意义上的平等与弱式意义上的平等，前者是人人平等，后者要求按照一定标准进行分类，被归入同一类别的主体之间才能得到平等。[23] 现代民法与近代民法显著的不同就在于：现代民法强调"同样情况同样对待，不同情况不同对待"，弱式意义上的平等也是与现代民法民商合一的体例契合的。在商事领域中交易模式与时俱进，情况复杂的背景下，立法者必然放弃宽泛平等，来实现弱式意义上的平等。如不要求经营者和消费者平等；因法人与非法人组织独立财产有无的不同，也不要求两类组织体成员责任上的平等。弱式意义平等的相对性，决定了立法者宜采用一般规范和不确定概念，借助置于法律原则之下的裁判者评价，区分类型发现具体案件中的法。[24]

可见，《民法总则》内容在私法自治原则下一字排开，裁判者循此线索，可获得适合于纠纷事实的具体规范的内容在体系上的位置。调整意思自治的平等原则，强调实质意义的平等，包括民商合一下弱式意义的平等，也使裁判者能按照立法者对一般条款的设立，实现规范目的上的矫正正义。

三、《民法总则》与请求权思维之"用法"

在实践层面上，法律实现过程可区分为"法律原则—法律规范—法律判

---

[22] 参见前引③，黄茂荣书，第598、611页。
[23] 参见王轶：《民法原理与民法学方法》，法律出版社2009年11月版，第39页。
[24] 前引⑮，恩吉施书，第161页。

决"三个层次，裁判者惯常运用的是请求权体系思维，即处理案件应以请求权规范基础为出发点。㉕此请求权基础思考方法与民法体系结构有密切的关系。以法律原则为主线可了解《民法总则》的内容大致分布，从《民法总则》的篇章安排可锁定"适合"的法律规范位置所在，此两点上文已经论及。

但最终要"精准适用"法律规范，关键要实现法的安定性，安定性又要求实证性。㉖这就要结合纠纷事实与法律规范中行为模式配对，针对已基本确定的请求权规范（法律规范），分析法律规范的模式类型，审查确定精准的"适合"的请求权规范，并发现匹配的辅助性规范和反对性规范，进而得出法律适用的结论——法律判断。

上述任务完成要建立在对民法体系的整体把握上，裁判者"用法"须对民法各部门法内容及体系关联有通盘知晓。㉗对作为民法各部门法之上的《民法总则》，为最上位之抽象规则，更应作彻底之了解。同时，即便已作了法律适用，仍有争议，或有迟疑的，还应回溯到《民法总则》中的基本原则中去寻求法律正当性。对此，再从《民法总则》与用法关系间的三个面向展开论述：第一，《民法总则》以解决具体纠纷为基本目标，要理解《民法总则》规范性结构与请求权的匹配性；第二，《民法总则》的开放性决定了要回应社会的各种要求，要利用特殊性条款，以选择、取舍方式灵活应对；第三，请求权规范具体应用要落实到个案公正上，就必须回溯到作为原则规范之《民法总则》，来检验法律适用结果的妥当性。

（一）《民法总则》与请求权思维方法的匹配性

德国民法学者从罗马法"诉"的概念中发展出请求权概念，强调在诉权之外，当事人在实体法上存在原初的权利，㉘在与抗辩权对抗中，构成诉辩关系的架构，请求权因此成为民法规范要素配备的节点。请求权思维就此占据民法思维的核心，请求权基础沉淀为民法的深层结构。由此，民法体系与请

㉕ 王泽鉴：《民法思维》，北京大学出版社 2009 年 12 月版，第 35 页。
㉖ ［德］拉德布鲁赫：《法哲学》，王朴译，法律出版社 2013 年 7 月版，第 83 页。
㉗ 前引㉕，王泽鉴书，第 51 页。
㉘ 与实体法请求权相区别的是民事诉讼法意义上的请求权（诉权），诉权并非权利，而是一个诉讼法概念。

求权基础形成了"体"与"用"的关系。

1.《民法总则》是请求权思维运行的法技术轴心

请求权基础构造中应探索事实构成与法律效果，以及请求权基础规范、辅助规范与反对规范两组关系。从请求权基础规范内部事实构成与法律效果出发，配对具体纠纷，经请求权基础规范与辅助规范的协作，基础规范与反对规范的对抗，形成请求权规范群的整体运行。在法院裁判文书中，都以"应适用于案件事实"的请求权规范为前提，然而在此之前定然有一个寻找应适用法律规范的过程，[29]即请求权规范群的确立和界定。在此阶段无法按照纯粹的逻辑推演进行，出发点只能是法律效果恰是所想要的诉讼请求的那些规范的判断，[30]判断之后，该请求权规范的试错与确定的平衡点也只能是规范中事实要件与案件事实的吻合点。

又由于请求权规范是对某类社会事实的规范，要构建对整个适用范围均有效力的规则，该类事实的构成要件和规范后果须借助更一般的概念（如法律主体、民事法律行为等），此时就要通过《民法总则》作总括性规定，减少一般规定与特殊规定交错重叠的情况，使法律体系单纯化、透明化，缩小信息量。[31]

2.《民法总则》是贯穿请求权思维运行的体系因素

民法提供的从一般到特殊的规范体系，通过《民法总则》进行了基本规则的提取概括。在寻找具体问题的法律依据时，因为一般规则在前，特殊规定在后，要从后向前来寻找请求权规范。只有在后面无法找到特殊规定的情况下，才能适用前面的一般规定。[32]如消费品质量担保义务请求权规范的寻找路径为：《消费者权益保护法》→《合同法》第九章买卖合同、《最高人民法院关于审理买卖合同纠纷案件适用法律问题的解释》→《合同法》总则关于双务合同的规定→《合同法》总则的一般规定→《民法总则》关于民事法律行为的规定。虽然《民法总则》提纲挈领的结构安排增加了非专业人士理解的难度，但对法律从业者来说，这也是法律高度分裂的状况下，为利用请

---

[29] ［德］齐佩利乌斯：《法学方法论》，金振豹译，法律出版社2010年4月版，第126页。
[30] ［德］梅迪库斯：《请求权基础》，陈卫佐等译，法律出版社2012年1月版，第11页。
[31] 参见前引④，大村敦志书，第132页。
[32] 前引⑤，梅迪库斯书，第34页。

求权规范来解决具体问题，提供了一种很有价值的，几乎不可或缺的辅助材料。[33]

也就是说，为了使得请求权规范的获取更有效率，立法者安排了《民法总则》，通过高度抽象的法技术，纲举目张地塑造抽象程度高的法律规范，将抽象程度低的法律规范涵摄于其下，以方便"综览"的方式来发现请求权规范。同时，《民法总则》协助裁判者发现法律规定之间，以及法律规范与原则之间的意旨关联，形成统一的法律体系观念，[34]培养其从某一案件的具体事实中找出"具有法律意义"事实因素的判断力。[35]由此进入请求权规范与事实的交互参考，多阶段、逐步深入的请求权规范选择过程，将不相关的法律规范和事实不断排除，完成请求权基础的确定化、精确化。

再进一步说，请求权思维主要依托民事法律关系澄清基础规范的事实要件与法律效果，事实要件和法律效果又多转化为民事法律行为与权利，这两者又是贯穿《民法总则》的核心概念。[36]那么就一个具体问题来搜索请求权之初，要从前向后查。有关规定往往分处在民法典的不同地方，一般性的规定在总则，特殊性的在分则。[37]有的分则本身还各有一个类似总则的内容，如《合同法》一至八章的总则，导致一个具体问题的法律规定要瞻前顾后，查阅许多地方。[38]有的分则需借助《民法总则》"构成事实"与"法律效果"内容来清晰请求权的基础与目标。整个民法体系多层次的"俄罗斯套娃"结构，可能造成具体法律规范的竞合，或者各规范之间的"暧昧"关系，在确定请求权规范后，还需借助《民法总则》中权利主体、客体、内容来宏观指导，矫正请求权基础思维的运作。

总体而言，《民法总则》作为私法基本法的地位，以及其与分则、单行民法的一般与特殊关系，多起指引作用，或作为请求权思维中的"体系性"因素，以梳理请求权竞合，确定请求权序位等。

---

[33]　参见前引⑤，梅迪库斯书，第35页。
[34]　参见前引③，黄茂荣书，第132—140页。
[35]　前引㉙，齐佩利乌斯书，第130页。
[36]　前引㉕，王泽鉴书，第51页。
[37]　姑且先将现有的合同法、侵权法、物权法视为民法典分则，以便于论述。
[38]　参见前引⑤，梅迪库斯书，第34页。

（二）法律规范属性安排与请求权思维的匹配性

完成《民法总则》与请求权思维的匹配性论述之后，下一个关注点是法律规范属性与规范的精准适用问题：在大致确定了适用于"纠纷事实"的法律规范（请求权规范）之后，如何从规范属性的视角来审查、证实其正确性。具体途径是：区分规制生活事实的完全规范（包括具体规则性规范、一般条款），以及起补充、完善构成要件或法律后果作用的不完全规范，并通过上述规范构成的《民法总则》表达体系，分析甄别已确定的请求权规范类型，精准把握请求权基础。

1. 完全规范

完全规范应当具备构成要件（行为模式）与法律效果两个要素，[39] 主要包括描述性的具体规则规范和一般条款，其中描述性的具体规则规范系就某类社会事实的规范性特质，规定具体的法律后果，[40] 是整个《民法总则》体系的主干内容。如《民法总则》第六十五条关于"法人实际情况与登记事项不一致的，不得对抗善意相对人"的规定，指向法人登记与实际有差异的情况下，保护善意相对人的法律后果。又如《民法总则》第六十七条第二款关于"法人分立的，其权利和义务由分立后的法人享有连带债权，承担连带债务，但债权人和债务人另有约定的除外"的规定等。

规范通过描述社会生活形成规范对象，但由于社会事实的复杂性，采取借用抽象的概念特征来规定宽泛的事实构成的方式，可能导致对事实涵摄的不准确。完全条款可能还有以下几种变体，以实现规范对象的精细化。第一种变体是就事实构成做必要的例外处理，采取"另有约定的除外"等类似表述，上面第六十七条就是适例。而有些法律规范是由多个法条构成，各个法条之间产生了类似"另有规定的除外"的效果，像《民法总则》第一百一十八条关于表见代理对被代理人发生效力的规定，就是第一百一十七条无权代理的特殊情形。第二种变体是采取列举、例示等方式，从外延上将适用情形予以详细规定，其中前者最后通常还会出现兜底条款。列举式有

㊟ 前引③，黄茂荣书，第159页。

㊵ 前引②，卡尔·拉伦茨书，第132、133页。

《民法总则》第一百七十九条关于承担民事责任方式的规定，第一百九十五条关于诉讼时效中断事由的规定；例示式有《民法总则》第一百九十九条关于某些权利存续期间不适用诉讼时效中断、中止、延长的规定。前者希望完成对此类情形的完全罗列，后者是对事物不完全的例举。

生活事实的多样性会导致采取"抽象——一般化"规制技术带来个案处理的偏差。[41]或因规制对象涉及一定程度的价值判断，或因立法之际还不能确定规制对象的构成要件，立法者只能采取一般条款的形式，[42]来宽泛化的确定规范对象，即设定原则性、开放性的规范。此类规范产生自由裁量权，由裁判者根据当时的价值观念与案件实际利益关系进行充分衡量，以避免具体规则条款由于特征抽象产生的"求全舍偏"，解决个案正义。

一般条款内涵外延的模糊性，决定了其在个案正义实现上具有弹性，对此笔者更愿意理解成对裁判者的裁量授权。[43]但又不同于价值宣示型的基本原则，[44]它可作为请求权规范。惟需要借助类型化的思维，通过对适用范围的细分，在准确把握事实的基础上，实现包含了"合目的性的"精细化适用。[45]更需再次指出，一般条款的真正意义在于它的弹性和开放性，使得一大组事实构成无漏洞地、有适应能力地承受一个法律后果。相较于列举、例示等规范，能够避免残缺不全的法律材料掌握的"暂时性"。[46]如《民法总则》第一百一十七条关于依法征收、征用，应当给予公平、合理补偿的规定，就是一般性条款，蕴含了授权裁判者"公平、合理"地确定补偿费用的权利，本身就蕴含了服从公共利益的意味。[47]第一百四十五条关于限制民事行为能力人实施的纯获利益的民事法律行为或者与其年龄、智力、精神健康状况相适应的民事法律行为有效的规定，其中的"纯获利益"、"相适应"就是不确定概

[41] "抽象——一般化"技术产生的具体规则规范虽然能够保障法律的确定性，但一定程度上却是以丧失对生活事实多样性的区分和个案正义为代价的。
[42] 参见前引⑮，恩吉施书，第132—154页。
[43] 前引②，卡尔·拉伦茨书，第176页。
[44] 《民法总则》第一章基本规定了平等原则、意思自治原则、公平原则、诚信原则、公序良俗原则、绿色原则。
[45] 参见前引⑮，恩吉施书，第148页。
[46] 参见前引⑮，恩吉施书，第153页。
[47] 李适时主编：《〈中华人民共和国民法总则〉释义》，法律出版社2017年4月版，第361—363页。

念，"纯获利益"到底是结果上获得利润，还自始至终的纯粹获利，就是规范性概念，不能凭借朴实简单的感觉或经验，需要关联到规范世界才能想象或理解。⑱

无论是哪一种完全规范，规范要素的完整性决定了其必然是构成主张方诉请目标依据的请求权规范；相对情况下，即便请求权规范要件全部符合，相对方亦可通过此类规范来阻碍请求权规范的有效性，⑲即反对性规范。如主张方是以第一百七十六条为据，要求未依法依约履行义务的相对方承担民事责任，相对方则以第一百八十条不可抗力、第一百八十一条正当防卫、第一百八十二条紧急避险、第一百八十四条自愿施救等规定来妨碍第一百七十六条法律后果的成就，即是适例。

2．不完全规范

不完全规范并不当然具备法律后果之规范要素，多作为辅助性规范，使得条文简化、避免重复，⑳或使得条文准确化。它主要针对作为请求权规范或反对性规范的完全规范中构成要件或法律后果进行补充，本身不能构成请求权规范。又可区分为定义性规范、法律援引性规范、拟制和推定规范四类。㉑

定义性规范针对应用于其他规范中的概念或类型，将一般用语具体化，或者进一步充实其内容，大多数此类规范是对构成要件或法律效果所做的说明。㉒如《民法总则》第五十七条、第六十一条第一款分别关于法人、法定代表人的规定，是对"主体"构成要件的说明；而第一百七十九条关于民事责任的规定，系对法律效果的进一步明确。此类规范目的是使得反复出现的概念在法律框架内避免重复解释，同时规范法律概念的统一适用。

法律援引性规范，是指该规范会在其内容中指示参引另一个法条，其主要包括以下两种情形。第一种是对法律基础的援引，如《民法总则》第一百零八条关于非法人组织参照适用第三章第一节法人一般规定的内容，是对其

---

⑱　前引⑮，恩吉施书，第135页。

⑲　前引㉚，梅迪库斯书，第18页。

⑳　参见前引㉚，梅迪库斯书，第11页。

㉑　［德］魏德士：《法理学》，丁晓春等译，法律出版社2013年7月版，第62—64页。

㉒　前引②，卡尔·拉伦茨书，第138页。

他规定事实构成与法律效果的全部援引。第二种是纯粹法律事实的援引，如《民法总则》第三十一条第三款关于"依照本条第一款规定指定监护人前，被监护人住所地的居委会、村委会等担任临时监护人"的规定中，"第一款规定指定监护人"就是明确第三款指向的法律事实是什么。

传统理论中，对其他法律规范法律后果的援引，也视为法律援引性规范的类型之一，但其实质是通过将前一事实构成视为后一事实构成的拟制手段，使后一事实的法律后果同样适用于前一事实，本文把此类规范作拟制规范处理。立法者明知拟处理的事实，与其拟引用的条款指向的法律事实并不相同，但通过拟制产生同一法律后果，⑤⑤立法者的意图为维持法律体系的一致性。如《民法总则》第十八条关于以自己收入为主要生活来源的 16 周岁以上的未成年人，视为完全民事行为能力人，此种表见性拟制，就体现了立法者以生活来源作为权利能力外观判断标准的思路。此类规范还可能源于立法者的另一种考虑，有些情况下不能肯定相类似事实是否同一，不如由法律直接进行拟制。如《民法总则》第一百七十一条第二款关于无权代理情况下，相对人向被代理人催告追认的，其未作表示视为拒绝追认的规定，直接将催告后没有表示的拟制为拒绝追认，目的是省却争议，简洁立法，学理上称之为引用性拟制。

还有一种比较特殊的拟制，虽然没有用"视为"两字表述，但某事实构成属于另一规范构成要件的下位事实构成的，通过拟制否定该规范对此下位事实的适用，又称为隐藏的限缩，此对达到规范对象的准确性意义重大。如《民法总则》第十六条前半句明确了涉及遗产继承、赠与等纯获益的，胎儿应有民事权利能力，但后半句又强调"胎儿娩出时为死体的，其民事权利能力自始不存在"，就是在胎儿为死体的范围内排除了胎儿获益的可能，既保证胎儿的利益，又通过排除死胎的权利，防止继承关系过分复杂。

推定性规范，是指立法者把某种情形强制性地假定成存在，从而适用确定存在情形的法律效果，如《民法总则》第二十五条规定经常居所与住所不一致的，经常居所视为住所。其与拟制推定中的表见拟制的差异在于，其强调的是不同事实的同一化认定，关注的是事实认定层面。而后者强调的是不

---

⑤⑤ 参见前引③，黄茂荣书，第 194—196 页。

同事实对应相同法律后果，关注的是法律适用层面。

综上，请求权规范必然是要支持主张者的请求权，一般情况下都要求具备构成要件与法律后果，"用法"之际应从完全规范中进行精准定位。同时，针对作为请求权规范的"完全规范"，还要解析其构成要件和法律后果，考察是否需要辅助性规范来进一步解释、补充。进而再度搜寻四类不完全规范完成此填充工作，并在排除反对性规范之后，最终完成法律适用精准作业。

结　语

《民法总则》颁布之后，要解决如何从裁判规范角度正确理解、准确适用的问题，就应重视《民法总则》的体系安排，发现《民法总则》的体系效率。本文坚持以上思路，从《民法总则》的内容解读出发，以请求权思维为主线。在储法方面，关注其与公法的垂直关系、平等主体间水平关系、时间刻度的三维构造，并就管制和自治两个面向，对民法与商法的合一性进行了阐述。在找法方面，从《民法总则》的编撰规制技术、篇章逻辑安排两个层面上，提供了获取法律的线索和途径。在用法方面，强调要依托《民法总则》，从请求权思维与《民法总则》体系同质性、与《民法总则》法律规范属性的匹配性出发，来精确适用法律，实现法律正当性。

（责任编辑：丁戈文）

人案矛盾破解维度下劳动仲裁裁决撤销制度的完善

——基于 K 省 3800 余件劳动撤裁案件的实证分析

姚竞燕　徐文进*

近年来法院面临的案多人少矛盾日益突出。改革开放以来，法院受理案件数量从 1978 年的 61 万件增加到 2016 年的 2305 万件，增长 30 多倍。2014 年立案登记制施行以来，法院受理案件数量更是以每年 20% 左右的速度递增；而法官人数从 6 万人增加到将近 20 万人，增幅明显不同步、不成比例。[①] 案多人少成为当前法院实现可持续发展所普遍面临的突出问题。我们要更多地从案件审理机制上下功夫，对影响案件审理效率的"痛点"加以研究，寻求破解"人案矛盾"的对策。

劳动争议纠纷案件在法院民事审判中占有相当比重，对此类案件处理效率的提升不仅有助于法院案多人少矛盾的破解，更有利于劳动者这一弱势群体的民生权益保障、社会秩序稳定。我国目前劳动争议案件的处理实行调解—仲裁—诉讼的"一调一裁两审"制，处理程序的拖沓冗长向来为学界所诟病。为此，2008 年的《中华人民共和国劳动争议调解仲裁法》（以下简称《调解仲裁法》）创设了劳动仲裁裁决撤销制度（以下简称"撤裁制度"）——有条件、有限制的劳动争议一裁终局制度，将符合法定条件的仲裁裁决确定为终局裁决，用人单位不服的向中级法院申请撤销。（参见图 1）

---

* 姚竞燕，法学硕士，上海市杨浦区人民法院法官。徐文进，法学硕士，上海市第一中级人民法院研究室副科长。

① 参见《最高法再谈"案多人少"：人案增速不同步、配比不合理》，载 http://news.sina.com.cn/c/2016-09-13/doc-ifxvueif6684744.shtml，最后访问日期：2017 年 5 月 20 日。

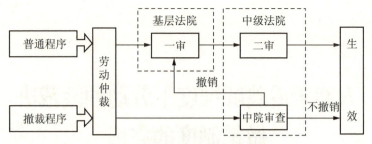

图1　劳动撤裁案件流程示意图

该制度的出台正是为了提升劳动争议案件的处理效率，被认为是《调解仲裁法》的最大创新亮点。从 K 省相关数据来看，2016 年撤裁案件审理的平均用时仅为 30.1 天，相较普通劳动争议案件两审的平均用时 120.1 天，[②] 撤裁制度显著提高了相关案件的处理效率，大大节约了劳动者维权的诉讼成本，体现出该制度巨大的优越性。然而纵观相关数据，撤裁制度尚存在诸多"痛点"，严重制约了该制度作用的更进一步发挥。

一、数据检视——劳动撤裁制度运行效果的实证分析

为更客观准确地发现撤裁制度在施行过程中的问题，本文谨以 S 中级法院的相关数据为考察蓝本，综合 K 省劳动争议案件相关数据，并对北京、上海等地加以问卷调查，析得撤裁制度在司法实践中的实际运行效果。

（一）适用占比不够高

撤裁制度的整体实效必须从面上加以考察。从相关数据不难看出，当前撤裁程序实际适用率并不高，撤裁案件数仅占全部新收劳动争议案件数（不含二审案件）的 8% 左右，且逐年降低。（参见图 2）

从 K 省终局裁决的程序走向分布可以明显看出，绝大多数一裁终局案件由于双方当事人均未提出异议而直接生效。进入诉讼程序的案件中，劳动者和用人单位各自提出异议的比例大致相当。实践中，对撤裁制度的快审优势不知晓或感知不明显是劳动者直接起诉的重要原因。（参见图 3）

---

② 撤裁案件审理用时统计自立案日至结案日；普通劳动争议案件自一审立案日到二审结案日（包括一审与二审的衔接时间），若无二审则到一审结案日。

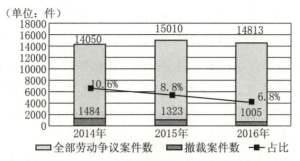

图2 K省劳动争议案件中撤裁案件占比

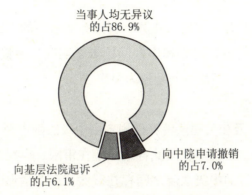

图3 2016年K省终局裁决的程序走向分布

经分析发现，作为撤裁案件"原材料"的终局裁决在劳动仲裁裁决中仅占25.4%且逐年下降，是撤裁程序适用率偏低的主要原因。（参见图4）

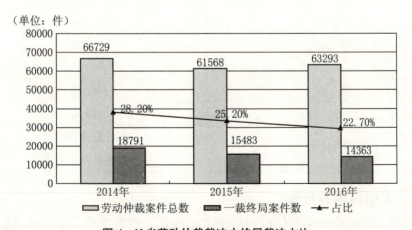

图4 K省劳动仲裁裁决中终局裁决占比

显然，撤裁程序适用占比不够高主要是由于适用条件过于严苛所致——《调解仲裁法》第四十七条规定可以适用一裁终局的情形包括两类：一是小金额争议，即不超过当地月最低工资标准 12 个月金额的争议，但实务中该标准上限过低，导致大量案件因此不适用终局裁决；二是特定类争议，包括工作时间、休息休假等劳动标准，劳动报酬、工伤医疗费、经济补偿及赔偿金。虽然包含上述终局事项的劳动争议案件占比较高——这也是《调解仲裁法》立法调研过程中的结论③——但实践中仲裁请求的混合性和复杂性使得大多数裁决因为包含非终局事项而未被认定为终局裁决。

（二）法院适法不统一

通过对北京、上海、重庆、江苏、浙江等地法院的实证调研发现，由于相关法律规定过于简单，诸多程序性问题未予明确，撤裁制度在程序规则、法律理念等方面的适法不统一问题较为突出。

1. 未明确审级

《调解仲裁法》及相关司法解释仅规定由中级法院审理，但并未明确撤裁案件应适用一审或二审程序，因此各地法院在审限、审判管理等方面规定并不一致，甚至在同省的中级法院之间存在截然相反的情形，严重影响了法律的权威性。（参见表 1）

表 1　各地撤裁案件审判程序适法不统一

审　级	一　审
	二　审
审　限	6 个月
	3 个月
诉讼费	80 元
	300 元
审判管理	与普通诉讼相同
	与普通诉讼区分

2. 未明确审查尺度

由于《调解仲裁法》仅以列举的方式规定了撤裁案件的审查标准，但未

---

③ 信春鹰主编：《中华人民共和国劳动争议调解仲裁法释义》，法律出版社 2008 年 1 月版，第 170 页。

对法院的审查尺度作一般性阐述，对于审查尺度是否仅限于程序审查未予明确，导致一线实务部门的审判观点存在极大差异。（参见图 5）

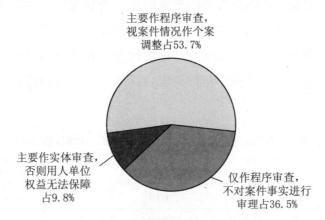

图 5　法官对撤裁案件审查尺度的认知

不难看出，法院在内部流程设计和审判管理方面未对撤裁制度作出特别安排，不仅存在大量的适法不统一问题，更因审判管理的不够变通，间接阻碍了撤裁制度快审优势的发挥。

（三）处理效率有待提升

撤裁制度的设计初衷是为了有效提升劳动争议案件的处理效率，而从 K 省的审判数据可知，撤裁案件平均审理天数为 30.1 天，且各中级法院分布不均衡，S 中级法院为 44.6 天，少数案件的审理天数更达 6 个月，部分案件的审理效率存在较大改进空间。（参见图 6）

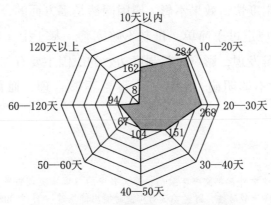

图 6　2016 年 K 省撤裁案件实际审理天数分布

（四）处理环节不够简便

通过对 S 中级法院撤裁案件的庭审时长、裁判文书、卷宗页数、开庭率等多项指标考察可知，与普通劳动争议二审案件相比，撤裁案件在司法实践中的处理不够简便，尚未真正实现"简案快审"的目标，反而由于文书送达不便、归档要求繁杂，开庭率指标要求合议庭成员全部到庭等不必要地占用过多人力资源。（参见表 2）④

表 2 S 中级法院撤裁案件与劳动争议二审案件审理情况比较

	撤裁程序	普通程序
庭审时长（分钟）	⇧ 60.4	⇩ 60.1
卷宗页数（页）	⇧ 22.2	⇩ 21.4
裁判文书（字）	⇩ 438.7	⇧ 671.5
开庭率	⇧ 68.4%	⇩ 62.0%

综上不难看出，撤裁制度虽然整体上有助于案件处理效率的提升，但从实际运行效果来看尚有较大改良空间。近年来全国人大代表多次建议修法，解决劳动法律原则性规定过多导致不便于实际操作、纠纷处理程序复杂导致争议解决时间长等问题。⑤那么应当如何让撤裁制度在实践中充分发挥"简案快审"的优势？撤裁制度相关制约因素又应当如何处理呢？

二、解构探讨——制约撤裁制度功效发挥的要素解析

实践中撤裁制度快审效果不彰，原因固然是多方面的，但主要原因在于制度本身的法律规定过于简单、机制不够完善。基于上文数据对撤裁制度的实证分析，不难发现，影响撤裁制度功效的原因主要有如下三个方面——撤裁制度合法性不够明确、撤裁理由设置不够合理、撤裁程序衔接不够到位。

---

④ 普通二审劳动争议案件裁判文书字数已扣除文书中的一审法院查明事实部分内容。

⑤ 参见《代表呼吁修改劳动法　财经委认为应适时提出修法建议》，载 http://www.npc.gov.cn/npc/xinwen/dbgz/yajy/2015-12/03/content_1953527.htm（最后访问日期：2017 年 6 月 15 日）。

（一）制度创新或异形怪胎——撤裁制度合法性不够明确

所有法律制度的生命力首要在于具备充分的合法性和正当性，然而在许多学者看来，这恰恰是撤裁制度的"命门"所在，也是制约该制度功效发挥、阻滞该制度扩大适用的"先天"障碍。撤裁制度自施行之日起，学界对其的诉病就从未停止过。否定观点主要认为该制度将当事人身份作为程序适用的区分标准，不合理地限制了用人单位的诉权。[⑥] 不可否认，当前的撤裁制度架构是多方意见博弈的结果。《调解仲裁法（草案）》规定所有当事人不服终局裁决的均只能向中级法院申请撤销，但在草案二次审议时，部分人大代表认为撤裁程序会额外加大劳动者的维权成本，因此立法机关最终规定劳动者对终局裁决可以提起诉讼而用人单位只能申请撤销。[⑦] 那撤裁制度是否限制或剥夺了用人单位的诉权呢？

通说认为，诉权是指当事人向法院提出请求通过审判以保护其民事权益的权利。狭义上诉权并不包括实体上的胜诉权，仅指提出程序意义上的诉的权利。[⑧] 显而易见，撤裁制度并未阻止用人单位将所涉劳动争议诉至法院加以审查。虽然审查程序与普通诉讼略有区别，但并不能因此认为用人单位丧失了诉权，撤裁制度只是限制了用人单位诉权的行使方式。那这种限制是否导致用人单位合法权益的实质减损？是否具有正当性呢？

1. 从应然的社会法理论角度而言

法律不仅应当追求形式正义，更应当具备实质正义。平等是法律实质正义的主要性状之一。我们讨论撤裁制度的正当性不能忽略劳动法律作为社会法的本质属性——这要求我们在劳动关系领域不能一味地强调形式上的平等，任由当事人意思自治，公权力应当主动介入以衡平劳动关系双方之间的权利义务关系。正如史尚宽先生所言，劳动法"第一应庇护契约订立上受雇人之劣等地位，以保持契约当事人势力之均衡。……对雇用人课以公法上之义务，

---

⑥　参见谢增毅：《我国劳动争议处理的理念、制度和挑战》，载《法学研究》2008 年第 5 期。

⑦　参见胡光宝：《全国人大法律委员会关于〈中华人民共和国劳动争议调解仲裁法（草案二次审议稿）〉审议结果的报告》，载《中华人民共和国全国人民代表大会常务委员会公报》2008 年第 1 期。

⑧　吴祖谋、李双元：《法学概论（第十一版）》，法律出版社 2012 年 1 月版，第 318 页。

以强制及处罚……及于受雇人不利益之条件不为使用"。⑨在《劳动法》《劳动合同法》的立法原则中反复特别强调"保护劳动者的合法权益"的重要性，也在解雇保护、劳动基准等实体性规定，以及举证规则、诉讼模式等程序性规定方面对劳动者施以倾斜保护。

虽然单方限制当事人的诉权并不多见，但为充分发挥特定制度的价值目标，排除或限制相关当事人诉权的情形并不罕见，保障当事人的诉权并不意味着对诉权的行使不能规定一定条件。⑩如美国纽约州法律规定，企业等法人和团体不能成为小额诉讼的原告，⑪这就是一种明显的诉讼主体区分制度。

2. 从实然的法经济学角度而言

法律作为由国家提供的公共品，当事人向法院提起诉讼，于当事人和社会而言皆须耗费成本，因此对当事人诉权的赋予需要运用"成本—收益法"对所涉成本和可能的收益加以综合考量。有学者认为，只有使用诉权的成本与收益相匹配即符合效率原则时，诉权才应被赋予。⑫法律经济学派探讨诉讼法的目的，在于使诉讼所造成的"社会成本"最小化。而"社会成本"乃是指诉讼的"运作成本"以及源于"错误的司法判决所造成的社会财富损失"两者之和。⑬

依此来分析撤裁制度的社会成本：于运作成本而言，撤裁制度显然简化了诉讼程序，节省了审理周期，无疑大大节省了所涉争议解决的社会成本；于错误判决所致社会财富损失而言，从劳动争议案件的司法实践来看，劳动仲裁基本均由劳动者以自身利益受损为由提起，且仲裁机构或法院最终完全不支持劳动者诉请的案件相当罕见——换言之，劳动争议案件中用人单位侵害劳动者权益的情形占绝对主流。用人单位总是在穷尽诉讼程序，最大程度拖延以加大劳动者的维权成本，这也成为劳动法领域普遍关注的难点、热点问题。

---

⑨　史尚宽：《劳动法原论》，正大印书馆1934年出版，第378页。

⑩　刘敏：《论民事诉讼前置程序》，载《中国法学》2011年第6期。

⑪　李宏伟：《论我国小额诉讼程序制度的完善》，载《河南财经政法大学学报》2014年第6期。

⑫　徐昕：《诉权的经济分析》，《云南大学学报（法学版）》2007年第4期。

⑬　林立：《波斯纳与法律经济分析》，上海三联书店2005年5月版，第342页。

依据卡尔多—希克斯效率原理，如果变动后的结果是某些人得利，而某些人受损，若得利者的好处超过受损者的损失，则此变动是有效率的，这也是成本效益分析的本质。[14]撤裁制度实施以来并未大规模发生侵害用人单位合法权益的负面事件，从既往判例来看，撤裁制度此种带有惩罚色彩的适当限制用人单位诉权符合法经济学中成本—收益分析理论。

简言之，对用人单位诉权加以单方限制并不必然导致撤裁制度丧失合法性和正当性，对诉讼主体加以区分的方式也正合我国劳动法律立法一直以来对劳动者倾斜保护的价值追求，[15]尤其是司法实践有效证明了该制度在社会主流价值上的认受性，那么立法机关在扩大撤裁制度的适用，理顺相关配套机制时，就不应因学界存在质疑而有所顾虑、迟延不前。

（二）程序审查或实体审查——审查标准设置不够合理

所谓程序审查（形式审查）是指仅依据法律规定的若干条件对裁决的程序问题进行审查，实体审查则是指对裁决的事实认定和法律适用等实体问题进行审查。[16]全国人民代表大会及最高人民法院均在相关场合表达了撤裁案件应仅限于形式上程序审查的意见。从案件审理层面而言，影响撤裁案件审理效率的主要原因在于不必要的实体审查。《调解仲裁法》第四十九条共设置了六项撤销理由，但并没有对审查标准作出原则性阐述，这直接导致司法实践对审查标准的适用分歧。

1. 审查标准的规范冲突

从 S 中级法院的数据可以看出，用人单位以"适用法律法规确有错误"为由申请撤销的占比最高（劳动撤裁案件当事人在一个案件中通常会选择多个撤销理由），在准予撤销案件中采纳理由也占比最高。（参见图 7、图 8）

"适用法律法规确有错误"之所以成为用人单位普遍选择的撤销理由，在于其他五项理由规定的条件相当严格，即使当事人简易分析亦会觉得无法适用。"适用法律法规确有错误"这种表述则存在巨大的解释空间，甚至有当事

---

⑭　冯玉军：《法经济学范式》，清华大学出版社 2009 年 4 月版，第 219 页。

⑮　参见最高人民法院民事审判第一庭编：《最高人民法院劳动争议司法解释（三）的理解与适用》，人民法院出版社 2015 年 4 月版，第 187 页。

⑯　参见韩红俊：《仲裁裁决不予执行的司法审查研究》，载《河北法学》2010 年第 7 期。

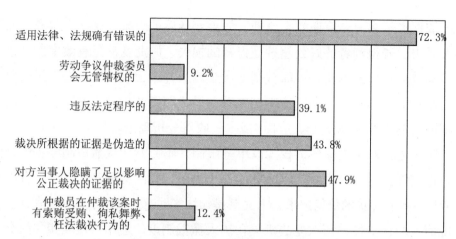

图7　2016年 S 中级法院撤裁案件申请撤销理由分布

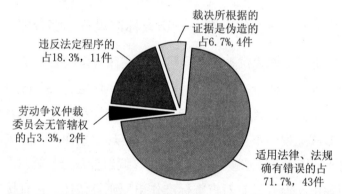

图8　2014—2016 年 S 中级法院准予撤销案件采纳的理由分布

人主张裁决事实认定错误导致适用法律错误。

　　依据官方解读"适用法律法规确有错误"仅指：（1）适用法律、行政法规、地方性法规错误的；（2）适用已失效或尚未生效的法律法规的；（3）援引法条错误的；（4）违反法律关于溯及力规定的。[17] 暂且不考虑该解读并未明确载于法条，其中第（1）款规定虽然更多是在强调法律依据的效力位阶，但对"适用法律法规"是否错误进行审查的客观要求并未改变。由于"适用法律法规确有错误"在界定上的宽泛性，直接导致司法实践中的审查过程具有高度的不确定性。以 S 中级法院为例，43 件以适用法律法规确有错误裁定

---

[17]　全国人大常委会法制工作委员会行政法室：《中华人民共和国劳动争议调解仲裁法解读》，中国法制出版社 2008 年 1 月版，第 158—159 页。

准予撤销的案件中，相当比例是由于当事人举证不充分导致事实认定错误，法官为衡平当事人利益而适用该款规定撤销裁决。此类准予撤销的案件虽然在少量个案中具有实体公正的客观价值，却直接导致诉讼效率的低下和程序审查目标的偏离，从法经济学的成本—收益分析理论上来说，该审查理由的存在是不具有正面价值的。

2. 程序审查理由的比较性考察

基于程序审查的标准，申请撤销的理由应当如何设置？这需要我们以比较法的视角——将劳动仲裁与商事仲裁作比较分析。立法机关曾多次表示劳动仲裁撤销在诸多制度设计上都是参照或直接适用商事仲裁撤销制度，也反复强调"虽然上述司法解释是针对商事仲裁而言的，但其司法精神实质是针对一裁终局的案件作出的，目的是为了维护一裁终局的效力和价值，对劳动撤裁案件同样适用"。[18] 在对商事仲裁裁决的司法审查上，分为申请撤销仲裁裁决和申请不予执行仲裁裁决；在审查尺度上又因涉及国内仲裁裁决和涉外仲裁裁决而略有差异。通过比较分析不难看出，劳动撤裁制度的审查理由与国内商事撤裁制度更为相近。（参见表3）

表3 劳动撤裁与商事撤裁制度的审查理由比较

劳动仲裁	国内商事仲裁	涉外商事仲裁
适用法律、法规确有错误的		
劳动争议仲裁委员会无管辖权的	裁决的事项不属于仲裁协议的范围或者仲裁委员会无权仲裁的	裁决的事项不属于仲裁协议的范围或者仲裁机构无权仲裁的
	没有仲裁协议的	当事人在合同中没有订有仲裁条款或者事后没有达成书面仲裁协议的
违反法定程序的	仲裁庭的组成或者仲裁的程序违反法定程序的	仲裁庭的组成或者仲裁的程序与仲裁规则不符的
裁决所根据的证据是伪造的	裁决所根据的证据是伪造的	

---

⑱ 前引 ⑮，最高人民法院民事审判第一庭编书，第201页。

（续表）

劳动仲裁	国内商事仲裁	涉外商事仲裁
对方当事人隐瞒了足以影响公正裁决的证据的	对方当事人隐瞒了足以影响公正裁决的证据的	
仲裁员在仲裁该案时有索贿受贿、徇私舞弊、枉法裁决行为的	仲裁员在仲裁该案时有索贿受贿，徇私舞弊，枉法裁决行为的	
		被申请人没有得到指定仲裁员或者进行仲裁程序的通知，或者由于其他不属于被申请人负责的原因未能陈述意见的
《劳动争议调解仲裁法》第四十九条	《仲裁法》第五十八条	《民事诉讼法》第二百七十四条

然而，劳动撤裁审查理由中的"适用法律法规确有错误"在国内或涉外商事撤裁制度中均不存在，我们需要进一步考察对国内商事仲裁裁决申请不予执行制度。（参见表4）

表4　国内商事仲裁裁决不予执行的审查理由变化

2012年《民事诉讼法》修改前	2012年《民事诉讼法》修改后
当事人在合同中没有订有仲裁条款或者事后没有达成书面仲裁协议的	当事人在合同中没有订有仲裁条款或者事后没有达成书面仲裁协议的
裁决的事项不属于仲裁协议的范围或者仲裁机构无权仲裁的	裁决的事项不属于仲裁协议的范围或者仲裁机构无权仲裁的
仲裁庭的组成或者仲裁的程序违反法定程序的	仲裁庭的组成或者仲裁的程序违反法定程序的
认定事实的主要证据不足的	裁决所根据的证据是伪造的
适用法律确有错误的	对方当事人向仲裁机构隐瞒了足以影响公正裁决的证据的
仲裁员在仲裁该案时有贪污受贿，徇私舞弊，枉法裁决行为的	仲裁员在仲裁该案时有贪污受贿，徇私舞弊，枉法裁决行为的
裁决违背社会公共利益的	裁决违背社会公共利益的
2007年《民事诉讼法》第二百一十三条	2012年《民事诉讼法》第二百三十七条

我国涉外仲裁裁决的司法审查受限于《纽约公约》等国际条约义务，在撤销和不予执行制度中严格贯彻程序审查标准。国内商事仲裁裁决的司法审查标准则经历了从实体审查到程序审查的发展。在2012年《民事诉讼法》修改前，"认定事实的主要依据不足""适用法律确有错误"实际上成为法院对国内商事仲裁裁决进行实体审查的主要法律依据。随着商事领域对仲裁裁决的终局性和纠纷解决方式的独立性日益重视，2012年《民事诉讼法》删除了"适用法律确有错误"等条款，进一步确立了商事撤裁制度中的程序审查标准。

劳动仲裁在自愿性、独立性、替代性等方面与商事仲裁相比均有较大差异。笔者无意就劳动仲裁裁决的司法审查应当坚持何种标准展开讨论，但既然立法机关都反复重申劳动撤裁案件中应当坚持程序审查，且认为商事撤裁的诸多制度设计也应适用于劳动撤裁，那么在所仿效的商事撤裁审查标准已作修订的情形下，及时修正劳动撤裁制度审查标准的表述，也就成为充分贯彻立法意图的必然之举。

（三）互联互通或相互独立——撤裁程序衔接不够到位

当前劳动争议案件处理模式最大的问题不在于制度重构而在于裁审程序的协调。裁审衔接不到位是事务操作层面影响撤裁案件处理效率的主要原因。通过对北京、上海、重庆、浙江、江苏等地审理撤裁案件的一线法官问卷调查可以看出，顺畅裁审衔接机制的缺位大大增加了法官和书记员的工作量，显著迟滞了撤裁案件的处理进程，不必要地加大了劳动者的维权成本。（参见图9）

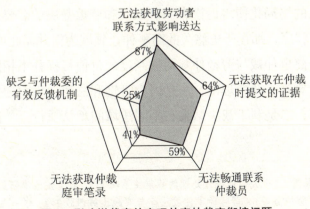

图9 影响撤裁案件审理效率的裁审衔接问题

裁审衔接的问题显而易见，那么应当建立怎样的裁审衔接机制呢？既然商事仲裁、非终局化劳动仲裁均未作出特别安排，裁审衔接上的紧密安排是否有损仲裁和诉讼的独立性？

1. 与普通程序相比，撤裁程序所涉裁决具有终局化的特点

在劳动争议案件普通审理程序中，诉讼可以说是以一种相当任性的姿态来面对仲裁——起诉需重新递交诉状、仲裁已认定的证据需重新质证、仲裁已查明的事实需重新审查、无视裁决结果重新审理。换言之，普通诉讼中法院从未认可仲裁裁决的终局效力。正因为如此，实务中根本无法有效理顺劳动争议案件的裁审衔接流程，甚至有学者认为除了仲裁前置原则使仲裁与诉讼发生联系外，两者不存在任何程序上的共生性。⑲除仲裁机构主动与基层法院作自发的、罕见的、非常态化的个案交流外，诉讼与仲裁未建立任何常态化交流机制，未建立任何裁判数据的交换机制，未建立任何针对裁判结果的反馈机制，这导致了法院审理进程的重叠和低效。

然而对劳动仲裁的价值理念却在撤裁制度中发生巨大变化——树立了裁决终局化的基本思路，即在程序上开始承认和尊重仲裁裁决的效力。原本仲裁裁决对法院不存在任何法律上的拘束力，因此裁审衔接不到位并未实质影响案件审理。然而撤裁案件却需要尊重裁决的效力，了解裁决的产生过程，若没有适当、高效的裁审衔接，就会使得法院花费更多的时间和人力成本方能"认识"裁决。鉴于新设的撤裁制度依然套用原有的裁审衔接体系，不仅不利于案件的快速处理，也不符合一裁终局的制度设计。

2. 与商事撤裁相比，劳动撤裁更追求案件审理的效率

既然裁决的终局化使得诉讼有"认识"和尊重裁决的需要，因此需要有效的裁审衔接程序，那在历史悠久的商事仲裁领域为何并无此项需求？

这是由于商事仲裁与劳动仲裁两项制度的价值目标并不相同。当事人选择商事仲裁主要基于两个理由，一是因为管辖和法律适用而选择中立的审理地和裁判机构；二是利于裁决结果在不同法域间承认执行。⑳法院民商事判

---

⑲ 钱叶芳、王林清：《个人劳动争议处理的裁审关系研究》，载《法治研究》2016年第1期。
⑳ ［英］艾伦·雷德芬等：《国际商事仲裁法律与实践（第四版）》，林一飞、宋连斌译，北京大学出版社2005年9月版，第23—24页。

决在他国得到承认执行有赖于稀缺的双边或多边司法协助条约，但仲裁裁决可基于缔约国众多的《纽约公约》而得到他国广泛的承认执行。这显然与劳动仲裁的强制性、效率性并不相同，劳动仲裁不存在管辖和法律适用的意思自治问题。它作为劳动诉讼的前置程序具有强制性的特点，同时更强调案件的快速审理，这从《调解仲裁法》规定仲裁审限仅 45 天（延长后也仅 60 天）可见一斑。而商事仲裁、商事撤裁程序并不以效率为首要目标，案件数量也远不及劳动撤裁，相当部分案件因为"涉外"实际上没有审限限制，但劳动撤裁制度对审理效率更加重视、对顺畅有效的裁审衔接需求更为迫切。

三、优化建议——撤裁制度如何在公正的前提下更具效率

本文无意去改变当前"一调一裁两审"的制度现状，更无意探讨仲裁裁决制度的存废。正如董保华教授所言，从节约制度成本、维持社会稳定考虑，一个理想的方案应该是对现行体制作最小的变动就能实现"满足现在，连通将来"的目标。[21] 笔者更希望在现有法律制度框架内理顺、健全劳动撤裁机制的运行方式，让最高人民法院乃至省级高级人民法院在现行体制内即可具备优化流程的权限，提升撤裁程序的处理效率和适用率，最大限度地缓解当前案多人少的矛盾现状。

1. 稳步扩大撤裁制度的适用范围

从 K 省数据来看，撤裁程序适用率偏低且逐年降低，其"便捷、高效"的功效特点在案多人少的矛盾破解中未得到充分发挥。基于对撤裁制度合法性、正当性以及必要性的论证，我们有必要进一步扩大撤裁案件的适用范围：**一是提高终局裁决的认定金额。**以北京市为例，2016 年月最低工资标准为1890 元，则单项金额不超过 22680 元的争议方属于一裁终局案件，但 2016年北京市职工月平均工资为 7706 元，22680 元的区分标准线显然过低，当前阶段终局裁决的认定金额宜以职工月平均工资的 6 个月金额为宜（北京为46236 元）；**二是不再区分终局和非终局事项。**包含终局裁决事项和非终局裁决事项的裁决只能认定为非终局裁决，实践中多项诉讼请求相互混合的情形极为普遍，甚至出现用人单位在仲裁中反诉非终局事项以逃避撤裁程序的案

㉑ 董保华：《劳动合同制度中的管制与自治》，上海人民出版社 2015 年 5 月版，第 422 页。

例。仅将追索劳动报酬、工伤医疗费、经济补偿等定为终局裁决项，大大降低了撤裁程序的适用率。建议将《调解仲裁法》第四十七条修订为：

"除本法另有规定的外，每项裁决金额不超过当地上年度[22]职工月平均工资标准六个月金额的仲裁裁决为终局裁决，裁决书自作出之日起发生法律效力。"

2. 完善程序审查的理由设置

撤裁制度审查理由的设置是否合理，直接影响撤裁制度的功效是否能够得到充分发挥。**首先，从法律冲突的协调性角度而言。**既然商事撤裁的制度设计也适用于劳动撤裁，在商事撤裁审查标准已作修订的情形下，及时修正劳动撤裁的审查标准，就是协调相关法律之间逻辑冲突的必然要求。**其次，从司法实践的纠偏性角度而言。**由于当事人和法官对审查尺度的条文理解均存在较大差异，实践中不必要的被动实体审查与《调解仲裁法》程序审查的立法本意存在较大偏差。因此，有必要依据 2012 年《民事诉讼法》的修订，及时修正劳动撤裁程序的审查标准，建议：

明确规定"法院对申请撤销终局裁决的审查应限于程序审查"，删除《调解仲裁法》第四十九条第一款第一项"适用法律、法规确有错误的"。

3. 建立联动顺畅的裁审衔接机制

建立相互联动、顺畅便捷的裁审衔接机制是当前提升撤裁制度功效的重要方式：**一是建立常态的联络沟通机制。**各级法院与仲裁机构之间建立长效化的联席会议制度，定期就法律适用、收案预警、案件讲评反馈等进行精准对接，有利于提高仲裁裁决的质量和水准，从根本上提高仲裁裁决的认受性和公信力，从源头上促进劳动争议纠纷的实质性化解。[23] **二是建立全面的数据交换机制。**法院应当与劳动仲裁机构之间通过业务专网等方式自动实现双方裁判系统的数据对接，"让数据说话、让数据跑路"，减少当事人、法官在沟通联络上的工作量。**三是建立规范的材料流转机制。**依据机要渠道等建立

---

[22] 各地主管机关一般在当年 5—7 月发布上年度职工平均工资，故从司法实践角度而言，宜以上年度职工月工资为调整基数以便案件审理。

[23] 劳动仲裁质量不高带来的裁决不公往往成为学界质疑仲裁制度的重要理由。参见李松、黄洁：《调研显示进入诉讼程序的仲裁结果高达三成被改变 劳动纠纷审理亟待证据规则》，载《法制日报》2010 年 11 月 18 日。

类似于法院之间的仲裁卷宗流转机制。规范统一委托书、送达地址确认书等程序文件的格式，明确相关文书在仲裁和诉讼阶段的通用效力，减少当事人对材料的重复提交。

4．优化案件审判流程及管理考核

法院在内部流程设计和审判管理方面未对撤裁制度作出特别安排，不仅会造成适法不统一问题，更可能因审判管理机制的限制，间接阻碍撤裁制度快审优势的发挥。建议：**一要规范撤裁案件的审判流程**。明确规范撤裁案件的审级、审限、诉讼费等程序性事项，提升制度的协调性和公信力。**二要优化撤裁案件的管理考核**。例如《关于审理劳动争议案件适用法律若干问题的解释（四）》规定撤裁案件可以不开庭审理，但各地法院依然普遍将此类案件的开庭率等纳入指标考核范围，造成"简案"无法"快审"。建议取消对撤裁案件的开庭率、当庭宣判率等指标考核。

结　语

有效提升案件审理效率是解决当前案多人少矛盾的根本出路。我们不仅要真抓"实干"、埋头"苦干"，更要科学"巧干"，在现有制度框架内补齐相应短板、理顺相关机制，无疑是当前提升办案质效最为简便且行之有效的方法。面对海量的劳动争议案件，劳动撤裁制度不仅具有效率上的优势，也具有实体上的公正性，虽然由于撤裁制度在立法创新中的审慎，使得当前撤裁制度的适用范围较为有限，但我们有充分的理由在完善相关配套机制的同时扩大在实践中的适用，让劳动争议纠纷案件得到更及时、公正的审理。

（责任编辑：丁戈文）

重大刑事案件适用认罪认罚从宽制度的重点与方法

黄伯青　伍天翼*

引　言

当前，以审判为中心的刑事诉讼制度改革已经进入了攻坚期和深水区，党的十八届四中全会通过的《中共中央关于全面推进依法治国若干重大问题的决定》明确提出，"完善刑事诉讼中认罪认罚从宽制度"，"两高三部"《关于在部分地区开展刑事案件认罪认罚从宽制度试点工作的办法》也明确提出，在全国18个城市开始试点工作。客观来看，认罪认罚从宽制度并非一项全新、独立的制度，而是一次对"宽严相济"政策的制度延伸和对刑法及刑诉法中"从宽"部分的梳理和整合，它是建立在简易程序、刑事速裁程序和刑事和解程序等诸次成功改革的基础之上的，因此，全国各试点城市的基层法院在适用这项制度时，能够将多年积累的成功经验转化到此次的试点工作当中，试点工作具有深厚的实践土壤，也比较容易达到试点的预期效果。但认罪认罚从宽制度在中级人民法院层面的铺开则是一项"全新"的课题，特别是在重大刑事案件的审判领域，将会对死刑适用、量刑依据以及庭审方式产生重大影响，面对颠覆以往审判模式的"新生事物"，实务界和学术界质疑和讨论的声音不断，为此，我们必须清醒地意识到，重大刑事案件在适用认罪认罚从宽制度上的确存在难点，但不容置疑的是，重大刑事案件只要符合"认罪认罚从宽"的适用条件就可以适用，不因案件本身的重大、复杂或者刑罚设置的严厉性而有所改变，因此，本文拟从重大刑事案件的角度，探讨认

---

* 黄伯青，法学博士，上海市第二中级人民法院刑二庭副庭长。伍天翼，法学硕士，上海市第二中级人民法院刑一庭法官助理。

罪认罚从宽制度的适用难点，以期对中级人民法院的试点工作提供参考。

一、起点：重大刑事案件适用认罪认罚从宽制度的边界

探讨认罪认罚从宽制度的边界，应该是我们讨论的起点。厘清认罪认罚从宽制度能否在重大刑事案件当中运用，以及能在什么范围的重大刑事案件当中运用，则成为我们应当首要明确的问题。目前，关于认罪认罚从宽制度的适用范围，各个论者存在较大分歧，目前有三种代表性的观点：一是认为认罪认罚从宽制度没有适用边界，认罪认罚从宽制度适用于任何案件性质、诉讼程序类型，广泛存在于刑事诉讼过程中；[①] 二是认为认罪认罚从宽制度的适用存在例外情形，认罪认罚从宽制度原则上可以适用于所有案件，包括可能判处死刑在内的重罪案件，例外情形为"罪行极为严重，没有从宽余地"的案件，也即被追诉人认罪认罚从宽后对处理结果无影响的案件；[②] 三是认为认罪认罚从宽的适用应该有罪名和罪行轻重的限制，具体来说，由中级人民法院一审的涉恐、涉黑以及涉及国家安全等案件，由于其敏感、复杂、社会影响大的特征不能适用，同时，案件应当选择可能判处无期徒刑以下的罪行范围，即基层法院有管辖权的案件。[③] 在上述三种观点中，尤其是第三种观点具有一定的代表性，这种限制适用认罪认罚从宽制度的观点广泛存在于审判实践当中。

上述三种观点的分歧在于，罪行的轻重、罪名性质及所可能导致的刑罚对于认罪认罚从宽制度的适用是否具有影响，第一种观点否定了这种影响，后两种观点在不同程度上肯定了这种影响。而本文认为，罪行的轻重可能影响认罪认罚从宽制度的适用，并非任何案件都能适用认罪认罚从宽制度，具体到重大刑事案件中来看，应当判处死刑立即执行的案件不适用认罪认罚从宽制度，其他案件均可以适用认罪认罚从宽制度；但重大刑事案件是否适用认罪认罚从宽制度不应受到罪名的影响，也即所有罪名都可以适用认罪认罚从宽制度。

① 陈卫东：《认罪认罚从宽制度研究》，载《法学》2016 年第 2 期。
② 陈光中、马康：《认罪认罚从宽制度若干重要问题探讨》，载《法学》2016 年第 8 期。
③ 山东省高级人民法院刑三庭课题组：《关于完善刑事诉讼中认罪认罚从宽制度的调研报告》，载《山东审判》2016 年第 3 期。

原因有三：一是认罪认罚从宽制度的适用不应受到罪名的限制。从认罪认罚从宽制度的启动条件来看，根据"两高三部"《关于在部分地区开展刑事案件认罪认罚从宽制度试点工作的办法》第一条，犯罪嫌疑人、被告人自愿如实供述自己的罪行，对指控的犯罪事实没有异议，同意量刑建议，签署具结书的，可以依法从宽处理；根据该条，犯罪嫌疑人、被告人的态度是启动认罪认罚从宽制度的充分条件，而犯罪嫌疑人、被告人的罪名则与认罪认罚从宽制度的启动无关。上述第三种观点认为，由中级人民法院一审的涉恐、涉黑以及涉及国家安全等案件，由于其敏感、复杂、社会影响大的特征而不能适用认罪认罚从宽制度的观点，显而易见，这是基于政治、政策乃至社会影响等方面的考量，而非基于具体案件而言，但这种考量在实际操作中，并不适合中级人民法院的管辖特点，有"一刀切"的嫌疑。根据《刑事诉讼法》第二十条之规定，"危害国家安全、恐怖活动案件"集中由中级人民法院一审管辖，我们在审判实践中会遇到大量的可能判处五年以下的为境外窃取、刺探、非法提供国家秘密的案件，这类案件虽由中级人民法院一审，而且为涉及国家安全的案件，案情虽隐蔽但并不复杂，被告人的供述对于案件侦破具有重要作用，对于如实供述罪行且认罪悔罪态度较好的被告人，一般可以在法定刑内从轻处理，这也是出于对被告人如实供述和认罪悔罪态度的司法认可，因此，并不能将中级人民法院管辖的所有涉恐、涉国家安全的一审案件进行"一刀切"，不应限制认罪认罚从宽制度的适用罪名范围，而应针对案件的具体罪行具体分析。

二是上述第二种观点中，"罪行极其严重，没有从宽余地"的案件不应适用认罪认罚从宽制度的思路是值得肯定的，因为认罪认罚从宽制度的落脚点在于"从宽"，倘若没有从宽余地，当然不能适用认罪认罚从宽制度，因此，第一种观点中可以在任何案件中适用认罪认罚从宽制度的观点也具有不科学之处。但深究该问题，什么样的案件属于"罪行极其严重，没有从宽余地"的案件？从刑事立法和刑事政策的角度考虑，应仅指应当判处死刑立即执行的案件。根据《刑法》第四十八条之规定，"死刑只适用于罪行极其严重的犯罪分子。对于应当判处死刑的犯罪分子，如果不是必须立即执行的，可以判处死刑同时宣告缓期二年执行"；在中国法律检索系统中进行关键词检索，"罪行极其严重"一词也仅出现在第四十八条的规定当中；再者，在审判实践中，如果根据《刑法》第六十七条之规定，被告人在犯罪后自首、坦白，并在有被害人的案件中，对被害人及其家属积极赔偿的（也即符合认罪认罚从宽的启动条件），但尚不足以从轻处罚的情况，即"没有从宽余地"的情况，一般是在罪行极其严重、应当判处死刑的案件中，如杨佳袭警案、"6·22"宝山枪击案等，在这类案件中法官根据犯罪手段、情节及后果等情况综合考虑，从而认为没有从宽余地。综上所述，"罪行极其严重，没有从宽余地"应仅指应当判处死刑立即执行的案件。因此，仅有应处死刑立即执行的案件因没有从宽余地而不能适用认罪认罚从宽制度。

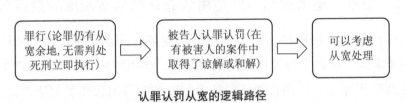

认罪认罚从宽的逻辑路径

三是在考虑重大刑事案件能否适用认罪认罚从宽制度时，应当首要考虑罪行的严重性（即考虑罪行是否极其严重，从而判断是否有从宽余地），而不应根据被告人先前的犯罪行为主观判断被告人的人身危险性，更不应将此作为判断是否适用认罪认罚从宽制度的充分条件。因为认罪认罚从宽制度本身就是一种"事后"的价值判断，是强调被告人"事后"认罪认罚态度的一种制度，是通过"事后"认罪认罚的情况来减轻预防刑的一种制度，而非一种"事前"和"事中"的判断。例如在最高人民法院第三批指导性案例第12号李飞故意杀人案中，被告人李飞因感情纠纷而持铁锤行凶，并造成一死一轻伤的结果，该案中，如果割裂被告人李飞归案后的相关情况，仅考虑被告人李飞用铁锤在被害人头部锤击二十余下，且被告人李飞为累犯，从这两个情况判断，被告人的人身危险性较大，论罪应当判处死刑立即执行。尽管首先结合罪行来判断，被告人所犯罪行虽论罪当处死刑，但根据最高人民法院关于死刑适用的相关政策，特别是结合案件起因来看，不至于没有从宽余地；其次应结合被告人李飞具有多个从宽处理的情节，其中包括被告人归案后认罪态度较好、被告人亲属协助抓获被告人的情况以及代为赔偿等情况来判断，从而给予从宽处理的结论；最后应当结合案件情况和拟定刑罚综合判断，尤其是拟定刑罚是否能够起到罚当其罪的效果，如果肯定，则应当坚持认罪认罚从宽的观点。

综上所述，中级人民法院在一审案件中适用认罪认罚从宽制度时，可以说也是一种目光在事实和规范之间不断往返流转的过程，必须要结合中级人民法院管辖的特点进行考虑，而不能"一刀切"地认为所有案件都能适用认罪认罚从宽制度，更不能"一刀切"地认为一些罪名不能适用认罪认罚从宽制度，而是要从"从宽"的落脚点考虑，在重大刑事案件中有限度的适用认罪认罚从宽制度。

二、变革：重大刑事案件适用认罪认罚从宽制度的重点与难点

认罪认罚从宽制度的适用最为明显的变革有两点，一是在量刑依据上，尤其是重大刑事案件中涉及死刑的把握问题，会因"从宽"政策而产生影响；二是在庭审程序上，适用认罪认罚从宽制度的案件可以用类似于"普通程序简化审"方式来审理（我们暂将认罪认罚从宽在程序上简化称作"普通程序简化审"，以示与普通程序之间的区别），但在简化审理中也应重视对认罪认罚的"自愿性"、"合法性"的审查。

（一）认罪认罚从宽对死刑政策的必然影响

重大刑事案件认罪认罚从宽制度的适用必然会对死刑的把握产生影响。从级别管辖上来看，根据《刑事诉讼法》第二十条之规定，中级人民法院一审管辖的刑事案件，也即本文所说的重大刑事案件，除危害国家安全、恐怖活动案件外，还有大部分被告人可能面临着无期徒刑以上刑罚的案件，这意味着这类刑事案件在适用认罪认罚从宽制度时，实际上基础刑只有两种选项，即无期徒刑和死刑（包括死缓、死缓限制减刑和死刑立即执行）。此时，在重大刑事案件中适用认罪认罚从宽制度，绕不开也绝不能绕开死刑适用的界限问题，也即准确把握死缓、死缓限制减刑与死刑立即执行的界限问题，这是重大刑事案件与普通刑事案件在适用认罪认罚从宽制度时最为核心和关键的差别。以故意杀人罪为例，在上述李飞故意杀人案中，被告人李飞的亲属协助公安机关将其抓获，最高人民法院认为，对于因民间矛盾引发的故意杀人案件，被告人犯罪手段残忍，且系累犯，论罪应当判处死刑，但被告人亲属主动协助公安机关将其抓获归案，并积极赔偿的，人民法院根据案件具体

情节，从尽量化解社会矛盾角度考虑，可以依法判处被告人死刑缓期二年执行，同时决定限制减刑。为帮助把握死刑适用条件，最高人民法院的相关司法文件中明确提出，"要区分案件性质，对于因婚姻家庭、邻里纠纷等民间矛盾激化引发的案件，要注意体现从宽精神，在判处重刑尤其是适用死刑时应当特别慎重，对于被告人在案发后积极赔偿、真诚悔罪，取得被害人或其家属谅解的，应当从宽处罚"，这一观点也与"认罪认罚从宽"的基本精神不谋而合。

在认罪认罚从宽制度开展试点以前，死刑案件与死缓案件的把握主要依据为最高人民法院发布的司法文件和指导性案例，但其中坚持少杀慎刑的思路相当明显，这就要求在适用死刑的时候，应当严格把握死刑的适用标准，对于那些可杀可不杀的犯罪人，一定坚持不杀，从而控制死刑适用数量。④当前，中央明确提出完善认罪认罚从宽制度，这是对宽严相济的刑事政策的再次强调，对于中级人民法院而言，这一制度的进一步推进更会对死刑政策产生影响，坚持少杀慎刑的思路从认罪认罚从宽制度上得到了进一步的明确，除"罪行极其严重，没有从宽余地"，如极端仇视国家和社会、以不特定人为行凶对象的被告人之外，应当结合认罪认罚从宽制度的精神，综合考虑被告人的认罪悔罪态度和赔偿情况，如果适用死缓限制减刑可以罚当其罪的，应当坚持宽严相济的刑事政策，贯彻少杀、慎杀的思想。

（二）被害人的参与对量刑产生的必然影响

众所周知，在有被害人的案件中，被告人对被害人的悔罪态度和赔偿态度对被告人的量刑能够产生一定影响，尤其是在重大刑事案件中更是如此。最高人民法院《关于为构建社会主义和谐社会提供司法保障的若干意见》中就明确指出，"对案发后真诚悔罪并积极赔偿被害人损失的案件，应慎用死刑立即执行"，被告人的真诚悔罪与积极赔偿两个因素对死刑政策把握影响之大可见一斑。除此之外，最高人民法院《关于贯彻宽严相济刑事政策的若干意见》中也明确指出，"被告人案发后对被害人积极进行赔偿，并认罪、悔罪

---

④ 陈兴良、周光权：《刑法学的现代展开》，中国人民大学出版社 2015 年 11 月版，第 427 页。

的，依法可以作为酌定量刑情节予以考虑"，在这个文件中，又从被告人的角度，再次强调了认罪悔罪与积极赔偿对于量刑的影响。但与以往不同，此次"两高三部"《关于在部分地区开展刑事案件认罪认罚从宽制度试点工作的办法》中明确指出，"办理认罪认罚从宽案件，应当听取被害人及其代理人意见，并将犯罪嫌疑人、被告人是否与被害人达成和解协议或者赔偿被害人损失，取得被害人谅解，作为量刑的重要考虑因素"，与上述两份文件不同，此次突破了被告人的真诚悔罪与积极赔偿两个因素，加入了被害人的参与，强调与被害人达成和解和取得谅解是量刑的重要考虑因素。

明确与被害人达成和解或取得被害人谅解作为量刑的重要考虑因素，突破了"赔钱减刑"的传统争议，而是"赔钱"—"谅解"—"从轻"，其中被害人的态度是不可缺少的一环。较之以往来看，是在对被告人的认罪悔罪态度和积极赔偿可能产生的"特殊预防"效果之外，强调了"一般预防"效果对于从轻处罚的重要性。以往强调认罪悔罪态度和积极赔偿，实际上是重点强调了刑法对被告人的"特殊预防"功能。张明楷教授认为："事后积极退赃、赔偿损失与积极挽回损失的行为，是减少预防刑的情节。不过，究竟是减少特殊预防刑的情节，还是减少一般预防刑的情节，则需要具体分析。"⑤刘仁文教授认为："赔钱获减刑的前提是真心悔罪，而真心悔罪意味着犯罪人的人身危险性比较低。刑法第六十一条规定蕴含着将人身危险性作为量刑依据的底蕴"。⑥刘仁文教授的观点与上述两个最高人民法院发布的文件一致，都是从被告人的角度，重视了赔偿以及悔罪与特殊预防的关联性，但是对于赔偿与悔罪与一般预防的关联性则强调较少。而此次认罪认罚从宽制度明确强调了被告人的认罪认罚或者赔偿应当取得被害人的谅解或与被害人达成和解协议，强调了被害人的态度对于被告人量刑的影响，这就要求，不仅被告人应当真诚反思，而且这种反思应该能够引起被害人在某种程度的"认可"，达到"特殊预防"与"一般预防"相结合。值得注意的是，在重大刑事案件的审理过程中，尤其需要贯彻这种思路，在有被害人的重大刑事案件中，被害人一般都因犯罪行为而蒙受巨大的精神和物质损失，而仅强调被告人的真

⑤ 张明楷：《责任刑与预防刑》，北京大学出版社 2015 年 6 月版，第 356 页。
⑥ 刘仁文：《"赔钱减刑"的思路值得肯定》，载《人民法院报》2007 年 6 月 19 日。

诚悔罪或者积极赔偿，不仅法官难以判断这种悔罪的"真诚性"，而且即便法官能够判断，有时也会造成被害人一方的不理解，反而增加司法程序的成本，而明确要取得被害人的理解，不仅在认罪认罚的量刑协商过程中，保障了被害人参与权、话语权，同时也有利于提供更多参考，帮助法官确定量刑幅度。

（三）普通程序简化审对庭审过程产生的影响

按照改革精神，对可能判处三年以上有期徒刑的一审案件，可以适用普通程序简化审，这一改革将对重大刑事案件的庭审产生影响。普通程序简化审的基础在于，案件的事实清楚、证据确实充分。我国的认罪认罚从宽制度与国外诉辩交易制度最大的不同则在于，不能对罪名进行协商，在决定适用认罪认罚从宽制度时，必须以事实清楚、证据确实充分为前提，因此，普通程序即使简化审理，也不能突破这一认罪认罚从宽制度的适用前提，必须保障认罪认罚所带来的程序简化具有"最低限度"的正当性。[7] 因此，在普通程序简化审过程中，有几个步骤不能省略：第一，围绕事实和证据部分，应当讯问被告人对公诉机关指控的犯罪事实和相关证据是否有异议，或者针对公诉机关的指控是否有意见要发表，应当讯问被告人是否有新的证据提交；第二，围绕庭审简化本身，应当向被告人说明简化审理的理由、步骤等情况，并询问被告人对简化审理的意见；第三，围绕定罪量刑部分，应当讯问被告人对公诉机关提出的定性和量刑建议是否同意，对公诉机关的定性和量刑建议是否有意见发表；第四，围绕协商程序，应当重点讯问被告人认罪认罚的自愿性和真实性，应当讯问被告人是否知悉相关法律后果；第五，应当讯问辩护人对被告人认罪认罚的意见；第六，应当保障被告人的最后陈述的权利和上诉权。除上述不能省略的部分外，普通程序简化审也应当体现其应有之义，相对普通程序，应当有所省略：第一，对被告人身份事项的核对以及相关诉讼权利的告知可以在庭前进行，并制作相关笔录，交被告人阅看并签字确认；第二，公诉人可以简要宣读起诉书，简要说明起诉书中记载的指控事实、定性和罪名以及量刑建议；第三，在公诉机关举证部分，可以简要列举

---

⑦ 熊秋红：《认罪认罚从宽的理论审视与制度完善》，载《法学》2016 年第 10 期。

证据的名称和所要证明的事项。

三、程序构建：中级人民法院在适用认罪认罚制度时可以参考的几个经验

根据"两高三部"发布的试点文件，目前试点城市已经开始了试点工作，具体到中级人民法院层面来看，有法院已经在中级人民法院层面上首次适用认罪认罚从宽制度审理一审案件。⑧ 结合这些探索，我们认为，认罪认罚从宽制度在重大刑事案件中的适用，除了要求承办法官具备高超的案件驾驭能力之外，还需要一套与认罪认罚从宽契合度高的配套制度为支撑，因此，本文将以此为角度，介绍几个具有推广价值和意义的工作经验，以供中级人民法院在审判实践中参考。

（一）探索建立"3 + 1"审理模式，从人员配备上提质增效

重大刑事案件适用认罪认罚从宽制度进行审理，必须以一个运转高效、配合默契的审判管理团队为基础。为此，可以探索建立"审判长 + 承办法官 + 人民陪审员 + 法官助理"的"3 + 1"审理模式，将审判长高超的庭审驾驭能力、承办法官深厚的案件辨识能力和娴熟的法律条文运用能力、人民陪审员的案件事实查明能力和刑事法官助理的深度参与结合起来，最大限度地发挥合议庭成员在审理过程中的作用。在开庭前可由承办法官初步审查该案事实是否清楚、证据是否确实充分、被告人认罪认罚的合法性和自愿性等情况，对案件进行初步"筛选"，再向合议庭成员汇报案件相关情况并形成适用认罪认罚从宽制度的一致决定；审判长在庭前准备时，除准备适用认罪认罚从宽制度相应的"普通程序简化审"进行审理，同时也应当具备转换庭审程序的驾驭能力，当庭审过程中出现不适合继续使用普通程序简化审的情况时，应当转换为普通程序继续审理；人民陪审员在庭审中应侧重对于事实和证据的把握和判断；法官助理在庭前协助审判长对被告人进行法律释明，并在庭前向被告人送达并签署《适用认罪认罚从宽制度诉讼权利告知书》《适用认罪认

---

⑧　翟珺：《用餐起争执捅死他人，自首认罪认罚被判死缓》，载《人民法院报》2017 年 1 月 19 日。

罚从宽制度被告人意见书》，在庭前可协助审判长核对被告人身份，并形成《庭前身份核对笔录》，做好开庭前相关工作，为庭审时简化相关程序做好充分准备。

（二）探索建立"检察机关 + 审判机关"认罪认罚规范办案模式，促进公诉与审判之间的相互监督、相互配合

根据最高人民法院的试点办法要求，认罪认罚从宽制度存在于侦查、审查起诉和审判的三个阶段，但为保障各个阶段被告人认罪认罚从宽的自愿性和合法性，落实到不同诉讼阶段时有不同的程序性要求，因此，认罪认罚从宽制度的顺利适用，必须以检察机关和审判机关的相互监督、相互配合为前提。公诉机关在办理案件的过程中，应在案件事实证据材料充分、提起公诉的罪名准确的前提下，明确告知被告人认罪认罚的法律效果，由被告人自愿选择，保障认罪认罚的"自愿性"；同时，为保障认罪认罚的"合法性"，公诉人应在被告人辩护律师在场的情况下，由被告人签署《认罪认罚具结书》，并据此提出量刑建议；而审判人员在审判前也必须向被告人进行法律释明，并签署相关法律文件，才能在庭审中决定适用认罪认罚从宽制度审理案件。

（三）探索建立"认罪认罚 + 法律援助"诉讼权利保障模式，重大刑事案件适用认罪认罚从宽制度应当保障 100% 的辩护率

重大刑事案件在适用认罪认罚从宽制度时有两个特殊之处：一是被告人可能面临刑罚的严厉性，二是认罪认罚案件对法律释明工作的严格要求。因此，被告人在面对检察机关的指控和协商时，全面保障被告人的诉讼权利，尤其是律师帮助其知晓认罪认罚的后果，是防止引诱、欺骗或者威逼其认罪的有效途径。因此，应当探索建立"认罪认罚 + 法律援助"诉讼权利保障模式，扩大法律援助范围，将所有适用认罪认罚从宽的重大刑事案件均纳入法律援助范围，为申请认罪认罚的被告人指定辩护律师，并在认罪认罚协商程序中为被告人提供便捷、有效的律师帮助，并从制度上明确辩护律师的全程参与，能够最大限度地防范冤错案件，促进人权保障更加完善。

（四）探索建立刑事一审"普通程序简化审 ＋ 当庭宣判"模式，最大限度地保障审判的公正、高效

被告人认罪认罚后实现当庭宣判，能够最大限度地保障裁判理由形成在法庭，使判决的形成过程更加透明、公正，使审判效率大大提高，使认罪认罚从宽制度更具有信服力。认罪认罚从宽制度的重要价值就是审理的高效，经合议庭开庭审理后，对于案件事实清楚、证据充分、不存在当庭宣判可能激化社会矛盾等情况的案件，被告人的认罪认罚具有"自愿性"、"合法性"，检察机关的指控和量刑建议适当，则应当庭作出裁判，保障裁判理由形成在法庭，使审理更加公正、高效。

（五）探索建立刑事一审案件法律文书释明模式，在法律文书中全面释明认罪认罚从宽制度

重大刑事案件适用认罪认罚从宽制度必须体现在法律文书中，要在法律文书中释明适用"普通程序简化审"方式开庭，同时也要在法律文书中释明依据认罪认罚从宽制度进行量刑，总而言之，"认罪认罚从宽"的各个环节应充分体现在法律文书中。具体而言，应在法律文书中明确体现被告人认罪认罚的相关情况，明确体现公诉机关申请启动认罪认罚从宽制度及相关量刑建议，明确体现辩护人对于认罪认罚从宽的当庭态度，并载明认罪认罚从宽的裁判依据、裁判理由，以及全面释明认罪认罚从宽制度下该案的定罪量刑过程，通过法律文书的释明，进一步加强审判权威。

结　语

重大刑事案件适用认罪认罚从宽制度能够起到"庭前分流"、"繁简分化"、"程序激励"的三大作用，不仅能够从程序法角度影响重大刑事案件的办理，而且能够在量刑方面指导刑罚适用，因此，该制度的试点工作应当引起中级人民法院的重视。除此之外，当我们从以审判为中心的刑事诉讼制度改革的角度来看，目前在重大刑事案件的审理过程中要求落实"庭审实质化"，毋庸多言，"庭审实质化"能够实质加强庭审作用，提高办案质量，但不可否认的是，并非所有案件均需实现"庭审实质化"，尤其对中级人民法院而言，在大力提倡"庭审实质化"改革的同时，也应当加强对案件繁简分流的关注，对于案件事实清楚、证据确实充分、被告人认罪认罚的案件，可以在保障程序正当性的前提下，考虑在程序上适当简化，同时采取量刑激励措施，鼓励被告人认罪认罚，达到高质、高效的审判目的。因此，从繁简分流角度来说，中级人民法院应当在重大刑事案件中逐步推广适用"认罪认罚从宽"制度，此项制度的重要性与"庭审实质化"改革相当，也可以说没有"认罪认罚从宽"制度的实施，目前中级人民法院的繁简分流工作就会缺失关键性一环，长此以往也不利于"庭审实质化"改革的推进。因此，我们应当尊重司法规律，恪守实体公正和程序公正的底线要求，不断完善认罪认罚从宽制度，落实以审判为中心的诉讼制度改革。

（责任编辑：俞小海）

《行政诉讼法》第五十三条及
其司法解释的教义学分析

葛　翔[*]

2015年《行政诉讼法》修订实施，其中第五十三条（以下简称"五十三条"）规定："公民、法人或者其他组织认为行政行为所依据的国务院部门和地方人民政府及其部门制定的规范性文件不合法，在对行政行为提起诉讼时，可以一并请求对该规范性文件进行审查。前款规定的规范性文件不含规章。"[①]2018年《最高人民法院关于适用〈中华人民共和国行政诉讼法〉的解释》（以下简称《行诉解释》）对附带审查制度又作了深化规定。对于规范性文件附带审查制度的具体实施，应当结合司法案例和司法理论进行更为精细化的分析。

一、《行政诉讼法》第五十三条的规范定性

对"五十三条"的规范定性，实际上影响到行政审判过程中规范性文件附带审查如何具体展开这一问题。从五十三条的规定中，笔者认为可以从"文件""依据""一并"这三个关键词来进行认识。

（一）"文件"：规范性文件的性质

对规范性文件性质的判定需要我们寻找一个参照物，这个参照物就是规章。规章在我国法律体系里处于一种灰色地带，从中国特色社会主体法律体

---

[*] 葛翔，法学硕士，上海市黄浦区人民法院行政一庭副庭长，华东政法大学研究生教育院博士研究生。

[①] 广义上的行政规范性文件包含行政法规、规章以及其他规范性文件，本文为了论述简便，文中所称"规范性文件"、"行政规范性文件"仅指规章以下的规范性文件。

系构成的经典表述来看，规章并不属于法律体系的一部分。② 但《立法法》第二条第二款又规定："国务院部门规章和地方政府规章的制定、修改和废止，依照本法的有关规定执行。"显然规章在法体系中仍具有重要的地位，在《立法法》（2000年）起草过程中对规章的定性虽然有不同认识，但是最终在第二条第二款确定了规章执行《立法法》的有关规定，并设专节对其制定主体和内容进行规范，实质上承认了规章具有准法的性质。③ 如果说规章还是由黑向白的过渡地带，那么规范性文件显然就不属于法的范畴，也就不具备法的效力，其只是具体执行和落实法律规范的要求。

（二）"依据"：规范性文件为什么可以被法院审查

由规范性文件的定性决定了对其审查的方式。因为规范性文件不属于法规范的范畴，所以规范性文件只能是行政机关作出行政行为的"依据"，而不能是法院审理行政案件的"依据"。以规章作为参照物，根据《行政诉讼法》第六十三条："人民法院审理行政案件，以法律和行政法规、地方性法规为依据。""人民法院审理行政案件，参照规章。"规章即使是参照性适用，仍然是法的有机组成部分，在规章与上位法不抵触的情况下，其对人民法院的审判拘束力和其他法应当是一致的。而行政规范性文件不是法院审理行政案件的依据，其对法院不具备法的拘束力，但是行政规范性文件在行政案件的审理过程中具有一种"解释力"，解释行政行为的具体要件、具体形成和运行环境。所以规章和行政规范性文件在行政审判中的地位和作用存在质的差别，法院受到规章的强约束，合法有效的规章对法院存在"法律上的力"，④ 而行

---

② "以宪法为统帅，以宪法相关法、民法商法等多个法律部门的法律为主干，由法律、行政法规、地方性法规等多个层次法律规范构成的中国特色社会主义法律体系……"参见国务院新闻办公室：《中国特色社会主义法律体系》，载《人民日报》2011年10月28日。

③ 从当时起草部门的认识来看，规章在2000年通过的《立法法》中实际上构成了法律体系的组成部分。参见乔晓阳主编：《中华人民共和国立法法讲话》，中国法制出版社2008年1月版，第277—278页。

④ 比如在指导性案例第5号"鲁潍（福建）盐业进出口有限公司苏州分公司诉江苏省苏州市盐务管理局盐业行政处罚案"中，裁判要旨明确"地方政府规章违反法律规定设定许可、处罚的，人民法院在行政审判中不予适用"，且最高人民法院的观点认为，"现行法律制度下，人民法院无权撤销、改变甚至是宣布规章无效，只有在个案裁判中才具有法律规范的选择适用权。因此，法院一般不宜直接在判决书中宣告违反上位法的规章无效，而应直接依据合法的上位法对被诉具体行政行为是否合法作出认定"。参见最高人民法院案例指导工作办公室：《〈鲁潍（福建）盐业进出口有限公司苏州分公司诉江苏省苏州市盐务管理局盐业行政处罚案〉的理解与参照》，载《人民司法》2014年第6期。

政规范性文件提供的是一种行政裁量基准、政策指南和解释性意见等，法院在一定范围内应当予以尊重，但并不羁束法院的说理过程，行政规范性文件对法院产生的是一种"说服性的效果"。⑤因此，法院可以对规范性文件进行"审查"，而对规章是否应予适用实质上是一种"判断"。对规范性文件的合法有效可以在判决文书中进行表述，而规章是否因违反上位法构成违法无效，原则上不在判决中进行表述，仅仅排除其在个案中的适用。

需要指出的是，对于行政规范性文件在行政审判中的审查监督，早在2004年最高人民法院发布的《关于审理行政案件适用法律规范问题的座谈会纪要》（法〔2004〕96号）中已经对此进行了明确，"人民法院经审查认为被诉具体行政行为依据的具体应用解释和其他规范性文件合法、有效并合理、适当的，在认定被诉具体行政行为合法性时应承认其效力；人民法院可以在裁判理由中对具体应用解释和其他规范性文件是否合法、有效、合理或适当进行评述"。所以对行政规范性文件的司法审查并非《行政诉讼法》修订以后才形成的，而是一直以来就存在的。"五十三条"的首要意义在于，该条款赋予行政相对人主动提出审查申请的权利，允许公民通过行政诉讼途径来实现对行政规范性文件的监督权，即"公民监督权的诉讼化实现"。某种意义上也可视为《行政诉讼法》对公民监督权体系和监督内涵的进一步丰富和完善。⑥相应地，公民对法规范行使监督权，所依据的是《立法法》第九十九条至第一百零一条的规定，通过人大和行政机关的立法监督渠道来实现，而非通过司法审查途径。

---

⑤ 比如有的司法观点认为，"内部程序规则不具备成为被诉行政行为法律依据的资格，并不意味着规则的内容就必然是错误的。此时我们仍然可以把它当作我们解释法律的一种资料来源，如果认为其内容是上位法相应程序规则的正确解释，我们也可以把它作为法院对上位法相应程序规则的解释写进判决书，并以此来评判被诉具体行政行为"。（王振宇：《行政程序的司法审查》，载最高人民法院行政庭编：《行政执法与行政审判》2006年第2集，人民法院出版社2007年4月版，第60页。）实际上笔者认为这种观点可以有条件地推广到行政规范性文件整体范畴上。另外，如日本行政法理论上对于裁量基准的司法观点认为，就作为行政规则的裁量基准规范效力而言，由于其属行政内部的行为基准，法院可以对于该裁量基准进行审查。换言之，作为行政机关的内部基准，人民与法院并不受裁量基准的拘束。（王志强：《论裁量基准的司法审查》，台湾东吴大学法学院2005年硕士论文，第45页。）

⑥ 关于公民监督权体系的论述，可参见王月明：《公民监督权体系及其价值实现》，载《华东政法大学学报》2010年第3期。

（三）"一并"：规范性文件如何被审查

《行政诉讼法》第二条规定："公民、法人或者其他组织认为行政机关和行政机关工作人员的行政行为侵犯其合法权益，有权依照本法向人民法院提起诉讼。"该条说明了"由谁、在什么情况下可以提起行政诉讼"这样一个问题，实际上概括性描述了我国行政诉讼以主观诉讼为基本模式这一特征。[7]从这一描述出发，也决定了我国行政诉讼中原告资格、可诉行政行为范围、举证责任分配等一系列制度安排，其中当然也包括规范性文件附带审查模式的确立。

首先，在主观诉讼模式下，行政诉讼保障的是行政相对人特定的人身权、财产权、知情权、受教育权等权利，规范性文件是被诉行政行为的"依据"，故规范性文件对原告产生效力要通过行政行为这个环节，从原告资格角度，规范性文件并不直接对其产生法律上的效果，如果直接对行政规范性文件提出审查申请，并不符合《行政诉讼法》对原告资格的法律定位。[8]而允许不特定相对人都可以对行政规范性文件提出审查申请，又可能带来适法不统一的问题。其次，从受案范围角度来看，行政规范性文件与可诉行政行为在司法审查中的最大区别在于，在附带审查的定位下，规范性文件在诉讼中是一种"规定"，而不是作为一种"行为"被接受审查，也不宜作为"行为"进行审查。我国行政诉讼制度是由普通法院根据特别程序对行政行为进行合法性审查，这决定了法院审理的对象是发生在特定当事人之间个案性、具体性的行政争议。而将规范性文件作为一种行为进行审查，这种审查具有一般性、普遍性，与我国普通法院诉讼体制是不相符的。规范性文件与行政行为在行政诉讼中的审查要件、审查方式都有着本质区别。因此，在现行行政诉讼制度下规范性文件目前以附带审查形式出现。在与被诉行政行为"一并"审查过程中，附带规范性文件审查申请不是一项诉讼请求，其审查结果也不在判决主文中进行表述。德国行政诉讼理论上将规范审查定性为一个请

---

[7] 关于主观诉讼原则，可参见王天华：《行政诉讼的构造：日本行政诉讼法研究》，法律出版社 2011 年 7 月版，第 23—26 页。

[8] 杨士林：《试论行政诉讼中规范性文件合法性审查的限度》，载《法学论坛》2015 年第 5 期。

求（Antrag），而不称之为规范审查之"诉"（Klage），一方面，它涉及的主要不是一个进行主观法律保护的程序，而是涉及一种客观对抗程序。另一方面，规范审查申请人与规范制定者并不直接作为当事人彼此对立，判决不是在"当事人之间"（inter parters），而是"对所有的人"（inter omnes）产生效力。⑨因此，对规范性文件合法性审查请求实质上是一种抗辩主张，这种观点对我国行政诉讼中规范性文件附带审查制度也有很强的借鉴意义。虽然原告提出附带审查的申请应列为"诉讼请求"之一，⑩但在判决主文中并不对规范性文件的合法有效性进行宣告，充分体现了附带审查申请本身的"非诉性"。

二、附带审查规范性文件的范围划定

从上述三方面对"五十三条"进行规范定性之后，对行政规范性文件的审查范围、审查方式等问题客观上起到了原点定位的作用。接下来的问题就是哪些规范性文件可以纳入附带审查的范围。

（一）正面：行政行为所依据的规范性文件

【案例1】朱某诉某市公安局交通警察总队（以下简称"市交警总队"）履行法定职责案：⑪2015年10月朱某向市交警总队提出申请，要求准予其购买新的燃气助动车并登记上牌。之后市交警总队书面回复朱某：市政府于2014年5月27日发布了《关于燃气助动车限期报废事项的通告》（以下简称《通告》）。《通告》中明确，到2013年12月31日，本市登记的燃气助动车均已达到报废年限，公安交通管理部门已停止办理相关登记管理业务；对驾驶改装燃气助动车上道路行驶以及2016年1月1日后驾驶燃气助动车上道路行

---

⑨ ［德］弗里德赫尔穆·胡芬：《行政诉讼法》，莫光华译、刘飞校，法律出版社2003年7月版，第341页。

⑩ 《最高人民法院关于适用〈中华人民共和国行政诉讼法〉若干问题的解释》第二条第七项虽然将提出附带审查作为"诉讼请求"，有的观点认为"规范性文件附带审查作为一个诉讼请求提出，而不是作为一个诉讼案件提出"（参见程琥：《新〈行政诉讼法〉中规范性文件附带审查制度研究》，载《法律适用》2015年第7期）。但是诉讼请求经审理后，法院须在审判主文中予以表态，而规范性文件合法性只在判决理由中进行阐述，因此严格意义上附带审查请求不是一项诉讼请求。

⑪ 上海市第三中级人民法院（2016）沪03行终147号行政判决书。

驶的，由公安交通管理部门依法查处。根据《通告》的规定，公安交通管理部门已停止办理燃气助动车相关登记管理业务。市交警总队将《通告》附随书面回复，一并送达朱某。

朱某不服，起诉要求撤销市交警总队作出的书面回复并责令其重新作出答复，同时请求法院附带审查《通告》的合法性。

就行政行为合法性，一审法院认为，市交警总队在书面答复中涉及的《通告》，系市政府针对本市燃气助动车限期报废事项作出的行政规范性文件，属于附带审查的范围。且根据《上海市行政规范性文件制定和备案规定》第二十六条的规定，已经失效。朱某上诉后，二审法院认为，《通告》并非被上诉人作出答复的法律适用依据。因此，《通告》的合法性、有效性均不属于本案审查范围。

案例 1 引申出这样一个问题，到底什么是行政行为依据的规范性文件？笔者认为规范性文件是否属于附带审查的范围，其落脚点在于"依据"，即从"要件羁束性"这一维度出发进行判断。所谓"要件羁束性"分为两方面：对行政主体作出的行政行为而言，规范性文件的具体条款确定了行政行为的要件，从这个角度来看，规范性文件对行政主体具有羁束性；对行政相对人而言，行政相对人的行为、申请等要受到规范性文件具体条款所确定的构成要件的评价和影响。当同时符合这些条件时，相关规范性文件方能纳入附带审查之正面范围。举一通俗例子，裁缝依照量尺在布料上划线，规范性文件就相当于量尺，而行政行为就是划线，行政主体和行政相对人都要受到规范性文件的羁束。易言之，规范性文件是否参与到行政主体作出行政行为的涵摄过程，决定了该规范性文件是否属于被诉行政行为的"依据"。从一审法院对行政行为合法性要件分析来看，《上海市非机动车管理办法》的有关规定对被诉行政行为的要件判定具有羁束性，而《通告》实际上对被诉行政行为的要件构成并无规范意义。确立"要件羁束性"这一标准，其价值在于行政行为所依据的规范性文件不一定都具有"显见性"——行政机关所适用的规范性文件并非都载明于法律文书上。根据《行诉解释》第一百四十六条规定，对附带审查申请有正当理由的，可以在法庭调查中提出。该条司法解释的制定，说明一些规范性文件往往直至诉讼调查阶段才可能被揭示而为当事人所知。如最高人民法院公报案例焦志刚诉和平公安分局治安管理处罚决定行政纠纷案中，⑫公安机关根据《公安机关内部执法监督工作规定》这一内部规定撤销了原行政行为，该规范性文件未在相关法律文书中载明，而行政相对人虽然在行政程序中不知晓该规范性文件，但实质上该规范性文件对行政机关具有内部羁束性，对行政相对人也产生了外部影响，明显符合可附带审查的规范性文件的特征。反过来如案例1，即使法律文书引用了规范性文件，但并不产生"要件羁束性"，自然也就被排除于附带审查的范围之外。

（二）从"要件羁束"出发对附带审查之规范性文件进行类型化

笔者以为对于纳入附带审查的规范性文件类型划分，不宜从效力角度或规范体系角度出发，而是从规范性文件对行为要件的规定方式这个维度出发更有启发性。⑬由此大致可以划分为这样三种类型：

一种是要件的补充，如住建部规章《物业服务企业资质管理办法》第五条对于"三级物业服务企业"资质规定："物业管理专业人员以及工程、管理、经济等相关专业类的专职管理和技术人员不少于10人。其中，具有中级以上职称的人员不少于5人，工程、财务等业务负责人具有相应专业中级以上职称；……"而《上海市物业服务企业资质管理规定》第六条规定："物业管理专业人员以及工程、管理、经济等相关专业类的专职管理和技术人员应当与所在物业服务企业签订劳动合同，且由该企业依法为其缴纳社会保险费。""物业服务企业申请核定资质等级的，应当提供为上述人员连续缴纳最近三个月以上社会保险费的证明材料，但新设立的物业服务企业除外。"显然住建部规章虽然明确了物业服务企业应当有专职管理和技术人员，但是对于"专职"的要件并未明确，上海市的行政规范性文件则补充规定了签订合同、

---

⑫ 《焦志刚诉和平公安分局治安管理处罚决定行政纠纷案》，载《最高人民法院公报》2006年第10期。

⑬ 还有一种分类角度是从裁量基准概念出发对行政规范性文件进行定性分类，但是裁量基准维度和要件型塑维度相比，前者存在一定的定性缺陷。首先是裁量基准的形式既可能是法，也可能是非法，甚至可能是行政惯例、手册、指南等不成文渊源或非正式渊源。（参见余凌云：《现代行政法上的指南、手册和裁量基准》，载《中国法学》2012年第4期。）其次，对裁量的理论认知也存在分歧，裁量是仅指结果的选择，还是包含不确定法律概念的"判断余地"，甚至是程序的选择，理论上的认识并不统一（参见周佑勇：《裁量基准的技术构造》，载《中外法学》2014年第5期）。因此基于这样一种"裁量基准"概念对规范性文件进行分类，可能造成分类的不周延性。

提交社保缴纳证明两项内容，即规范性文件与上位法之间形成了要件的补充关系。

二是要件的解释，如国家食品药品监督管理局制定《关于〈药品管理法〉、〈药品管理法实施条例〉"违法所得"问题的批复》（国食药监法〔2007〕74号）对药品管理领域中的"违法所得"进行了解释。

三是要件的创设，一般是指特定事项或行为要件在上位法没有明确规定的情况下，行政规范性文件对相关要件进行了相应规定。如《国务院关于安置老弱病残干部的暂行办法》和《国务院关于工人退休、退职的暂行办法》，确定了我国现行法定退休年龄原则为男性60周岁、女干部为55周岁、女性50周岁。而在2001年原劳动和社会保障部《关于完善城镇职工基本养老保险政策有关问题的通知》（劳社部发〔2001〕20号）中又规定："城镇个体工商户等自谋职业者以及采取各种灵活方式就业的人员，……在男年满60周岁、女年满55周岁时，累计缴费年限满15年的，可按规定领取基本养老金。"前者作为经全国人大批准的行政法规确定了一般的退休年龄，而后者作为规范性文件则提高了女性灵活就业人员领取养老金的年龄，实际上具有要件的创设性。⑭

（三）反面：附带审查的排除范围

1. 属于直接对行政相对人产生法律效力的行为。行政规范性文件的载体是多种多样的，可以是通知、公告、会议纪要等，但是以这类载体呈现的既有可能是行政规范性文件，也有可能是行政决定。首先，如果从形式意义和实质意义两方面来把握规范性文件，单纯具有规范性文件形式，而实质上属

⑭ 实践中这种要件创设也得到了司法的认可。如上海市高级人民法院（2016）沪行再2号行政判决书中认为，"《国务院104号文》（《国务院关于工人退休、退职的暂行办法》）制定于1978年，该文第一条即明确规定了该文的适用对象为全民所有制企业、事业单位和党政机关、群众团体的工人，而灵活就业人员系改革开放后产生的新的就业群体，因此，不宜简单按《国务院104号文》来确定灵活就业人员退休年龄。……另一方面，灵活就业人员作为以灵活方式提供劳务实现就业的人群，具有工作时间自由、工作地点可选、工作强度可调等特点，这与传统的建立在工厂制度基础上，有固定劳动关系约束的职工的劳动特点有很大不同。因此，确定灵活就业人员领取养老保险金的起始年限不能简单套用《国务院104号文》所确立的退休概念"。

于可诉行政行为的,自然不属于附带审查的范围,而属于行政诉讼受案范围。比如最高人民法院《行政审判办案指南(一)》中明确,"行政机关发布的具有普遍约束力的规范性文件不可诉,但包含具体行政行为内容的,该部分内容具有可诉性"。⑮ 同时,在《行政诉讼法》修订以前的一些典型案件中,对于形式上属于规范性文件,实际上属于行政行为的,也都纳入了受案范围予以审查。如最高人民法院公报案例吉德仁等诉盐城市人民政府行政决定案,⑯ 又如易泽广诉湖南省株洲县人民政府送电线建设工程征地拆迁补偿安置决定案,⑰ 都反映了上述观点。

2. 不属于合法性评价范畴的规范性文件。这些文件主要是指诸如设计标准、国家标准等技术规范,以及控制性详细规划等技术性规划。这些技术性文件不纳入附带审查的范围,除了涉及法院所缺乏的专业性知识以外,更为根本的原因在于法院对规范性文件的评价方式标准与技术性文件内容之间的不匹配。"五十三条"规定行政相对人认为规范性文件"不合法"可以提出附带审查申请。严格来说,"不合法"与"合法性评价"不是一一对应的关系,比如规划行政部门作出的建设工程规划许可如违反技术规定,即可视为不合法。这里的"不合法"是因为法院对规划许可的审查是对行政行为整个过程的评价,建设工程规划许可的形成过程如果没有与技术标准在内容上保持一致,自然就违背了法律的规定。也就是说,未遵循技术标准的许可之所以"不合法",并非从"未遵循技术标准"这一原因直接导出,而是因为法律设定了规划许可必须符合技术标准的行为要件。而根据《行政诉讼法》第六十三条的规定,"人民法院审理行政案件,以法律和行政法规、地方性法规为依据,参照规章"。对规范性文件的合法性评价就是用这些依据对规范性文件进行度量。规范性文件在附带审查过程中是作为"规定"而非作为"行为"为法所度量,对规范性文件的审查不是对规范性文件的行为要件进行审查,而是将规范性文件与法在内容上的继承性和一致性作为考量内容。假设规范性文件作为"行为"进行审查,那么意味着同一诉中存在两个诉讼标的,也

⑮ 《关于印发〈行政审判办案指南(一)〉的通知》(法办〔2014〕17号)。
⑯ 《最高人民法院公报》2003年第4期。
⑰ 最高人民法院行政审判庭编:《中国行政审判案例》(第2卷),中国法制出版社2011年8月版,第23—24页。

与基本诉讼结构不相容。所以，对于技术性文件而言，其本身既非法规范的内容延伸，也无法用法对其进行内容评价，自然也不属于附带审查的范围。

3. 行政机关与司法机关联合制发的规范性文件中属于司法协助的内容，以及党政联合发文中无关行政权运行的内容。因为这两者的规范内容都不属于行政权运行的范畴。

三、规范性文件附带审查的标准和内容

从是否允许单独对规范性文件提起诉讼，可以将审查方式分为抽象审查和具体审查，抽象审查即指规范性文件单独审查之诉，具体审查就是指规范性文件附随于被诉行政行为接受法院审查。从规范性文件审查标准来看，又可以分为形式审查和实质审查，形式审查主要是指法院所考虑的重心在于行政规范性文件是否涉入法律保留领域，或是否具有法律明确授权，是否逾越法律授权等问题。实质审查主要审查规范性文件的实质合法性，即是否平等、正当、合理，符合比例原则等。[18] 从前述关于"五十三条"的定性和《行诉解释》相关规定出发，决定了附带规范性文件审查过程中法院审查的具体着力点。

（一）形式审查的内容要件

规范性文件附带审查的对象是行政行为所依据的具体条款，法院对之所作形式审查的内容标准，根据《行诉解释》第一百四十八条规定可以分为三个层面。首先，制定规范性文件的主体是否具有法定职权，规范性文件的具体条款是否属于其职责范围。其次，规范性文件具体条款类型属于要件补充、要件设立，要受到法律保留和法律优位原则的限制，对于要件解释性的规范文件，则应当在法的框架内进行解释，不应超越法的制度性框架，实际上也要遵循法律优位原则。《行诉解释》第一百四十八条第二款第（一）、（二）、（三）项就是法律优位的具体规定。对于第（三）项中"违法增加公民、法人和其他组织义务或者减损公民、法人和其他组织合法权益的"如何进行理解？其实在公报案例中就有反映。如陈爱华诉区住建局不履行房屋登记法定

---

⑱ 陈淳文：《现行行政命令合法性审查之检讨——以不利益处分所引发之司法审查为中心》，载黄舒芃主编：《2007 行政管制与行政争讼》，台湾"中央研究院"法律学研究所 2008 年版，第 109 页。

职责案中，⑲法院即认为强制公证属于在没有上位法依据的情况下增加公民、法人和其他组织义务的情形，违反了法律优位原则。

第三，有限度的溯及既往。《立法法》第九十三条规定："法律、行政法规、地方性法规、自治条例和单行条例、规章不溯及既往，但为了更好地保护公民、法人和其他组织的权利和利益而作的特别规定除外。"法遵循的是有利的溯及既往，但是规范性文件并不完全排除不利的溯及既往，毕竟规范性文件的制定目的是为了及时调整行政手段，实现行政目的。除非这种溯及既往在没有给相对人警示或公平机会进行重新规划的情况下，就改变了过去有定论行为的法律地位，已经采取并实施了这些行为的相对人变成了违法公民，且剥夺了其救济的权利。⑳德国传统公法理论上认为，溯及既往是"法律效果的溯及作用"，也就是法适用的时点被确定在其合法存在之前。而法律效果的发生取决于该法公布前之事实状况，则属于法的"要件事实溯及联系"而不是法律效力的溯及既往。㉑当然规范性文件溯及既往问题在现实中较为复杂，这里就不再展开，留待今后实际案例的进一步研究。

（二）对规范性文件要件创设和要件解释的不同审查标准

【案例2】安徽华源医药股份有限公司（以下简称华源公司）诉国家工商总局商标局商标行政纠纷案：㉒2014年10月23日，被告商标局针对原告华源公司申请注册第11988470号"华源医药"及图商标（以下简称申请商标）作出本案被诉《同日申请协商通知书》，原告不服该《同日申请协商通知书》，向北京知识产权法院提起诉讼，并对《关于申请注册新增零售或批发服务商标有关事项的通知》（以下简称《新增服务商标的通知》）第四条申请附带审查。㉓法院审查该条款后认为，应当着重从下述四个方面进行审查：1.商标

---

⑲ 《最高人民法院公报》2014年第8期。

⑳ 伊卫风：《溯及既往的法律》，载《东方法学》2015年第5期。

㉑ 城仲模主编：《行政法之一般法律原则》（二），台北三民书局1997年版，第295—298页。

㉒ 北京市知识产权法院（2015）京知行初字第177号行政判决书。

㉓ 关于过渡期的规定："我局借鉴1993年服务商标受理经验，设立注册申请过渡期，期限为2013年1月1日至1月31日。在该期间内，在相同或类似新增服务项目上提出的注册申请，视为同一天申请。申请日以我局收到申请书的日期为准。在过渡期内，对申请注册新增服务商标采取以下措施：……"

局是否制定《新增服务商标的通知》第四条关于过渡期的规定的合法主体；2.商标局制定《新增服务商标的通知》第四条关于过渡期的规定是否超越法定权限；3.《新增服务商标的通知》第四条关于过渡期的规定在内容上是否合法；4.《新增服务商标的通知》第四条关于过渡期的规定在制定时是否履行了法定程序或者遵循了正当程序的要求。由于原告华源公司明确表示对于《新增服务商标的通知》的制定程序的合法性不持异议，因此法院围绕前述三项进行审查。针对第一项主体问题，法院认为商标局是形式上的合法主体。对于第二项，法院认为被告主张《新增服务商标的通知》第四条是对《商标法》的具体解释，但是立法行为与行政主体对法律如何具体应用的解释存在着本质区别。从本质上而言，行政主体对法律如何具体应用的解释属于对法律的应用、执行行为，其权限仅在于如何将依法设定的权利义务及其实施方式等进行具体化，而不得"设定"新的权利义务。系争规范性文件的制定属于设定了新的权利义务。对第三项法院认为判断规范性文件的内容是否合法，应当主要从其具体规定是否符合上位法、制定目的是否正当、是否符合法律的基本原则、是否有事实依据等角度进行审查。商标局制定《新增服务商标的通知》第四条关于过渡期的规定，将申请在先原则与维护在先使用人的利益相结合作为特定时间内确定商标注册的规则，体现了其对实质正义的追求与力求实现商标申请有序状态的美好愿景，在一定程度上可保护在先使用人的利益，但是，合理性不能等同或者替代合法性，最终一审法院认定附带审查的规范性文件不合法，撤销了被诉行政行为。

该案首先涉及《新增服务商标的通知》第四条的类型归类，被告商标局辩称和法院审查过程中都认为，该通知第四条属于对《商标法》第三十一条的解释。但是笔者以为该条款实际上并非要件解释，实为要件创设。要件解释是在法律具体要件框架内对要件内涵外延所作的释明，而要件创设是在没有上位法依据的情况下对相关事项的规范评价进行要件设定，或者突破上位法要件构成创立新的要件构成。要件解释与要件创设之间的差异是一种由量及质的差异。显然案例2中通知第四条将新增服务商标申请过程中的"同一天"延展为一个月，进而设定在这一个月内申请的商标权利处于同等状态，实际上属于要件创设。那么接下来的问题是对规范性文件中要件解释性内容和要件创设性内容的审查标准是否应当存在差异？案例2中一审法院认为只有法律、行政法规可以创设权利义务，规范性文件只能执行法规范。从总体逻辑上这一论点是正确的，但是笔者认为就该案而言仍然有几个观点需要厘清：第一，从法律保留原则的角度来看，并非所有事项都须保留给法规范。㉔第二，规范性文件本身是行政权行使的表征，而行政权的运行需要随着社会现状适时调整，因此规范性文件的制定具有灵活性、适时性，这是法规范所不具备的功能，过于强调法规范的创制作用，限制了规范性文件发挥其应有的功能。㉕第三，如果只有法律、行政法规可以"创设"权利义务，各类权利义务关系事无巨细都由法进行设立，可能造成法律规范体量的膨胀。随之而来的问题就是在地区发展不平衡、区域差异较大的情况下，法的统一标准形成一种"规范僵化"。第四，回到规范性文件的类型化上，之所以系争规范性文件属于要件的创设而非法律效力上权利义务的创设，还在于《新增服务商标的通知》第4条过渡期的规定仅针对"2013年1月1日至31日"这一段时间内申请商标注册的情形，因此属于临时性的行政措施，与法律规范所形成的普遍的、稳定的、长期的权利义务关系有本质区别。

所以笔者认为，既然要件创设是规范性文件不可缺少的一种功能，就不能依照对要件解释的审查标准来对要件创设内容进行审查。规范性文件的要件创设内容主要受到法律保留原则的评价，而要件解释则受到法律优位原则的限制。试想如果是要件创设性规范文件，权利义务关系具有原初性，何来权利减损或义务增设？显然只有与上位法进行比较后才能得出权利减损或义务增设的结果。而要件的补充则同时受到法律保留原则和法律优位原则的限制。

（三）内容适当性一般不是附带审查的内容

内容适当性、合理性以及是否符合比例原则，不应当纳入法院附带审查

㉔ 德国法上有重要性保留理论，即关涉基本权利的事项方才属于法律保留的范畴，其他各国法律保留原则也多见弹性空间，并非一味强调法事无巨细的全面保留，法国法上甚至还有"行政保留"的特殊样态。参见吴庚：《行政法之理论与实用》，中国人民大学出版社2005年8月版，第53—58页。

㉕ 朱芒：《规范性文件的合法性要件——首例附带性司法审查判决书评析》，载《法学》2016年第11期。

范围主要有三项理由：第一，《地方各级人民代表大会和地方各级人民政府组织法》第八条、第九条、第五十九条分别规定了，地方各级人大可以撤销本级人民政府的不适当的决定和命令；县级以上的地方各级政府行使可以改变或者撤销所属各工作部门的不适当的命令、指示和下级人民政府的不适当的决定、命令。显然对规范性文件实质合理性、正当性的审查是由人大和政府行使的职权，㉖如果允许法院审查实质正当性，等于法院替代了人大、政府的相应权限。第二，前面已经述及规范性文件附带审查在诉讼结构中的定位，附带审查的规范性文件不是作为"行为"被审查，附带审查不是一项"诉讼请求"而是一项"抗辩主张"，因此不能依照行政行为合法性的审查要件对规范性文件进行审查，对规范性文件的合法性审查是将规范性文件内容与法律基本原则、上位法的内容进行比对，以寻找其中是否存在冲突。对规范性文件附带审查应当摆脱"撤销之诉"要件式审查的影响，而主要从是否"越权"这一角度进行判断。第三，规范性文件附带审查的形式决定了在很多情况下规范性文件制定主体不是诉讼的当事人，内容是否适当、规范内容是否合理、是否符合比例原则等，一般是抽象审查的考量范围，而非附带审查的审查范围。在附带审查过程中规范文件制定机关并非被告，即使根据《行诉解释》第一百四十七条规定通过提交说明材料、当庭陈述等方式参与，也不能等同于被告在诉讼中的举证质证。

（四）规范性文件制定程序如何审查

首先，对于程序合法是否属于附带审查的范围有不同意见。㉗案例2中法院将程序作为审查要件之一，但是实际上仍然放弃了审查。《行诉解释》第一百四十八条第（四）项规定了"严重违反法定程序的"作为审查的要件之一。结合《行政解释》第一百四十七条"听取制定机关意见"和第一百四十八条第（四）项程序审查内容来看，最高人民法院的目的是希冀通

㉖ 参见刘松山：《违法行政规范性文件之责任研究》，中国民主法制出版社2007年6月版，第96—98页。
㉗ 认为程序属于审查范围的，参见程琥：《新〈行政诉讼法〉中规范性文件附带审查制度研究》，载《法律适用》2015年第7期；反对意见参见王红卫、廖希飞：《行政诉讼中规范性文件附带审查制度研究》，载《行政法学研究》2015年第6期。

过听取制定机关意见和程序违法审查两项内容，使规范性文件附带审查向"诉讼化"方向发展。笔者认为，在《行政诉讼法》第五十三条规范架构下，规范性文件程序违法要区分为"一般违法"和"严重违法"两种情形，只有"严重违法"才属于法院判断规范性文件丧失个案适用力的情形。主要有如下理由：首先，在缺乏行政程序法的前提下，目前规范性文件制定没有相对一致的制定程序规范。而我们面临的另一个问题是哪些规范性文件需要遵循既定程序进行制定？比如美国《联邦行政程序法》第五百三十三条规定了行政规则的制定，但是美国行政规则又区分为正式规则和非正式规则，非正式规则由立法性规定、解释性规定、政策性说明和内部程序规则等组成。正式行政规则类似我国规章，须发布拟议规则指定的通告；接受公众对拟议规则的评论；发布整合了依据和目的说明的最终规则；制定过程中应当进行正式听证。而非正式行政规则中的立法性规则要遵循前述三项程序，但不必正式听证，其他行政规则无须经过前述程序可以直接进行订立，每年发布的未经上述程序的规则达到数万件。对于非正式规则，不受正当程序原则的限制，非正式规则中除立法性规则以外也不受程序的严格规制。在《联邦行政程序法》框架下美国联邦法院就立法性规则和其他非正式规则的区分形成了大量判例。[28]目前我国司法审查过程中尚缺乏区别哪些规范性文件须经过特定程序，哪些又无需经过特定程序的司法标准和规范依据。如有的规范性文件以会议纪要方式制发，有的冠以"规定"、"办法"之名，后者须符合《上海市行政规范性文件制定和备案规定》等类似的程序要求，而前者并不需要。假设后者未遵循制定和备案之规定，其在诉讼中就丧失合法效力，可能激励行政机关今后"遁入"前者规范制定的简化方式，而避免通过后一种程序更为严格的规范制定路径。换一角度而言，如果非正式程序制发的规范性文件和以正式程序制发的规范性文件在审查过程中适用不同的程序要求，或许会形成"严者愈严、宽者愈宽"这类不平衡的情形，而影响规范性文件合法性监督效果。因此在行政程序法出台前，只有规范性文件的制定程序严重违法，对行政相对人权益产生实质影响时才适宜否定其在个案中的规范效力。

---

[28] 参见［美］理查德·J.皮尔斯：《行政法》（第一卷），苏苗罕译，中国人民大学出版社2016年4月版，第328—333页。

其次，即使在抽象审查中司法机关对程序合法性问题仍然采取审慎的态度，或者说规范性文件程序合法性与行政行为程序合法性之间，两者的程序要件并不等价。域外如法国行政诉讼中，越权之诉对于行政行为和规范命令的审查要件原则上并不区分，但是惟在程序要件上法院对规范命令的合法性把握却较为宽松，比如规范命令的制定没有说明理由的程序义务，不说明理由也不构成规范命令被撤销的理由。㉙另外在紧急状态下，行政机关制定的规范命令可以突破一些程序要求，也不构成应被撤销的情形。㉚又如日本行政诉讼制度中，早期最高法院判决多数判例对于裁量基准的一般性公布程序都不作为认定其合法性的要件，至日本《行政程序法》颁布后，第五条、第十二条规定了对于裁量基准须进行公布，但对于审查基准原则上必须公布，处分基准则"努力"予以公布，即对于后者在作出行政处分时未必不允许不公布该基准。由此引发的另外问题就是，不适用《行政程序法》的其他裁量基准，在是否"应予公开"这一程序合法性要件的判断上也就不是一概而论的。㉛再如我国台湾地区"释"字第 672 号意见，就系争法规命令违反程序要求，也只是提出应由有关机关尽速检讨修正，而并未就此否定其效力。㉜

因此笔者认为，规范性文件附带审查中应当以审查是否"越权"为主轴，以是否"严重违反制定程序"为辅助。因为程序合法性是对规范性文件的整体评价，与附带审查行政行为所适用的个别条款之间存在包含关系。制定程序是否严重违法，关键在于对行政相对人实体权益的客观影响，比如规范性文件设定了相对人的权利义务但从未公开发布，显然就不能拘束相对人，从而应当排除个案中的适用。而如果规范性文件只是规范行政机关裁量基准，此时是否公开发布，就不一定属于制定程序合法性的评价内容了。

㉙ 王必芳：《行政命令的抽象司法审查——以法国法为中心》，载《中研院法学期刊》第 11 期。

㉚ ［法］让·里韦罗、让·瓦利纳：《法国行政法》，鲁仁译，商务印书馆 2008 年 1 月版，第 406、808 页。

㉛ ［日］室井力等主编：《日本行政程序法逐条注释》，朱芒译，上海三联书店 2009 年 1 月版，第 120 页；［日］平冈久：《行政立法与行政基准》，宇芳译，中国政法大学出版社 2014 年 6 月版，第 228 页。

㉜ 当然台湾地区司法机构少数意见仍认为该规范因违反程序规定，应当认定构成违法而失去规范效力。参见汤德宗：《未依法定订之法规命令得否作为裁判依据——大法官释字第 672 号解释评析》，载《法令月刊》第 61 卷第 5 期。

余 论

值得研究的还有一问题，即附带审查的规范性文件具体条款违法无效，但是行政行为依据上位法仍然成立的，判决结果如何进行评价？一种选择是在判决理由中认定规范性文件违法，但行政行为依据上位法仍然合法，判决驳回原告诉请；另一种是认定规范性文件违法，行政机关依据违法的规范性文件作出行政行为，属于适用法律错误，因为行政机关有判别规范性文件是否应当予以适用的行政义务，因此即使根据上位法的规定，行政行为仍然成立，也应当判决确认违法。笔者以为后一种选择更为符合附带审查规范性文件合法性的价值定位，单纯判决理由中的宣告不足以对规范性文件合法性审查产生实质影响，仍然要通过行政行为的合法性认定，即通过判决对规范性文件予以实质性作用，这样有利于督促行政机关履行修正违法无效规范性文件的义务。

（责任编辑：陈振宇）

环境行政案件司法审查若干问题研究

崔胜东　　杨　锋*

前　言

近年来，伴随着我国经济的大力发展，环境问题已经日益成为困扰全社会的一个重大问题。由于环境问题具有潜伏性长、隐蔽性强、破坏性大的特点，部分地方政府在环境监管方面的滞后与忽视往往会造成严重环境污染后果，由此也引发了大量的环境行政诉讼。虽然我国在环境资源领域已制定了大量的法律法规，初步形成了环境资源保护的法律体系，但无论是环境行政执法机关还是司法机关，对于实践中的一些问题仍感困惑。

最高人民法院分别于 2014 年、2016 年发布了两批共计 20 件人民法院环境保护行政案件十大案例。深入分析上述案件，可以发现环境行政案件司法审查过程中至少存在诸如适格原、被告的确定，环境监测报告的审查范围，环保标准的协调与适用、环保法律的冲突与选择，一事不再罚原则的理解与执行，许可后责令停产关闭的实施与补偿等几个方面的热点、难点问题，亟需研究。

一、环境行政案件中适格原、被告的确定

（一）环境行政案件原告的主体资格

一般而言，行政诉讼案件原告的起诉主体资格是按照行政诉讼法"利害关系"进行确定。但相较于其他行政案件，环境行政案件的原告主体资格问

---

* 崔胜东，法学硕士，上海铁路运输法院研究室副主任、法官。杨锋，法学硕士，上海市金山区人民法院环境资源审判庭法官。

题更为复杂多样。在卢红等204人诉杭州市萧山区环境保护局环保行政许可案中，卢红等204人均为涉案路段两个小区的居民，对环保局作出的工程环境影响报告书审查意见函不服，认为涉案路段改造项目的建设将对两个小区造成不利影响，该审查行为侵害其合法权益，遂提起诉讼。① 在夏春官等4人诉东台市环境保护局环评行政许可案中，原告系相邻关系人。② 在锦屏县人民检察院诉锦屏县环境保护局不履行法定职责案中，提起诉讼的是检察院，这又与一般的环境行政案件大相径庭。③ 因此，如何有效厘清环境行政案件的主体资格问题较为迫切。但这又不是一个可以简单地用行政诉讼法"利害关系"一概处之的问题。究竟多大范围内的居民才与环境行政行为具有利害关系并不明确，如果对于周边或相邻的概念不作任何限制，有可能出现与行政行为极不相关的居民提起诉讼，演变为事实上的公民公益诉讼，这又与目前的行政诉讼制度规定相悖。对此问题，我们认为，可以区分不同情形分别参照不同标准进行认定。

1. 对于普通环境行政案件的原告主体资格，应当坚持相当性利害关系标准

利害关系标准是行政诉讼原告资格的法定标准，也是确定行政诉讼原告主体资格的根本性标准，当然也适用于环境行政案件。该标准虽是根本性标准，但过于抽象和理论，对于不同类型行政案件，可适用性、可操作性不强。我们认为，环境行政诉讼案件中的原告主体资格，应当确立相当性利害关系标准。何为相当性利害关系标准？具体而言需要从以下两个方面进行考察：一是相邻关系标准，即是否与建设项目具有一般的相邻关系。如果相对人与建设项目首先从物理环境方面就不具备一般性的相邻关系，那么其与建设项目的利害关系就更加无从提起。如前述的卢红等204人诉杭州市萧山区环境保护局环保行政许可案中，卢红等204人均为涉案路段两个小区的居民；④ 夏

---

① 详见2014年人民法院环境保护行政案件十大案例之卢红等204人诉杭州市萧山区环境保护局环保行政许可案。
② 详见2014年人民法院环境保护行政案件十大案例之夏春官等4人诉东台市环境保护局环评行政许可案。
③ 详见2016年人民法院环境保护行政案件十大案例之锦屏县人民检察院诉锦屏县环境保护局不履行法定职责案。
④ 详见2014年人民法院环境保护行政案件十大案例之卢红等204人诉杭州市萧山区环境保护局环保行政许可案。

春官等 4 人诉东台市环境保护局环评行政许可案中，夏春官等 4 人的住宅与第三人四季辉煌沐浴广场相邻，具有明显的物理上的利害关系。⑤ 但多大范围内的居民或相邻关系人才属于或排除于利害关系人的范围也常常是令人困惑的问题。因此，还可以有进一步的第二个标准：反向利益标准。即按照法律规定、内部规范或操作规程，在环境项目启动时需要征求一定范围内居民或相邻人意见的，该范围内的相对人即具有提起环境行政诉讼的主体资格，该范围外的人，即使与建设项目具有物理意义上的相邻关系，也不具备行政诉讼主体资格。

2. 对于环境行政公益诉讼的起诉主体资格，应限制为已经督促行政机关履行环境监管职责的检察机关

在经过一年的试点之后，基于对环境公益诉讼的相关实践，全国人大常委会于 2017 年再次对《行政诉讼法》进行了修改。《行政诉讼法》第二十五条增加第四款，赋予人民检察院对于环境行政管理领域可提出检察公益诉讼的权力。因此，对于环境行政公益诉讼而言，起诉主体资格限定于人民检察院。同时明确，人民检察院作为环境公益行政诉讼起诉人的前提是前期必须已提出督促环境行政机关依法履行环境监管职责的检察建议。只有在行政机关不依法履行职责时，检察院才可据以提起行政诉讼。锦屏县人民检察院诉锦屏县环境保护局不履行法定职责案，锦屏县人民检察院向锦屏县环境保护局发出检察建议书，建议该局及时加强督促与检查，确保相关企业按期完成整改。锦屏县环境保护局未在要求期限内答复，相关企业仍存在环境违法行为，锦屏县人民检察院从环境保护的公共利益角度出发，以锦屏县环境保护局为被告提起了环境行政诉讼，该案例对我国环境行政公益诉讼制度的建立具有重要的实践意义。⑥2018 年 3 月，最高人民法院、最高人民检察院发布了《关于检察公益诉讼案件适用法律若干问题的解释》，进一步明确了人民检察院公益诉讼起诉人身份。

---

⑤ 详见 2014 年人民法院环境保护行政案件十大案例之夏春官等 4 人诉东台市环境保护局环评行政许可案。

⑥ 详见 2016 年人民法院环境保护行政案件十大案例之锦屏县人民检察院诉锦屏县环境保护局不履行法定职责案。

（二）环境行政案件被告的确定

在最高人民法院发布的案例中，海丽国际高尔夫球场有限公司诉国家海洋局环保行政处罚案⑦、吴轶诉江苏省环境保护厅不履行法定职责案⑧等案件都涉及如何确定履行环境保护职责机关的问题，也即涉及适格被告的确定问题。且从实践中看，环境行政案件被告的确定往往也会存在问题。这根源于环境法律的多头规范以及环境执法机关的多头管理。如《上海市环境保护条例》第四十九条第二款规定："本市水务部门应当负责推进排污单位污水纳管工作。排污单位向城市污水集中处理设施排放一类水污染物的，不得超过国家或者本市规定的排放标准，并应当在车间处理设施排放口和总排放口设置监测点，接受环保部门的监督管理。向城市污水集中处理设施排放二类水污染物的，应当符合排污纳管要求，由水务部门按照有关法律、法规进行监督管理。"该规定将同一污水管排污行为，按照排放对象不同将监管职能分别赋予了水务局、环保局两个不同的环境执法机关。因此，环境行政案件审理过程中，被告职责权限的确定尤其值得注意。具体而言，可以从以下几方面进行确定：

1. 根据法律设定的机关权限，即法律授权确定主管环境行政机关

如海丽国际高尔夫球场有限公司诉国家海洋局环保行政处罚案中，原告海丽国际高尔夫球场有限公司在诉讼中提出涉案弧形护堤并非建设于海域范围，故国家海洋局无管辖权的诉讼理由，法院审理认为，国家海洋局根据《海域使用管理法》的相关规定，依法具有负责全国海域使用的监督管理的行政职权，故而是适格的行政诉讼被告。⑨

2. 根据监管对象确定主管机关，即根据待处理的环境事项所涉具体行政管理领域确定主管机关

如吴轶诉江苏省环境保护厅不履行法定职责案中，原告吴轶认为其身体健康受到沿江高速公路噪声的影响，故而向江苏省环境保护厅投诉要求履行

---

⑦ 详见 2014 年人民法院环境保护行政案件十大案例之海丽国际高尔夫球场有限公司诉国家海洋局环保行政处罚案。

⑧ 详见 2016 年人民法院环境保护行政案件十大案例之吴轶诉江苏省环境保护厅不履行法定职责案。

⑨ 2016 年人民法院环境保护行政案件十大案例之海丽国际高尔夫球场有限公司诉国家海洋局环保行政处罚案。

对噪声的管理和监督义务。法院在审理过程中经调查认为，沿江高速公路涉案地段的环保验收工作是被告省环保厅直接验收并公示的，江苏省环境保护厅对于该工程所产生的噪音问题负有监督管理职责，故而认为本案中江苏省环境保护厅是适格的被告。⑩

3. "一事不再罚"原则对确定被告主体资格的影响

即一项环境违法行为不能由多个环境行政机关多头处罚。以前述同一污水管排放多类水污染物的问题为例，同一污水管同一批水样，分别被环保局及水务局检测，一类水污染物、二类水污染物均超标，而不同水体监管部门分属两局。行政履职案件中，如果认为涉案企业存在两个以上的违法行为，则上述环保局、水务局均是适格的被告主体；如果认为涉案企业仅存在一个违法行为，则上述二机关是否都能够作为适格的被告主体就值得商榷了。

二、环境监测报告的审查与限制

环境司法实践中，往往会以环境监测报告为事实认定的基础，这也是作出环境处理决定的重要事实根据。在佛山市三英精细材料有限公司诉佛山市顺德区人民政府环保行政处罚案中，案件争议焦点之一就是臭气排放监测报告中的采样点与频次是否符合法定要求；⑪ 在动感酒吧诉武威市凉州区环境保护局环保行政命令案中，也同样涉及环境监测报告的问题。⑫ 而监测报告的审查一直都是环境行政案件司法审查中的难点。如何审查认定监测报告，审查到何种地步一直存在争议。是直接采信还是需要进行审查，如果进行审查，审查到何种地步，都不明确。

（一）环境监测报告的审查限度

1. 对环境监测报告应当进行必要的实质审查

环境监测报告是专业性环境监测机构作出的专业性报告或意见，这些报

---

⑩ 详见2016年人民法院环境保护行政案件十大案例之吴轶诉江苏省环境保护厅不履行法定职责案。

⑪ 详见2016年人民法院环境保护行政案件十大案例之佛山市三英精细材料有限公司诉佛山市顺德区人民政府环保行政处罚案。

⑫ 详见2014年人民法院环境保护行政案件十大案例之动感酒吧诉武威市凉州区环境保护局环保行政命令案。

告或意见从性质上来讲很难被认定为一个行政行为，不能独立被诉。但从实体上来看其是行政机关执法的重要依据，关乎当事人的合法权益及行政行为是否合法的认定；从形式上来看其又是行政机关在行政诉讼过程中用以证明其行政行为合法性的重要证据。因此在诉讼过程中有必要赋予行政相对人对其提出质疑的权利，并对其进行有效的实质性审查。对于合法、有效的环境监测报告，依法应予以采纳，并作为认定案件事实的证据。对于存在瑕疵并且有可能对案件事实认定造成影响的环境监测报告，则不应当作为证明被诉行政行为有效成立的依据，或者赋予当事人申请重新委托相关专业性机构进行监测的程序性权利。如前述动感酒吧诉武威市凉州区环境保护局环保行政命令案中，被告武威市凉州区环境保护局在执法过程中组织了环境监测人员对原告动感酒吧的环境噪声进行了现场监测，并据此作出了责令改正的行政决定。诉讼中法院经实质性审查认为被告检测噪音的方式方法并不违背法律规定，其检测结果合法有效，最终判决驳回了原告的诉讼请求。[13]

2. 对环境监测报告的审查应保持一定的限度

环境监测报告是环境监测机构就特定环境问题通过一定技术手段监测得出的意见，具有较强的专业性与技术性。由欠缺相关科技知识的法院对其进行全面的审查，明显是缺乏实际可操作性的。环境行政机关作为具有一定环境科技知识、技术的行政机构，其对于相关环境监测报告所反映的问题的初步判断，法院在诉讼中应当给予一定的尊重。同时，根据职责分工，环境行政权与环境司法权各有其核心功能。环境行政权通过实施环境行政行为，对社会环境事件进行有效的行政管理，环境司法权通过对环境行政行为的审查，确保环境行政权的正当运行，实现国家环境行政权与公民环境行政权的平衡。[14]因此，在环境行政机关已经对相关环境监测报告进行了审查并作出环境行政行为的情况下，法院对环境监测报告的审查应当保持一定的限度。

（二）环境监测报告的审查范围

法院对环境监测报告进行审查的目的在于确保涉诉环境行政行为已经充

---

[13] 详见 2014 年人民法院环境保护行政案件十大案例之动感酒吧诉武威市凉州区环境保护局环保行政命令案。

[14] 徐本鑫、吴广昌：《论环境影响评价影响司法审查的功能与边界》，载《环境保护》2016年第 17 期。

分考虑环境影响，而不应干涉环境行政机关的专业性判断，否则司法权就会
对行政权产生不当干预。因此，法院审查环境监测报告应当明确审查的边界，
我们认为，对于环境监测报告，主要审查环节为：监测机关是否具有法定资
质；监测方法是否合规；监测点位设置是否妥当，是否存在干扰因素？当前
述审查环节存在明显不妥当的，才可否定该监测意见的结论，即这种审查仍
需坚持以专业技术问题尊重环境监测机关和执法机关的判断为前提。如在佛
山市三英精细材料有限公司诉佛山市顺德区人民政府环保行政处罚案中，法
院对环境监测的监测机关的法定资质、监测方法进行了重点审查，认为符合
相关规定。虽然监测机构的采样频次存在一定的瑕疵，但该瑕疵不足以推翻
监测报告结论的正确性，不构成上述臭气监测采样的干扰因素。故而法院认
为被告顺德区人民政府根据该监测报告作出的处罚决定认定事实清楚，证据
充分，适用法律正确，并最终判决驳回了原告佛山市三英精细材料有限公司
的诉讼请求。⑮ 而在海南桑德水务有限公司诉海南省儋州市生态环境保护局
环保行政处罚纠纷案中，由于儋州环保局未能提供采样记录或采样过程等相
关证据，法院认为无法证明其采样程序合法，进而无法证明送检样品的真实
性，并认为被告儋州市生态环境保护局认定桑德水务公司超标排放废水的主
要证据不足，并最终判决撤销被告的处罚决定，其核心问题仍是法院审查认
为涉案监测报告的监测方法不合规。⑯

三、环保标准的协调与适用

环境保护工作涉及水、大气、土壤等不同领域，相关环保标准众多。仅
以大气排放标准为例，就有大气污染物综合排放标准、电镀污染物排放标准、
恶臭污染物排放标准、工业炉窑大气污染物排放标准、生活垃圾焚烧污染控
制标准、危险废物焚烧污染控制标准等几十个之多。而众多环保标准中，有
的近年来有过修改，多数多年来未修改，较为陈旧，而标准之间往往互为依
托，因此，环保标准的不协调问题比较突出。例如，恶臭污染物排放标准

⑮ 详见 2016 年人民法院环境保护行政案件十大案例之佛山市三英精细材料有限公司诉佛山
市顺德区人民政府环保行政处罚案。
⑯ 详见 2017 年人民法院环境资源刑事、民事、行政典型案例之海南桑德水务有限公司诉海
南省儋州市生态环境保护局环保行政处罚案。

（GB-14554-93）（该标准于 1994 年 1 月 15 日实施）将恶臭污染物厂界标准值分为三级，排入 GB3095 中一类区的执行一级标准，排入 GB3095 中二类区的执行二级标准，排入 GB3095 中三类区的执行三级标准，并对不同控制项目按照一级、二级、三级设定了恶臭污染物厂界标准值。GB3095 为环境空气质量标准，该标准已于 2012 年、2016 年进行了多次修改，目前该标准中已经将三类区并入了二类区，即实际上已不存在三级区了。但恶臭污染物排放标准自 1994 年实施以来一直未作修改，故该标准无法与环境空气质量标准完整契合，实践中也一直被环境违法行为人不断质疑。对于环保标准的协调与适用问题，我们认为需要着重把握以下几个方面：

（一）充分研究各类具体的环保标准的实际适用对象，正确理解相关环保标准的具体适用情形

例如在《动感酒吧诉武威市凉州区环境保护局环保行政命令案》中，对于原被告争议涉及的应适用何种检测标准的问题，法院经审理认为，被告的检测报告所适用的检测标准《社会生活环境噪声排放标准》与原告所述的检测标准《标准声环境质量标准》是法律规定的两个不同的标准，前者是适用于对营业性文化娱乐场所，商业经营活动中使用的向环境排放噪声的设备设施的管理，评价与控制的排放标准，后者是适用于声环境质量评价与管理的环境质量标准，故而本案中被告因接到投诉而对原告的环境噪声进行采样检测，并进而作为处罚依据的，应当适用《社会生活环境噪声排放标准》，而非原告所述的《标准声环境质量标准》。⑰

（二）正确把握各类环境标准的相互关系，充分关注不同环境标准的相互套用

如在周锟、张文波诉中华人民共和国环境保护部环评批复案中，环保标准的适用是否具有合理性就是需要给予充分关注的焦点问题之一。关于该案中涉案区域的降噪目标标准问题，1991 年 3 月 1 日开始实施的《铁路边界噪

---

⑰ 详见 2014 年人民法院环境保护行政案件十大案例之动感酒吧诉武威市凉州区环境保护局环保行政命令案。

声限值及其测量方法》（GB12525-90）规定城市铁路边界（即距离铁路外侧轨道中心线 30 米处）昼、夜间噪声限值均为 70 dBA；根据环境保护部于 2008 年发布的《〈铁路边界噪声限值及其测量方法〉（GB12525-90）修改方案》的规定，距铁路外侧轨道中心线 30 米处铁路噪声限值为昼间 70 dBA、夜间 60 dBA；同时根据 GB3096-2008《声环境质量标准》和 GB/T15190-94《城市区域环境噪声适用区划技术规范》，铁路用地范围外 45±5 米区域内的 1 类声环境功能区划为 4b 类声环境功能区，执行昼间 70 dBA、夜间 60 dBA 的噪声限值。涉案环评报告对距铁路外侧轨道中心线 30 米处，适用了《〈铁路边界噪声限值及其测量方法〉（GB12525-90）修改方案》规定的铁路噪声限值，即昼间 70 dBA、夜间 60 dBA；对铁路用地范围外 45±5 米区域，按照 GB/T15190-94《城市区域环境噪声适用区划技术规范》执行昼间 70 dBA、夜间 60 dBA 的噪声限值；对上述范围外的居民小区，按照 GB3096-2008《声环境质量标准》昼间 55 dBA、夜间 45 dBA 的标准进行现状评价以及影响预测。关于该案中的涉案振动敏感点防护标准问题，在有关环境影响评价技术导则没有对振动评价作出具体规定的情况下，被告根据 GB10070-88《城市环境振动标准》中关于铁路干线两侧范围的界定，并参考 HJ453—2008《环境影响评价技术导则城市轨道交通》第 8.1.4 有关评价范围的规定，确定新建及改建铁路两侧距外轨中心线 60 米以内区域为环境振动评价范围，环评报告采用了 GB10070-88《城市环境振动标准》中关于铁路干线两侧范围的环境振动标准，上述关于噪音以及振动的环保标准的适用得到了法院判决的认可。[18]

（三）加快环保标准的梳理与更新，建立协调同一的环保标准体系

目前我国各类环保标准新旧共存、上下共存、各自为政的实际情况是当前环保标准适用难度较大的重要原因之一。因此要从根本上解决这一问题，有必要从国家层面对各类现存的环保标准进行系统性的全面梳理。随着我国经济体制的变革和可持续发展战略的选择，社会生活的各个领域都发生了深刻剧烈的变化。作为评价社会环境问题的各类环保标准也应当与时俱进，通

---

[18] 详见 2016 年环境行政案件十大案例之周锟、张文波诉中华人民共和国环境保护部环评批复案。

过适当的调整、修改，更好地适应社会的发展。同时考虑到各地方以及各部门之间自行制定的各类环保标准各不统一的历史遗留问题，有必要进一步进行梳理、明确。对于部分已经明显不符合实际情况的环保标准，明确予以修订、更新。对于部分地方根据其当地实际情况制定的地方性环保标准，有必要从国家层面予以统一的梳理。对于各部门根据其管理职能指定的相互重复或冲突的标准，在适当情况下予以重新明确。在此基础上，逐步建立中央与地方分层负责，各主管部门之间协调统一的环保标准体系，增强实际可操作性。

四、环保法律的冲突与选择

环境法律规范法律竞合较多，如何选择适用法律规范问题则比较突出。例如，一企业经检测，厂界超标排放大气污染物，被环保局以《大气污染防治法》进行了处罚。但企业认为厂界恶臭来源于生产用的污泥，污泥属于一般固体废物，其涉案行为应适用《固体废物污染环境防治法》第六十八条第一款第（七）项及第二款的规定，不应适用罚款数额更高的《大气污染防治法》第九十九条第（二）项规定。诸如此类问题，已经逐渐显现成为环境行政执法以及环境司法中的一个疑难问题。要解决这一难题，我们认为需要注意以下方面：

（一）立足法律现有规定，正确理解各项法律规定的具体适用情形

如前述某企业因超标排放大气污染物被环保局处罚的案例中，《固体废物污染环境防治法》第六十八条第一款第（七）项及第二款规定："未采取相应防范措施，造成工业固体废物扬散、流失、渗漏或者造成其他环境污染的，处一万元以上十万元以下的罚款"；《大气污染防治法》第九十九条第（二）项规定："超过大气污染物排放标准或者超过重点大气污染物排放总量控制指标排放大气污染物的，由县级以上人民政府环境保护主管部门责令改正或者限制生产、停产整治，并处十万元以上一百万元以下的罚款；情节严重的，报经有批准权的人民政府批准，责令停业、关闭。"前者规制对象是工业固体废物的污染，针对的是因未采取防范措施造成工业固体废物环境污染的行为，后者规制的是超标排放大气污染物的行为，规范的是排污单位超出国家标准

排放大气污染物的行为；前者有未采取防范措施的行为造成工业固体废物污染环境即可构成，后者排污单位排放大气污染物必须超过排放标准或者重点大气污染物排放总量控制指标才可构成。二者法律适用对象存在明显区别，在这个案件中，环保局处理的是企业超标排放臭气的行为，显应适用《大气污染防治法》第九十九条第（二）项规定。又如在泉州弘盛石业有限公司诉晋江市环境保护局环保行政管理案中，环保机关向本案原告泉州弘盛石业有限公司核发了《排放污染物临时许可证》，据此原告泉州弘盛石业有限公司认为其水污染防治设施已经验收合格。本案中原告的《排放污染物临时许可证》是否过期暂且不论，就法律适用问题来看，《排放污染物临时许可证》并未包括废水排放的许可。关于废水排放问题，应当适用《水污染防治法》，而如果涉及液体废物问题，则适用《固体废物污染环境防治法》，二者排放虽然在外观形态上存在一定的趋同性，但在实际的法律适用中则存在明显的差异。⑲

（二）立足司法普遍规律，坚持一般性的法律适用原则与特殊情形自由裁量的统一

环境司法中查明确实存在法律适用冲突时，我们认为仍然需要坚持上位法优于下位法，新法优于旧法，特别法优于一般法的法律规范适用基本规则。《立法法》第八十八条规定："法律的效力高于行政法规、地方性法规、规章。省、自治区的人民政府制定的规章的效力高于本行政区域内的设区的市、自治州的人民政府制定的规章。行政法规的效力高于地方性法规、规章。"《立法法》第九十二条规定："同一机关制定的法律、行政法规、地方性法规、自治条例和单行条例、规章，特别规定与一般规定不一致的，适用特别规定，新的规定与旧的规定不一致的，适用新的规定。"《立法法》明确的上述法律适用原则同样适用于环境保护法律规范发生冲突的情形。此外基于环境司法的实际特点，当发生适用上述法律适用规则仍然无法判断具体的适用的法律依据时，环境行政机关在执法过程中可以根据兼顾从严治理与有利生产的原则，自由裁量选择与案件最贴切的环境法律规范。法院在司法程序中对此应

---

⑲ 详见 2014 年环境行政案件十大案例之泉州弘盛石业有限公司诉晋江市环境保护局环保行政管理案。

当给予必要的尊重。

（三）立足司法实践现实，加快环境立法的更新与协调梳理

就当前的环境立法体系而言，我国出台了《环境保护法》作为环保基本法，并先后出台了《大气污染防治法》《矿产资源法》《野生动物保护法》等二十余部环境保护、生态资源方面的单项立法。但现有的《环境保护法》以污染防治为核心，且部分规定过于原则和抽象，司法实践中难以把握。故而在当前的环境执法、环境司法中，《环境保护法》未能发挥太大作用，实践中更多的仍是适用各类单项立法，相互之间难免存在重复或者冲突的规定。此外这些环保立法大多是20世纪80年代末或90年代初制定的，当时的立法目的、原则仍然带有一定的计划经济色彩，当时的社会环境与当前相比也有较大的不同。经过这些年的社会发展，这些法律已经无法完全适应当前社会持续、健康、快速发展的基本需要，也难以适应当前环境保护的实际需求。因此有必要加强环境保护方面的立法更新，妥善解决当前存在的环境保护法律适用问题。

五、"一事不再罚"的理解与适用

《行政处罚法》第二十四条规定，对当事人的同一个违法行为，不得给予两次以上罚款的行政处罚。该条实际上确立了"一事不再罚"的行政行为基本原则，即同一违法行为，不得给予两次以上罚款处罚。但该原则在环境执法领域面临着很多问题。在环境行政案件领域主要有以下两种情况值得特别关注：第一，一行政相对人因环境违法行为被责令改正，整改期限后仍继续存在该环境违法行为的，同一行政机关可否进行再次处罚、处理。具体而言，如一公司被环保部门实施行政处罚时，被责令改正环境违法行为，但该公司未按期改正，原有违法行为仍处于继续或者连续状态的，如何处理，如果继续作出新的处罚，是否违反"一事不再罚"？但如果不再进行处罚、处理，又会放任环境违法行为。第二，不同机关对形式上的同一违法行为分别作出处罚是否违反"一事不再罚"原则。如根据前述《上海市环境保护条例》中第四十九条第二款的规定，排污单位向城市污水集中处理设施排放一类水污染物，超出排放标准，由环保局处理；向城市污水集中处理设施排放二类水污

染物的，但不符合排污纳管要求的，由水务局处理。如果某一排污企业被环保局、水务局联合执法，并分别对其排出的污水进行了取样。环保局检测认定一类污染物超标，作出处罚，水务局检测后发现二类污染物超标，可否进行处罚？如果进行处罚，是否违反"一事不再罚"的规定？要解决上述问题，我们认为需要对"一事不再罚"原则进行重新的审视。

（一）"一事"的认定

正确理解"一事"的具体内涵是正确适用"一事不再罚"原则的基础。何为"一事"？需要从行为结构、行为延续两个角度进行分别的考察。

关于行为结构。目前比较具有代表性的主要有违法行为说、违反法规范说、构成要件说、经验常识说四类观点。违法行为说认为，"一事不再罚"中的"一事"是指"相对人的某一违法行为"，[20] 但是对于如何界定"一个违法行为"，则在实践操作中存在一定的模糊性，不宜把握。违反法规范说认为，"一事"指的是"一个违反同一行政法律规范的行为"，[21] 该类观点仅具形式上的区分意义，缺乏实质上的区分原理，且无法回避与法条聚合、法条竞合的区分适用。构成要件说认为，"行政相对人的行为只要符合行政违法行为的构成要件，就可以在法律上界定为一个行政违法行为"，[22] 该观点将"一事"明确为符合一个行政违法构成要件的行为，在理论上具有一定的合理抽象性。根据构成要件说的观点，行为人实施的行为符合数个行政违法行为的构成要件的，不能简单认为其为"一事"而适用"一事不再罚"的原则。如上述排污企业被环保局、水务局联合执法发现一类污染物超标和二类污染物超标的案例中，虽然该企业在形式上是实施了一个行为，但实质上是存在两个违法行为的。经验常识说认为，"一事"应当是指独立的、完整的、客观的一事。所谓独立，指违法行为不依赖于其他行为能单独存在；所谓完整，指违法行为的逻辑要件齐备，符合一般的认知条件；所谓客观，指违法行为不以人们的主观意志而转移。所以"一事"不是基于法律的规定，而是根据人们的经

---

[20] 应松年：《行政行为法》，人民出版社 1993 年 6 月版，第 469 页。
[21] 何乃忠：《试论一事不再罚原则》，载《现代法行学》1993 年第 1 期。
[22] 罗文燕：《行政处罚概论》，杭州大学出版社 1997 年 5 月版，第 110 页。

验、常识能够判断出的"一事"。㉓根据经验常识说，上述排污企业被环保局、水务局联合执法发现一类污染物超标和二类污染物超标的案例情形中，该企业的行为虽然构成了数个违法行政行为的构成要件，但实质上仍是实施了一个行为，属于"一事"，我们赞同这一观点。

关于行为延续。我们认为如果某一行政违法行为从开始到终止前，在时间上一直处于继续状态，该行政违法行为仍应界定为"一事"，因为该行为仍然是不断的延续发展，并非已经被分割为数个独立的行政违法行为。例外情形是如果违法行为人被处罚后仍继续原违法行为的，则不应当认定为其后续行为仍属"一事"，因为其原行政违法行为的延续性已经被行政机关的处罚行为分割切断。如前述环保局责令某公司改正环境违法行为的案例中，该公司如果未按期改正的，其行为已经构成了一个新的违法行为，环保部门对该公司进行处罚则不属于"一事不再罚"的范畴。

（二）"不再罚"的适用

目前我国对于"一事不再罚"原则尚未作出明确的规定，仅在《行政处罚法》第二十四条中规定了对于同一违法行为不得重复作出罚款处罚的限制，在实践操作中难免会遇到各类问题。对此我们认为应当从以下几个方面进行把握：

对于同一单项违法行为，即行为人违反同一行政法律规定且有独立法律责任的行政违法行为，㉔因行为人的行为只触犯了某一个法律规定，应当只受一个法律规定的一次制裁。具体而言包括以下情形：一是同一行政机关不得对同一单项违法行为作出再行处罚，补充处罚。即使原处罚决定是一个无效的行政行为，也需要经法定程序否定原处罚的效力之后，方可重新对涉案行为作出处罚决定。二是具有管辖权的不同行政机关不得对同一单项违法行为作出重复处罚。行政相对人的同一行为由于分属不同行政机关的管辖区域或管辖权限造成管辖冲突的，应当遵循"先发现、先管辖"的原则，由最先启动行政程序的行政机关进行处罚。采取这一做法一方面符合提高行政效率

㉓ 张爽：《论"一事不再罚"原则》，长春理工大学2011年硕士论文。
㉔ 陈蕊：《论"一事不再罚"原则》，载《政府法制》2001年第4期。

的要求，另一方面也是过罚相当原则的体现。例如根据《水污染防治法》第七十七条规定："违反本法规定，生产、销售、进口或者使用列入禁止生产、销售、进口、使用的严重污染水环境的设备名录中的设备，或者采用列入禁止采用的严重污染水环境的工艺名录中的工艺的，由县级以上人民政府经济综合宏观调控部门责令改正，处五万元以上二十万元以下的罚款……"如果某企业涉及跨区域生产、销售上述严重污染水环境的设备名录中的设备的，涉案区域的主管部门应当按照"先发现、先管辖"的原则作出一次处罚。

对于同一多项违法行为，即行为人实施一个行为同时违反两个以上行政法律规定且都具有独立法律责任的行政违法行为，[25] 同一行政机关可以在其职权范围能根据不同的行政法律规定分别决定、合并处罚。但处罚以一次为限，不得重复处罚、补充处罚。不同的行政机关可以在其职权范围内根据不同的法律依据各自作出行政处罚，但根据《行政处罚法》第二十四条的规定不得重复作出罚款处罚。此外就限期改正、责令停产等行为罚而言，不同的行政机关针对同一行政相对人作出重复的行为罚在事实上也无必要。因此对于同一多项违法行为，在实践中可以由不同的行政机关根据不同的理由作出不同类别的行政处罚。如前述排污企业被环保局、水务局联合执法发现一类污染物超标和二类污染物超标的案例情形中，环保局检测认定一类污染物超标对该排污企业作出行政处罚后，水务局检测后发现二类污染物超标的可以再次作出行政处罚，但该行政处罚应与前述环保局作出的行政处罚属于不同种类。

六、许可后的责令停产关闭的适用与补偿

随着人民群众环保意识的不断增强，各级政府也愈发重视环保工作，环境综合治理及环保督查专项活动高效推进。但随之而来，对以往环境法律法规欠缺，环境行政执法不严情况下设立的建设项目、环境工程，需要按照国家新要求进行整治，需要进行落后产能和工艺的淘汰，这也在实际环境执法活动中带来巨大的问题。在最高人民法院发布的案例中，苏耀华诉广东省博罗县人民政府划定禁养区范围通告案[26]、上海勤辉混凝土有限公司诉上海市奉

---

[25] 前引 [24]，陈蕊文。

[26] 详见 2014 年人民法院环境保护行政案件十大案例之苏耀华诉广东省博罗县人民政府划定禁养区范围通告案。

贤区人民政府责令关闭行政决定案㉗等典型案例也都涉及一个目前实践中争议较大的问题：公民、法人或其他组织取得合法有效行政许可后依法从事生产经营，但因为法律、政策的变化，生产经营不符合调整后的要求，政府是否有权据此作出责令停产、关闭的决定。对此问题引发的环境行政案件，我们认为应从两个角度进行考虑。

（一）许可后责令停产关闭的法律依据

该问题的实质即是行政许可调整的法律依据问题。我们认为，调整的法律依据必须充分：在勤辉混凝土有限公司案中，根据2008年修订的《水污染防治法》的规定，规定禁止在饮用水水源二级保护区内新建、改建、扩建排放污染物的建设项目，已建成的排放污染物的建设项目，由县级以上人民政府责令拆除或者关闭；㉘在苏耀华案中，博罗县人民政府是依据《畜牧法》《畜禽养殖污染防治管理办法》和《广东省环境保护条例》相关规定，根据环境保护的需要，将其管辖的罗浮山国家级现代农业科技示范园划定为畜禽禁养区。㉙

从该类案件的被诉行政行为性质来看，这类案件往往涉及行政强制执行与行政处罚的交叉，可以参照《行政处罚法》《行政强制法》的规定确定实施责令处罚的法律依据。综上，为保护行政相对人合法权益，从《行政许可法》及《行政处罚法》《行政强制法》的要求来看，能够授权政府实施前述行为的法律依据应该是法律、行政法规和地方性法规。规章及以下的规范不宜规定。

（二）许可后责令停产关闭的补偿

在解决责令停产关闭的法律依据问题后，接下来的问题就是如何保护生产经营主体的合法权益的问题。解决该问题的理论基础在于信赖利益保护原则。

1. 许可后责令停产关闭后应对行政相对人的信赖利益给予补偿

《行政许可法》第八条规定："公民、法人或者其他组织依法取得的行政

㉗㉘ 详见2016年环境行政案件十大案例之上海勤辉混凝土有限公司诉上海市奉贤区人民政府责令关闭行政决定案。

㉙ 详见2014年人民法院环境保护行政案件十大案例之苏耀华诉广东省博罗县人民政府划定禁养区范围通告案。

许可受法律保护，行政机关不得擅自改变已经生效的行政许可。行政许可所依据的法律、法规、规章修改或者废止，或者准予行政许可所依据的客观情况发生重大变化的，为了公共利益的需要，行政机关可以依法变更或者撤回已经生效的行政许可。由此给公民、法人或者其他组织造成财产损失的，行政机关应当依法给予补偿。"该条规定在成文法规范上确立了信赖利益保护原则。例如苏耀华案中，在博罗县人民政府作出《通告》之前，苏耀华的养殖场已经依法领取了《税务登记证》《排放污染物许可证》和《个体工商户营业执照》并开始合法经营。虽然根据《行政许可法》第八条第二款之规定，博罗县人民政府在"为优化畜禽养殖业结构，加强重点区域、重点流域的环境保护，减轻畜禽养殖业污染，切实保护饮用水源水质安全"的新的客观情况下，可以根据"保护环境"这一公共利益的需要划定畜禽禁养区，但也应当对因此受到损失的苏耀华依法给予补偿。行政许可法规定信赖保护原则的目的，乃是实现社会公共利益与私人合法权利的平衡，不能因为社会公共利益的需要，而片面牺牲个人的合法权利。本案中，博罗县人民政府固然可以根据环境保护这一公共利益的需要，发布《通告》要求养殖场自行搬迁或清理，但是苏耀华作为合法的生产经营者也有权依据《最高人民法院关于审理行政许可案件若干问题的规定》第十四条的规定，提出有关行政补偿的申请。[30]

2. 信赖利益补偿应考虑行政相对人的过错

责令停产关闭时对生产经营主体的信赖利益进行保护的前提是其信赖值得保护，而判断信赖是否值得保护的标准则在于对作为行政相对人的生产经营者的过错的衡量。在海丽国际高尔夫球场有限公司诉国家海洋局环保行政处罚案中，海丽国际高尔夫球场有限公司与海丰县人民政府签订合同约定"征地范围南边的临海沙滩及向外延伸一公里海面给予乙方作为该项目建设旅游的配套设施"后，开始进行涉案弧形护堤的建设。但根据相关规定，海丽国际高尔夫球场有限公司在签订上述合同后仍需向县级以上海洋行政主管部门提出申请，经海洋行政主管部门办理海域使用证后，方可对涉案海域进行开发使用。海丽国际高尔夫球场有限公司因此而被责令退还非法占用的海域，

---

[30] 详见 2014 年人民法院环境保护行政案件十大案例之佛山市三英精细材料有限公司诉佛山市顺德区人民政府环保行政处罚案。

恢复海域原状。本案中如果能认定海丽国际高尔夫球场有限公司在明知或应知其当时尚未具备对涉案海域进行开发使用的情况下仍实施涉案建设行为的，则其对自己的行为如果也有过错，那么对其损失也就不存在完全的信赖利益，相应的损失至少在其过错程度内将无法得到补偿。③

结 语

环境问题关系千家万户的切身利益，环境污染近年来也成了社会关注的焦点。环境问题一方面具有潜伏期长、影响面广、危害性大的特点，另一方面也对环境行政机关行政执法、司法的专业性、技术性提出了一定的要求。因此在环境行政诉讼中，如何把握一般性行政案件与环境行政案件的审理特点的差异、如何平衡环境保护公共利益与相对人合法私人利益的相互关系，已经成为了目前法院审理此类案件时需要予以关注的问题。截至2017年4月，全国各地法院累计已经成立了960余个专门的环境资源审判法庭。通过整合优势资源、集中优势力量，对涉环境资源案件专门审判机制的运行、难点问题的研究等进行了积极的探索。最高人民法院于2014年、2016年公布两批环境行政案件十大案例，在社会上产生了极大的影响，也对各级法院的环境行政审判工作起到了较好的示范作用。本文通过对这20个案例的梳理研究，对目前环境行政诉讼中遇到的部分争议问题进行了思考与探索。但是相对于司法实践中层出不穷的新问题、新情况而言，环境行政案件问题的研究可谓任重而道远。

（责任编辑：陈振宇）

---

③ 详见2014年环境行政案件十大案例之海丽国际高尔夫球场有限公司诉国家海洋局环保行政处罚案。

诉讼服务中心标准化建设研究

江 帆*

诉讼服务中心是人民法院服务群众、司法为民、展示司法公开的窗口。2015 年 11 月 24 日，最高人民法院院长周强在全国法院诉讼服务中心建设推进会（合肥会议）上强调，要加快实现诉讼服务中心的系统化、信息化、标准化、社会化（以下简称四化），推动诉讼服务中心建设实现新发展、切实满足人民群众日益增长的多元司法需求。随着立案登记制的逐渐深入与铺开，诉讼服务中心的地位在整个诉讼体系中愈加重要，繁简分流、购买社会化服务、信息化等改革举措均围绕诉讼服务中心展开。不夸张地说，诉讼服务中心建设的发达程度在某种意义上决定了我国司法系统能否顺利走出人案矛盾的困境。建设怎样的诉讼服务中心以及怎样建设诉讼服务中心不仅是司法改革的难点，也将是中国特色社会主义法治的亮点。

一、问题的提出

诉讼服务中心建设是一项从理念到硬件的全方位改革。从 2009 年诉讼服务中心的概念提出至今，我国诉讼服务中心建设经历了长足的发展与进步，特别是信息化建设有了突飞猛进的发展，社会化程度也在逐渐提高，然而标准化建设却鲜有提及，实践中各地法院诉讼服务中心建设模式与格局大相径庭，主要表现为以下几个方面：

（一）建设理念不统一

建设理念包括建设成怎样的诉讼服务中心以及怎样建设的问题。一方

---

* 江帆，法学硕士，上海市浦东新区人民法院法官助理。

面，就建设成怎样的诉讼服务中心而言，各地法院对诉讼服务的定位存在较大差异，特别是功能定位方面，有的法院侧重于诉讼服务中心的对外服务功能，以当事人诉讼便利为轴心开展机制、硬件建设；有的法院均衡诉讼服务中心的对内对外服务功能，在便利当事人的同时也注重对内辅助审判；有的法院在对内对外服务之外，将诉讼服务职能延展到服务社会，扩大诉讼服务中心职能。另一方面，就怎样建设诉讼服务中心而言，发展路径可分为两种，一种是自上而下的改革式发展，另一种是自下而上的摸索型发展。2009年前，我国法院并无诉讼服务中心的概念，一般由立案庭承担受理案件、移送案件、材料收转等工作，或设置立案服务大厅，集中对外提供以立案为核心的诉讼服务。随着诉讼功能的不断完善，诉前调解、执前督促、判后释明、信访接待等需求逐渐增多，既有的立案大厅无法满足日益增长的诉讼服务需求，诉讼服务中心的概念孕育而生。2009年2月18日，《最高人民法院关于进一步加强司法便民工作的若干意见》（法发〔2009〕6号）明确应当设立立案大厅或诉讼服务中心。由于各地法院此前已基本形成由立案庭集中处理对外服务事务，因此诉讼服务中心建设主要是在既有格局上进行改建。且由于最高人民法院关于诉讼服务中心建设总体上采取较为宽松、灵活的态度，基础设施上的差之毫厘，直接导致如今诉讼服务格局失之千里。

（二）服务标准不统一

诉讼服务中心的核心在服务。随着立案登记制的实施与铺开，诉讼服务（尤其是立案）标准有所统一，但仍然存在标准化缺失的问题。实践中，由于历史、地域等原因及差异，各地法院在诉讼服务流程多少存在一定程度的差异，具体表现在材料收转流程不一、立案材料形式要件不一、服务口径不一。有的要求先预约，有的要求先审查；有的有专人引导，有的直接取号办理。事实上，随着法治观念逐渐深入人心，诉讼已然成为争议解决的主要途径。服务标准的不统一客观上增加了当事人参与诉讼的难度，尤其是对跨域案件以及律师而言，由于特殊的案件性质以及职业性质，致其必须在多地法院的诉讼服务中心之间辗转，因服务标准不统一而导致的立案不畅的问题尤为显现，这或是我国律师职业分布呈现区域化特征的原因之一。

（三）建设格局不统一

总的来说，各地诉讼服务中心的格局可以分为三种：一是直接照搬原立案大厅，改头换面为诉讼服务中心，仍由立案庭全面负责诉讼服务中心（内涵式）；二是在原立案大厅的基础上，改建诉讼服务中心，适当增设诉讼服务模块，由立案庭及相关业务庭室共同负责（相对独立式）；[①] 三是大刀阔斧地重新建设，全面按照最高人民法院要求，建设功能更加齐备、服务更加全面的诉讼服务中心，并独立于立案庭及其他相关业务部门（完全独立式）。

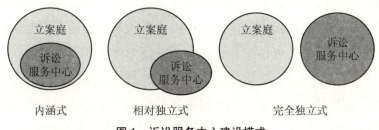

图1　诉讼服务中心建设模式

二、诉讼服务中心建设标准化缺失的影响

诉讼服务中心建设标准化缺失，集中表现为对内制约诉讼服务中心的可持续发展，对外服务质量参差不齐，人民群众满意度不高。

（一）建设格局不一，可持续发展性较差

由于缺乏标准化的建设思路及规范，对诉讼服务中心建设的方向把握不准，导致格局迥异：有的发达地区且场地富余的法院另起炉灶，建设专门的诉讼服务大厅；有的场地不富余的法院在院内搭建临时性建筑提供诉讼服务；有的没有场地的法院在商务楼内租借楼层提供诉讼服务。暂不论后两种举措的合理性，从诉讼服务中心发展的角度来说，随着诉讼服务朝着多功能、信息化的方向不断发展，后两种方式显然无法预留足够的场地给予诉讼服务中心发展空间，一旦诉讼服务中心出现了某种发展趋势，这类模式的诉讼服务中心极易碰到发展瓶颈，可持续性较差。此外，诉讼服务中心建设一旦形成

---

① 现阶段我国大多数法院都采取了相对独立式的诉讼服务中心发展模式。

后两种格局,将大大制约决策者的发展思路——决策者不得不在既有格局内寻求出路,而所谓的出路亦跳不出既有格局的框架,最终导致思路愈加狭隘,格局愈加落后。

(二)诉讼流程不一,有损司法公信力

如前所述,服务是诉讼服务中心的核心,诉讼服务中心建设围绕诉讼服务质量的提升而展开。诉讼服务中心建设标准化缺失的最直接表现就是诉讼流程的不统一,服务质量差异较大,人民群众在诉讼服务中的获得感不足,最终影响司法公信力。我们必须清醒地认识到,虽然诉讼服务中心建设不断推陈出新,但诉讼大厅内人满为患、长时排队等号、智能立案系统用户体验不佳的问题仍然存在,诉讼服务中心的建设进度尚未达到人民群众对诉讼服务的要求。笔者认为,评价司法公信力的最客观标准便是人民群众对司法能力的评价。从某种意义上说,诉讼服务流程做得好不好、规不规范、便不便捷、人民群众满不满意,在一定程度上可以决定当事人对判决结果是否信服。可以设想,如果不同法院间的诉讼服务流程大相径庭,当事人在败诉后自然会对司法公信产生质疑。

或基于此,最高人民法院正在全国试点推行跨域立案诉讼服务,试图破除立案标准不统一的问题。从短期来看,跨域立案诉讼服务一定程度上平衡了各地法院立案标准不一致的问题,但从长远来说,诉讼服务中心的标准化建设才是彻底解决立案标准不一、诉讼服务尺度不同的根本。

(三)直观感受不一,间接影响司法统一性

习近平总书记指出,要让人民群众在每一个司法案件中都感受到公平正义。公平正义作为抽象的价值观感,本质上是人们内心的一种感受,甚至所谓的司法统一性也可解读为一种内心感受,而这种感受往往取决于人民群众对司法活动的第一印象。心理学上第一印象效应是指最初接触到的信息所形成的印象对我们以后的行为活动和评价的影响占据主导地位。诉讼服务中心作为法院的窗口,是人民群众接触司法活动的第一媒介,人民群众对诉讼服务中心建设的满意度某种意义上决定了对司法活动的满意程度。一个外观规整、流程顺畅的诉讼服务中心与租房组建的诉讼服务中心给人民群众的感受

是完全不同的，即使是类案，由于诉讼服务中心规格的不统一，导致当事人产生司法不统一的误会，尤其是当诉讼当事人对判决不满时，释明窗口的统一化与专业性往往决定了当事人对人民法院的信任度。

三、诉讼服务中心建设标准化缺失的深层原因

诉讼服务中心建设标准化的缺失并非表面现象，其背后蕴含了深层的认识层面及历史层面原因。

（一）对司法权的基本属性理解不深

中央明确我国司法权的两大基本属性为判断权与中央事权，无论是诉讼服务中心建设抑或司法改革，都不应违背司法权的两大属性，对司法权基本属性的正确认识是法院科学建设的基础。

司法权的判断权属性往往作为与行政权的管理权属性比较得出。[②]"司法权作为一种国家判断权，它是国家宪法赋予司法机关对一切争议和纠纷依法进行终局裁判的专门权力，任何其他单位和个人不得行使此权力。"[③] 司法权的判断权属性决定了其所担负的使命是对世间是非对错的认识与评判，意味着诉讼服务也不可能走市场化服务道路。作为司法权的侧面，诉讼服务必然是有限度的公共服务，以实现公共服务为主要目的，以社会的公平正义为价值追求，而非简单地满足单一个体的具体诉求。一味追求满足当事人的所有诉讼需求（甚至是无理需求），不仅违背司法权判断属性的要求，也违背了司法规律。有的地方法院以"有诉必理、有案必立"为理念指导诉讼服务中心立案工作，却不甄别虚假诉讼与恶意诉讼，亦不引导当事人通过多元纠纷解决机制寻求更加便捷的渠道解决争议，实则是对司法权的误读，悖离了诉讼服务中心建设的初衷。

此外，习近平总书记在 2014 年中央政法工作会议上指出，我国是单一制国家，司法权从根本上说是中央事权。司法权的中央事权属性决定了诉讼服务中心建设总体上应是在中央指导下的实践展开，即由中央决定，省高院直

② 参见孙笑侠：《司法权的本质是判断权》，载《法学》1998 年第 8 期。
③ 贺小荣：《掀开司法改革的历史新篇章》，载《人民法院报》2013 年 11 月 16 日。

管，市县法院统一建设路径。当然，诉讼服务中心建设标准化并不意味着建设的一致化，除了"规定动作"外，各地法院可以结合地方特色及案件需要发展出"自选动作"，但发展思路、理念、路径、目标等原则性问题不应有大的差异。

（二）发展历史差异导致建设格局迥异

诉讼服务中心自概念提出到政策落实并非一蹴而就，其发展沿革经历了探索期、发展期与创新期三个阶段，每个阶段的任务各有侧重，见下表：

诉讼服务中心发展历史表

阶　段	时　间	内　容	根　据
探索期	2009 年 2 月 18 日至 2014 年 12 月 14 日	人民法院应当设立立案大厅或诉讼服务中心，配备必要的工作人员，认真做好信访接待、诉讼引导、案件查询、办案人员联系、诉讼材料接转等工作，并应配置必须的服务设施。	《最高人民法院关于进一步加强司法便民工作的若干意见》（法发〔2009〕6 号）
发展期	2014 年 12 月 14 日至 2015 年 11 月 24 日	明确了诉讼服务中心建设的总体目标和基本原则、诉讼服务大厅的整体布局，并对诉讼服务工作提出了具体要求，其中第 2 条规定，人民法院诉讼服务场所统一使用"诉讼服务中心"名称。	《最高人民法院关于全面推进人民法院诉讼服务中心建设的指导意见》（法发〔2014〕23 号）
创新期	2015 年 11 月 24 日至今	强调深入总结诉讼服务中心建设的经验做法，明确新常态下诉讼服务工作的目标任务，以创新、协调、绿色、开放、共享发展理念为引领，加快实现诉讼服务中心的系统化、信息化、标准化、社会化，推动诉讼服务中心建设实现新发展，切实满足人民群众日益增长的多元司法需求。	2015 年 11 月 24 日，全国法院诉讼服务中心建设推进会在安徽合肥召开

由于历史原因，诉讼服务中心的概念形成于法院建制之后，导致各地法院在如何建设诉讼服务中心的问题上产生了不同的思路。格局的不同导致管理的不同、管理的不同导致服务标准的不同。例如，在前述完全独立式的诉讼服务中心建设模式下，诉讼服务中心相对独立于法院建制，社会化程度较高，诉讼服务更能贴合需求侧；在内涵式的诉讼服务中心建设模式下，诉讼服务中心的功能受限，仍局限于立案庭的职权，难以满足人民群众日益多元的诉讼服务需求。

（三）司法"本土化"倾向仍然存在

辩证地讲，司法"本土化"有利有弊，利在接地气，有利于当地矛盾的化解，所谓因地制宜，是指最高人民法院允许地方法院结合经济发展及地域情况在法律的范围内略作调整；弊在司法地方保护、司法垄断以及司法行政化。从历史唯物主义的角度而言，对事物的准确认识应结合具体的历史背景。事实上，司法权运行至今已刻上鲜明的时代烙印，司法不再是一国之内的事务。当今时代经济全球化的不断深化，两大法系之间的借鉴与融合愈加深入，司法的国际化趋势愈加明显，在服务保障世界经济、贸易发展中的地位越来越重要。随着"一带一路"倡议和自贸试验区建设的不断铺开，国际社会对我国的司法能力与水平充满了新期待，同时也对我国的司法能力提出了明确要求。法院建设如果仍然固守一片疆土、囿于现状，将与世界潮流渐行渐远，不利于提升我国在世界经济体中的综合竞争力。

（四）对"四化"建设要求的误读

合肥会议指明了诉讼服务中心的发展方向与趋势，即系统化、信息化、标准化、社会化，同时也点明了目前我国各地诉讼服务中心建设中存在的问题，但各地法院关于"四化"建设的认识存在较大差异，尤其是对于"四化"建设之间的逻辑关系存在理解上的误区。事实上，信息化及社会化建设是提升诉讼服务能力、优化诉讼服务质量的重要辅助手段，标准化才是诉讼服务中心发展的基础与主心骨。缺乏标准的诉讼服务中心好比无源之水、无本之木，信息化建设将难以附着，切不可将提升诉讼服务能力的美好期许寄托在纯粹的信息化或社会化建设上。信息化以及社会化建设只有依附于标准化建设，才能从整体上提升诉讼服务效能，最大限度地激发诉讼服务活力。

四、诉讼服务中心标准化建设的具体举措

诉讼服务中心标准化建设在结构上包括建设理念、功能定位、基本格局及服务标准四大层面，前两者是标准化建设之"意"、后两者是标准化建设之"形"，从内质到表层均应具备相当的一致性，虽不求标准的完全相同，但总体追求"意相近、形相似"，保证诉讼服务质量统一。

（一）统一建设理念

建设理念决定建设方向，理念的差之毫厘意味着建设成果的失之千里。统一诉讼服务中心建设理念即为标准化建设奠定基础，确定诉讼服务中心的框架。

宏观上，司法权作为中央事权，重大决策应收归中央，在改革探索方面应秉持自上而下的基本方针，允许地方法院进行有益探索尝试，但基本方向、格局不能有大的变动。以我国自贸试验区建设为例，中央先确立了由上海自贸试验区肩负"先行先试"的历史使命，后在广东、天津、福建再设三个自贸区，待四大自贸试验区建设经验逐渐完善成熟后进一步扩区、扩范围。这种由中央统管，地方现行先试，在形成可复制、可推广的经验后逐步推开的方式保证了改革的方向一致、内容明确、目的鲜明。同时，由于有先行地区的成功范例，后发地区可以少走弯路，结合具体情况稍作调整，政策兼具灵活性与纲领性。诉讼服务中心标准化建设的理念可借鉴自贸试验区建设的成功经验，先由最高人民法院确立改革目标并指定试点法院，由试点法院先行先试，总结建设经验，按照"东→中→西"的区域发展方向，实现诉讼服务中心渐进式标准化建设。

微观上，诉讼服务中心标准化建设在具体实践中可按照"模块划分、流程贯穿、两翼辅助"的路径：将诉讼服务单元划分为诉前、诉中、诉后，通过标准化的诉讼服务流程贯穿全部诉讼活动，辅之以信息化、社会化手段，增强诉讼服务活力。根据各地法院体量差异，对于大体量法院可将诉讼服务

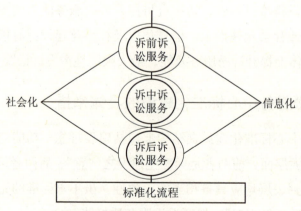

图2　诉讼服务中心发展路径（微观）

单元模块化为诉调对接中心（诉前）、诉讼服务中心（诉中）、执行事务中心（诉后），中等体量法院可在诉讼服务大厅内设置三大区域，小体量法院仅须设置三大窗口。

此外，诉讼服务中心的建设理念必须与时俱进，必须为将来的探索留出必要的建设空间，增强建设弹性。诉讼服务中心标准化建设并非捆绑式的僵化建设，而是开放性的探索建设，标准本身具有鲜明的时代性，现在的标准并不代表今后的标准，标准化建设应紧密结合具体时代，尤其是具体时代中群众的普遍诉求。

（二）统一功能定位

诉讼服务作为一种特殊的公共服务，应当具备对内辅助审判、对外服务群众两个向度的基本功能。在统一基本功能的基础上应注重审判职能延伸，即诉讼服务中心的社会职能。

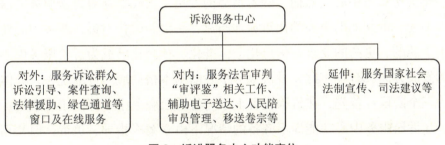

图3　诉讼服务中心功能定位

对内辅助审判主要包括服务法官审判"审评鉴"相关工作、辅助电子送达、人民陪审员管理、移送卷宗等。对内辅助审判的方式主要是将非审判性业务从审判事务中剥离出来，减轻审判单元的负担，将非裁判性工作交由诉讼服务中心统一负责，获取规模效应。

对外服务群众主要包括服务诉讼群众诉讼引导、案件查询、法律援助、绿色通道等窗口及在线服务。诉讼服务中心的对外服务职能主要是以模块化的方式提供一站式、全流程、多功能的诉讼服务。具体来说可分为接待功能区、引导功能区、材料收转功能区、法律援助功能区等。对于零散诉讼服务单元应尽可能地进行同类项合并，集约司法资源，优化效能配置，提高工作效率。

此外，"法院作为国家公权力部门，在完成自身审判工作的同时，还必然承担着部分社会职能，因而法院开展诉讼服务的对象除了诉讼群众，还包括国家和社会等一些较为抽象的内容，这属于广义范畴内的诉讼服务内容"。[④]例如司法建议、构建与相关职能部门的联动机制、法治宣传等，充分依托司法职能，将审判实践中的问题及时向有关部门反馈，引导公平、正义的社会风尚。

（三）统一基本格局

由于不同的发展历史，各地诉讼服务中心格局不尽相同。格局的不同体现建设理念及功能定位的差异，两者系内核与外壳的关系。实践中，也正是由于地方法院关于诉讼服务中心的建设理念与功能认识不同才导致诉讼服务中心格局的迥异。就目前而言，从与立案庭的辖属关系划分，我国诉讼服务中心的基本格局主要包括立案接待大厅、综合性内属诉讼服务中心、综合性社会化诉讼服务中心。然而，随着情势的变更，人民群众对诉讼服务的需求愈加多元、审判辅助事务的比重愈加凸显，法治新时代对诉讼服务中心建设提出了新的、更高的要求，信息化、标准化、社会化已成为诉讼服务中心必然的发展方向。有鉴于此，诉讼服务中心的基本格局应当逐渐统一，具体可分为三个阶段：首先，在机构设置上不能将诉讼服务中心等同于立案庭；其次，在诉讼服务中心功能尚不齐备的情况下由立案庭指导、负责，但又相对独立于立案庭；最后，待诉讼服务中心的基本功能齐全后可考虑将其作为派出机构，专门处理诉讼服务相关事宜。

同时，诉讼服务中心不应局限于审前及审中阶段，而应贯穿全部诉讼环节，提供全方位、多角度、一站式的连通服务。广义上诉讼服务中心应当包括诉前的诉调对接、进入诉讼环节的立案、材料收转、上诉办理等以及诉后的执行相关事务，进而可将三者模块化为诉调对接中心、诉讼服务中心（狭义）、执行事务中心。同时，根据诉讼服务中心职能定位，在三大中心内部应体现对内、对外两大职能。

[④] 李少平：《人民法院诉讼服务理论与实践研究》，法律出版社2015年3月版，第199页。

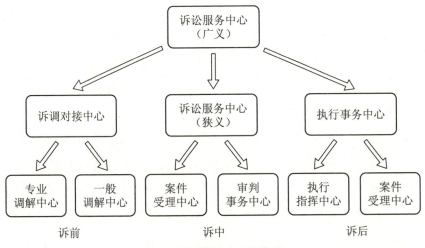

图 4　诉讼服务中心新格局

诉调对接中心主要负责对外提供诉前调解服务，根据案件需要分为专业调解中心和一般调解中心，前者主要负责对如金融、商事、涉外、家事等专门、专业纠纷的化解。

狭义的诉讼服务中心功能主要划分为案件受理中心与审判实务中心，前者负责对外提供诉讼服务，后者负责对内辅助审判。同时案件受理中心仍然作为诉讼第一平台，登记、受理案件，按照繁简分流的标准分流部分简案进入诉调对接中心。

执行事务中心全面接管执行相关事务，包括执行指挥中心与案件受理中心两大模块。执行指挥中心是执行大厅的后台决策、管理、监督机构，负责执行决策、执行指挥及执行信息交换等工作，具体包括：执行质效监控、执行案款监管、超期案件督查、执行流程管理、执行对外联动、执行人员指挥及执行专项检查等；执行受理中心主要处理执行案件受理、根据执行事务流程科学可划分为"执行引导"、"绿色通道"、"立案审查"、"执前督解"、"案款收发"、"执行信访"和"法律咨询"七个单元。当然，对于小体量法院并不要求一定要建设三个中心，可在一个诉讼服务大厅内设置三个区域，甚至设置三个窗口，实现三个中心的功能。

（四）统一服务标准

统一的服务标准是诉讼服务中心标准化建设的当然之义。目前，我国诉讼服务中心建设最大的不统一就是服务标准的差异。诉讼服务中心标准化建设必须统一服务尺度,类案不仅要同判,也应同收、同立。

服务标准包含服务流程标准与服务质量标准两个层面,前者包括从咨询引导、立案、材料收转等环节的标准化操作,即怎样做诉讼服务,后者主要指诉讼服务的尺度、弹性等问题,即诉讼服务做得怎样。

就服务流程标准而言,案件从进入法院到执行终结,期间须由多个诉讼单元相互衔接、紧密配合。完善且标准的流程好比诉讼流程的高速公路,实现案件的快速流转,集约司法资源,特别是在立案登记制背景下,案件大量涌入法院,标准化的服务流程可有条不紊地分流案件,将各个案件分解到合适的单元。

就服务质量标准而言,首先应当明确诉讼服务应当具有的质量,即从受众的角度确立质量标准。由于诉讼服务中心具有对外、对内两大职能,服务质量亦应从对内服务质量与对外服务质量两个层面探讨。对内服务质量标准主要是从审判工作人员的角度而言。由于诉讼服务中心的建设过程中偏重对外服务方面,对内服务能力不足。鉴于此,对内服务质量标准宜由最高人民法院确立试点省份,由试点省高级人民法院制定该省内统一的审判管理系统,规定具体的对内服务流程及标准,设立专门的对外联络平台,实现对外联动。待一段时间的摸索,形成可复制、可推广的经验后,向其他地域辐射,最终达到全国法院审判管理系统的统一。对外服务质量标准主要指的是服务尺度,即诉讼服务的边界问题,例如什么样的案件该收什么样的案件不该收、繁简分流的标准为何、立案预约等问题都亟待统一。

(五)统一外观设计

《人民法院诉讼服务中心标识设置技术标准》(以下简称《技术标准》)是现行关于人民法院诉讼服务中心外观设计的唯一指标与参照,一定程度上敦促各地法院按照最高人民法院的统一要求,调整诉讼服务中心外观。美中不足的是,《技术标准》主要是对门楣、标识、基本内设要件等作出要求,并不涉及外立面设计。举例而言,公安派出所采取统一的蓝白相间的墙面涂料,门楣上悬挂警徽,甚至其外墙结构都具有相似性(方形),无论何地的百姓都能第一时间辨识出来。相较而言,法院诉讼服务中心的外观设计显然未达到公安派出所建设标准化的程度。司法统一性的要求不仅体现在案件裁判的统一性，同时体现在老百姓最朴素的对人民法院的外观感受上。当然，各地法院情况不尽相同，统一外观设计并非要求诉讼服务中心必须按照同一张图纸建设，在强调外观统一性的同时也应注意差异性，可按照"整体统一，局部差异"的模式，直观上仍应保持一致性。具体而言，显眼位置的设计应当保持一致，例如"诉讼服务中心"标识的位置、方向，字体，法徽的大小、位置，外墙涂料的颜色，大门的雕饰等；在非显眼位置，如门的大小、窗户、地砖等可结合各地实际有所差异。

结　语

诉讼服务中心是人民法院的名片。诉讼服务中心从概念提出到合肥会议召开经历了长足的进步，尤其是信息化水平有了质的飞跃，人工智能的运用程度更加娴熟。但我们必须清醒地认识到，诉讼服务中心标准化建设是根基，缺乏标准的创新并不能从宏观层面提升诉讼服务质量。虽然信息化给诉讼服务中心建设的改变是直接且显见的，但是标准化建设对诉讼服务中心建设的意义更具有全局性与整体性，是全面提供诉讼服务水平与能力的重要抓手。随着跨行政区域立案的试点不断推进，相信我国诉讼服务中心标准化建设将迈上新的台阶，诉讼服务能力将有新的飞跃。

（责任编辑：李　岳）

最高人民法院巡回法庭的实践检视、体系效应和治理优化

——基于 2015 年巡回法庭成立以来运行效果的考察

叶　锋*

引　言

2015 年，最高人民法院在深圳和沈阳设立第一、第二巡回法庭，这是新中国成立以来首次设立的制度化、固定化的巡回法庭。在首轮试点改革后，于 2016 年 12 月以"中国速度"增设 4 个巡回法庭，至此初步完成巡回法庭在全国的总体布局。从内部结构看，巡回法庭作为最高人民法院治理结构中的新生事物和重要组成部分，其设立和运作将悄无声息影响最高人民法院的职能定位和功能调整，并最终改变其未来走向。从外部结构看，巡回法庭作为最高人民法院的派出机构，镶嵌于地方的权力结构中，上为最高人民法院本部，下为地方法院，旁为辖区的地方党委、政府，这些均对巡回法庭的功能发挥产生影响。巡回法庭实际效能如何，还有待更长时间和更多制度经验来检验。本文以 2015 年以来巡回法庭的运行实际为基础，考察巡回法庭体系定位和治理结构，分析其在国家治理体系中所扮演的角色，在此基础上提出制度结构的优化方案。

一、改革"试验田"如何耕耘：最高人民法院巡回法庭运行现状考察

基于巡回法庭相关实证数据，辅之相关报道，较为全面客观地展示巡回

---

* 叶锋，博士研究生，上海市高级人民法院法官助理。

法庭运行两年来的具体化影像。

（一）巡回法庭的区域版图：司法辖区布局及其背后考量

1．司法辖区尚未实现全覆盖

作为最高人民法院的"分身"，6个巡回法庭覆盖26个省、自治区、直辖市，与本部一起完成对全国所有省级区域的全覆盖，但巡回法庭布局还不够彻底，在设置6个巡回法庭之外，仍保留本部对北京市、天津市、内蒙古自治区、河北省、山东省案件的直接管辖权。

2．辖区划定的背后：功能界定"同中有异"

我国区域之间发展呈现差异性和不平衡的格局。最高人民法院在综合考量各省地理位置、区域面积、交通状况、经济发展、人口数量以及传统地理区域划分和近年来案件类型、数量等来确定巡回辖区。辖区经济发展、社会结构、文化等方面所呈现的差异性间接影响矛盾纠纷的类型及其解决方式，经过长期的实践积淀，逐渐形成每个区域独特的地方法律文化。在基本遵循上述考量的基础上，针对每个司法区域特色设置巡回法庭。

表1　巡回法庭辖区特点 ①

法庭	地域	辖 区 特 点	功 能 侧 重
一巡	华南	属于珠三角经济带，经济发展快、临近港澳地区、案件类型多，巡回法庭所在地深圳是最早设立的特区，是改革的前沿。	围绕创新发展，加大对新类型案件审理，研判经济社会发达地区的审判运行态势，加强与港澳台司法互助，促进经济合作和人员交流。
二巡	东北	因国企改制、资源开发利用、土地征用拆迁等纠纷案件较多，涉诉信访问题比较突出，重复访、群体访比较多；申诉案件、申请再审案件比较突出。	围绕实施东北地区老工业基地振兴战略，为东北振兴营造良好的法治环境，妥善审理涉经济结构调整、投资结构变化等重大案件，加大行政案件的审理。
三巡	华东	是我国经济发达区域，也是"一带一路"建设、长江经济带发展等国家重大发展战略的核心区域，经济社会发展水平和区域开放合作程度较高，人口密集，重大跨行政区划案件和新型、疑难、复杂案件较多。	在该区域设立巡回法庭，有利于发挥最高审判机关统一法律适用和裁判标准、加强对下监督指导的职能作用。

---

① 表格根据巡回法庭的新闻发布稿，巡回法庭负责人答记者问、访谈录，以及《人民法院报》等官方报道整理而成。

（续表）

法庭	地域	辖 区 特 点	功 能 侧 重
四巡	华中	距离北京较近，交通便利，人口密度大，处于中部崛起战略深入实施、经济结构升级的关键阶段，尤其是新型城镇化建设快速发展，多年来河南等地信访压力较大。	在该区域设立巡回法庭，能够做到审判力量下沉，把矛盾纠纷及时化解在当地和萌芽状态。
五巡六巡	西南西北	地域辽阔，人口众多，是我国最大的少数民族聚集区，距离北京地理位置较远，交通相对不便。	在这两个地区设立巡回法庭，将极大方便群众诉讼，减少当事人诉累，及时化解矛盾纠纷。

（二）巡回法庭的机构设置和人员构成

1．机构设置：虽为平级，实为高配

巡回法庭虽为最高人民法院的内设机构，但与其他审判业务庭不同的是，巡回法庭在党内设立党组，而其他则设立党支部。作为巡回法庭机构的组成部分，巡回法庭的庭领导亦呈现高配特征，庭长由最高人民法院副院长或审委会专委担任。巡回法庭高配的背后透露出最高人民法院在巡回法庭与地方治理制衡中的策略考量和权力布局。巡回法庭虽代表最高人民法院，但远离本部，需在审判管理、司法政务管理等方面体现最高人民法院的权威。由副院长或审委会专委担任庭长起到提升法庭地位、树立辖区内司法最高权威的作用。

2．人员结构：虽为高配，但呈现"两低"现象

（1）高配表象。除庭领导外，主审法官、法官助理也呈现一定的高配特征。主审法官从最高人民法院本部的优秀审判长中选拔。遴选法官助理职位，要求担任过助审及以上的审判职务，门槛显著高于地方法院。

（2）高配背后"两低"现象。表现之一：人员配置与案件量之比较低。在巡回法庭设立之初，对实际工作量预估不足，人员配置有限，"案多人少"、"事多人少"矛盾突出。2017年上半年最高人民法院人均结案26件（不含刑庭），其中巡回法庭人均结案56件，四巡人均结案更是高居榜首达85.73件。

表现之二：专业背景与地域特征匹配度较低。主审法官的专业领域涵盖巡回法庭全部案件类型，并根据辖区案件特征，调配相应专业背景的法官，如三巡针对华东地区金融等新类型案件多的特点，针对性选派法官。但在实

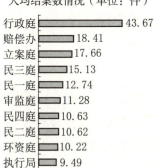
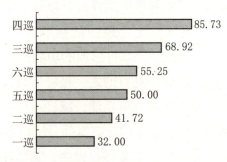

图1　最高人民法院本部与巡回法庭人均结案数对比

际运行中，法官专业结构与案件特征匹配度失衡现象较为严重。2017年上半年最高人民法院新收案件中，行政申请再审案件占47.37%，其中逾六成相关案件由巡回法庭审理，而6个巡回法庭行政法官不足10人。相当于最高人民法院30%案件量交由不足10人的行政法官处理，行政审判力量严重不足。

（三）巡回法庭的治理结构：事务类型结构不均衡

1．体系呈现：事务结构类型的分析

（1）二元结构：案件审理与来信来访办理

最高人民法院本部和巡回法庭之间处理事项类型的分配，与巡回法庭功能价值、体系定位息息相关。巡回法庭处理事务类型有两类：审判业务和涉诉信访处置。

表2　巡回法庭事务处理类型

处 理 事 项						不处理事项
审 判 业 务					信访	知识产权、涉外商事、海事海商、死刑复核、国家赔偿、执行案件和最高人民检察院抗诉的案件
实体事项			程序事项	其他	向最高人民法院提出的来信来访事项	
刑事	民事	行政	因管辖问题报请裁定或者决定的案件、报请批准延长审限的案件	涉港澳台民商事案件和司法协助案件等		
再审	一审 二审 再审	一审 二审 再审				

215

（2）案件结构类型：刑事民事行政有所差异

由表2可知，巡回法庭受理民事（知产、涉外商事、海事海商除外）、行政一审、二审和再审案件，但对刑事部分仅限于再审案件。

2. 数据对比：巡回法庭事务处理的量化分析

（1）巡回法庭案件分流的功能有限

巡回法庭设置目的之一是将最高人民法院本部的案件基本交由巡回法庭审理，发挥案件分流功能，减轻本部办案压力。[2] 但通过实践观察，由于案件管辖的限制，巡回法庭案件分流功能仅得到有限发挥。自2007年1月最高人民法院收回死刑复核权以来，其案件结构发生较大变化，刑事案件成为主要类型，其中死刑复核案件在刑事案件中占比最大。巡回法庭不享有死刑复核权，本部仍需花费大量精力和时间去审理这一数量庞大的案件类型。2017年上半年最高人民法院受理案件1.54万件，6个巡回法庭共收案5730件，占44.83%。6个巡回法庭覆盖全国76.5%的省级行政区，而收案数不足一半。

（2）司法供给不平衡：信访量之大与案件量较小

首先，"不可承受之重"的信访工作。巡回法庭设立之初，对信访需求量预估不足，导致巡回法庭的信访服务供给严重不足，无法满足井喷式的信访需求。

表3　一、二巡两年来的案件受理量和信访接待量

一　巡		二　巡	
案件数量	信访数量	案件数量	信访数量
2236件	接待来访群众18454人次	2325件	接待来访当事人47644人次

由表3可知，信访总量与案件数量形成鲜明对比。对于新设的巡回法庭也不例外，如五巡成立5个月即接待来访群众9692人次，登记来访案件3875件。信访数量之大，分散了巡回法庭大量的精力，相应的投入审判的资源随之减少，严重制约审判职能发挥。

其次，案件类型较为集中。具体体现在两个方面：（1）案件集中于民事和行政案件；（2）集中于再审案件。

---

② 胡云腾：《由聂树斌再审案管窥司法改革重大政策》，载《中国法律评论》2017年第2期。

表4 巡回法庭收案类型（单位：件）

类型 法庭	行政申请 再审	民事申请 再审	其他 行政	刑事申诉 再审	民事 二审	民事管辖 上诉	其他
一巡	216	122	28	25	21	16	36
二巡	169	262	21	61	43	12	37
三巡	331	197	214	40	18	18	9
四巡	764	168	0	23	18	13	17
五巡	264	186	15	2	39	41	53
六巡	275	230	0	56	54	43	5

（3）巡回法庭案件区域布局不均衡

首先，6个巡回法庭案件数不均衡。根据行政区划确定辖区，易造成巡回法庭之间忙闲不均。巡回法庭之间案件数差异明显，但配置等额的法官数，人案不均衡问题较为严重。

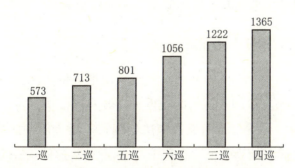

图2 2017年上半年各巡回法庭收案情况（单位：件）

其次，巡回辖区内部案件不均衡。如二巡行政案件地域分布严重失衡，近75%案件来自辽宁省。从中国裁判文书网上检索出二巡截至2016年6月行政案件判决书总量384件，案件的地域分布情况如下：

表5 二巡案件地域分布

地 域	案件数（件）	占比（%）
辽 宁	285	74.2
吉 林	64	16.6
黑龙江	35	9.1

一巡呈现同样的特征。从中国裁判文书网上检索出一巡截至 2016 年民商事案件裁判文书总量 373 件，案件的地域分布情况如下：

表 6　一巡案件地域分布

地　域	案件数（件）	占比（%）
广　东	196	52.5
海　南	123	33
广　西	54	14.5

如表 6 所述，广东省案件占据"半壁江山"，海南省作为旅游大省案件量占比三分之一，经济相对落后的广西，案件量最小。

二、逐一验证：最高人民法院巡回法庭功能的实践性检验

两年来，巡回法庭预设功能与实践是不断契合还是渐行渐远，本部分结合巡回法庭的具体实践对其预设功能进行逐项检验。

（一）巡回法庭的功能界定

党的十八届四中全会《中共中央关于全面推进依法治国若干重大问题的决定》明确巡回法庭审理跨行政区域重大行政和民商事案件，习近平总书记在《关于〈中共中央关于全面推进依法治国若干重大问题的决定〉的说明》中将巡回法庭功能概括为两个"有利于"，对此可将巡回法庭功能分为：

表 7　巡回法庭功能

1. 去地方化功能	巡回法庭相对地方法院具有天然的优势，即其人财物均不归属地方管理，具有一定的超然性。通过审理跨行政区划案件，使易受地方干扰的案件摆脱地方行政干预，促进案件得到公正审理。
2. 案件分流功能	将最高人民法院大部分案件分流至巡回法庭，减轻最高人民法院本部办案压力，使最高人民法院集中精力致力于制定司法政策、发布指导性案例，审理对统一法律适用有重大指导意义的案件。
3. 便利诉讼功能	巡回法庭设在地方，方便当事人诉讼和涉诉信访处理，减轻群众诉累、跑累，推动矛盾纠纷就近就地化解。
4. 适法统一功能	各地方高院通过司法审判等方式实现省级内的"小"法制统一，各巡回法庭实现巡回辖区的"中"法制统一，最高人民法院本部实现全国统一的正义。

（二）功能的实践性检验

1．案件分流功能有待深化

我国法院体系呈现圆柱形结构，四级法院在程序功能、职责定位等方面存在同质化的特征。四级法院均具有一审管辖权，一、二审和再审均要对事实认定和法律适用进行全面审查。这种同质化模式导致大量案件涌入最高人民法院。特别是最高人民法院自 2007 年 1 月统一行使死刑核准权和 2008 年 4 月民事诉讼法实行"申请再审提升一级"以来，案件受理量一直居高不下，2010 年以来每年案件受理量均逾 1 万件。

表 8　最高人民法院 2013—2016 年案件数量（单位：件）

2016 年度		2015 年度		2014 年度		2013 年度	
受理案件	审结案件	受理案件	审结案件	受理案件	审结案件	受理案件	审结案件
22742	20151	15985	14135	11210	9882	11016	9716

近几年，最高人民法院通过提高受案门槛等方式不断弱化纠纷解决功能，通过制定司法解释和发布指导性案件等方式调整司法性功能，试图逐步提升法制统一功能的比重和作用。2008 年 4 月，最高人民法院对 1999 年以来四级法院级别管辖标准进行调整，通过二审和再审案件数量的双层控制，以期降低最高人民法院案件数量。2015 年 4 月，最高人民法院再次调整级别管辖门槛，进一步提高中高院受案标准，这在一定程度上缓解最高人民法院办案压力，但效果并不显著，近几年"案多人少"矛盾逐年凸显。面对这一困境，最高人民法院设立 6 个巡回法庭，以期推动其功能转型。但如前所述，囿于巡回法庭和最高人民法院本部案件管辖分工的限制，巡回法庭只能有限受理部分案件。另外，巡回法庭尚未实现全国全覆盖，本部还需要受理北京等五地案件。

2．适法统一功能有限释放

在成立巡回法庭伊始，即已明确限制巡回法庭在统一法制功能方面的作用。首先，在案件裁判层面，根据《巡回法庭规定》，最高人民法院对统一法律适用具有重大指导意义的案件进行"提审"，巡回法庭对此类案件需"送审"。其次，在发布指导性文件和案例层面，根据《巡回法庭审判管理工作指导意见》规定，巡回法庭原则上不得出台指导性意见、指导性案例。如此定位，可能原因在于巡回法庭虽代表最高人民法院，但其管辖区域有限，无法形成对全国统一适法的裁判。但不能否认巡回法庭在各自巡回范围内所具有的统一适法功能，具体表现为：

表 9　巡回法庭适法统一功能

直接方式	在巡回法庭内部加强类案研判	（1）建立主审法官会议制度，充分发挥主审法官会议研究新类型案件、疑难复杂问题的功能，促进适法统一。
		（2）建立类案裁判检索制度，在审理疑难案件时要查阅类案裁判先例，尤其是参照最高人民法院类似判例。
	加强辖区内的释法指导	（1）制定规范性意见和发布典型案例，加强辖区内审判指导。
		（2）建立巡回区法院业务例会制度，定期向各高院通报案件审判尤其是改判或发回重审案件中存在的问题。
		（3）加强沟通交流机制，通过到当地巡回开庭审判、到地方法院开展调查研究等方式释法指导。
间接方式	通过人员交流方式	巡回法庭从地方法院借调一批法官和法官助理，这些法官和法官助理两年之后回到原法院，把巡回法庭知识经验、技术方法引入地方法院。这种人员交流，从一定程度上能够潜移默化地推动辖区内法院裁判规则和尺度的统一。

3. 去地方化功能发挥不足

巡回法庭通过案件管辖，审理跨行政区划重大案件，破除地方保护主义，确保案件公正审理。在实际运行中，由于巡回法庭受理案件的标准与最高人民法院本部完全一致，这意味着巡回法庭无权受理不属于最高人民法院管辖范围、但具有跨行政区划性质的案件，由此决定巡回法庭相关案件数量极为有限，严重制约去地方化功能。如一巡 2015 年受理的跨行政区域案件仅占案件总量的 18.8%。无独有偶，二巡截至 2016 年受理跨省的案件仅占同类案件的 12.2%。另外，二巡发布的十大典型案例中所涉类型也间接折射出此种局限性。从表 10 可以看出，在十起案件中仅一例涉及跨行政区划案件。

表 10　二巡十大典型案例

案号	案　　由	判　决　意　义
1	债权人代位权纠纷	推行立案登记制改革
2	建设工程施工合同纠纷	平定管辖权异议

（续表）

案号	案　由	判　决　意　义
3	企业借贷纠纷	破解虚假诉讼
4	保证合同纠纷	详解"物保与人保"关系之困
5	买卖合同纠纷	厘清表见代理的认定
6	与某大学合同纠纷	行政事业性国有资产的合同效力判断
7	对合同纠纷的提审	示范性再审
8	公司股权转让纠纷	股权转让纠纷疑难问题的范式
9	债权置换股份协议纠纷	诚实信用原则的适用
10	发放安置补偿款纠纷	解决跨省行政案件偏袒问题

4．方便群众诉讼功能美中不足

作为"家门口的最高院"，巡回法庭在地方设立，实现审判重心下移，有效减轻当事人到北京打官司的诉累，降低申诉和信访成本。探索"以驻庭办案为主、以巡回开庭为辅"工作模式，赴当地巡回审理案件，方便群众诉讼。实行巡回区跨域立案服务，开创跨地域、跨法院、跨层级的诉讼服务新格局，在辖区内形成便民辐射效应，当事人在异地即可享受立案服务。但同时也应当看到 2017 年上半年最高人民法院本部受理的进京上访同比仅减少 17.5%，这与巡回法庭的设立和运行成本不成正比，表明当事人更倾向于进京上访的心理预期。

三、脉络考察：最高人民法院巡回法庭在国家治理结构中的体系效应

制度运行效果除依赖其自身合理性之外，还取决于它与整个制度环境的协调配合程度。巡回法庭作为司法改革的产物，作为国家治理的重要主体，其制度运行应置于国家治理体系和司法改革整体逻辑结构中予以立体化的考察和评估。

（一）"纵横一体化"司法格局：巡回法庭与最高人民法院的体系关联

巡回法庭位居高位，身处地方。一方面，最高人民法院本部通过巡回法

庭的空间优势将其司法政策、工作动态等向辖区内法院有效传导；另一方面，地方法院审判经验、机制创新、问题建议等可通过与巡回法庭的常态化、内在化的联络机制有效反馈至本部，有利于最高人民法院直接全面了解地方法院运行态势。在这种上下交流互动中，形成以巡回法庭为中轴、全国四级法院"纵向一体化"的格局，逐步从各个高院的"小"区域法治，扩大到巡回区的"中"区域法治，进而在全国范围实现"统一的正义"。③同时，通过加强巡回法庭间的交流协作，统一各巡回法庭运行步调和前进路径，形成巡回法庭间的"横向一体化"格局，有效发挥区域版块间的整体联动效应。

1. 巡回法庭与最高人民法院本部的体系关联

近几年，最高人民法院正经历弱化纠纷解决功能、凸显法制统一功能的转型期，致力于制定司法解释和发布指导性案例，试图释放两者蕴含的功能价值，但受限于同质化的法院组织体系、庞大的案件数量等因素的掣肘，加之司法解释和指导性案例自身运作存在的诸多不足，导致最高人民法院在功能转型的道路上步履维艰。巡回法庭设置有利于破除这种困局。巡回法庭的理想图景是，将最高人民法院所有的案件，逐步分流至各个巡回法庭，并最终完全转移本部的纠纷解决功能，本部则致力于维护法制统一、推行司法政策。除承担本部的办案任务外，巡回法庭还从另一种维度推进最高人民法院在全国范围内适法统一。巡回法庭通过案件审理和审判指导监督，实现在辖区范围内局部的适法统一。本部通过加强对各个巡回法庭的指导，实现巡回法庭内部之间的适法再统一。可以说，巡回法庭的设置较为彻底地改变了最高人民法院在纠纷解决和法制统一上的功能分配，有力推进最高人民法院从"办案法院"向"公共政策法院"转型。

2. 巡回法庭之间的体系关联

巡回法庭的设置，事实上在全国范围内划定了数个司法区域。随着巡回法庭运行的不断深入，巡回法庭在辖区内的影响力和辐射范围逐步扩大，可能会产生从省内的"地方化"逐步衍变为巡回区内的"地方化"问题。为避免出现巡回法庭之间行动不一致，形成巡回区法治碎片化格局，应在巡回法庭之间建立制度化、常态化的协同联动机制，避免类案不同判、适法不统一

---

③ 方乐：《最高人民法院巡回法庭的制度功能》，载《法学家》2017年第3期。

的问题。同时，最高人民法院要完善适法统一机制，加强工作指导，推动巡回法庭之间的机制联动和功能融合。

（二）制度衔接和功能互补：巡回法庭与跨行政区划法院的体系关联

在探索建立与行政区划适当分离的司法管辖制度的改革背景下，设立了上海市第三中级人民法院、北京市第四中级人民法院，开展跨行政区划法院试点工作。巡回法庭与跨行政区划法院两者受案范围如何界定和区分还没有清晰的定位。巡回法庭原初定位是审理跨行政区域重大行政和民商事案件，与跨行政区划法院一样具有跨行政区划属性，两者受案范围具有同构性。为避免"叠床架屋"式的制度设计，应从体系定位、案件管辖范围、审级构造等方面重新审视和改造两者之间的关系，从而实现两者相互衔接、功能互补。

1. 近期规划

目前跨行政区划法院仅在中级法院层面设立，缺少对应的跨行政区划高院。跨行政区划法院中院人财物由省级统管，受地方影响制约不大，由其跨区域审理一审案件，有助于破除地方保护主义。但案件经上诉进入高院后，案件重新回归高院管辖，难逃"再地方化"问题。从现有制度设计出发，基于制度成本的考量，对于跨行政区划法院一审案件，可以根据当事人选择，通过"飞跃上诉"制度④直接上诉至巡回法庭，或上诉至地方高院，以低成本方式避免"再地方化"问题。

2. 远景展望

从远期来看，要完善跨行政区划法院组织体系，在整合专门法院资源的基础上，建立跨行政区划"基层—中级—高级"法院。跨行政区划基层法院人财物归省级统管，跨行政区划中高级法院由中央统管。跨行政区划高院案件经由二审进入巡回法庭，对跨行政区划法院中级法院不允许通过"飞跃上诉"制度上诉至巡回法庭，因为在跨行政区划法院的体系框架和制度逻辑内可以实现案件公正审理。这与普通法院可以运用"飞跃上诉"制度

---

④ 飞跃上诉制度是指当事人认为案件涉及疑难重大复杂的法律问题或该问题具有普遍适用意义的，可选择向上一级法院提出上诉和越过上一级法院提起上诉。

有别。

（三）国家治理和地方区域治理的竞争：巡回法庭与地方的体系关联

我国国家治理和地方区域治理处于内在紧张与关联统一的矛盾结构中。最高人民法院行使最高司法权力，作为最高人民法院的职能部门，巡回法庭推动最高司法权力在地方的配置与实践，将深刻影响和调整国家治理体系和地方治理的现有格局。地方法院作为地方治理的重要主体，处于"条""块"交错的复杂格局中，高院可能通过各种方式，尽量避免案件溢出自己控制范围而进入最高院。如从 2009 年至今，最高人民法院二审行政案件几乎绝迹。作为"身边的最高院"，巡回法庭在地方设置，对地方高院运行形成外在的监督和无形的约束，通过有效的运行，可以避免高院一家独大的垄断地位，消除其终局的纠纷解决影响力。巡回法庭在地方运行，通过参与社会治理，将改变现有相对封闭的地方治理格局。巡回法庭"去地方化"的使命，就要求巡回法庭在维护国家法制统一与区域治理之间实现动态平衡，在区域法制差异化基础上实现国家法制统一。⑤

四、未来走向：最高人民法院巡回法庭的组织设计和治理结构优化

组织行为学认为，决定组织中的行为有三类因素，分别为群体、个体和结构，通过考察三者对组织内部行为的影响来改善组织绩效。⑥将巡回法庭置于组织行为学中观察，则其结构为"组织——人员——机制"，具体涉及法官、司法辅助人员和司法行政人员，巡回法庭建制及其治理结构和体系三个方面。以下遵循三元结构，提出优化巡回法庭的制度方案。

（一）组织：巡回法庭的建制

根据规定，最高人民法院根据审判工作需要可增设巡回法庭，并调整巡

---

⑤ 前引③，方乐文。
⑥ ［美］史蒂芬·罗宾斯等：《组织行为学》（第 16 版），孙健敏等译，中国人民大学出版社 2016 年 12 月版，第 9 页。

回法庭的巡回区和案件受理范围。为有效实现巡回法庭上述功能，应综合考量影响和制约巡回法庭功能发挥的各类因素，并进行重组和整合，以此优化巡回法庭的建制。

表 11　影响和制约巡回法庭功能发挥的因素

1. 影响便利诉讼功能的变量有巡回法庭的设立地点、辐射范围、辖区人口、交通状况等，巡回法庭应设立在人口密度较大、交通较为方便的地方，且巡回法庭管辖区域不宜过大、辐射范围不宜过广。巡回法庭设置应以法庭驻地为圆心，以时间和路程为半径，合理确定其管辖区的范围。
2. 影响案件分流功能的变量有案件量等因素，要统筹各个省、自治区、直辖市涌入最高人民法院的案件数，科学设置巡回法庭数量和司法辖区，合理分配每个巡回法庭的案件量，避免巡回法庭之间案件不均衡。
3. 影响去地方化功能的变量有所在辖区案件特征等要素，我国幅员辽阔，地区差异明显，反映到司法领域即表现为各个地方案件呈现不同特征。如通常而言，行政案件较其他类型案件更易受地方干扰，对行政案件较多的地方设立巡回法庭更有利于破除地方保护主义作用的发挥。如相对一巡，二巡行政案件比重较大，在制度设计中就应当更多考量巡回法庭的去地方化功能。

因此，要根据辖区面积、辖区案件数、人口密度、地域面积等因素，科学增设巡回法庭数量、合理确定驻地、理性划分辖区。目前在北京等地没有对应的巡回法庭，为进一步分流最高人民法院本部案件，缓解其办案压力，可以考虑增设七巡，统管五地案件，真正实现巡回法庭全国全覆盖。巡回法庭辖区范围不是一成不变，而是根据上述因素变化动态调整司法区域，如定期统计各巡回法庭受案数量及案件分布区域，出现某个巡回法庭案件量过大等情况，可将其中某个辖区划归其他案件量较小的巡回法庭，适时调整巡回区以实现案件均衡。

（二）人员：巡回法庭的人力资源配置

1. 法官动态管理机制："进"与"出"

（1）拓宽法官来源渠道

目前，巡回法庭法官均从本部遴选产生。但从实践来看，全国四级法院进入门槛不断趋同，最高人民法院招录公务员标准并没有高于地方法院。另外，最高人民法院法官审理案件量较下级法院少，案件类型不及下级丰富。大量案件进入最高人民法院不是因为案件疑难复杂，而是案件的高额标的。

最高人民法院审判水平并非天然优于地方法院。因此，应拓宽巡回法庭法官的来源渠道，一方面继续从本部遴选法官，另一方面更多从地方法院遴选审判能力强、审判经验丰富的法官，充实巡回法庭审判力量，丰富巡回法庭法官知识构成。

（2）法官员额管理和结构优化

目前，最高人民法院采取平均分配模式，各个巡回法庭法官员额数基本处于持平状态。理想状态是，设置法官员额动态调整机制，建立法官员额与案件总数动态平衡体系，根据辖区案件总量、案件权重等动态调整法官员额数。同时，要充分考量各个巡回法庭的案件类型分布和案件特征，合理配备具有相应专业背景的法官，如针对行政和刑事案件较多的巡回法庭要相应配备与案件数相平衡的法官数量，避免出现只有一名刑事或行政法官，而难以组成有效决策的合议庭的情况。如针对三巡行政案件数量畸高的特点，应增配适额的行政法官。

（3）分层分类实行定期更替制

为有效防止法官因任职时间过长"被地方化"问题，巡回法庭实行定期轮换制度。目前，主要采取"一刀切"方式，对庭领导、主审法官及司法辅助人员均实行两年定期更换制。这种做法将带来工作衔接不畅、经验传承断裂等问题。对此，可采取区分对待、分层分类的更替模式：（1）对于庭领导实行3年定期更替制；（2）对于主审法官和辅助人员实行两年定期更替制。（3）实行续任选择制，即期满后可自主选择是否续任，续任期与之前相同，续任次数为一次。

2. 明确法官助理职业发展

法官助理主要从地方法院借调，两年期满后自动回到原单位，这严重制约其职业发展。对此，可考虑先从地方法院遴选法官担任法官助理，待期满后再从中按比例遴选优秀人员担任法官。此种措施一方面有利于调动法官助理工作积极性，另一方面有助于推进巡回法庭工作有序衔接。

（三）机制：巡回法庭的治理结构优化

管理组织学认为，组织结构与功能密切相关，一定的组织结构，只有具有一定的功能才有意义；而一定的功能，又必然依赖于一定组织结构才能发挥作用。因此，应通过优化巡回法庭的组织结构，实现巡回法庭功能之目的；从巡回法庭功能出发，去优化巡回法庭的组织结构。作为增量的跨行政区划司法体系，巡回法庭要与跨行政区划法院合理界定案件管辖权，推进机制衔接。也要与存量的地方法院和现行审级之间形成科学配置，从而构建体系完整、定位清晰、衔接有序、功能顺畅的司法体系新格局。

1. 案件分流和便利诉讼功能与巡回法庭受案范围

目前，对于体量庞大的死刑复核案件仍由最高人民法院本部审理。现行死刑复核程序采取以书面审为主、书面审与调查审相结合的复核方法。我国幅员辽阔，涉及调查审时，最高人民法院往往需要千里迢迢赶赴异地询问被告人，极大地增加办案工作量。将死刑复核案件由本部授权相应巡回法庭处理，一方面极大减轻本部办案压力，另一方面可以充分保障当事人程序参与权。对此，应进一步优化巡回法庭与本部的职能分工，明晰案件管辖权，对于具有全国法制统一意义的案件由本部统一审理，其他案件全部交由巡回法庭审理。

2. 法制统一功能与巡回法庭受案范围

为实现本部统一审理具有全国法制统一意义案件的目的，需要在本部和巡回法庭之间建立典型案件甄别机制，实现案件双向流动。通过案件甄别机制识别后，认为案件"对统一适用法律具有重大指导意义"，本部应当"择案而审"或者巡回法庭主动将案件移送本部审理。具体而言：

（1）最高人民法院本部"择案而审"。一般情况下，最高人民法院所有案件按照辖区全部分流至相应的巡回法庭，一律由巡回法庭先行立案。同时，在最高人民法院本部立案庭设置具有重大指导意义案件的甄别、筛选机制，负责从各大巡回法庭中按照总量比例筛选具有全国法制统一意义的案件进行"择案而审"，并从中择优遴选指导性案例，同时停止从下级法院案件中遴选指导性案例的现行做法。

（2）巡回法庭移送审理。巡回法庭在审理中发现案件对"对统一适用法律具有重大指导意义"，应当将案件移送本部审理。在移送时，应详细阐述案件对统一适用法律可能存在的指导意义，以供本部审查是否接受移送。对于经本部审查后认为符合条件的，则应当审理。反之，则将案件退回巡回法庭。为防止案件移送的随意性，应当控制巡回法庭移送案件的总量，可限定在巡回法庭受理案件总量的 1% 以内。

3．去地方化功能与巡回法庭受案范围

目前，巡回法庭管辖原本应由本部管辖的案件类型。为有效发挥巡回法庭去地方化功能，应在现有案件管辖的基础上，适当扩大巡回法庭受案范围。

（1）**扩充之一：扩大一审受案范围。**目前，最高人民法院司法审判功能主要体现在二审、再审和死刑复核，一审功能处于空置状态。虽然诉讼法规定最高人民法院享有一审裁判权，但自新中国成立以来，最高人民法院仅审理两起一审刑事案件。对此，巡回法庭可以激活一审级别管辖条款，将跨省级区划易受地方干扰、影响人民重大利益、具有全国影响力的案件纳入一审管辖范围。

（2）**扩充之二：扩大二审受案范围。方式之一：地方高院对跨地、市重大案件进行一审。**应鼓励高院对跨地、市重大行政案件作为省级范围内重大复杂案件进行一审管辖，相应扩充巡回法庭二审管辖范围。巡回法庭通过二审判决指导监督下级法院依法办案，统一司法裁判标准。[7]**方式之二：将跨行政区划法院管辖的一审上诉案件交由相应的巡回法庭管辖。**但按照目前审判模式，跨行政区划法院一审上诉后仍归高级法院管辖，这就导致在省级层面又复燃地方保护主义的潜在可能。[8] 在目前没有设立跨行政区划高级法院的具体规划的背景下，对跨行政区划法院案件提起上诉的案件交由巡回法庭审理能够以低成本的方式有效避免上述问题。

（3）**扩充之三：建立飞跃上诉制度。**对中级法院中涉及疑难重大复杂法律问题或该问题具有普遍适用意义的案件，可根据当事人选择，提起飞跃上诉。飞跃上诉应向原审法院提出，原审法院经审查后裁定是否允许飞跃上诉。对于裁定不予飞跃上诉的，当事人有权向巡回法庭提出上诉。经由飞跃上诉后，巡回法庭对案件进行复查，认为无飞跃之必要，则将案件移交原审法院上一级审理。[9]巡回法庭认为符合条件的，依法予以受理。

---

[7] 郭修江：《探索巡回法庭行政审判工作新思路》，载《中国审判》第 109 期。

[8] 汤维建：《对最高人民法院巡回法庭受案范围及与本部关系的思考》，载《中国审判》第 109 期。

[9] 陈树森：《最高人民法院在案例指导制度中的功能重构》，载《理论界》第 516 期。

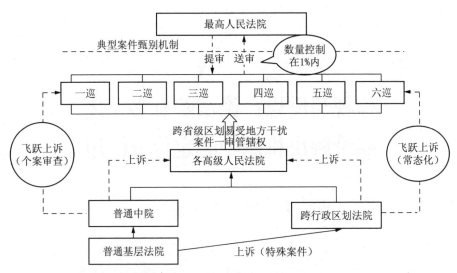

图3 巡回法庭受案范围扩展示意图（基于当前审判机构设置）

上图展示的是，在目前未建立完整跨行政区划体系下巡回法庭的受案范围。在未来巡回法庭实现全国全覆盖和建立三级跨行政区划法院体系后，再调整优化巡回法庭的受案范围。具体如下：

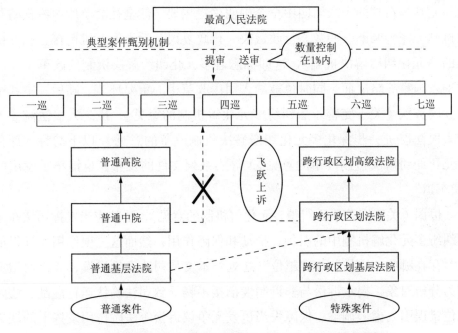

图4 巡回法庭受案范围扩展示意图（基于未来审判机构设置）

（责任编辑：李　岳）

检视与反思：论法院在多元化
纠纷解决机制中的定位与作用

丁　宁　卫晓蓓*

引　言

诉讼爆炸社会的提前到来，让司法者反思诉讼功能的单一，即诉讼成为人们解决纠纷的第一也是唯一的途径，调解、仲裁、行政裁决、行政复议等其他纠纷解决方式式微，从而产生了对多元化纠纷解决机制的研究与推崇。尤其是在党的十八届四中全会中明确提出要"健全社会矛盾纠纷预防化解机制，完善调解、仲裁、行政裁决、行政复议、诉讼等有机衔接、相互协调的多元化纠纷解决机制"，这即标志着多元化纠纷解决机制的改革工作已被纳入国家战略层面，同时也被纳入司法改革中的重要环节。随后，中共中央、国务院《关于完善矛盾纠纷多元化解机制的意见》、最高人民法院《关于人民法院进一步深化多元化纠纷解决机制改革的意见》(以下简称《深化多元化纠纷解决机制改革的意见》)等一系列文件的发布，也铺垫了发展的"快车道"。

根据《关于完善矛盾纠纷多元化解机制的意见》，法院应当发挥司法在矛盾纠纷多元化解机制中的引领、推动和保障作用，然而这三项作用发挥得如何？存在哪些"缺位"与"越位"之处？本文从司法案例出发，并以典型案例为分析对象，揭示诉讼与非诉制度衔接不畅导致司法确认运行混乱、法院定位错误引发虚假调解、保障失当诱发无争议诉讼等法院作用发挥上的缺失

* 丁宁，法学硕士，上海市长宁区人民法院法官助理。卫晓蓓，法律硕士，上海市长宁区人民法院诉调对接中心主任、法官。

与不当。以上问题的发生显示出法院在多元化纠纷解决机制中定位存有偏误，这将阻碍该机制的深入发展。因此，法院应当依照司法运行规律，矫正错误定位，推动多元化纠纷解决机制的完善与发展。

一、法院在多元化纠纷解决机制中的角色与功能

（一）应然层面：引领、推动和保障作用

自《人民法院第二个五年改革纲要（2004—2008）》规定了"与其他部门和组织共同探索新的纠纷解决方法，促进建立健全多元化的纠纷解决机制"这一改革任务开始，法院就启动了对多元化纠纷解决机制的持续探索与推进。

2015 年年底，中共中央、国务院下发了《关于完善矛盾纠纷多元化解机制的意见》，其中首次明确了法院在多元化纠纷解决机制中的地位与作用："法院要发挥司法在矛盾纠纷多元化解机制中的引领、推动和保障作用，建立健全诉讼与非诉讼相衔接的矛盾纠纷解决机制，加强与行政机关、仲裁机构、人民调解组织、商事调解组织、行政调解组织或者其他具有调解职能的组织的协调配合，推动在程序安排、效力确认、法律指导等方面的有机衔接。"

在学理上，有学者提出要厘清司法权与诉权的关系，法院在多元化纠纷解决体系中应兼顾纠纷解决与规则形成双重功能。[1] 还有学者认为法院应当在多元化纠纷解决机制中发挥法律导向、确立准则、传递信息、提供便利、给予支持五大功能。[2]

学理上的呼吁与规范层面的要求其实在内涵上具有一致性，基于法院掌握资源的有限性、地位的中立和裁判性等内在特征，其无法成为多元化纠纷解决机制中的主导一角（主导职责应由地方政府承担），而应当发挥引领作用，即通过司法裁判构建纠纷化解的规则，建立诉讼与非诉讼相衔接的矛盾纠纷解决机制；发挥推动作用，即推动调解、仲裁、行政裁决、行政复议等其他非诉讼解纷程序的发展完善，推动其与诉讼制度在程序安排、效力确认、法律指导等方面的有机衔接；发挥保障作用，即在纠纷解决机制发展的全过

---

[1] 参见傅郁林：《"诉前调解"与法院的角色》，载《法律适用》2009 年第 4 期。
[2] 参见陈荣：《人民法院在多元化纠纷解决机制中的定位与功能》，载《人民法院报》2007 年 10 月 11 日。

程中对其他非诉讼解纷途径提供法律指导、诉讼费用减免等支持政策。③

（二）实然层面：法院占核心地位

在司法实践中，主要是根据调解与立案、审判的关系，即非诉讼与诉讼阶段的关系不同，形成了立案前的委派调解（诉前调解）、立案后的委托调解、立案调解、开庭审理前的审前调解、审理过程中的庭审调解以及辩论终结后判决作出前的判前调解所构成的全方位、多样化的司法调解制度体系。④如在人民法院推动多元化纠纷解决机制十几年的现实经验中，主要形成了以下典型模式与做法。

表1 多元化纠纷解决机制的典型模式对比表

地 区	模 式	代 表 做 法
上海市长宁区人民法院	"人民调解窗口"模式	法院与司法局合作，在法院内设置"人民调解窗口"，将纠纷委托给人民调解窗口进行调解
北京市朝阳区人民法院	"诉前调解"模式	法官助理庭前调解、特邀调解员参与调解、律师主持和解
江苏省南通市	"大调解"模式	由党委领导、综治委牵头，法院、司法局、政府法制办等各部门共同参与
福建省厦门市	"立法例"模式	通过《多元化纠纷解决机制促进条例》等法规界定民间、行政、司法等不同矛盾调处机制的功能与衔接
山东省东营市中级人民法院	"多种ADR"模式	"法院附设ADR"庭前调解、"法院指导ADR"加大对人民调解指导、"法院引领ADR"引导法院外的纠纷解决机制更多更好地化解纠纷

随着多元化纠纷解决制度在全国范围内的提倡与推广，目前在全国法院系统内已基本建立起诉调对接机制。虽然在是否由地方党委主导，是诉前调解还是委托调解等具体模式上还存有地方差异，但发展方向已日渐趋同，且法院在其中占据核心地位这一角色定位也已成为普遍模式。

---

③ 参见蒋惠岭：《引领—推动—保障：司法作用的发展进阶》，载《人民法院报》2015年4月10日。

④ 参见潘剑锋：《民诉法修订背景下对"诉调对接"机制的思考》，载《当代法学》2013年第3期。

然而，法院的引领、推动、保障作用发挥得如何？存在哪些"缺位"与"越位"之处？这些问题只通过观察各地的工作模式与经验介绍是无从知晓的，因此本文以司法案例为分析对象，通过中国裁判文书网、北大法宝司法案例库、中国法律知识总库等数据库，通过检索关键词"调解协议"、"司法确认"共获得相关案例525则，笔者通过逐份阅读、整合归纳，深入评估当前法院在多元化纠纷解决机制中的定位，揭露、提炼出司法的"缺位"与"越位"现象并提出针对性的解决思路。

二、引领不畅：制度衔接不畅导致司法确认运行混乱

（一）诉讼与非诉讼相衔接的理论框架

2002 年 9 月，最高人民法院制定的《关于审理涉及人民调解协议的民事案件的若干规定》第一条首次明文确立了人民调解协议作为"民事合同"的法律地位和效力，并确立了调解协议的解纷效力："当事人应当按照约定履行自己的义务，不得擅自变更或者解除调解协议。"以此为基础，2009 年 7 月最高人民法院在《关于建立健全诉讼与非诉讼相衔接的矛盾纠纷解决机制的若干意见》（以下简称《诉讼与非诉讼相衔接若干意见》）中对经商事调解组织、行业调解组织等其他调解组织调解达成的调解协议的效力也划一地认可为民事合同。这构建出以经调解组织调解达成的、有民事权利义务内容的"调解协议"为表现形式的纠纷解决方式。《民事诉讼法》第九十五条规定的"委托调解"或"特邀调解"的实质也是"调解协议"。

2009 年 7 月，最高人民法院将"定西经验"普遍推广，司法确认程序在《诉讼与非诉讼相衔接若干意见》中被初步提出。2011 年 3 月，最高人民法院制定了《关于人民调解协议司法确认程序的若干规定》（以下简称《司法确认程序若干规定》），又进一步将司法确认制度具体化。2012 年修正的《民事诉讼法》在"特别程序"一章新增"确认调解协议案件"一节，以诉讼基础法的地位确立了司法确认制度的效力，最高人民法院于 2015 年又通过《关于适用〈中华人民共和国民事诉讼法〉的解释》（以下简称《民事诉讼法解释》）第三百五十三条至第三百六十条细化了司法确认的申请，管辖，不予受理、驳回申请的情形，以及审查的方式等。至此，就在法律框架下构建出以调解

协议"司法确认"程序为表现形式的纠纷解决方式。

表2　多元化纠纷解决机制相关法律法规

序号	法律法规名称	施行时间	主要内容
1	最高人民法院关于审理涉及人民调解协议的民事案件的若干规定	2002.11	确立人民调解协议的法律地位及效力
2	最高人民法院关于人民法院民事调解工作若干问题的规定	2004.11	促进人民法院正确调解案件
3	最高人民法院关于建立健全诉讼与非诉讼相衔接的矛盾纠纷解决机制的若干意见	2009.7	完善诉讼与非诉讼纠纷调解衔接机制
4	最高人民法院关于进一步贯彻"调解优先、调判结合"工作原则的若干意见	2010.6	确立"调解优先、调判结合"的工作原则
5	人民调解法	2011.1	完善人民调解制度，规范人民调解活动
6	最高人民法院关于人民调解协议司法确认程序的若干规定	2011.3	规范经人民调解委员会调解达成的民事调解协议的司法确认程序
7	民事诉讼法（2012年修正）	2013.1	在"特别程序"一章新增"确认调解协议案件"一节
8	最高人民法院关于适用《民事诉讼法》的解释	2015.2	第三百五十三条至第三百六十条细化了司法确认的制度
9	最高人民法院关于人民法院特邀调解的规定	2016.7	规范了人民法院特邀调解工作

（二）司法确认制度缺陷

司法确认制度的诞生，是为了弥补调解协议的效力缺陷，赋予调解协议强制执行力，因此该制度成为衔接非诉讼与诉讼制度的关键一环。调解协议的双方需向法院共同申请司法确认，即双方对该协议的内容和效力不存在争议，故司法确认程序也称为"非讼型"程序。

尽管关于司法确认制度的法律法规频频颁布，但该制度的法律设计仍比较粗疏。调解协议经司法确认后是否存在既判力？司法确认的既判力存否需要考量哪些因素？如果司法确认存在瑕疵，救济程序如何运行？这些疑问在构建诉讼与非诉讼相衔接的理论框架中未得以界定与厘清，从而导致该制度在实践操作中尚存有诸多疑问。

1. 既判力的质疑

2012年修订后的《民事诉讼法》将司法确认案件的法律文书形式由之前《司法确认程序若干规定》规定的"决定"调整为"裁定",该法第一百九十五条规定:"人民法院受理申请后,经审查,符合法律规定的,裁定调解协议有效……不符合法律规定的,裁定驳回申请……"该条赋予司法确认裁定书以强制执行力,但未解决一个深层次的问题,即司法确认裁定的内容是否具有既判力呢?如果有,是否具有既判力的全部内涵?这直接关系到司法确认的法律定位和制度作用。

所谓既判力,是指确定判决之判断被赋予的共有性或拘束力,是一种不允许对该判断再起争执的效力[⑤]。理论上,既判力根据其效力的不同指向,可分为消极意义上的既判力和积极意义上的既判力。前者指的是既判力具有终结诉讼的效力,即"就既判事项不允许当事人再行起诉,不允许法院重复审判"[⑥]。后者则是指既判力的预决效力,即"当本诉判决所确定的事项成为后诉的前提性问题时,后诉法院应在前诉判决之判断的基础上进行裁判"。[⑦]

从司法确认制度的设置目的来看,该制度必须具备终结诉讼的消极既判力。司法确认制度以促进以人民调解为主体的替代性纠纷解决机制的发展,促进纠纷更快捷、便利和经济地解决为设立之目的,如果确认裁定书不具备"一事不再理"的效力,那当事人之间的纠纷就依然处于不确定状态,则无法达到化解纠纷的目的。进而,因司法确认制度中程序保障程度较弱和确认裁定书存有当事人以让步、妥协来达成协议的特点,该制度不应具有拘束后诉的积极既判力。因此,该制度具有部分既判力,即司法确认制度具有终结诉讼程序的效力,但不具有预决效力,确定的调解协议内容不得拘束后诉。[⑧]

---

⑤ 参见[日]高桥宏志:《民事诉讼法制度与理论的深层分析》,林剑锋译,法律出版社2003年12月版,第477页。

⑥ 江伟主编:《中国民事诉讼法专论》,中国政法大学出版社1998年6月版,第165页。

⑦ 廖永安、胡军辉:《论法院调解的既判力》,载《烟台大学学报(哲学社会科学版)》2009年第1期。

⑧ 参见江伟主编:《民事诉讼法》,中国人民大学出版社2007年7月版,第269页。

2. 救济程序的混乱

由于人民调解协议司法确认被置于"特别程序"一章中，参照特别程序实行一审终审，当事人无法提起上诉，且《民事诉讼法》没有提及救济途径，只在最高人民法院关于适用《民事诉讼法解释》第三百七十四条中有规定："适用特别程序作出的判决、裁定，当事人、利害关系人认为有错误的，可以向作出该判决、裁定的人民法院提出异议。……对人民法院作出的确认调解协议、准许实现担保物权的裁定，当事人有异议的，应当自收到裁定之日起十五日内提出；利害关系人有异议的，自知道或者应当知道其民事权益受到侵害之日起六个月内提出。"

从上述规定可以看出，关于司法确认的救济可分为当事人的救济和案外人的救济。对于当事人的救济，可以参照对调解书的再审，如若当事人提出证据，证明之前的调解违反自愿原则或者达成的调解协议违反法律规定的，可以向原法院申请再审。这种再审应当与对调解协议的司法审查类似，应当主要是形式上审查和有限的实质审查：仅围绕调解协议签订时是否违反自愿原则、是否违反法律的强制性规定进行审理，而不涉及原纠纷的实质审查。

对于案外人的救济，是司法确认救济程序应关注到的重点。由于当事人的恶意串通、虚构或伪造事实，由于人民调解员的专业素质所限，及法院对司法确认的形式审查标准，被确认效力的调解协议很有可能损害了案外人的合法权益，此时需要在法律程序设计中给案外人预留救济的途径。该救济程序应如何启动？法院适用何种程序审理？案外人应当在原审法院另行起诉还是申请启动审判监督程序？这些都是该制度的空白地带，同时也造成了实践中的操作混乱。

在冯某友诉冯某德等申请撤销司法确认调解协议裁定案中，在经济纠纷未结清的情况下，原申请人冯某德等作为出资人与永州和泰房地产开发有限责任公司达成调解协议，处分了在冯某友名下的投资款，侵害了案外人冯某友的合法权益，故湖南省永州市冷水滩区人民法院裁定撤销2016年7月1日该院作出的民事裁定。在该案中，案外人向原审法院提起撤销之诉，原审法院适用特别程序撤销了该院作出的司法确认裁定。⑨

---

⑨ 参见湖南省永州市冷水滩区人民法院（2017）湘1103民特监1号民事裁定书。

在吴某某与樊某某等请求撤销确认人民调解协议裁定案中，江苏省启东市人民法院根据原案申请人樊某某等经启东市调解中心驻启东市法院调解窗口调处达成的调解协议，作出了确认有效的民事裁定书。之后，案外人吴某某向该院提交申请，以该民事裁定书所确认的财产内容未经核实，损害了其利益为由要求撤销。启东市人民法院启动了再审程序，经审委会讨论后裁定撤销。本案即由原审法院启动再审程序，撤销了错误的司法确认裁定，并驳回了原案申请人确认调解协议效力的申请。⑩

由此可见，司法实践中案外人一般都向原审法院提起撤销之诉，也由原审法院受理，但对启动再审程序还是另案特别程序，是否要开庭审理，却有不同的理解，这与司法确认裁定书是否具有积极的既判力直接相关。理论上有学者认为，因为司法确认不具有积极的既判力，故确认决定书不会影响到后诉，案外人在后诉中可以直接对司法确认所作出的判断和确认的事实展开新的调查，无需通过再审去撤销司法确认裁定书。⑪笔者同意此观点，因司法确认制度排除积极既判力，故案外人的救济方式应不适用再审程序，提起的撤销之诉可同样适用特别程序，或以司法确认中的有法律关系的当事人为被告另案诉讼，以新的生效判决书对抗司法确认裁定书。

三、推动失衡：定位偏误引发虚假调解

（一）虚假调解的表现形式

所谓虚假调解，是指双方当事人为了牟取非法利益，虚构事实，恶意串通，以获取法院出具的调解文书的行为。虚假调解是虚假诉讼的一种常见方式，虚假诉讼常以调解结案，当事人利用调解文书与判决书具有同等的法律效力，即生效后不能上诉，且以双方达成调解协议为由降低法院的实体审查强度，以牟取非法利益、损害他人的合法权益。⑫

---

⑩ 参见江苏省启东市人民法院（2014）启民监字第00002号民事裁定书。
⑪ 杨兵：《调解协议司法确认决定书的效力及其瑕疵救济——兼评最高人民法院〈关于人民调解协议司法确认程序的若干规定〉的相关规定》，收录于万鄂湘主编：《探索社会主义司法规律与完善民商事法律制度研究：全国法院第23届学术讨论会获奖论文集》（上），人民法院出版社2011年12月版，第622—631页。
⑫ 参见李浩：《虚假诉讼中恶意调解问题研究》，载《江海学刊》2012年第1期。

虚假诉讼在诉讼实务中常有发生，进而得到立法者的关注和思考。《民事诉讼法》2012年修正案新增第一百一十二条、第一百一十三条两条规定，规定对虚假诉讼行为的裁判及处罚方式，2015年《刑法修正案》（九）在《刑法》第三百零七条后增加一条，正式确立了虚假诉讼罪："以捏造的事实提起民事诉讼，妨害司法秩序或者严重侵害他人合法权益的，处三年以下有期徒刑、拘役或者管制，并处或者单处罚金……"紧跟其后，最高人民法院在2016年发布了《关于防范和制裁虚假诉讼的指导意见》，进一步细化了民事商事审判领域对虚假诉讼的认定和防范。

基于上文所述的诉讼与非诉讼衔接的法律框架，虚假调解在多元解纷机制中主要有两种表现形式，一种是双方当事人通过诉前调解、立案调解、委托调解等方式达成调解协议并由法院出具民事调解书。梧州市旧机动车交易中心有限公司等与广西梧州桂源木制品有限公司等股权转让纠纷上诉案就属于该类型，法院判定："被上诉人黄某某与桂源公司之间并不存在真实的债权债务关系，其双方恶意串通意图通过虚假诉讼损害他人合法权益所达成的调解，该调解内容缺乏事实和法律依据，应予撤销。"⑬

另一种则是当事人在人民调解组织、商事调解组织等调解组织达成调解协议并向法院申请司法确认。陈某亮、陈某平、陈某盛司法确认再审案则属于该类型，法院判定："原审申请人陈某亮、陈某平出具的借条提起的诉讼及双方在人民调解员的组织下达成的调解协议、共同向法院申请司法确认均是为参与执行分配被法院拍卖的原审申请人陈某盛的房屋拍卖款而进行的虚假诉讼。"⑭

（二）虚假调解的缘起与防范

1. 虚假调解的产生原因

多元解决纠纷阶段成为虚假诉讼的"重灾区"，原因有以下三点：一是调解员专业素质参差不齐。从调解员的职业背景来看，由街道、居委会等退休干部担任调解员的占比较高，而由退休法官、律师等有法律背景的人员担

---

⑬ 参见广西壮族自治区梧州市中级人民法院（2016）桂04民终212号民事判决书。
⑭ 参见浙江省义乌市人民法院（2014）金义调撤字第2号民事裁定书。

任调解员的占比较低，调解员队伍还没有全面实现专业化、职业化，因此在调取证据、审查证据链、事实判断等方面还难以完全达到防范虚假诉讼的要求。二是对调解的过度追求。近年来，法官承受的办案压力随着案件数量和难度的"双升"而日益增大。调解相较判决，不仅程序更为灵活，文书更为简单，更重要的是还不会面临上诉、改判等不利后果，"重调轻判"的倾向一定程度上依然存在。三是调解过程中的原则淡化。民事审判的基本原则要求"以事实为依据，以法律为准绳"，即要在查清法律关系的情况下作出审判。但调解因当事人对纠纷达成一致协议，故容易放松对基础事实的查明。

从法院在多元化纠纷解决机制中的定位来看，出现虚假调解的原因在于法院过多地追求"解决纠纷"这一功能，而忽视了对其他非诉讼型纠纷解决机制的指导和推动。其实法院在多元纠纷解决中能够贡献的另一种至关重要的资源，就是通过对案件的精心审理，以及内在逻辑始终一致的裁判，为社会上的纠纷当事人之间自行交涉、各种非诉讼的纠纷解决方之间自行交涉和各种非诉讼的纠纷解决方式提供规则参照。[15]

2. 虚假调解的防范

针对该风险，最高人民法院也在《关于防范和制裁虚假诉讼的指导意见》中特别指出："要加强对调解协议的审查力度。对双方主动达成调解协议并申请人民法院出具调解书的，应当结合案件基础事实，注重审查调解协议是否损害国家利益、社会公共利益或者案外人的合法权益；对人民调解协议司法确认案件，要按照民事诉讼法司法解释要求，注重审查基础法律关系的真实性。"此规定警示调解员、法官在调解过程中，不能因当事人解决纠纷的合意达成后就放松对事实、证据的查明和审理，在此时要特别警惕该合意的合法性，对国家利益、社会公共利益及案外人的合法权益是否造成侵害。同时，需要在操作制度中加入虚假调解的防范程序与机制，如在立案时建立诚信诉讼承诺、虚假诉讼警示和虚假诉讼嫌疑报告等制度，可在立案大厅或调解组织办公地张贴、播放虚假调解的警示宣传，在诉讼须知中告

---

[15] 参照王亚新：《多元化纠纷解决机制改革进程中法院的作用》，载《中国审判》2015年第4期。

知虚假诉讼需承担的法律责任，从而引导当事人在诉讼和调解中秉持诚信原则。⑯

四、保障失当：保障失当诱发无争议诉讼

（一）无争议诉讼的表现形式

最高人民法院《深化多元化纠纷解决机制改革的意见》中规定："当事人自行和解而申请撤诉的，免交案件受理费。当事人接受法院委托调解的，人民法院可以适当减免诉讼费用。"这一诉讼费用的优惠政策是多元化纠纷解决机制的工作保障之一，也是推广该机制的主要方式。但在实践中，这一优惠政策却常被不当利用，无争议诉讼时有发生。

屠某与鲍某请求确认人民调解协议效力案中，两申请人于2016年8月16日达成调解协议，约定坐落于上海市徐汇区的一栋房屋变更为屠某所有。虽该协议系申请人自愿签署，但经查，双方当事人之间并无离婚后财产纠纷，两申请人于2014年2月27日达成离婚协议，约定屠某名下的该房屋归鲍某所有，并办理了房屋过户手续，双方对该财产的分割协议自愿合法，且已履行完毕。法院认为现屠某以生活所需为由要求将上述房屋变更为其所有，鲍某亦无异议，双方前往产权登记部门办理变更登记即可。此不属于人民法院受理范围，故裁定驳回申请。⑰

该案例作为实践中的一个缩影，反映了当事人利用多元化纠纷解决机制中诉讼费用的优惠政策而规避房产交易税、公证费等非纠纷性支出的现象。根据《人民调解法》第四条："人民调解委员会调解民间纠纷，不收取任何费用。"同时最高人民法院《关于人民调解协议司法确认程序的若干规定》第十一条也对司法确认制度的收费规定了优惠："人民法院办理人民调解协议司法确认案件，不收取费用。"这就导致当事人利用这一优惠政策，为了规避本应缴纳的房产交易税、公证费等税费，虚构纠纷，侵害国家的利益，即无实际争议的纠纷调解。

---

⑯ 参见魏新璋、张军斌、李燕山：《对"虚假诉讼"有关问题的调查与思考——以浙江法院防范和查处虚假诉讼的实践为例》，载《法律适用》2009年第1期。
⑰ 参见浙江省象山县人民法院（2016）浙0225民特19号民事裁定书。

（二）无争议诉讼的原因与规避

1．无争议诉讼出现的原因

在上述案件中，浙江省象山县法院在司法确认制度中坚持实质审查，拆穿了当事人的"小伎俩"，并利用法院的受案范围这一点驳回了双方的申请，值得肯定。但在实践操作中，有些法院出于结案数的考虑，对于司法确认或诉前调解出具民事调解书的案件"求之不得"，出于对结案率的追求，只进行形式上的粗浅审查，甚至明知当事人之间并无纠纷，却还进行确认或出具调解书，实际上给国家的利益、司法的权威都带来了损害。此时"虚假调解协议＋司法确认"恰好为不当利益的实现提供了成本更低、更具隐秘性的路径。⑱

当事人之间不存在任何实质的矛盾纠纷却来法院起诉，即为"无争议诉讼"，实践中有一些无争议诉讼是为了取得行政机关等机构所要求的"证明"，如独生子女的父母因子女意外昏迷，要从其银行账户中取钱支付高额医疗费，但不知密码，虽提交了户口本、出生证等亲子关系证明以及医院诊断证明，但银行仍然要求要有法院出具的"证明"。⑲而还有一些，则是我们这里所讨论的，为了节约办事成本而产生的"无争议诉讼"。此时，当事人不存在非法目的，没有虚构事实，也没有伪造证据，所以不应认定为虚假诉讼。

日益增多的"无争议诉讼"，也是多元化纠纷解决机制中的诉讼费优惠政策导致案件更多地分流在诉前阶段所带来的不利后果。首先，"无争议诉讼"浪费了司法资源。此类纠纷中并无实质争议，但仍然需要经过开庭、调解、文书制作等法定程序，消耗了原本就十分有限的司法资源，从而挤占司法资源，使得真正需要通过法院裁判来定纷止争的群众获得的司法资源相应减少。其次，"无争议诉讼"损害了司法权威。司法权威的重要来源之一为司法最终

---

⑱ 参见潘剑锋：《民诉法修订背景下对"诉调对接"机制的思考》，载《当代法学》2013年第3期。

⑲ 人民网：《百姓无奈提起无争议诉讼 法院咋成证明机关？》，http://he.people.com.cn/n/2015/0408/c192235-24422318.html，最后访问日期2017年6月16日。

救济原则,即司法是解决社会纠纷的最后一道防线。⑳ 这意味着,当事人在穷尽前置性救济途径之前,不应启动司法程序,司法程序也不应主动介入前置性解纷途径。

2. 无争议诉讼的规避

针对"无争议诉讼"这一困境,第一,应当正确调整诉讼费优惠政策。诉讼费具有调节法院案件受理数,分流矛盾纠纷的重要功能。㉑ 因此在多元解纷的保障制度中,应适当调整诉讼费用的优惠政策,与其他非诉机制的收费进行比较,设置科学、合理的收费标准,有效引导当事人的解纷行为选择,尊重纠纷解决规律,引导当事人首先选择公证、仲裁等非诉机制,最后再选择司法途径,合理配置各项解纷资源,科学构建多元化纠纷解决机制。第二,应当正确宣传多元化纠纷解决机制的宗旨。该机制的设置目的不在于倡导调解一定是比判决更好、更有效的解决纠纷方式,而在于提供了司法审判之外的其他纠纷解决方式,降低解决纠纷的成本。㉒ 多元解纷机制的设置本意是让纠纷更少地涌入法院,更多地利用其他解纷资源。因此,当当事人存在无争议却来起诉等明显不当行为时,人民法院可以根据不属于法院受理范围等理由决定不予受理。

结 语

法院在多元化纠纷解决机制中不仅要承担化解纠纷这一本分职责,更多地是要正确认识到司法的局限和缺陷,积极承担引领、推动、保障其他解纷方式发展和繁荣这一社会职能,给其他解纷方式留下空间,调动各方解纷资源的积极性,引入更多的社会自治。我们希望看到的真正的多元共治,应是法院收案数趋减、结案数趋减,其他的解决纠纷方式成为首要、普及且有效的选择,作为社会公平正义最后一道防线的司法机关退居"幕后",坚实地提供着制度支持和法治保障。

(责任编辑:李 岳)

---

⑳ 参见陈光中、肖沛权:《关于司法权威问题之探讨》,载《政法论坛》2011年第1期。

㉑ 参见冉崇高:《以实现诉讼费制度功能为视角论我国诉讼费制度改革》,载《法律适用》2016年第2期。

㉒ 参见苏力:《关于能动司法与大调解》,载《中国法学》2010年第1期。

上海法院案件权重系数研究与运用

上海市高级人民法院课题组*

党的十八届三中全会提出要建立符合职业特点的司法人员管理制度，完善司法人员分类管理制度。习近平总书记在 2014 年中央政法工作会议上指出："建立符合职业特点的司法人员管理制度，在深化司法体制改革中居于基础性地位，是必须牵住的牛鼻子。"长期以来，我国法官实行与公务员基本相同的管理模式，存在司法人员"混岗"、审判资源配置不合理等问题，缺乏符合司法规律和法官职业特点的科学管理体系和绩效考核体系，影响审判权力运行机制的落实。

推进人员分类管理改革，建立符合司法规律的司法人员管理制度的首要任务是落实员额制，即根据辖区经济社会发展、人口数量（含暂住人口）、案件数量等，结合法官办案工作量和三级法院功能定位、审判辅助人员配置等实际情况，对法官、审判辅助人员和司法行政人员等各序列人员，确定一定的占法院人员编制总数的数量比例，而其中最重要的依据基础就是案件数量以及案件的难易程度。为此，对确定案件不同性质、不同难易程度的案件权重系数的研究显得尤为重要。

一、案件权重系数的设定原则与方法

（一）案件权重系数的设定原则

案件权重系数的设定是一项专业性、法律性、导向性很强的工作，既要

---

* 课题主持人：郭伟清，上海市高级人民法院党组成员，副院长。课题组成员：乔亨利，哲学硕士，上海市黄浦区人民法院纪检组组长。谢钧，上海市高级人民法院研究室统计科科长。高佳运，法学博士，上海市高级人民法院研究室调研四科副科长。

真实反映法院审理案件的实际情况，又要有利于调动法官办案的积极性，更要通过设定权重系数进一步规范法官的办案行为。因此，案件权重系数的设定应坚持兼顾大多数，量化有依据，紧扣审判实际，以实证数据测算为基础，通过大数据手段广泛采集各类审判数据，从而在不同性质、不同类型的案件审理中确定一组相对共通的评价标准，实现对案件审理工作的量化，从而科学地评价每个法院和法官的审判业绩，对此，应处理好以下四对关系。

1. 处理好单个案由与多维度评价的关系

法院受理的每个案件都会通过案号和案由来区分，因此，案件权重系数的确定应以不同案号与案由的案件为区分难易程度的基础，然后再从案件当事人的数量、事项的增加（如审计鉴定评估、提起反诉等）和案件类型的多样化（如刑事案件数罪并罚）等多个角度来加以评价。

2. 处理好共通要素与个性要素的关系

影响案件权重系数确定的要素是多方面的，每件案件审理中都存在一些带有共性的基本要素，如庭审时间、笔录字数、审理天数、法律文书字数等，但也有一些案件存在个性要素，如财产保全、不予受理等，这些案件虽然没有庭审时间和笔录字数，但也要花费一定的工作量。因此，在对案件办理的简单复杂进行界定时，必须考虑案件的共性要素和个性要素，并予以区别处理。

3. 处理好不同审级和不同程序的关系

法律对各类案件都规定了较为详细的程序要求，对于相同案由的案件，由于审级不同，适用的法律程序就不同，审理中工作量的付出也会有差别，因而在确定权重系数时，必须对案件的审级和适用程序进行甄别。

4. 处理好浮动系数与固定系数的关系

在审判实践中，绝大多数案件办理都会具备一些共性要素，有的除共性要素外还会有个性要素，这些案件具备了适用基本系数和浮动系数的条件。但也有一些案件如不予受理案件、诉前保全案件等不具备这些要素而没有可比性，因此，对于这些案件应赋予一个固定系数。

（二）案件权重系数的设定方法

设定案件权重系数需要遵循一定的设定方法，包括选取影响案件难易程度的要素，以及各要素所占的比例。

1. 选取影响案件难易程度的四项要素

一般情况下，要判断每件案件之间的审理差异，必须选取绝大多数案件审理中都具有、并且与案由存在必然联系的相关因素。经广泛调研，**案件审理天数、笔录字数、庭审时间、法律文书字数四项要素**是办理绝大多数案件的基本要素，且能在一定程度上反映出案件审理的难易程度，体现法官审理案件投入的工作量。因此，上海法院案件权重系数的确定选取这四项要素，并计算四项要素的中位数或者平均数。（计算说明：如计算出的中位数与平均数差异不大，将用代表性更强的平均数，如计算出的中位数与平均数差异过大，将用中位数取代平均数。）

2. 确定四项要素在全部系数中的占比

审判实践中上述这四项要素均对最后的案件办理工作量产生影响，但目前情况下难以区分各要素之间的比重程度。因此，为综合考量这些要素对案件工作量所产生的影响，对案均庭审时间、案均笔录字数、案均审理天数、案均法律文书字数这四项要素之间的占比均设为 25%。（见表 1）

表 1　四项要素占比表

项　目	案均庭审时间	案均笔录字数	案均审理天数	案均法律文书字数
占　比	25%	25%	25%	25%

二、一审案件权重系数的计算方法

（一）一审案件权重系数的计算

由于一审案件所适用的程序较多，不同程序之间的四项要素不具可比性，因此，在计算全部一审案件四项要素时，首先根据不同程序案件审理程序的特点区别处理。有些案件不分案由直接给予固定系数，有些则需要根据案由不同赋予一般系数，如适用被告人认罪的刑事简易程序因整体难度相差不大，不再根据案由区分系数，而是直接赋予固定系数。对于民事案件，考虑到简易程序转化普通程序的实际需要，不再区分简易和普通程序，仅将小额诉讼和特别程序与简易程序和普通程序分开计算。

1. 计算基本案由案件的基础数值

根据选择的基本要素，以每个案由案件和审理程序为基准点计算基础数值。一审案件权重的计算采集了近三年来上海法院办结的全部一审案件的四项基本要素的中位数或平均数，测算不同案由（分刑事二级、民事三级和行政案由）案件分别适用不同程序的基础数值。（见表2）

表2　各类案件共有的四项要素计算表

案由	适用程序	案均庭审时间	案均笔录字数	案均审理天数	案均法律文书字数
刑事二级、民事三级和行政案由	小额诉讼程序	分钟/件	字/篇	天/件	字/篇
	普通程序（含民事简易程序）	分钟/件	字/篇	天/件	字/篇
	特别程序	分钟/件	字/篇	天/件	字/篇

2. 计算刑事一级和民事二级案由案件的基础数值

由于目前采集的数据为近三年来受理的案件信息，没有涵盖最高人民法院案由规定及刑事法律中的全部案由，如今后受理此类案件，将难以确定所用系数，因此，在计算现有刑事二级和民事三级案由的同时，还将计算上一级案件案由的权重系数。（见表3）

表3　刑事一级或民事二级案由案件共有的四项要素计算表

案由	适用程序	案均庭审时间	案均笔录字数	案均审理天数	案均法律文书字数
刑事一级或民事二级案由	小额诉讼程序	分钟/件	字/篇	天/件	字/篇
	普通程序（含民事简易程序）	分钟/件	字/篇	天/件	字/篇
	特别程序	分钟/件	字/篇	天/件	字/篇

［**刑事案件一级案由**］　刑事一级案由分危害国家安全罪、危害公共安全罪、破坏社会主义市场经济秩序罪、侵犯公民人身权利、民主权利罪、侵犯财产罪、妨害社会管理秩序罪、危害国防利益罪、贪污贿赂罪和渎职罪九大类。

［**民事案件二级组合案由**］　在民事四十三类二级案由的基础上，汇总整理出以下案由分类：人格权、婚姻家庭、继承、物权、合同（含无因管理、不当得利）、知识产权、劳动（人事）争议、海事海商、与公司、证券、保

险、票据等有关案件、侵权责任、一般特殊程序、司法协助、海事特别程序等二十八大类。

3. 计算一审全部案件四项要素

由于刑事、民事和行政案件审理之间存在一定的差异，为区分这三大条线之间的权重系数，将计算全部一审案件（民商事案件还需计算小额和特别程序）的四项基础要素，以区分三大条线之间的审理差异。（见表4）

表4　刑事、民事和行政一审全部案件四项要素计算表

案由	适用程序	案均庭审时间	案均笔录字数	案均庭审时间	案均法律文书字数
全部一审案件	普通程序	分钟/件	字/篇	天/件	字/篇
民事一审案件	小额程序	分钟/件	字/篇	天/件	字/篇
	特别程序	分钟/件	字/篇	天/件	字/篇

4. 计算各类一审案件基本权重系数

在完成以上第1项至第3项计算的基础上，按照上述四项基本要素的占比，测算每个案由案件适用的基本权重系数。

（1）计算刑事二级、民事三级、行政案由案件的基本权重系数

［计算公式］　刑事二级、民事三级、行政案由案件的权重系数 = $\sum$（A_1/B_1）× 0.25 +（A_2/B_2）× 0.25 +（A_3/B_3）× 0.25 +（A_4/B_4）× 0.25

A：单个案由四项要素：A_1：案均庭审时间；A_2：案均笔录字数；A_3：案均审理天数；A_4：案均法律文书字数。

B：全部一审案件四项要素：B_1：案均庭审时间；B_2：案均笔录字数；B_3：案均审理天数；B_4：案均法律文书字数。

（2）计算民事小额诉讼和特别程序案件的基本权重系数

由于小额诉讼和特别程序案件与普通程序案件不存在可比性，且仅在民事一审案件中存在，因此，对小额诉讼和特别程序案件权重系数予以单独计算。

［计算公式］　民事小额诉讼和特别程序案件权重系数 = $\sum$（C_1/B_1）× 0.25 +（C_2/B_2）× 0.25 +（C_3/B_3）× 0.25 +（C_4/B_4）× 0.25

C：单个案由（小额诉讼或特别程序）四项要素。C_1：案均庭审时间；

C_2：案均笔录字数；C_3：案均审理天数；C_4：案均法律文书字数。

（3）计算今后受理的刑事案件和民事案件的基本权重系数

今后受理的新案由刑事案件如没有相对应的适用案由，将上提一级，适用刑事一级案由案件的权重。

[计算公式] 刑事一级案件的权重系数 $= \sum (D_1/B_1) \times 0.25 + (D_2/B_2) \times 0.25 + (D_3/B_3) \times 0.25 + (D_4/B_4) \times 0.25$

D：刑事一级案由四项要素；D_1：案均庭审时间；D_2：案均笔录字数；D_3：案均审理天数；D_4：案均法律文书字数。

今后受理的新案由民事案件如没有相对应的适用案由将上提一级，适用民事二级案由案件的权重。

[计算公式] 民事二级案由案件的权重系数 $= \sum (E_1/B_1) \times 0.25 + (E_2/B_2) \times 0.25 + (E_3/B_3) \times 0.25 + (E_4/B_4) \times 0.25$

E：民事二级案由四项要素；E_1：案均庭审时间；E_2：案均笔录字数；E_3：案均审理天数；E_4：案均法律文书字数。

（二）计算一审案件权重基础数据时需考虑的特殊因素

审判实践中存在很多特殊因素将对基本权重系数的设定造成影响，因此，在计算基础数据时对于这些特殊因素予以剔除。

1. 因法定事由等延长审理时间的处理

在不少案件审理中会存在因申请财产保全、申请审计鉴定评估、延期审理或暂缓审理、处理管辖权异议等法定事项而占用的审理时间。这些因素不是每类案件的审理中都存在的，如不加区分地进行计算，将使各类案由案件之间缺乏可比性。因此，在计算基础数据时对因以上因素而延长的审理期限在计算系数审理时间时予以剔除，但因此而付出的工作量将在浮动系数中增加。

2. 简单批量案件的处理

审判实践中存在大量简单批量案件，这些案件的原告为一方，被告为多方，且一次起诉多件，同时，审理时也会合并审理，结案方式多为调解和撤诉，如电信合同、信用卡、物业服务合同纠纷等，这类案件与正常审理的案件缺乏可比性。因此，在计算基础权重系数时对这类案件予以剔除，但对这类案件的审理将赋予固定系数。

（三）一审案件中固定系数和浮动系数的设定

影响案件办理的复杂程度除了以上四项要素之外，还存在很多情况会增加案件办理的工作量，在最终确定法官和法院的工作量时，对这些因素应一并考虑。而对另外一些不完全具备上述四项要素的案件则给予固定系数。

1．固定系数案件的确定

审判实践中的案件千差万别，种类繁多，除具备四项要素的绝大多数案件外，还存在不完全具备四项要素的案件，或者是各案由之间工作量付出差别不大的案件，对于这些案件不再以案由确定该类案件权重系数，而是直接赋予固定系数，因此，除简单批量案件外，适用固定系数案件还包含以下几类主要案件。（见表5）

（1）行政非诉审查案件权重系数的计算

行政非诉审查案件严格意义上不属于一审案件，但其权重系数的计算方式却参照一审案件的计算，但不根据案由进行划分，而是赋予其固定系数。

（2）国家赔偿案件权重系数的计算

国家赔偿案件的审理与一审案件明显不同，其权重系数的设定方式参照一审案件权重系数，但不根据案由进行划分，而是赋予固定系数。考虑到基层法院与中级法院办理的赔偿案件难易程度会有所不同，对这两级法院办理的赔偿案件赋予不同的权重。

（3）其他需考虑的情况

审判实践中还存在一些与一般案件审理缺乏可比性的情况，如刑事案件

表5　适用固定系数案件表（部分）

适用固定系数的案件	独任审理的刑事简易程序案件
	合议审理的刑事简易程序案件
	简单批量案件
	经诉前调解后的案件
	不予受理、督促、公示催告、诉前保全案件
	破产及破产清算案件
	非诉审查案件
	国家赔偿案件（分基层法院和中级法院）

中对于被告人认罪且审限较短的案件、不予受理案件、诉前保全案件、督促和公示催告案件等案件，这些案件的系数确定方法与一审相同，但均不区分案由，而是被赋予一定的固定系数。

　　[计算公式]　F/B

　　F：适用固定系数案件的四项要素

　　B：全部一审案件四项要素

2. 浮动系数的确定

　　在不同案件办理中会遇到不同的要素而增加案件审理的工作量，且这些因素不是每件案件审理中普遍存在的，因此，必须在一般案件系数的基础上，对影响案件工作量的要素在计算案件系数时予以增加。（见表6）

表6　浮动系数表

	刑事附带民事诉讼
	刑事案件数罪并罚
	涉众型刑事犯罪案件
	判处无期徒刑以上刑罚的案件
	被告提起反诉
适用浮动系数的案件	判决和调解离婚涉及财产分割的
	案件当事人人数
	行政附带赔偿
	审计、鉴定、评估
	案件裁定数量

　　[计算公式]　G/B－H/B

　　G：存在浮动因素案件的四项要素

　　H：不存在浮动因素案件的四项要素

　　B：全部一审案件四项要素

（四）计算时需要考虑的问题

　　案件权重系数的计算不但可以评价法院的实际工作量，也可以评价法官的实际工作量，因此，在计算法官的实际工作量时应同时考虑以下因素：

1．合议庭其他成员系数的计算

在普通程序中，合议制审理由审判长、承办人、另一名合议庭成员3—5人组成，如果仅赋予承办人工作系数而不赋予审判长和其他合议庭成员工作系数，将难以反映其他成员的工作量。因此，在测算法官个体工作量时，应赋予审判长及其他合议庭成员工作系数，对于3人组成的合议庭，审判长的系数与承办法官一致，其他合议庭成员（人民陪审员除外）为该案件系数的30%。

2．繁简分流案件的处理

在审判实践中，部分法院对相关案件类型根据案件难易程度开展了繁简分流的处理，部分法官专门处理大量相对简单的案件，而部分法官专门审理部分较难案件，如适用相同的系数将不利于反映这些法官的真实工作量。因此，在测算法官个体工作量时，将根据各法院报送的情况对某些繁简分流案件的权重系数根据一定的比例关系作出修正，办理难度较高案件的法官增加系数，而对于办理难度较低案件的法官减少系数。

三、其他案件权重系数的计算方法

（一）二审、再审等案件权重系数的计算

1．二审案件权重系数的计算

与一审案件权重系数计算方式和案由的分类方式相同，二审案件权重也分一般案件和适用固定系数案件，也根据不同事由增加浮动系数。

2．再审案件权重系数的计算

由于再审案件数量较少，各案由也较分散，通过再审案由来区分案件工作量大小没有代表性，各个案由之间的差别不大。同时，再审案件许多矛盾化解工作无法量化，依据案由测算出的数据偏低，不能全部反映再审工作量。故不再单独计算再审案件系数，而是按原审案件生效审级适用相应的系数，一审生效的按一审系数，二审生效的按二审系数。

3．减刑、假释案件权重系数的计算

与一审案件权重系数计算方式基本相同，但不根据案由进行划分，而是赋予固定系数，同时，根据工作的特殊性，增加若干浮动系数。

4．申诉案件权重系数的计算

由于全市法院办理申诉案件的业务部门较少，集中在高级法院、中级法院申诉部门。同时，申诉案件不同案由之间的工作量差别不大，过于细分案由意义不大，故申诉案件的权重设定仅按大类计算案件系数。同时，对于审理难度区分不大的、上级及相关部门交办的"监"号申诉案件赋予固定系数。

5．请示、复核等其他案件权重系数的计算

在法院审理的案件中，还有一些案件属于因法院内部管理需要而产生的案件，如就案件法律适用而向上级法院请示的案件、因延长审限的需要向上级法院提请报批等案件，都涉及法院的工作量。这些案件也根据四项要素赋予一定的案件系数，计算方法与一审案件相同，但不区分案由，而是适用固定系数。

（二）涉少年案件权重系数的计算

少年法庭审理的案件除具备与一般案件相同的要素之外，还存在很多只有少年法庭所独有的特色工作。这些特色工作的内容具体包括社会调查、法定代理人参与刑事诉讼、合适成年人参与刑事诉讼、轻罪犯罪记录封存、回访考察、心理干预、社会观护等。在确定涉少年案件的权重系数时，应根据在审理过程中开展的特色工作情况，在一般案件系数的基础上增加相应的工作系数，以更为客观、全面地反映少年法庭实际工作情况。

1．刑事部分

一般在少年刑事案件审判中开展社会调查、法定代理人参与刑事诉讼活动、合适成年人参与刑事诉讼、心理干预等特色工作的，应当增加基本权重系数，具体计算如下：

（1）委托开展社会调查工作的，增加0.03权重系数，自行开展社会调查工作的，增加0.23权重系数。

（2）法定代理人参与刑事诉讼活动的，增加0.19权重系数。

（3）合适成年人参与刑事诉讼活动的，增加0.23权重系数。

（4）全程开展回访考察工作的，增加1.1权重系数。

（5）开展心理干预工作的，增加0.72权重系数，其中心理测评的，增加

0.1 权重系数。

（6）开展轻罪犯罪记录封存的，增加 0.12 权重系数。

以上权重系数以每办理一件刑事案件需要 24 小时（大约 3 天工作量，1440 分钟），对照特色工作的时间予以折算。

2. 民事部分

一般在少年民事案件审判中开展社会观护、心理干预等特色工作的，应当增加基本权重系数，具体计算如下：

（1）开展社会观护工作的（法官自行回访的），增加 0.59 权重系数，其中如果由社会观护员回访考察的，增加 0.34 权重系数。

（2）开展心理干预工作的，增加 0.54 权重系数，其中心理测评的，增加 0.07 权重系数。

以上权重系数以每办理一件民事案件需要 32 小时（大约 4 天工作量，1920 分钟），对照特色工作的时间予以折算。

（三）执行案件权重系数的计算

执行工作是人民法院工作的重要组成部分，执行案件的权重系数设定对于正确评价执行工作，真实评价执行法官的工作量，不断提高执行工作的效率和效果有着十分重要的作用。由于执行案件与审判案件存在较大差别，审判案件的四项要素无法适用于执行案件工作量计算，办理执行案件的工作量大小与案由也没有直接的关联。因此，对于执行案件的权重系数将根据办理每件执行案件实际所付出的工作量，同时结合案件办理的质量、效率、效果等因素进行综合评判。

1. 一般执行案件权重系数的设定

所谓一般执行案件是指具备办理执行案件基本要素的案件，如案件具备从立案审查、发出通知、开展财产调查、采取执行措施、进行执行和解等工作的全部要素，这些案件占全部执行的绝大多数，这些案件将按照以下四个方面设定系数。

（1）行为数量。首先对每件执行案件都赋予 0.2 的基本系数，其次，根据每件执行案件所付出的工作量相应增加一定的系数，付出的工作越多，增加的系数越高。

（2）办理质量。执行案件的办理质量至关重要，直接关系到法律权威的维护和当事人合法权益的满足。因此，执行案件的质量是决定执行案件系数高低的重要方面。例如对于执行款项如实执行到位的案件，将增加0.5的系数，对于有证据证明的自动履行案件将增加0.4的系数，而对于以和解方式结案的案件，仅增加0.2的系数，而以终结本次执行程序方式结案的案件将不予增加系数。

（3）办理效率。执行案件办理效率的高低也将影响当事人合法权益的实现，对于在一定期限内执结的案件将予以增加相应的系数，而对于一定期限外执结的案件扣除相应的系数，以鼓励不断提高执行效率。同时，对于及时开展各项执行活动的案件，也将增加相应的系数，反之，对于执行案件立案后，在一定期限内没有开展任何执行活动的案件，将扣除相应的系数。

（4）办理效果。执行效果的好坏也直接影响到人民法院司法权威的树立，当事人对于法官在执行过程中所产生的问题，一般会向上级部门进行投诉。因此，在执行案件权重系数的设定中，也将根据执行案件的投诉率情况对系数做相应增减，如投诉超过设定的投诉率，将扣除相应系数，反之，则增加相应系数。

2. 特殊执行案件的权重系数的设定

在审判实践中，还存在大量执行时间较短、不同于一般执行案件处理方式的执行案件，这些案件的审理天数仅为0—1天，而且其中0天的案件占绝对大数，这些案件基本不具备一般执行案件所普遍具备的财产查控、强制执行等要素。因此，对这类案件不能适用与一般执行案件相同的权重系数设定方法，而是根据标的额实际到位及执行结案方式情况直接赋予固定系数。

（1）实际收到款项和有证据证明被执行人完成自动履行及行为执行的案件，每件赋予0.2的系数。

（2）结案方式为和解的，每件赋予0.1的系数。

（3）除以上两类案件以外的案件，每件赋予0.02的系数。

（4）委托其他法院办理的案件，委托法院每件赋予0.2的基本工作系数。被委托法院则按照实际工作情况赋予相应系数。

（四）财产保全案件权重系数的计算

由于财产保全案件存在一定的特殊性，其案件性质与审理和一般案件完全不同，这类案件将参照执行案件工作量的计算方法，根据每件财产保全案件所付出的实际工作量测算权重系数。

四、案件权重系数的运用

上海法院通过设定案件权重系数，为科学确定法官实际办案工作量、法官员额比例测算、庭长科学合理地分案等提供了重要参考。以法官为核心，以法官助理、书记员为辅助，以司法行政人员为保障的**分类科学**、**结构合理**、**权责明晰**、**管理规范**、**保障有力**，符合司法职业特点，具有上海法院特色的人员管理制度基本建成。

（一）科学测定法官实际工作量

长期以来，法官办案数量的测算基本都是以一件案件为基础值，有一个案号就计为一件案件，没有根据每件案件办理的难易程度，所付出的工作量的大小来区分，案件权重系数的设定为科学确定每个案件的实际办案工作量打下了基础。目前，这一成果已经运用于上海各级法院法官实际工作量计算中。

1．一般案件工作量的测算

这里的一般工作量案件主要指具备办理一件案件所必备的四项要素的案件。经数据测算，某法院同一业务庭殷法官一年内办案165件，金法官一年办理190件，但经权重系数的转换，殷法官因为办理了适用权重系数较高的案件91件，其中还有74件案件具备了浮动系数要件，最终转换为276.59件，而金法官虽然办理的案件数多于殷法官，经分析，均办理了权重系数较低的案件，因此，办理的案件数转换为188.12件，比殷法官还低。二者在庭里的最终考核排名就发生了变化。对于这样的评价结果，金法官心服口服，殷法官则觉得公平合理，有效地提高了法官办理复杂疑难案件的积极性，以往很多法官不愿意办理的离婚涉财产分割、专利侵权纠纷等案件，因权重系数较高而受到法官的重视。（见表7）

表 7　某法院法官一般案件转换表

姓　名	部　门	办理案件数	办案工作量（按权重）
殷　某	民一庭	165	276.59
金　某	民一庭	190	188.12
王　某	执行局	174	140
陆　某	民二庭	291	480.75
周　某	某法庭	181	60.58

2. 特殊案件工作量的测算

这里的特殊案件就是指批量案件、经诉调处理后的案件等特殊类型的案件。据数据显示，某法院某业务庭韩法官一年办案过千件，超过一名法官正常办案量的 2 倍还多。经对这些案件进一步分析，显示该法官所办的 1250件案件中有批量案件、诉调转换案件 1154 件，将权重系数赋予这些案件后，这位法官的年办案数由 1250 件转换为目前的 120.39 件，真实反映了实际工作量，因为这些案件绝大多数都没有办理一件正常案件所具备的要素，没有开庭时间、没有庭审笔录、裁判文书单一，且大多审理时间在三天之内。（见表 8）

表 8　某法院法官批量案件转换表

姓　名	所在部门	办理案件数	办案工作量（按权重）
韩　某	速裁庭	1250	120.39
王　某	民一庭	1186	84.98
徐　某	执行庭	1188	573.28
金　某	民一庭	2401	101.87

（二）为确定法官员额数提供重要参考

如何科学测定法官员额是司法改革成功与否的关键，而科学测算法官实际办案工作量又是计算法官员额的基础。在上海二中院、徐汇法院、闵行法院、宝山法院四家试点法院中，率先将案件权重系数成果运用到法官员额测算中，对全体办案法官三年内的办案数量和参审案件数量进行折算，测算出每个人的年均办案数以及年均办案工作量，（见表9）全体法官的年均办案数以及年均办案工作量，用年收案数除以法官年均办案工作量，即可以测算出试点法院所需要的法官员额数。

表9　某司改试点法院法官办案工作量核算表

姓　名	所在部门	办案数量	参审案件数	办案工作量（按权重）
朱　某	刑庭	447	201	687.466
彭　某	刑庭	354	529	944.61
罗　某	刑庭	728	106	807.467
陆　某	民一庭	247	135	237.361
孙　某	民一庭	377	593	670.69
高　某	民一庭	443	405	825.975
翁　某	民二庭	465	457	999.481
王　某	民二庭	516	689	1464.25

在四家试点法院运用案件权重系数完成员额测算的基础上，又将这一成果运用至上海全部法院。目前，全市法院已完成首批人员分类定岗，入额法官比例仅为25.6%，为33%的员额比例留出较大的空间，不仅确保了高素质法官进入员额，而且留有余额给年轻法官，确保了改革过渡期间法官队伍不断层。

（三）为庭长日常分案提供科学依据

设定案件权重系数的另一个重要作用就是为各业务庭庭长安排案件承办法官的工作提供科学依据。在以往的审判实践中，庭长拿到立案庭转来的新收案件时，往往是凭经验判断以及对本庭法官的了解来分配案件，难以根据案件审理的难易程度来确定承办法官。而案件权重系数的设定，有效解决了这一难题，为庭长确定案件的承办法官提供科学依据。如甲法官是一名经验丰富的老法官，在分配其案件时，庭长会将案件权重系数较高的案件交其办理，虽然在单位时间内办理的案件个数不多，但总体的权重系数转换后的实际办案量还是较高。而乙法官是一名新任法官，工作经验相对欠缺，庭长在分配案件时可以将权重系数较小的案件分配给他，乙法官可以通过多办案，提升自己的实际办案量，达到与甲法官基本持平的水平，通过多办案积累经验，为今后承办系数高的案件打下基础。

（四）开发案件权重应用系统

案件权重系数的测算是很复杂的过程，无法用手工的方式去计算，只能借助信息化的手段，将案件权重系数编入应用程序才能解决各法院实际运用这一工具进行案件工作量转换问题。对此，在前期完成权重系数测算的基础上，开发了上海法院案件权重应用系统，院、庭领导、法官、审判管理人员、司法统计人员可以通过该系统自动快速查询和计算每个法院和每位法官在选定时间内的办案数量和根据权重系数折算的办案工作量。为增加系统的应用性，系统中还开发设置了统计、图表、比较等功能，利用这些功能，可以得出不同法院、不同法官之间在选定时间内的办案工作量的对比情况，以及同一法院、同一法官在不同时期内办案工作量的变化情况，使分析结果更加直观清楚。

（责任编辑：谢　钧）

完善非法证据排除规则　推进诉讼制度改革

——关于非法证据排除规则适用的调研报告

上海市虹口区人民法院课题组[*]

建构符合中国司法国情的非法证据排除规则是推进以审判为中心的诉讼制度改革中亟需发力的一个重要环节。如何真正有效地解决实践中的非法证据排除问题亟待予以直面研究与深入破解。本文通过对近几年来上海法院审理的非法证据排除申请案件进行深入分析、数据解析、问题剖析，提出进一步完善这一规则的建议。

一、鸟瞰：非法证据排除规则适用的基本情况及特点

为准确、深入把握非法程序排除规则适用的现状及其特点，课题组围绕相关典型性问题制定了调查问卷并发放至上海市区域范围内全部 17 个基层法院、3 个中级法院和 1 个海事法院，发放对象为上述法院中从事刑事审判的法官，共发放问卷 200 份，有效回收 147 份。在发放问卷的同时，课题组还向各法院刑庭发放涉非法证据排除的相关案件信息登记表，全面梳理了全市法院近五年非法证据排除案件的情况。

（一）非法证据排除案件总体概况

1．非法证据排除案件年度分布

2012 年至 2016 年，全市法院共审结一审、二审、再审刑事案件 167864 件，其中申请非法证据排除的案件 242 件，占所有审结案件数的 0.14%；申

---

* 课题主持人：沈品培，上海市虹口区人民法院副院长。课题组成员：周军，法学学士，上海市虹口区人民法院刑庭庭长；叶琦，博士研究生，上海市虹口区人民法院研究室负责人；张能，法学硕士，上海市虹口区人民法院研究室综合组组长；陈春丹，法学硕士，上海市虹口区人民法院刑庭法官；等等。

请后实际启动非法证据排除程序的案件 170 件，最终认定非法证据并予以排除的案件 16 件。同时，启动非法证据排除程序的案件占申请案件数的 70.2%，实际排除非法证据的案件占申请案件数的 6.6%。

表 1　上海法院 2012—2016 年涉非法证据排除案件情况（单位：件）

年　份	2012	2013	2014	2015	2016	总数
申请案件数	43	52	67	44	36	242
启动案件数 ①	35	39	44	27	25	170
排除案件数	3	4	4	3	2	16

可以看出，随着《关于办理刑事案件严格排除非法证据若干问题的规定》（以下简称《非法证据排除规定》）及 2012 年新《刑事诉讼法》的颁布实施，非法证据排除的相关规则逐渐完善，非法证据排除的司法实务也随之发展，之所以相关案件数量在 2014 年达到顶峰，是因为上述文件出台后有一个逐步消化的过程。尽管案件数总体呈现上升趋势，但实践中对于非法证据排除的审查仍然趋于严苛，程序启动和证据排除无论从比例还是从数量上都处于非常低的水平。

2. 非法证据排除案件类型分布

经对 2012—2016 年申请非法证据排除的案件所涉罪名进行梳理，② 242

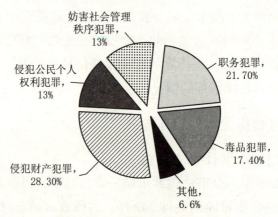

图 1　非法证据排除案件类型分布

---

① 含依职权启动非法证据排除案件数。
② 由于一个案件中存在多个被告人时，以及一个被告人犯多个罪名的情况较为常见，故以罪名为统计对象，罪名总数要大于案件总数。

件案件涉及罪名 343 个（同一罪名重复计算），从各类罪名的分布情况来看，主要集中于侵犯财产类犯罪、职务类犯罪、毒品类犯罪、侵犯公民个人权利类犯罪、妨害社会管理秩序类犯罪等，分别占到总数的 28.3%、21.7%、17.4%、13%、13%。其中，就单一罪名而言，贩卖毒品罪案件申请非法证据排除频率最高，占 242 件案件中的 15%，其次是盗窃罪，占 13%，处在第三位的是贪污罪，占 6.8%。

贩卖毒品罪案件之所以提起非法证据排除频率高，原因在于：一是当前在打击毒品犯罪过程中特勤诱惑侦查的情况较为常见；二是毒品犯罪通常是一对一进行交易，毒品作为认定犯罪的关键证据一旦排除将无法补强，如果能够通过非法证据排除规则将涉案毒品排除，则对被告人而言存在从有罪到无罪的重要转机。而盗窃罪案件之所以频率次高，一方面是因为盗窃罪本身在刑事案件中占有较大的比重，属于多发罪名，另一方面在于盗窃罪的犯罪嫌疑人多处于社会底层，更容易受到刑讯逼供等违法侦查的侵害。③

3．非法证据排除的证据类型

非法证据排除的证据类型是否涵盖所有刑事诉讼证据形式，从立法层面《刑事诉讼法》第五十四条④ 规定来看，非法证据排除规则适用的证据范围似乎仅限于犯罪嫌疑人、被告人供述，证人证言，被害人陈述，物证及书证。

根据课题组对涉非法证据排除的案件样本的分析，实践中申请非法证据排除的证据类型已超出了上述规定的范围，还包括鉴定意见、电子数据等，几乎涵盖了《刑事诉讼法》规定的所有刑事诉讼证据类型。数据样本显示，申请排除犯罪嫌疑人、被告人有罪供述的有 189 件，占 61%；申请排除证人证言的有 30 件，占 9.8%；申请排除勘验、检查、辨认笔录的有 24 件，占 7.8%；申请排除物证的有 18 件，占 6%；申请排除书证的有 21 件，占 6%；申请排除电子数据的有 6 件，占 2%；申请排除鉴定意见的有 5 件，占 2%。此外还有两件申请排除侦查人员出具的工作情况。

---

③ 参见易延友：《非法证据排除规则的中国范式》，载《中国社会科学》2016 年第 1 期。

④ 《刑事诉讼法》第五十四条：采用刑讯逼供等非法方法收集的犯罪嫌疑人、被告人供述和采用暴力、威胁等非法方法收集的证人证言、被害人陈述，应当予以排除。收集物证、书证不符合法定程序，可能严重影响司法公正的，应当予以补正或者作出合理解释；不能补正或者作出合理解释的，对该证据应当予以排除。

（二）非法证据排除程序的启动

1．启动方式

非法证据排除程序的启动方式主要有依申请启动和依职权启动，在2012—2016年上海法院涉非法证据排除的案件中，依申请启动非法证据排除程序的案件148件，占启动总数的87%；依职权启动非法证据排除程序的案件22件，占启动程序总数的13%。这一情况表明司法机关依职权排除非法证据的主动性不高，间接说明在非法证据排除规则的适用上，法院并未能扮演对侦查权、检察权进行充分制约的角色，更多的是作为居中裁断的角色对被告人予以必要的人权保护。

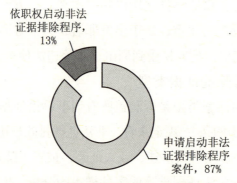

依职权启动非法
证据排除程序，
13%

申请启动非法
证据排除程序
案件，87%

图2　非法证据排除程序启动方式对比

2．申请排除非法证据的理由

对于申请非法证据排除的理由，《刑事诉讼法》第五十条⑤及第五十四条规定了刑讯逼供或者暴力、胁迫等非法方法取得言词证据，以及违反法定程序取得物证、书证等为非法证据排除的法定理由。另外，《最高人民法院关于适用〈中华人民共和国刑事诉讼法〉的解释》第九十五条进一步规定，"使用肉刑或者变相肉刑，或者采用其他使被告人在肉体上或者精神上遭受剧烈疼

---

⑤ 《刑事诉讼法》第五十条：审判人员、检察人员、侦查人员必须依照法定程序，收集能够证实犯罪嫌疑人、被告人有罪或者无罪、犯罪情节轻重的各种证据。严禁刑讯逼供和以威胁、引诱、欺骗以及其他非法方法收集证据，不得强迫任何人证实自己有罪。必须保证一切与案件有关或者了解案情的公民，有客观地充分地提供证据的条件，除特殊情况外，可以吸收他们协助调查。

痛或者痛苦的方法，迫使被告人违背意愿供述的，应当认定为刑事诉讼法第五十四条规定的'刑讯逼供等非法方法'"，"认定刑事诉讼法第五十四条规定的'可能严重影响司法公正'，应当综合考虑收集物证、书证违反法定程序以及所造成后果的严重程度等情况"。课题组对样本中申请非法证据排除的理由进行分类统计，主要有以下几类情况：认为存在刑讯逼供的占47%；认为存在诱供的占6.8%；认为取证程序不规范的占17.3%，如认为未对相关事实通过录像固定[⑥]、侦查人员有利害关系未回避[⑦]等；认为存在证据形式瑕疵的占15.4%，如认为书面材料存在涂改[⑧]、笔录未签字、录像不完整等；其他情况占13.5%，如认为工作情况不属于法定证据、存在重复供述、当事人供述时毒瘾发作神志不清、未成年人没有法定代理人或者合适成年人在场等。从分布看，认为存在刑讯逼供或者诱供的占半数以上，是申请非法证据排除的主要理由。

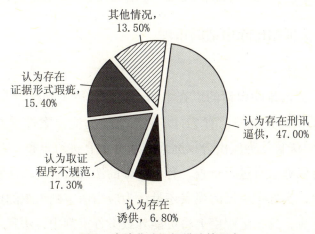

图3　申请非法证据排除的理由

3. 辩方申请启动非法证据排除程序的线索、材料来源

从启动非法证据排除程序的线索材料来源看，经被告人反映后发现的占

---

⑥　如（2013）某刑（知）初字第11号案，辩护人提出涉案电子证据采集、侵权作品比对、链接有效性检测过程未予录像固定，属非法证据排除范围。

⑦　如（2013）某刑初字第917号，被告人及其辩护人提出，侦查人员与受害者系同事，存在利害关系，应当回避却未回避，其在侦查阶段获取的证据属于非法证据。

⑧　如（2012）某刑初字第379号案，被告人举证指出办案民警对其询问笔录、辨认作案地点笔录的制作时间、制作地点进行了变动，未能客观真实反映笔录的制作时间、地点。

84%，通过控诉机关卷宗材料发现的占 13%，自行收集的占 3%⑨。从中可以看出，囿于侦查阶段律师难以完整介入案件以及当事人自行收集证据能力的不足，对于发现非法证据的线索除了被告人自己提出外，仍非常依赖于侦查机关、检察机关的诉讼材料。

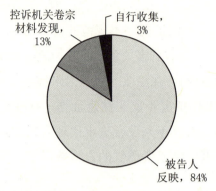

图4　辩方申请启动非法证据排除程序的线索、材料来源情况

（三）非法证据排除申请的审理

1．审查主体

关于非法证据排除申请的审查主体，法律、司法解释均未作明确规定，从问卷调查反馈的情况看，有 71.4% 的法官认为应由案件承办法官进行审查，有 5.4% 的法官认为应由合议庭而非承办法官进行审查，有 11% 的法官认为应由非合议庭法官进行审查，有 12.2% 的法官认为应由法官助理进行审查。可以看出，实务中主流的观点还是认为应当由审判组织的成员对非法证据排除进行审查，这一定程度上将可能导致案件审判中，法官受到非法证据先入为主印象的影响进而影响心证的形成。

2．调查阶段

非法证据排除程序的调查应当在庭审的什么阶段进行？对此，问卷调查的结果显示，有 30.6% 的法官认为应在庭审质证前进行，有 6.8% 的法官认为应在庭审质证环节进行，有 42.2% 的法官认为在法庭调查结束前进行均可，有 20.4% 的法官认为在判决宣告前任何阶段进行均可。从问卷反映的情

---

⑨　如（2012）某刑（知）终字第 3 号案，二审中，被告方就被告人张某私自对公安侦查人员讯问过程进行录音的相关材料进行举证质证，用以证明侦查人员非法讯问。

况来看，实务中对于非法证据排除程序的调查的程序节点存在较大的争议，未能形成较为一致的意见，这应当是完善非法证据排除程序需要关注的方面。

3. 控方对证据合法性的证明方法

实践中，公诉方证明取证程序合法的证明方法通常包括以下几种：侦查人员出具《工作情况》、出示看守所体检表、播放录音录像、侦查人员及证人出庭作证等。统计数据显示，在启动非法证据排除程序的案件中，控方提供了审讯录音录像的有 55 件；提供羁押场所体检表、健康检查笔录的 98 件；侦查人员出具《情况说明》的有 57 件；侦查人员出具书面证言的有 23 件；侦查人员出庭作证的有 7 件；鉴定人及其他证人出庭作证的有 24 件；申请其他证人出庭作证的 13 件。另有 8 件案件控方并未提出具体的证明方法或合法性证据。

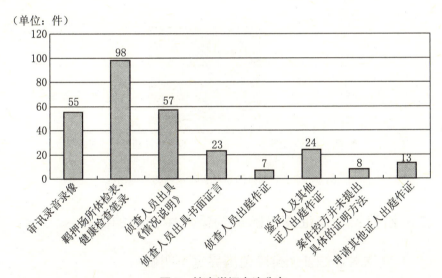

图 5　控方举证方法分布

4. 调查结论的作出时间及形式

非法证据排除的调查结论应当在诉讼程序的哪个节点作出，对此，问卷调查显示，23% 的法官认为应当在庭前会议程序中作出，58% 的法官认为应在法庭调查结束前作出，5% 的法官认为应在宣判前作出，14% 的法官认为在裁判文书中进行说明即可。从问卷反馈的情况看，多数法官认为非法证据排除的结论至少应当在庭审法庭调查结束前作出。

5. 非法证据排除后对实体裁判的影响

在16件决定排除非法证据的案件中，因非法证据排除而减少认定犯罪事实的有2件，法院依据其他证据仍然认定相关犯罪事实从而对定罪量刑没有影响的有14件，没有因非法证据排除宣告被告人无罪或免刑的案件⑩。从数据可以看出，绝大多数的案件，确认非法证据对案件定罪量刑的影响相当有限，即便是排除了一部分的非法证据，但这部分证据往往不是最为关键且不可替代的证据，故通常法官还是能通过其他客观证据形成自由心证从而作出认定。这从侧面反映出法官对于一些重要的、关键性证据的排除还持较为慎重和保守的态度，也说明非法证据排除程序在保障人权方面的作用仍然有待进一步强化。

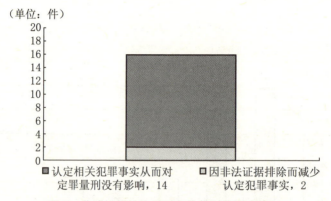

图6　非法证据排除后对实体裁判的影响情况

二、检视：非法证据排除规则适用中存在的问题

（一）立法对非法证据排除范围界定不明确

非法证据排除范围的认定需要通过《刑事诉讼法》第五十四条等规定予

---

⑩　如（2014）某刑初字第948号案件中，被告人陆某在醉酒状态下作出的供述笔录被依法排除，但法官依据其清醒后作出的供述笔录仍认定其犯罪事实；（2012）某刑初字第114号案件，二审程序中，被告人以证人袁某的证言系基于他人的要求而作出申请非法证据排除，检察机关当庭决定撤回相关证据，该证言被依法排除，但二审法院认为，即使排除袁某的证言，综合其他事实和证据亦足以认定被告人相关犯罪事实，最终二审维持原判。（2016）某刑初751号案件，被告人王某在侦查阶段所做供述笔录存在瑕疵，被依法排除，但该供述的排除不影响对被告人王某贩卖毒品事实的认定。

以明确，但司法人员在执行排查时却困难重重，一是"非法方法"具体包括哪些、达到何种程度才要被排除不明晰，二是重复自白的证据可采性问题未有明确说明，三是"毒树之果"是否需要排除，刑讯逼供等非法手段所获得的犯罪嫌疑人、被告人的口供进而获得的第二手证据证明力如何确立。

（二）对"提供相关线索或者材料"义务的理解出现偏差

对辩方"提供相关线索或者材料"义务的理解，普遍存在法官掌握标准不一的情况。有法官认为需有明确的实施非法证据取证行为时间、地点、手段、行为人姓名等线索或者有照片、就医记录等材料，对模糊表示而不能提出具体线索的不应启动非法证据排除程序，也有法官认为仅需提供模糊信息，概括表述、内心存疑，还有法官认为提供大致信息即可。

（三）非法证据排除程序启动难

从程序的启动上看，绝大部分非法证据排除案件都是辩方申请，适用率偏低。根据调研数据显示，对法官主动启动非法证据排除的阻碍因素中，有近49.5%的法官认为主因是程序繁琐，有31.3%的法官认为主因是考虑到与公诉机关的良性互动及感受到公诉机关的压力。

（四）证据合法性调查模式存在不一致、不规范的情况

在调研中发现，非法证据排除调查在整个案件的穿插节点中，各法院甚至各法官存在调查、排除主体、阶段、宣告结果、时间不统一的情况。这说明在法院系统内部尚未形成统一的非法证据排除规则通用程序，同时很多法官将非法证据排除问题视为普通的举证、质证问题，将这一程序问题与实体问题一并解决。

（五）相关程序性规范实施效果差、追责配套机制尚未设立

我国自2007年开始即要求职务犯罪审讯全程录音录像，新刑诉法将其扩大到公安机关侦查的特定案件，但这一制度未得到有效全面实施。实务中部分法院未履行或不当履行告知义务，侦查人员、证人、鉴定人出庭率低都是有效实施非法证据排除的障碍。同时，对于非法证据排除程序中发现侦查人

员有违法取证情况的，最终对相关责任人追究法律责任的较少，也导致侦查人员忽视非法取证的后果。

（六）非法证据排除后的实际效果不明显

非法证据排除程序的立法预设是通过对证据合法性的程序判定，给予被告人非自愿状态下的认罪以救济机会，认定为非法的证据将不能作为定案的根据。但实际上，目前非法证据排除对实体上的处理影响甚微，一是关键证据被排除的情况在案件中极少出现，很少因此判决被告人无罪；二是即使证据因合法性问题被排除后，公诉机关又可以补证并继续在案件中使用。

三、反思：非法证据排除规则适用的制约因素分析

（一）民众安全心理制约程序正义的普遍认同

因受儒家思想和历史上长期战乱的影响，安全心理与安全意识及对罪犯零容忍的态度深入民众的内心。当犯罪证据是真实的，但因侦查人员过错导致非法获取的证据必须予以排除，进而导致有罪之人追诉不能、无法定罪时，普通公众便难以理解甚至怀疑排除规则的合理性。

（二）法官受职业思维惯性及办案压力的制约

法官往往认为犯罪分子具有严重的社会危害性，影响社会治安稳定，对犯罪分子有时会持不信任感。这种不信任感以及先入为主的印象可能会影响其在实践中对非法证据排除规则的适用。同时办案压力使有的法官在处理公检法机关之间关系时，配合协作意识更甚于制约意识。

（三）非法证据排除程序及细节规定不够详尽造成实务做法不一

修订后的《刑事诉讼法》虽然在第五十条、第五十四条及司法解释中予以规定，但仍过于笼统，存在着"宽禁止、严排除"的现象，导致法官自由裁量过程中会作出不同的裁定。由于明显缺乏可以使非法证据排除规则得以落实的制度性及技术性基础，比如沉默权制度、诉辩交易制度、非法证据的证明责任等，在司法实践中如何处理非法证据排除的做法也不规范、不统一。

（四）非法取证缺乏处罚条款导致部分义务条款形同虚设

非法证据审查的对象大多是侦查机关移送的证据，但对侦查人员对证明责任的承担，由于没有相应的处罚条款，或处罚条款过于笼统，导致部分义务条款形同虚设，未能起到应有的指引、警戒作用。

（五）公检法不愿轻易因排除证据而面临各种风险

公安机关面临破案率及考核的双重压力，不愿意主动启动排除程序并面临指控不力的风险。公诉机关面临考核及侦查机关、被害人的压力，也不愿主动启动排除程序。而在审判阶段，非法证据排除意味着引发案件办理、责任追究等方面的问题，法院既要面对侦查机关及公诉机关的双重压力，又要考虑被害人及舆论的压力，同时可能会带来抗诉、改判等风险。

四、完善：进一步释放非法证据排除规则功能的进路研究

（一）确立中国非法证据排除规则的基本原则

1. 符合中国国情

不考虑一国具体国情与相关法律规定适应性，出于美好愿望或好大喜功，采用生搬硬套、简单移植的办法是无法产生适应中国现实并发挥应有作用的非法证据排除规则的。在中国建立非法证据排除规则至少应充分考虑法律文化传统、民众的安全心理、司法资源不足和侦查技术低下的反差等历史、现实因素。

2. 兼顾利益平衡

一是要兼顾实体公正和程序公正。在两者之间寻求平衡，是确立非法证据排除规则的关键所在，两者不可偏废。二是要兼顾个人、社会、国家利益的平衡。个人与社会具有不同的价值需要，是不同的价值需求主体。个人利益必须具有合理限度，不能损害社会整体利益，更不能破坏社会安全。

（二）非法证据排除难之破解路径

1. 理念层面

（1）树立程序正义理念

虽然，程序正义已成为当前公认的刑事诉讼原则，但司法实践中并未得

到切实的贯彻。为了实现实体正义而忽视、放弃甚至牺牲程序正义的情况仍时有发生。司法人员应当从观念上根除重实体、轻程序的理念，将程序正义置于更加优先的位置。在非法证据排除细则意见中具体可以表述为："人民法院应当通过公正的法庭审判程序，查明案件事实、认定诉讼证据、保障诉讼权利、形成裁判结果，最终实现案件裁判的实体公正。"

（2）强化疑罪从无理念

司法实践中，由于职业惯性等各方面的影响，司法人员内心可能会在判决以前甚至开庭之前就在内心认定被告人有罪，从而在有罪推定的影响下推进相关诉讼进程，为错案形成埋下隐患。所以，司法人员应当不断强化疑罪从无理念，做到在诉讼进程中将被告人真正视为无罪之人，切实保障被告人的合法诉讼权利。坚持疑罪从无，就要坚持证据裁判理念，这是非法证据排除规则得以良好运作的前提。为此，我们建议在非法证据排除规则具体细则中明确："认定案件事实，必须以证据为根据，不得强迫任何人证实自己有罪。认定被告人有罪，必须达到犯罪事实清楚，证据确实、充分的证明标准。"

2. 立法层面

（1）明确引诱、欺骗的非法取证方法与讯问技巧的界限

通过引诱、欺骗手段获取证据为《刑事诉讼法》所明确禁止，但相关证据是否一律排除，立法并未明确，故在非法证据排除规则细则中应对此予以明确，并对引诱、欺骗与合理的讯问技巧予以区分。可以表述为："对于下列情况，应认为是合理的审讯策略，可以作为证据使用：（一）许诺以坦白从宽等有法律依据的利益，从而促使犯罪嫌疑人、被告人作出供述的；（二）出示模糊证据，使犯罪嫌疑人、被告人以为司法机关已经掌握了犯罪事实，从而作出供述的；（三）在共同犯罪中，向犯罪嫌疑人、被告人告知其先供述的好处的；（四）其他不违反社会公德、不影响犯罪嫌疑人、被告人供述真实性，仅利用信息不对称促使犯罪嫌疑人、被告人作出供述的。下列情况则属于应当排除的范围：（一）使用暗示、提示手段诱导被讯问人按讯问者意图或事先设定的答案回答问题；（二）许诺以非法的或不可实现的利益进行引诱、欺骗；（三）其他违反公序良俗或可能影响真实意思表达的引诱、欺骗手段。"

（2）明确重复自白、"毒树之果"的排除规则

对于侦查人员使用刑讯逼供或暴力取证手段获得言词证据之后，又通过

正常程序讯问、询问所获得的言词证据，即重复性言词证据是否排除，关键不在于前后言词证据是否内容相同，也不在于前一口供是以实质性违法或技术性违法的方式取得，而在于前后证据是否为不同侦查人员取得。只要更换了审讯、询问小组（人员全部更换），无论之后的言词证据是否与先前通过刑讯逼供、暴力取证得到的相同，其效力均不受影响。在当前我国非法证据排除规则中全面实行"毒树之果"排除规则无疑是不符合国情的。正确的做法应是一般情况下，对"毒树之果"予以采纳，仅在以刑讯逼供和暴力取证获得的言词证据为线索取得"毒树之果"的特殊情况下才予以排除。

按照《刑事诉讼法》的规定，对物证、书证一律实行裁量排除，这无疑是出于对该类证据客观性、唯一性及打击犯罪需要的考虑。但课题组认为，为了在司法实践中切实贯彻非法证据排除规则保障人权的理念以及在最大程度上保障公民的基本人权，有必要对侵害人权最为严重的刑讯逼供和暴力取证实行零容忍，除了对通过刑讯逼供和暴力方法直接获取的证据应绝对排除外，对以刑讯逼供或暴力方法获得的言词证据为线索收集的书证、物证，也应当一律排除。

（3）细化控辩双方的举证责任分配

对于非法证据排除的证明责任除自行发现的以外，无论在检察阶段还是在审判阶段，原则上应由控诉方——检察机关承担，但辩方（包括犯罪嫌疑人、被告人）和证人、被害人负有提出证据线索的责任。同时，在证明标准上，被告方提起排除程序的证明标准达到有理由怀疑非法取证行为可能存在即可，无需达到优势证明，也无需做到排除合理怀疑，更无需达到查证属实的程度。但对控诉方而言，证明证据为合法取得的证明标准应达到确实充分的程度。据此，建议在非法证据排除规则细则意见中，应明确人民检察院证明证据收集合法性应当达到确实、充分，排除合理怀疑的程度，否则，相关证据不能作为定案的根据。

（4）完善非法证据的审查、调查程序

在审查主体上，应当由案件合议庭成员以外的法官或法官助理担任，最大程度避免承办法官接触非法证据而使其心证受到"污染"；在程序的设置上，应当对非法证据提起的时间、阶段进行明确；在调查的具体程序上可以如此设置："（一）当事人及其辩护人、诉讼代理人说明非法证据排除的申请、理由及相关证据或者线索材料；（二）人民检察院出示证据，对调查核实情况和证据收集的合法性进行说明；（三）控辩双方发表意见；（四）人民法院综述归纳控辩双方意见。"同时应明确人民法院对证据收集合法性的审查和调查结论，应当在裁判文书中载明，并说明理由。

3. 制度层面

（1）优化侦查人员出庭制度

应对于依法应当出庭而不出庭的侦查人员规定处罚条款，同时规定其侦查中取得的相关证据材料不能作为定案的根据，以此倒逼侦查人员出庭。当然，并非辩方提出出庭申请，就认定侦查人员应当出庭，而是应由合议庭经过审查，认为侦查人员出庭确有必要的，才可通知相关侦查人员出庭，避免辩方滥用诉权。设置条款："公诉人、当事人或者辩护人、诉讼代理人申请侦查人员出庭说明情况的，人民法院经审查认为确有必要的，应当准许。侦查人员经通知，无正当理由拒不出庭的，人民法院可以建议侦查人员所在单位对其施以必要的惩戒，同时，所涉及的相关证据不能作为定案的根据。"

（2）完善同步录音录像制度

讯问同步录音录像应坚持全程性、完整性、强制性，即讯问的同步录音录像应当自对犯罪嫌疑人开始讯问前就开始录制，并直至讯问结束；在录制过程中不得选择性录制，不得对录音录像资料随意剪辑和修改；是否对讯问过程进行录音录像应当是法律的强制性规定，不能由讯问人员依职权决定，也不能由被讯问人自主选择。建议在经济条件和技术条件许可的情况下，应当逐步实现讯问同步录音录像的全覆盖。同时在录制人员的选择上，应采取侦查人员和录制人员相分离的模式。

（3）构建律师在场制度

世界上许多国家都在刑事诉讼法或判例中承认了辩护律师在讯问时的在场权。在我国现阶段，非法证据排除规则的主要目标不仅在于排除非法证据，而且还包括通过规范讯问行为、严格规定讯问的时间和地点、规定讯问时律师在场等措施来防范和消除刑讯逼供现象。要求律师讯问时在场，能够改变我国目前侦查、审查起诉阶段的讯问都是在律师不知情的情况下进行的做法，使讯问过程变得更加透明和规范。这里，有两个层面的要求：一是犯罪嫌疑人有权要求其辩护律师或者法律援助律师在场提供法律帮助；二是犯罪嫌疑人的辩护律师或者法律援助律师有权要求在场为犯罪嫌疑人提供法律帮助。

4. 体制层面

（1）诉讼权力的重新配置

首先，在宏观的职能承担上，应当不再将追诉犯罪作为法院的法定职能，以避免法院表现出对于惩罚犯罪的不必要的"热情"，成为与检控方合作的事实上的"公诉人"。其次，在诉讼制度的设计上，应当禁止侦查机关、检察机关在法庭审判之外，特别是法庭审判之前，与法官进行单方面的接触与意见交换，避免检控方的意见对法官造成先入为主的预设印象。

（2）优化目标考核机制

目标考核对司法机关的行为具有强大的指引导向作用，故应当改变当前违背刑事诉讼规律的目标考核机制。以往诸如"命案必破"的目标使侦查机关在"客观上不可能实现"的情况下，从而"不得已"采取刑讯逼供等非法取证手段。当前，目标考核中的不合理因素仍然存在，比如，逮捕率对公安机关的影响，无罪判决率对公诉机关考核的影响，服判息诉率对法院考核的影响等，都应当进行改变，使目标考核机制顺应刑事诉讼的发展规律。

（责任编辑：谢　钧）

民商事诉讼公民代理制度运行的有效性、约束因素及规制框架

——基于 2015—2017 年 S 市中级人民法院及辖区基层法院民商事案件的实证分析

施 杨 张 能 宋轶群 俞 悦*

当前我国民商事诉讼[①]委托代理制度已形成"一心多点"的基本架构，即以律师、基层法律服务工作者两类专业民商事诉讼委托代理人（以下统称为律师代理）为核心，以工作人员、近亲属、其他组织推荐公民等非专业民商事诉讼委托代理人（以下统称为公民代理）为补充点。[②]相较于律师代理制度较为成熟统一的实践运行模式，公民代理制度的实践运行依然给法律职业共同体留有松散、混乱的印象。对民商事诉讼公民代理制度运行有效性予以评价，对其约束因素予以分析，概括整合后勾勒出规制框架并提出完善建议具有迫切的现实需求和深刻的时代意义。

一、民商事诉讼公民代理制度运行有效性的全景式考察

2012 年 8 月修订的《中华人民共和国民事诉讼法》（以下简称 12 年《民事诉讼法》）对公民代理制度予以重新规定。2015 年 2 月《最高人民法院关于适用〈中华人民共和国民事诉讼法〉的解释》（以下简称《民诉法解

---

* 施杨，法学学士，上海市第一中级人民法院民四庭庭长。张能，法学硕士，上海市第一中级人民法院审管办副主任。宋轶群，理学硕士，上海市第一中级人民法院审管办副科长。俞悦，法学硕士，上海市第一中级人民法院民四庭法官助理。

① 本文中的民商事诉讼指包含民事、商事、知识产权诉讼在内的大民事诉讼。
② 陈刚、罗良华：《民事诉讼委托代理人制度困惑及破解——以新〈民事诉讼法〉第 58 条为视阈》，载《社会科学研究》2014 年第 5 期。

释》）颁布施行，进一步明确各类公民代理人身份定位。综合考虑法律更新、实践惯性、融合周期等因素，本文选择 2015 年 2 月至 2017 年 1 月为本文样本时间轴，选取上述时间段 S 市中级人民法院（以下简称"S 中院"）及其所辖基层法院审理的公民代理民商事案件为分析样本，针对不同统计视角采用全本调查、抽样调查、重点调查及综合分析方法得出相关数据及结论。

（一）案件视角下的公民代理

2015 年 2 月至 2017 年 1 月 S 市中院共审结民商事二审案件 30520 件。本部分采取全本调查的方法，对公民代理案件的数量占比、来源分布等分别予以统计。

1. 公民代理案件数量超过总案件量的四分之一

上述 30520 件案件中，当事人未委托代理人的 8025 件，委托代理人的 22495 件，其中委托律师代理的 14524 件，占民商事二审案件的比例为 47.6%，委托公民代理的 7971 件，占民商事二审案件的比例为 26.1%。（见图 1）

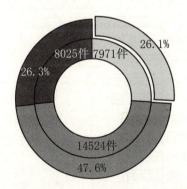

图 1　二审民商事案件总数中公民代理案件数及占比

2. 公民代理案件数与案件专业性程度呈负相关

将民商事案件划分为民事、商事及知识产权案件予以统计，三类案件中公民代理案件数占比分布见图 2。

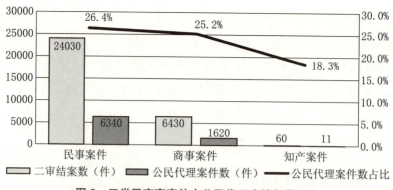

图2　三类民商事案件中公民代理案件数量分布

由图2可知，民事案件中公民代理案件数占比为26.4%，商事案件中占比为25.2%，知识产权案件中占比为18.3%。三者之中，民事案件公民代理案件数占比最高，商事案件次之，知识产权案件最低。概括而言，民事案件、商事案件及知识产权案件的专业性呈上升趋势，相应的公民代理案件比例呈现下降趋势。

以三级案由为依据对二审民商事公民代理案件进行划分，可得公民代理案件数最高的十个案由。（见图3）

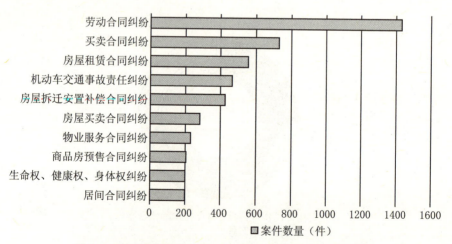

图3　二审民商事案件中公民代理案件数量最多的十大案由

上述十大案由案件数量合计4727件，占二审民商事公民代理总案件量的59.3%，超过其余案由案件总和。该十大案由以民事案由为主，进一步印证了公民代理在民事案件中的运用频率高于商事案件及知识产权案件。同时，对比民事案件中其他案由，该十大案由属多发案由，与民众生活较为贴近，对代理人专业性亦无特别要求。因此，综合而言，民商事案件专业性越强，公民代理案件数量越少。

3. 公民代理案件调撤率较高，涉案标的额较小

在调撤率方面，七类案由中公民代理案件调撤率均高于律师代理案件。在案均结案标的额方面，六类案由中律师代理案均诉讼标的额大于等于公民代理案件。因此，标的额较小的民商事案件，当事人更易选择公民代理的方式参与诉讼。公民代理对当事人调解息讼也有较强的促进作用。（见表1）

表1　二审民商事案件中公民代理案件数最高的十大案由调撤率及案均结案标的额

案　　由	公民代理案件量（件）	调撤率（%）		案均结案标的额（万元）	
		律师代理	公民代理	律师代理	公民代理
劳动合同纠纷	1432	14.0	16.2	4.52	4.20
买卖合同纠纷	729	19.0	20.2	123.71	115.10
房屋租赁合同纠纷	556	10.5	11.5	11.80	12.22
机动车交通事故责任纠纷	465	14.2	21.3	5.20	5.28
房屋拆迁安置补偿合同纠纷	426	2.9	1.2	15.89	1.05
房屋买卖合同纠纷	284	18.2	16.5	61.49	75.51
物业服务合同纠纷	231	12.5	12.6	15.00	5.79
商品房预售合同纠纷	205	12.0	8.8	12.55	17.86
生命权、健康权、身体权纠纷	200	14.0	14.5	15.96	13.81
居间合同纠纷	199	13.6	15.1	21.71	6.87

（二）主体视角下的公民代理

针对实践中公民代理人的特征、当事人选择公民代理人主要考虑的因素、公民代理人的出庭组合等问题，本部分采取抽样调查的方式予以统计。综合案件年份、案由、来源等因素，本部分在7971件二审民商事诉讼公民代理案件中随机抽取了2880件作为统计样本，具体分析统计如下。

1. 公民代理人中男性占多数，各类公民代理年龄差异较大

从性别构成看，三大类公民代理人中男性占比均明显高于女性。从年龄

情况看，工作人员平均年龄较轻，为39.6岁，而近亲属和社区、单位、社团推荐的两类代理人平均年龄均在50岁以上。（见图4）

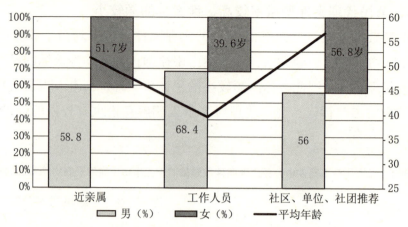

图4　二审民商事案件公民代理人性别及年龄分布

2. 工作人员是主要的公民代理人类型

民商事诉讼公民代理案件中，工作人员代理案件占77.1%，近亲属代理案件占28.4%，社区、单位、社团推荐人员代理占0.3%[3]。从民事、商事、知识产权案件细分情况看，知识产权案件公民代理均为工作人员代理；商事案件公民代理中93.4%的案件为工作人员代理，近亲属仅占6.5%；民事案件公民代理中工作人员代理为67.8%，近亲属代理为31.9%。（见图5）

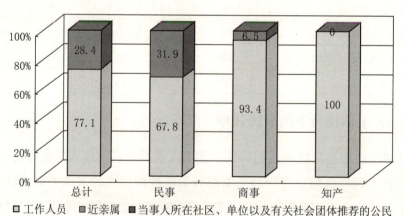

图5　各类型公民代理人在三类民商事案件中的占比

---

③　其中有组合代理的情形，故而总和超过100%。

3．亲历性、信赖感及权威性是当事人选取公民代理人的主要考量因素

对法条规定的公民代理人类型予以进一步细分统计可得表2。

表2　各类型代理人中各细分类型分布情况

代理人类型	代理人类型细分	占比（%）
近亲属	夫妻	39.4
	直系血亲	53.3
	三代以内旁系血亲	1.4
	近姻亲	5.5
	其他有抚养、赡养关系	0.2
	朋友	0.1
工作人员	一般工作人员	65.8
	法务	34.2
社区、单位、社团推荐的人员	社区推荐	68.0
	单位推荐	28.0
	社团推荐	4.0

笔者通过与多位当事人的沟通，概括出其选择公民代理人的主要考量因素有三：一是亲历性，即对代理人纠纷情况了解度较高；二是信赖感，即代理人与当事人之间存在情感上的密切关系；三是权威性，即有较为丰富的社会阅历或影响力。

4．一、二审公民代理人存在较大变化，多采取组合形式出庭

从一、二审公民代理人变化情况看，43.4%上诉人的二审代理人类型有变化，比被上诉人高14.2个百分点（见表3）。

表3　一、二审民商事案件公民代理人组合分布及变化

代理人是否有变化	一审情况	二审情况	上诉人（%）	被上诉人（%）
无	公民	公民	47.7	57.4
	组合	组合	8.9	13.3
有	组合	律师	10.4	10.5
	律师	组合	9.3	4.8
	公民	律师	8.5	2.7
	律师	公民	8.0	6.4
	组合	公民	3.9	4.1
	公民	组合	3.3	0.7

公民代理案件出庭人员组合形式最高的为"仅为公民代理"出庭，该比例在工作人员代理中达到80.9%，对于近亲属、社区、单位、社团推荐的人员代理案件中"当事人与公民代理"组合出庭比例占比均在30%以上。（见图6）

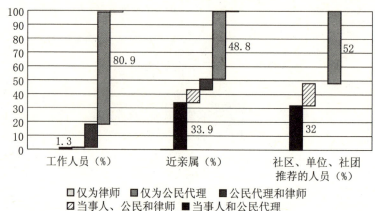

图6　三类代理人出庭人员组合占比情况

（三）规制视角下的公民代理

本部分统计采用随机抽样调查的方法，样本数量为2880件。由于二审案件部分采取书面审理方式，一审案件的公民代理人身份材料提交情况更能反映客观现状，本部分选取的样本为公民代理人类型统计抽样的二审民商事案件对应的一审案件。具体统计分析如下：

1. 公民代理人提供身份材料数量不足率高

对于样本中，公民代理人提供的身份证明材料数量及类型予以统计，可得表4。

表4　一审民商事案件公民代理人提供的身份证明材料数量及种类

代理人类型	身份证明材料数量（份）	占比（%）	身份证明材料类型	占比（%）
近亲属	1	46.9	身份证	88.7
			户口簿	6.2
			公安机关或社区出具的近亲属关系证明材料	2.9
			婚姻关系证明	2.1
			出生证明	0.0

（续表）

代理人类型	身份证明材料数量（份）	占比（%）	身份证明材料类型	占比（%）
近亲属	2	50.8	身份证、户口簿	50.7
			身份证、婚姻关系证明	36.1
			身份证、公安机关或社区出具的近亲属关系证明材料	11.9
			其他	1.3
	3	2.3	身份证、婚姻关系证明、户口簿	66.7
			身份证、户口簿、公安机关或社区出具的近亲属关系证明材料	27.8
			身份证、婚姻关系证明、公安机关或社区出具的近亲属关系证明材料	5.5
	4	0.1	身份证、婚姻关系证明、户口簿、公安机关或社区出具的近亲属关系证明材料	100
工作人员	1	47.5	身份证	55.6
			劳动合同	33.0
			单位介绍信	7.0
			上岗证或工作证	4.1
			社会保险资料	0.4
	2	49.8	身份证、劳动合同	87.9
			身份证、单位介绍信	5.2
			身份证、上岗证	4.9
			其他	2.0
	3	2.6	身份证、单位介绍信、劳动合同	50.0
			身份证、上岗证或工作证、劳动合同	35.3
			其他	14.7
	4	0.1	身份证、上岗证或工作证、劳动合同、社会保险材料	100
社区、单位、社团推荐的人员	1	26.7	推荐函	75.0
			身份证	25.0
	2	53.3	身份证、推荐函	100
	3	20	身份证、推荐函、当事人属于社区（单位证明）	100

从各类代理人提交的身份证明材料数量看，超过97%的近亲属和工作人员提交的材料为1—2份。三类公民代理人中，仅提供一份身份证明材料数量的占比均最高。

2．公民代理人提供的材料难以证明其与当事人之间特定的身份关系

以近亲属为代理人的案件中，46.9%的代理人仅提交1份身份证明材料，而其中88.7%提交的是身份证，并不能证明代理人与当事人之间的亲属关系。以工作人员为代理人的案件中，47.5%的工作人员仅提交1份身份证明材料，其中55.6%提交的是身份证，33%提交的是劳动合同，并不能证明代理人与当事人之间的合法劳动关系。26.7%的社区、单位、社团推荐的公民仅提交1份证明材料，以推荐函为主，推荐人员和代理人身份是否匹配难以确定。

3．基层法院对于公民代理人资格审查不严且尺度不一

基层法院对公民代理人资格普遍审查不严。对同一类型公民代理人，各基层法院对身份证明材料数量和类型要求也有差异，以工作人员代理人为例，部分法院仅要求其提供员工证明，部分法院要求其提供劳动合同，部分法院在要求其提供劳动合同的基础上一并提供缴纳社保记录或者发放工资记录。

二、民商事诉讼公民代理制度平稳与混乱并行的现实困局

实证分析描摹了民商事诉讼公民代理制度在实践中的基本运行状态，可概括为平稳与混乱并行的现实困局。其混乱性主要体现在公民代理人群体的失范和混乱、公民代理人诉讼能力不一、法院对公民代理人资格审查乏力三大困局。

（一）公民代理人群体的失范和混乱

公民代理人并非固定的职业群体，而是围绕某一特定民商事诉讼，按照法律规定参与诉讼过程的临时性群体。可以说，公民代理人涵盖了绝大部分的社会各阶层主体，其本身的制度定位也一定程度上导致了公民代理人群体的失范和混乱。主要体现在以下两个方面：

1．代理人的结构不平衡

12年《民事诉讼法》的代理类型划分应是考虑到不同类型民商事案件的

应诉需要。但该法颁布六年多来，当事人所在社区、单位及社团推荐人员作为公民代理人参与诉讼的案件不足 1%，与近亲属及工作人员作为公民代理人的案件相比存在结构性垮塌。可以说，三类受推荐的公民代理人在民商事诉讼实践中没有发挥其应有的价值。

2. 非法代理现象屡禁不止

公民代理人没有相应的职业门槛，也不受专门机构的监管，实践中非法代理现象普遍存在。非法公民代理人依主体间的共性主要可以分为四类。一是本该合规代理的"现役"法律职业共同体成员；二是想要发挥余热的"退役"法律职业共同体成员；三是与法院现职人员存在亲友、师长、同学等特殊关系人员；四是作为职业公民代理人的普通公民。非法公民代理既不适应诉讼的专业化需求，也无法满足当事人对诉讼便捷性的期许，甚至威胁着社会和谐与稳定，对司法公信力及当事人的合法权益的保障均会产生较大损害。

（二）公民代理人诉讼能力不一

12 年《民事诉讼法》从代理资格正当性的角度对公民代理人范围确定只侧重于该公民的身份，即与当事人有特定的自然性或社会性的联系，对其法律知识的多寡不予衡量。然正义的实现很大程度上取决于对抗双方当事人诉讼能力 ④ 的实质平等。对公民代理诉讼能力的审查以其能否满足基本的诉讼要求为衡量标准，笔者随机抽取了买卖合同案由项下 100 位公民代理人庭审信息予以统计 ⑤，具体分析如下。

1. 诉讼结果视角

从诉讼结果看，工作人员代理人（一般工作人员、法务）胜诉率高于近亲属代理人，其中一般工作人员代理人的胜诉率高于法务 ⑥。从调撤率来看，

---

④ 诉讼能力是自己或者自己所选任的代理人进行诉讼以及自己或者自己所选择的代理人实施诉讼行为和受领诉讼行为的能力。[德]罗森贝克、施瓦布、戈特瓦尔德：《德国民事诉讼法》，李大雪译，中国法制出版社 2007 年 11 月版，第 275 页。
⑤ 本次抽取的 100 位公民代理人信息对应 92 件买卖合同案件，其中民事案件 34 件，商事案件 58 件。
⑥ 一般工作人员胜诉率高于法务的原因在于随机抽取的案件中，一般工作人员代理的案件有 14% 的案件为调撤结案，而法务代理的案件无调撤结案案件。

一般工作人员代理人案件调撤率最高，其次为近亲属，法务代理的案件无调撤结案。（见图7）

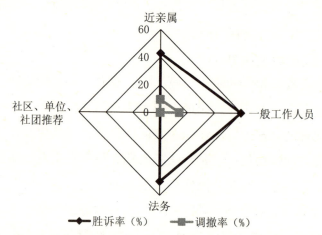

图7　二审买卖合同案件各类型公民代理人胜诉率及调撤率

2. 庭审行为视角

从庭审行为⑦看，不同类型的公民代理人在推进庭审程序、运用证据证明己方观点及发表独立代理意见等层面的庭审表现有所区别。

表5　二审买卖合同案件各类型公民代理人庭审表现情况

代理人类型	近亲属	一般工作人员	法务
庭审中关于事实问题的发言次数（平均值）	8.9	13.9	16.3
庭审中关于法律实体问题的发言次数（平均值）	0.2	0.2	0.4
庭审中关于法律程序问题的发言次数（平均值）	0.0	0.0	0.1
提供书证数量（平均值）	0.4	0.7	1.0
提供物证数量（平均值）	0.0	0.0	0.0
提供视听资料数量（平均值）	0.0	0.0	0.0
提供电子数据数量（平均值）	0.0	0.0	0.0
提供证人证言数量（平均值）	0.1	0.0	0.0

⑦ 对于公民代理人诉讼能力的评价，实践中未有系统的评价标准，也缺乏相应的律师诉讼能力的评价体系予以参考。考虑到诉讼过程具有持续性及庭审在诉讼过程中的重要性，笔者以公民代理人的庭审行为作为切入点对公民代理人的诉讼能力进行考察。

（续表）

代理人类型	近亲属	一般工作人员	法务
提供鉴定意见数量（平均值）	0.0	0.0	0.1
提供勘验笔录数量（平均值）	0.0	0.0	0.0
是否有独立代理意见（%）	4.8	9.5	12.5
是否积极推动调解（%）	52.4	39.0	37.5
是否胜诉（%）	42.9	59.6	50.0

由表5可知，公民代理人庭审能力基本较为薄弱，庭审陈述主要围绕案件事实，对于法律实体及程序方面的发言较少。同时，在举证能力方面，公民代理人掌握举证形式较为基础，对于电子证据、视听资料、电子证据等新形式的证据使用能力不足。近亲属代理人的庭审活动有较为明显的评理及息讼倾向，在推动调解（推动调解率达到52.4%）及提供证人证言数量方面表现更为积极。一般工作人员代理人的诉讼技巧优于近亲属，法务相对于前两者具有更强的专业性。

（三）法院对公民代理人资格审查乏力

法院对于公民代理人的资格审查是避免非适格公民代理人参与诉讼，推进民商事诉讼公民代理制度有序运行的重要保障。然从调研结果看，各法院对于公民代理人资格审查没有统一的操作指南，审查过程也较为宽松，不能起到防止非适格公民代理人进入诉讼程序的关键作用。

1. 形式审查松懈

形式审查是对公民代理人资格确认的基础性审查，形式审查的标准为公民代理人提供的身份证明的形式及其记载的内容是否可以证明其与当事人之间的特定关系。公民代理人依法应提供两方面的证明材料，其一是代理人身份材料，如身份证、护照等，其二是与当事人特定身份关系的材料，如户口簿、劳动合同等。笔者浏览S市中院辖区各基层法院的官网，未发现其中对各类公民代理人所需要提交的身份证明材料有明确的提示，大量案件存在材料缺失的情况。

2. 实质审查缺位

法院对公民代理人资格的实质性审查并不是要求法院去查证当事人提交

的身份证、户口簿等身份证明材料的真伪，而是在形式审查基础上对是否属于可能损害被代理人利益等不宜担任公民代理人的情形及是不是职业公民代理人进行审查。笔者在调阅卷宗过程中未发现有对于公民代理人进行实质审查的相关材料，同一个公民代理人代理不同案件的情况也时有发生。本次统计分析中发现同一个公民代理人代理 5 件以上案件的有 183 起涉及 2311 件案件。

三、民商事诉讼公民代理制度运行约束因素的交互式影响

民商事诉讼公民代理制度运行的约束因素并非平面而单一的，而是多元而交互的。制度定位、规则设计、主体构成等原因都会对民商事诉讼公民代理运行制度的有效性造成影响。

（一）立法转向，社会尚处于新制度适应期

价值取向是指导一项法律制度设立及运行的基础力量。民商事诉讼公民代理制度从立法至今，伴随着历次民事诉讼法的修改，立法主旨和价值取向也发生着微妙的变化。民商事诉讼公民代理制度的发展主要经历了两个时期。一是 12 年《民事诉讼法》实施前的"无限制"模式时期。该时期的主要立法价值为效益价值与正义价值，立法倾向在于尽快缓解我国职业法律人才整体队伍数量不足及发展参差不齐的困境。因此，该时期对公民代理人的范围中加入"经人民法院许可的其他公民"这一兜底条款。二是 12 年《民事诉讼法》实施后的"适度限制"模式时期。主要变化有二：其一是公民代理从充分尊重意思自治的"无限制"模式变为适度限缩代理人范围的"适度限制"模式；其二是对公民代理的类型作了具体划分，新增了当事人工作人员、社区推荐公民两类代理人类型。

立法转变到司法实践变革需要有一个过程，并不能一蹴而就，长期积累下来的公民代理中的非法行为需要一定时间予以清理。回望 12 年《民事诉讼法》实施以来的公民代理司法现状，在保持理性认知的前提下，也要对于新法适应期的混乱保有一定的宽容。

（二）规则缺乏，司法实践无章可循

12 年《民事诉讼法》第五十八条可以视为是民商事诉讼公民代理制度的

核心条款。而以规则体系的角度审视现行的民商事诉讼公民代理制度的法律法规，法律空白较为明显，主要体现在以下三方面：

1. 对新创设的社区推荐公民作为代理人的情形规定模糊

12年《民事诉讼法》第五十八条第二款规定的当事人所在社区推荐的公民可以被委托为诉讼代理人是12年《民事诉讼法》新创设的代理人类型，但该条款的规定较为模糊，可能导致理解与适用的偏差。其一，对社区如何理解并没有详细规定；其二，没有明确社区推荐公民作为委托诉讼代理人是不是"社区"的义务；其三，被推荐的公民范围没有限定；其四，未明确推荐标准。

2. 各级法院对于公民代理人的资格认定缺乏统一标准

12年《民事诉讼法》对于公民代理采取了限缩的态度，能否依法切实将公民代理的"口子"扎紧，关键在于各级法院尤其是基层法院能否将相关的法律规定转化为可行的操作性规范。笔者检索到的有关公民代理的规范性文件只到省市一级，发现各基层法院尚未出台系统的有关公民代理资格认定的操作指南及诉讼告知书。立法到实践"最后一公里"的偏差使得公民代理资格认定的准确性大打折扣。

3. 非法公民代理人的惩戒规则缺失

12年《民事诉讼法》对如何界定适格的合法公民代理人开具了清单，但对于某一公民代理人被认定为非法代理之后具体的惩戒措施则未提及，可以视为只有是非判断而没有过错责任。具体到上文提及的四类非法公民代理人，仅有律师的违规代理行为可以找到地区性的处罚依据，其余三类非法公民代理人均难以用现行法律规则要求其承担非法代理的责任。

（三）主体多元，配套衔接仍存难点

民商事诉讼公民代理制度的良好运行并非依靠人民法院单打独斗即可成事，而需公安、信访、税务、司法行政等机关、部门相互配合。实践中，各个机关对于公民代理制度运行所提供的协助仍存在衔接不畅的情况。公民代理身份证明材料的审核层面，不同类别公民代理人提供的身份证明材料是由不同机关出具的。在非法公民代理监管层面，非法公民代理人分散性地发生于各个法院，但各法院在对非法公民代理人的发现、曝光和监管上没有数据共享机制。同时，整个法律服务市场存在多个监管机构，影响了法律服务监管的质量和效率。

四、民商事诉讼公民代理制度运行的立体式规制框架

为使民商事诉讼公民代理制度的"适度限缩"由"空转"逐步变为"实转"，推动各诉讼主体和司法机关从被动适应转变为主动遵守，应构建囊括立法引导、司法保障、普法宣传等多层次，涵盖科技运用、平台对接、部门联动等多措施的立体式规制框架。

（一）全法规，打牢制度基础

以 12 年《民事诉讼法》第五十八条为核心，补充完善相关解释及配套条款，为民商事诉讼公民代理制度提供全面的法律规范体系。

1. 完善对社区推荐公民代理人的相关法律规定

明确社区的概念、范围及社区在当事人提出申请时的推荐义务。明确社区推荐人员的标准，统一社区推荐函的格式，要求社区在推荐函中具体载明被推荐人的身份信息及推荐的理由，由社区推荐人签字及加盖社区公章。

2. 增加司法机关对公民代理人的审查义务条款

司法机关有义务对以公民代理人身份参与诉讼的人员进行资格审查。若案件承办法官没有尽到审查义务导致出现非法公民代理的，可以作为案件的程序瑕疵成为案件申请再审、发回重审的一项法定理由。

3. 明确法院对公民诉讼代理的审查标准和审查要求

法院在对代理人的资格审核过程中，除对一般性材料进行严格审查外，还应根据代理人产生情况的不同，有针对性地进行其他方面的审查，如对工作人员代理人不仅要审查其劳动合同，还要审查发放工资证明、纳税记录、社会保险缴纳记录等。

4. 增加对非法公民代理人的惩治条款

要求提供虚假证明材料或者不具备适格公民代理人资格的人员一律说明情况，出具书面决定禁止其参加诉讼；对职业公民代理人以妨碍诉讼依法进行处罚；对律师、实习律师及基层法律工作者以公民身份参与诉讼的，函告其所在的律师事务所或基层法律服务所及相关司法行政机关，依法对其个人

及其法律服务机构进行处理,处理结果附卷。

(二)促联动,形成治理合力

保障民商事诉讼公民代理制度向好向深发展是一项系统工程,需要各方面力量协调统一,主要包括法院联动、部门联动与技术联动三层面。

1. 法院联动

各基层法院协商建立系统的民商事诉讼公民代理制度实务规范,统一资格审查的尺度,统一评查机制。上级法院对下级法院进行定期、不定期的检查,督促各法院、各庭室在工作中严抓民商事诉讼公民代理制度合规运行。

2. 部门联动

在公民代理人的资格审查方面,法院将对公民代理的审查要求明确告知有关机构,为其提供公民代理人身份证明材料的样本,畅通身份核实的渠道及路径,提高身份证明材料的规范性和统一性。在非法公民代理人监管层面,建立司法机关与行政机关的统一协调机制,统一研究、部署和落实非法公民代理人的取缔和打击工作。

3. 技术联动

充分运用互联网及大数据平台,建立起以法院和司法行政机关为主体的线上民商事诉讼公民代理人备案制度并及时输入大数据平台。大数据平台对于一人代理多案或者多次代理案件的异常情况及时予以提醒,帮助司法机关及时发现隐藏的非法公民代理人。

(三)抓宣传,提高法治意识

公民代理人旨在辅助当事人顺利进行民商事诉讼,当事人法治意识的高低和诉讼能力的强弱对民商事诉讼公民代理制度的运行也产生重要影响。从提高当事人法治意识角度,应当做好以下三方面工作。

1. 加大宣传力度,加深民众对于公民代理制度的正确认识

民众对于公民代理的理解还存在一定偏差。有关机构应当加强宣传力度,让当事人明白公民代理制度的基本内容、范围及禁止性规定,知晓公民代理人应提供的必要身份证明材料、公民代理人不允许有偿服务、经济困难无力委托代理人可以申请法律援助等有用信息,避免当事人盲目选择公民代理人。

2. 设置警示机制，加大对非法公民代理人的曝光程度

各法院设置非法公民代理人警示机制，定期发布非法公民代理人黑名单。在公民代理人资格审查中，法官明确告知当事人非法公民代理可能产生的不利后果，以增强当事人遵守诉讼程序的内心认同和自觉性。庭审中，允许并鼓励当事人对对方公民代理人适格性提出异议，发现疑似非法公民代理人要加强核实，对初犯者进行批评教育并依法予以处罚。

3. 加强诉讼引导，提高公民自身的应诉能力

实践中有大量基础性案件，当事人按照法庭的引导能够独立完成诉讼。因此，当案件进入诉讼流程后，法院要通过导诉员、权利义务告知书等方式加强对诉讼能力相对缺乏的当事人诉讼权利义务的告知，帮助当事人有效参与诉讼活动，减少非法公民代理人的生存空间。

（四）强保障，满足服务需求

专业法律服务人员收费高昂、替代性法律服务形式缺少是当前法律服务行业的现实矛盾，突破这一发展瓶颈便可在相当程度上遏制非法公民代理市场。

1. 纵深发展律师服务业，提高法律服务市场的专业性

做好律师事务所的管理工作，引导律师事务所向规范化与品牌化发展。加强对于律师队伍的净化工作，淘汰不符合法律规定的"黑律所"及"黑律师"，做好对律师的评定及考核工作。进一步完善律师收费制度，对律师收费标准予以明确。

2. 壮大发展替代性法律服务业，满足民众不同层次的法律服务需求

要壮大发展基层法律服务所、法律援助机构等替代性法律服务机构。同时，应该建立行业自律机制，提高基层法律服务工作者及法律援助机构志愿者的专业素质。

3. 探索建立诉讼保险制度，完善诉讼配套制度的建设

针对目前当事人参诉与应诉费用较高、诉讼投入较大的现实，可以尝试建立诉讼保险制度，即投保人通过购买相关诉讼险，当诉讼发生时由保险人通过理赔的方式向投保人支付诉讼费用，提升当事人的应诉实力将其引导到正规法律服务市场。

（责任编辑：谢　钧）

公司减资未履行通知债权人义务股东在减资范围内对公司不能清偿债务承担补充赔偿责任

——上海德力西集团有限公司诉江苏博恩世通高科有限公司等买卖合同纠纷案

杨喆明　张蒙蒙[*]

[案情]

原告（上诉人）　上海德力西集团有限公司

被告（被上诉人）　江苏博恩世通高科有限公司

被告（被上诉人）　冯某

被告（被上诉人）　上海博恩世通光电股份有限公司

2011年3月29日，上海德力西集团有限公司（以下简称"德力西公司"）与江苏博恩世通高科有限公司（以下简称"江苏博恩公司"）签订《电气电工产品买卖合同》，江苏博恩公司向德力西公司购买电气设备。合同签订生效后，德力西公司按合同约定交付了约定的全部设备，但江苏博恩公司尚欠德力西公司部分货款未支付。此外，合同中载明德力西公司营业地址、法定代表人、联系电话等信息。

2012年8月之前，江苏博恩公司注册资本2亿元，股东为冯某（出资1.9亿元，持股95%）、上海博恩世通光电股份有限公司（以下简称"上海博恩公司"）（出资700万元，持股3.5%）、陈某某（出资300万元，持股1.5%）。2012年8月10日，江苏博恩公司股东上海博恩公司、冯某、陈某某

* 杨喆明，法学硕士，上海市第二中级人民法院法官。张蒙蒙，法学硕士，上海市第二中级人民法院法官助理。

召开股东会，通过减资决议，决定江苏博恩公司减资 1.9 亿元，注册资本由 2 亿元减为 1000 万元。本次减资后，冯某不再具备股东资格，减资后上海博恩公司出资 700 万元（持股 70%），陈某某出资 300 万元（持股 30%）。2012 年 8 月 13 日在《江苏经济报》上发布了减资公告，并于 2012 年 8 月 31 日出具了验资报告，办理了工商变更登记。江苏博恩公司在办理减资手续时，对于公司未清偿债务，股东未作出承诺。

江苏博恩公司在减资前未向德力西公司清偿前述债务，为维护其合法权益，德力西公司诉请判令：（1）江苏博恩公司支付剩余货款 777000 元；（2）上海博恩公司、冯某在减资范围内对江苏博恩公司应向德力西公司支付的货款共同承担补充赔偿责任。

被告江苏博恩公司、上海博恩公司、冯某未到庭应诉，亦未作答辩。

[审判]

一审法院经审理后认为，德力西公司与江苏博恩公司之间的买卖合同合法有效，德力西公司已按约完成了供货义务，江苏博恩公司应当按约及时支付货款。现江苏博恩公司拖欠不付的行为已经构成违约，应承担金钱债务的实际履行责任，故德力西公司第一项诉请予以支持。江苏博恩公司未能在减资时对德力西公司之债权进行清偿或提供担保，现德力西公司要求其股东冯某在减资范围内对江苏博恩公司的债务承担补充赔偿责任，并无不当，应予支持。德力西公司要求上海博恩公司在减资范围内对江苏博恩公司结欠德力西公司的债务承担补充赔偿责任，缺乏事实和法律依据，不予支持。据此，依照《中华人民共和国合同法》第八条、第一百零九条、第一百三十条、第一百五十九条、第一百六十一条，《中华人民共和国公司法》第一百七十七条第二款，《中华人民共和国民事诉讼法》第一百四十四条，《最高人民法院关于适用〈中华人民共和国公司法〉若干问题的规定（三）》第十四条第二款之规定，判决：一、江苏博恩公司应于判决生效之日起十日内支付德力西公司货款 777000 元；二、冯某在减资 1.9 亿元范围内对江苏博恩公司结欠德力西公司的上述债务承担补充赔偿责任；三、驳回德力西公司的其余诉讼请求。

一审判决后，德力西公司不服，提起上诉称：江苏博恩公司减资是经过所有股东同意，上海博恩公司应知晓江苏博恩公司在减资前应当清偿债务的规定，但为了保证股东自己的利益，在明知公司有债务未清偿的情况下同意减资并且以向工商登记机关出具与事实情况不符的说明的方式骗取变更登记，导致江苏博恩公司得以完成减资，造成不能清偿债务的后果。上海博恩公司具有协助减资或抽逃出资的行为，其行为亦造成损害后果，根据相关法律及司法解释，上海博恩公司应当承担补充赔偿责任或连带责任。德力西公司请求撤销一审判决第三项，改判上海博恩公司在减资范围内对江苏博恩公司应向德力西公司支付的货款承担连带责任。

江苏博恩公司、上海博恩公司、冯某未作答辩。

二审法院经审理后认为，公司减资应根据公司法规定直接通知债权人，德力西公司在订立的合同中已经留下联系地址及电话信息，应推定德力西公司系江苏博恩公司能够有效联系的已知债权人，故江苏博恩公司不得以公告形式替代通知。股东应当对公司通知义务的履行尽到合理注意义务，作为江苏博恩公司的股东，上海博恩公司和冯某应当知道减资时德力西公司债权就已存在，此时上海博恩公司和冯某仍然通过股东会决议同意冯某的减资请求，并且未直接通知德力西公司，其应当对江苏博恩公司的债务承担相应的法律责任。我国法律虽未具体规定公司不履行减资法定程序导致债权人利益受损时股东的责任，但该情形与股东违法抽逃出资的实质以及对债权人利益受损的影响，在本质上并无不同，因此，可比照适用该规定来加以认定。综上，上海博恩公司和冯某作为江苏博恩公司的股东应在公司减资数额范围内对江苏博恩公司债务不能清偿部分承担补充赔偿责任。据此，依照《中华人民共和国合同法》第八条、第一百零九条、第一百五十九条、第一百六十一条，《中华人民共和国公司法》第一百七十七条，《中华人民共和国民事诉讼法》第一百四十四条、第一百七十条第一款第（二）项、第一百七十四条，《最高人民法院关于适用〈中华人民共和国公司法〉若干问题的规定（三）》第十四条第二款之规定，判决：一、维持一审判决第一、二项；二、撤销一审判决第三项；三、上海博恩公司在减资1.9亿元范围内对江苏博恩公司结欠德力西公司的上述债务承担补充赔偿责任；四、冯某和上海博恩公司在其他案件中已实际履行应承担补充赔偿责任的部分，不再承担。

[评析]

公司的资本制度在确保公司一般担保财产的稳定性方面有着重要意义。然而，社会市场环境瞬息万变，作为经营体的公司也因市场的变化而变化，倘若固守注册资本不能变动，那么对于公司来说是有失公平和效率的，也与我国目前的鼓励自主经营、激活市场的导向不符。《中华人民共和国公司法》目前没有具体规定公司的减资事由，参考司法实践及各国规定，减资大致可分为两种：一是因公司经营亏损而减资，如西班牙《公司法》规定"当公司累计亏损额持续两年以上达股本总额的三分之一以上时，公司必须减资"，①公司经营亏损情形下公司资本与实有资产相差悬殊，无法起到证明公司信用和担保的作用，此时应当允许减资；二是非因公司经营亏损而减资，即因资本过剩而减资，此类减资有利于发挥资本效能，避免资本浪费闲置，但应当经过充分论证。如今资本战争愈演愈烈，在收购、兼并、回购逐渐成为公司资本运作的主要内容的形势下，公司减资毋庸置疑在其中起着重要作用。

我国公司法亦允许公司在履行相关法定程序后进行减资，诸如公司减资应当通知债权人、应当申请工商变更登记、股东应当提交偿债或担保申明等，但主要是程序性规定，对公司减资违反法定程序的实体责任范围没有具体的规定，这就助长了公司及股东违法减资的火焰，实践中经常出现挂着"公司减资"的"羊头"卖着"抽逃出资"的"狗肉"的恶劣情形。公司违法减资减少了债权人得以信赖的担保财产，降低了公司的偿债能力，严重影响了公司债权人债权的实现，因此，应当对公司的减资行为进行一定的规制。

一、公司减资时应当履行通知债权人的义务

1. 公司减资时不能以公告替代通知

《中华人民共和国公司法》第一百七十七条规定："公司应当自作出减少注册资本决议之日起十日内通知债权人，并于三十日内在报纸上公告。债权人自接到通知书之日起三十日内，未接到通知书的自公告之日起四十五日内，有权要求公司清偿债务或者提供相应的担保。"该条款规定了公司减资时应当履行的法定程序。其中规定的通知和公告程序针对的应当是不同的债权人，

① 参见顾功耘主编：《公司法》，北京大学出版社1999年11月版，第89页。

对于已知的债权人，即公司知道或应当知道债权人的具体联系方式、地址的，应当采用通知的方式，对于那些确实未知或确实无法得知联系方式的债权人则可以采取公告方式。根据我国民事诉讼程序中有关送达方式的规定，送达首选方式应当是直接送达，在受送达人下落不明或用其他方式无法送达的情况下，才选择公告送达。可见，公告应在穷尽其他方式均无法通知的情况下才可适用，因为公告是一种拟制送达的方式，一般难以为受送达人所知晓，实践中公告送达的效果一直不理想。因此，公司减资时应当履行通知义务，而不能直接以公告替代通知。

2. 公司减资时的通知义务主体包括公司及其股东

按照《中华人民共和国公司法》第一百七十七条的文意理解，公司减资时的通知义务主体似乎应当是公司，而不包括股东，因为在公司大股东减资情形下，让持股不多、缺少话语权的小股东承担怠于通知的责任，貌似有失公允。但上述理解是偏于狭隘的，公司减资系股东会决议的结果，是否减资以及如何进行减资完全取决于具有表决权且参与表决的股东意志，股东对公司减资的法定程序及后果亦属明知。同时，公司办理减资手续需要股东配合，对于公司通知义务的履行，股东应当尽到合理注意义务。因此，公司减资时履行通知债权人的义务人应当包括公司和股东。

二、公司减资未履行通知债权人义务的责任承担

《中华人民共和国公司法》仅规定了公司在减少注册资本时，不依照规定通知或者公告债权人的，由公司登记机关责令改正，对公司处以一万元以上十万元以下的罚款。但对于公司减资后无法清偿债务情形下，公司和股东的民事责任如何承担没有明确的规定，导致实践中股东随意减资降低公司偿债能力而引发的纠纷有所增多，相关法律适用问题存在不统一的现象。

1. 股东在减资范围内对公司不能清偿部分承担补充赔偿责任

基于债权债务发生在债权人和公司之间，在合同合法有效的前提下，公司当然应当对减资后不能清偿的债务承担赔偿责任。但，公司和股东之间是投资关系，债权人要求公司股东直接承担责任，似乎突破了债权的相对性原则，其实不然。一方面，公司在未通知债权人时即进行减资，实质上就是公司在未履行法定减资程序情形下即将公司资本分配给股东，与抽逃出资对债

权人的利益损害在本质上是相同的，故可以参照适用《最高人民法院关于适用〈中华人民共和国公司法〉若干问题的规定（三）》第十四条关于股东抽逃出资责任的有关规定，该条赋予了债权人在公司不能清偿债务时可直接要求抽逃出资股东对不能清偿部分承担补充赔偿责任的权利。另一方面，正如前文所述，公司减资时的通知义务主体包括了公司股东，由于股东未尽合理注意义务导致债权人未获减资通知，实质上是对债权人的侵权。虽然《中华人民共和国侵权责任法》规定侵权责任的适用范围应当是侵害民事权益，根据该规定，民事权益似乎不包含债权。② 但是，债权也有被侵害的可能，特别是通过合同责任无法救济的情形下，作为一种合法的财产利益，债权应当受到保护，有必要认可在侵权法上对第三人侵害债权的情形进行规制。③ 因此，公司股东作为第三人侵害了债权人对公司享有的合法债权，此时股东应当承担侵权责任，在减资范围内对公司不能清偿部分承担补充赔偿责任。

2. 公司减资未通知债权人时股东应当承担连带责任，但未减资股东能够证明对此不存在过错的可不承担责任

对于公司减资未通知债权人时，各股东的责任承担范围有学者撰文认为应当为连带责任，公司内部和外部法律关系应当分开对待，各股东对外承担连带责任后，可以进行内部追偿。④ 笔者原则上同意该观点，但该观点未对减资股东和未减资股东进行区分，尚有失偏颇。笔者主张各减资股东应当在减资范围内对公司不能清偿部分承担连带责任，但未减资股东能够证明自己无过错的，可不承担责任，否则其应当与减资股东共同承担连带责任。理由如下：

首先，无条件地让未减资股东承担连带责任有违公平原则。公司存在大股东和小股东，大股东实际控制公司，其作出减资决议时，小股东处于弱势地位，有时根本无力反对减资决议，此时再让未减资的小股东与大股东共同

---

② 《中华人民共和国侵权责任法》第二条规定：侵害民事权益，应当依照本法承担侵权责任。本法所称民事权益，包括生命权、健康权、姓名权、名誉权、荣誉权、肖像权、隐私权、婚姻自主权、监护权、所有权、用益物权、担保物权、著作权、专利权、商标专用权、发现权、股权、继承权等人身、财产权益。

③ 参见王利明主编：《中国民法典学者建议稿及立法理由·侵权行为编》，法律出版社 2005 年 6 月版，第 26 页。

④ 参见刘玉妹：《认缴资本制视野下公司减资制度的构建》，载《法律适用》2016 年第 7 期。

承担连带责任明显对小股东不公平。其次，基于前文的侵权责任理论，公司减资未通知债权人时，股东对公司不能清偿部分承担的补充赔偿责任是一种侵权责任。而侵权责任又是一种"过错责任为主、过错推定责任为辅"的责任形式，只有在法律明确规定情形下，才适用无过错责任。公司减资未通知债权人导致债权无法受偿时，减资股东因明确知悉公司减资事宜，显然对未通知债权人存在过错，此时减资股东应当承担责任。而未减资股东承担责任的前提是存在过错，过错是一种主观状态，一般难以证明，故可以采取过错推定原则，未减资股东若能够提供证据证明自己对公司减资未尽通知义务没有过错的（例如公司召开减资的股东会未通知小股东），则可无需承担责任。否则即可推定未减资股东有过错，应当与减资股东在减资范围内共同承担连带责任。最后，连带责任的承担应当有法律明文规定，否则应当由侵权行为人承担责任。虽公司法规定了不当出资情形下发起人和不当出资股东的连带责任，以及抽逃出资股东与协助抽逃出资人员的连带责任，但仔细分析不难发现，作为公司发起人有监督股东出资的义务，股东不当出资，发起人有一定的过错，协助抽逃出资人员也有过错，故实质上这些规定的连带责任仍然是以过错为前提的，与未减资股东无过错并不能完全等同。

本案在一、二审中，小股东上海博恩公司自始至终未出庭应诉，虽然上海博恩公司出资的700万元未减少，但减资的股东会决议其表决同意，其拒不出庭就无法证明自己在减资过程中无过错，故二审改判上海博恩公司亦在公司减资范围内对江苏博恩公司结欠债权人德力西公司的债务承担补充清偿责任。

（责任编辑：高明生）

用回收食品、超过保质期的食品作为原料进行食品生产经营行为的司法认定

——上海福喜食品有限公司等生产、销售伪劣产品案

吴颂华　徐洋洋[*]

[案情]

公诉机关上海市嘉定区人民检察院

被告单位（上诉人）上海福喜食品有限公司

被告单位（上诉人）福喜食品有限公司

被告人（上诉人）杨立群（Yang Li Qun）

被告人（上诉人）贺业政

被告人　陆秋艳

被告人（上诉人）杜平

被告人（上诉人）胡骏

被告人（上诉人）刘立杰

被告人（上诉人）张晖

被告人（上诉人）李亚军

被告人（上诉人）张广喜

被告人（上诉人）薛洪萍

被告单位上海福喜食品有限公司（以下简称上海福喜公司）、福喜食品有限公司（以下简称河北福喜公司）均系食品生产经营企业。2013年五六月间，

---

* 吴颂华，法律硕士，上海市嘉定区人民法院刑二庭审判员。徐洋洋，法学硕士，上海市嘉定区人民法院刑二庭法官助理。

两被告单位生产、销售的部分食品因不符合百胜公司的工艺和原料要求，被退货或终止订单，造成相关产品大量积压。同年下半年，案外人欧喜公司深加工事业部为挽回经济损失，经被告人贺业政等相关管理人员商议，决定将上述产品继续销售或作为原料进行生产。同年12月，被告人杨立群担任欧喜公司深加工事业部总经理，召集被告人贺业政等人商议，决定继续执行原处理方案。嗣后，被告人杨立群通过会议、电子邮件等方式，指令两被告单位继续执行用回收食品或超过保质期的食品作为原料生产的方案；被告人贺业政传达指令并安排被告人陆秋艳等人协调相关产品的再加工等生产活动；被告人杜平根据授意，为两被告单位寻找客户，销售用回收食品、超过保质期的食品作为原料再生产的食品。被告人胡骏、刘立杰、张晖分别作为上海福喜公司的厂长、计划主管、质量经理，被告人李亚军、张广喜、薛洪萍分别作为河北福喜公司的厂长、仓储物流经理、质量经理，采用会议等方式，根据杨立群等人的指令，并按各自的职责参与相关产品的再加工等生产活动。具体事实如下：

（1）2014年1月，根据杨立群、贺业政等人的指令以及陆秋艳制定、下达的生产计划，由胡骏组织、指挥，由刘立杰参与安排生产，由张晖安排质量部门制作产品内外包装、标签并检测放行，上海福喜公司将百胜公司退回的3200余箱烟熏风味肉饼，连同库存的1300余箱烟熏风味肉饼，采用拆除原包装、喷盐水等方式，再加工成风味肉饼4400余箱，重新标注生产日期和12个月保质期。其中3000余箱销售给北京鸿瀚天源商贸有限公司等客户，销售金额21.4万余元，库存1300余箱，库存货值7.8万余元。

（2）2014年2月至3月间，根据杨立群、贺业政等人的指令，由李亚军组织、指挥，由张广喜安排生产，由薛洪萍对生产流程予以指导，河北福喜公司将百胜公司退回的900余箱冷冻香煎鸡排，连同库存的2000余箱冷冻香煎鸡排（均已超过保质期），采用更换包装等方式，再加工成香煎鸡排3000余箱，重新标注生产日期和12个月保质期。其中1600余箱销售给北京百胜益昌食品有限公司等客户，销售金额16.7万余元，库存1300余箱，库存货值13.8万余元。

（3）2013年3月至5月间，河北福喜公司按照百胜公司的订购，用小牛排原料生产冷冻腌制小牛排，并已完成解冻、注射、滚揉等主要生产加工程序，后因百胜公司突然终止订单，上述冷冻腌制小牛排经包装后放入冷库储存，并在管理系统中设定了180天的保质期。2014年2月至3月间，根据杨立群、贺业政等人的指令，由李亚军组织、指挥，由张广喜安排生产，河北福喜公司将上述超过保质期的冷冻腌制小牛排，再加工成黑胡椒牛排3100余箱，并重新标注生产日期和12个月保质期。其中2300余箱销售给北京鸿瀚天源商贸有限公司，销售金额55.5万余元，库存800余箱，库存货值19.4万余元。

（4）2014年4月，根据杨立群、贺业政等人的指令，由杜平联系客户，由李亚军组织、指挥，由张广喜安排生产，河北福喜公司将百胜公司退回且超过保质期的1000余箱灯影牛肉丝，再加工成香辣牛肉丝1000余箱，重新标注生产日期和365天保质期。其中200箱销售给北京公明莅昌商贸有限公司，销售金额3.8万余元，库存800余箱，库存货值15.9万余元。

（5）2013年5月，上海福喜公司按照百胜公司的订购，用小牛排原料生产冷冻腌制小牛排，并已完成解冻、注射、滚揉等主要生产加工程序，后因百胜公司突然终止订单，上述冷冻腌制小牛排经装箱后放入冷库储存，并在管理系统中设定了180天的保质期。2014年6月，根据杨立群、贺业政等人的指令，由杜平联系客户，由陆秋艳制定、下达生产计划，由胡骏组织、指挥，由刘立杰安排生产，由张晖安排质量部门更改保质期并检测放行，上海福喜公司将上述超过保质期的冷冻腌制小牛排，再加工成迷你小牛排900余箱，并重新标注生产日期和365天保质期。上述迷你小牛排销售给北京公明莅昌商贸有限公司，销售金额12.7万余元。

此外，2014年5月下旬，上海福喜公司向欧圣公司采购冰鲜鸡皮、鸡胸肉，同年6月2日因生产计划变化，经胡骏默许，遂沿用冰鲜转冰冻的方式，将欧圣公司于2014年5月30日、31日生产、标注贮存条件0—4℃、保质期为6天的冰鲜鸡皮、鸡胸肉放入公司冷冻库保存，并将冰鲜原料代码改为冻品代码，更改保质期为一至三个月不等。同年6月中旬至7月中旬，由刘立杰安排制定生产计划，上海福喜公司将上述超过冰鲜保质期的鸡皮、鸡胸肉，加工成麦乐鸡、麦香鸡排、烟熏风味肉饼、美式鸡排等4种食品共计5200余箱，销售金额38.3万余元，库存货值83.1万余元。

2014年7月至11月间，杨立群、贺业政、陆秋艳、杜平、胡骏、刘立杰、张晖、李亚军、薛洪萍均主动接受公安机关调查，如实供述主要犯罪事实；张广喜在公安机关向其了解相关情况时，主动供述了主要犯罪事实。公安机关还根据贺业政的供述，查获了河北福喜公司的犯罪事实。

公诉机关指控，被告人杨立群、贺业政、陆秋艳、杜平伙同被告单位上海福喜公司、河北福喜公司共同违反《中华人民共和国食品安全法》的禁止性规定，在生产过程中，以不合格产品冒充合格产品并予以销售，被告人胡骏、刘立杰、张晖、李亚军、张广喜、薛洪萍作为上述被告单位的主管人员和直接负责人，其行为已触犯《中华人民共和国刑法》第二十五条、第一百四十条、第一百五十条的规定，犯罪事实清楚，证据确实充分，均应当以生产、销售伪劣产品罪追究其刑事责任。被告人杨立群、贺业政、陆秋艳、杜平、胡骏、刘立杰、张晖、李亚军、张广喜、薛洪萍均系自首，依照《中华人民共和国刑法》第六十七条第一款之规定，对上述十名被告人及两被告单位均可以从轻或减轻处罚。

两被告单位、十名被告人对指控的主要事实无异议。辩护人提出，涉案产品不属于以不合格产品冒充合格产品，两被告单位及十名被告人的行为不构成生产、销售伪劣产品罪。另被告人及其辩护人在具体事实、证据、法律适用等方面，分别提出了相关辩解和辩护意见。

[审判]

一审法院经审理后认为，被告人杨立群、贺业政、陆秋艳、杜平分别利用担任的相关职务，根据各自职责，指令被告单位上海福喜公司、河北福喜公司违反国家法律法规，在食品生产、销售过程中，以不合格产品冒充合格产品，实施了生产、销售伪劣产品的行为，其中，杨立群、贺业政销售金额110万余元，陆秋艳销售金额34万余元，杜平销售金额16万余元；被告单位上海福喜公司、河北福喜公司以不合格产品冒充合格产品进行生产、销售，其中上海福喜公司销售金额72万余元，河北福喜公司销售金额76万余元；分别系两被告单位主管人员和直接责任人员的被告人胡骏、刘立杰销售金额72万余元、被告人张晖销售金额34万余元、被告人李亚军、张广喜销售金额76万余元、被告人薛洪萍销售金额16万余元，其行为均已构成生产、销售伪劣产品罪。公诉机关指控的罪名成立。根据两被告单位、十名被告人犯罪的事实、性质、情节和对于社会的危害程度，且两被告单位、十名被告人均具有自首情节，依法分别予以从轻或者减轻处罚，并对被告人陆秋艳、杜平、张晖、薛洪萍适用缓刑。依照《中华人民共和国刑法》第六条第一款、第一百四十条、第一百五十条、第三十条、第三十一条、第二十五条第一款、第六十七条第一款、第七十二条第一款与第三款、第七十三条第二款与第三款、第五十三条、第三十五条、第六十四条及《最高人民法院关于处理自首和立功具体应用法律若干问题的解释》第一条之规定，判决：一、被告单位上海福喜食品有限公司犯生产、销售伪劣产品罪，判处罚金人民币一百二十万元。二、被告单位福喜食品有限公司犯生产、销售伪劣产品罪，判处罚金人民币一百二十万元。三、被告人杨立群犯生产、销售伪劣产品罪，判处有期徒刑三年，并处罚金人民币十万元，驱逐出境。（刑期从判决执行之日起计算。）四、被告人贺业政犯生产、销售伪劣产品罪，判处有期徒刑二年八个月，并处罚金人民币八万元。（刑期从判决执行之日起计算。判决执行以前先行羁押的，羁押一日折抵刑期一日，即自2014年7月28日起至2017年3月27日止。）五、被告人陆秋艳犯生产、销售伪劣产品罪，判处有期徒刑一年七个月，缓刑一年七个月，并处罚金人民币三万元。（缓刑考验期限从判决确定之日起计算。）六、被告人杜平犯生产、销售伪劣产品罪，判处有期徒刑一年七个月，缓刑一年七个月，并处罚金人民币三万元。（缓刑考验期限从判决确定之日起计算。）七、被告人胡骏犯生产、销售伪劣产品罪，判处有期徒刑二年六个月，并处罚金人民币七万元。（刑期从判决执行之日起计算。判决执行以前先行羁押的，羁押一日折抵刑期一日，即自2014年7月22日起至2017年1月21日止。）八、被告人刘立杰犯生产、销售伪劣产品罪，判处有期徒刑二年三个月，并处罚金人民币六万元。（刑期从判决执行之日起计算。判决执行以前先行羁押的，羁押一日折抵刑期一日，即自2014年7月22日起至2016年10月21日止。）九、被告人张晖犯生产、销售伪劣产品罪，判处有期徒刑一年九个月，缓刑一年九个月，并处罚金人民币四万元。（缓刑考验期限从判决确定之日起计算。）十、被告人李亚军犯生产、销售伪劣产品罪，判处有期徒刑二年六个月，并处罚金人民币七万元。（刑期从判决执行之日起计算。判决执行以前先行羁押的，羁押一日折抵刑期一日，即自2014年8月28日起至2017年2月27日止。）十一、被告人张广喜犯生产、销售伪劣产品罪，判处有期徒刑二年三个月，并处罚金人民币六万元。（刑期从判决执行之日起计算。判决执行以前先行羁押的，羁押一日折抵刑期一日，即自2014年8月27日起至2016年11月26日止。）十二、被告人薛洪萍犯生产、销售伪劣产品罪，判处有期徒刑一年七个月，缓刑一年七个月，并处罚金人民币三万元。（缓刑考验期限从判决确定之日起计算。）（上述罚金均应于本判决生效之日起十日内缴纳。）十三、违法所得予以追缴，在案伪劣产品予以没收。

一审宣判后，被告单位上海福喜公司、河北福喜公司、被告人杨立群、贺业政、杜平、胡骏、刘立杰、张晖、李亚军、张广喜、薛洪萍提出上诉。二审审理期间，上诉人上海福喜公司、河北福喜公司、杜平、胡骏、刘立杰、张晖、李亚军申请撤回上诉。

杨立群上诉请求二审法院改判无罪，辩称：（1）涉案产品均不属伪劣产品。（2）处理"百胜事件"所形成的产品积压的方法并非由杨立群授意形成，杨立群未下达将回收食品等用于再生产的指令，未商议处置回收食品等的方案。综上，请求二审改判杨立群无罪。

贺业政上诉请求二审法院从宽处罚，辩称：（1）原判认定贺业政参与河北福喜公司犯罪的证据不足。（2）因贺业政未参与河北福喜公司的犯罪，故其检举河北福喜公司涉嫌生产、销售伪劣产品罪构成重大立功，依法应减轻处罚。提请二审法院依法改判并对贺业政从宽处罚。

张广喜以原判量刑过重为由上诉请求二审法院依法改判并对其适用缓刑，辩称其在共同犯罪中起次要、辅助作用，其对于涉案产品的生产无决策权。

薛洪萍上诉请求二审法院公正审判，辩称：（1）河北福喜公司未赋予其全部质量监控职权，其并非行政机关备案认可的公司质量负责人。（2）其未参与河北福喜公司相关违法生产会议，没有生产销售伪劣产品的故意。（3）其对于大部分涉案的香煎鸡排的生产并不知情，并未参与涉案产品的生产。恳请二审法院公正审判。

二审法院经审理查明的事实、证据与一审一致。

二审法院经审理后认为，上诉人杨立群、贺业政、杜平，一审被告人陆秋艳利用各自担任的相关职务，根据各自相关职责，指令上诉人上海福喜公司、河北福喜公司违反国家法律法规，在食品生产、销售过程中，以不合格产品冒充合格产品，实施生产、销售伪劣产品的行为；上诉人上海福喜公司、河北福喜公司、杨立群、贺业政、杜平、一审被告人陆秋艳，以及作为上海福喜公司、河北福喜公司直接负责的主管人员和其他直接责任人员的上诉人胡骏、刘立杰、张晖、李亚军、张广喜、薛洪萍，均构成生产、销售伪劣产品罪，依法应予惩处。对上诉人及其辩护人的上诉理由及辩护意见不予采纳。各上诉人及一审被告人陆秋艳均具有自首情节，依法分别从轻或者减轻处罚，辩护人所提出的相关上诉人具有其他酌情从轻情节的辩护意见，原判已充分考虑并在量刑时予以体现。原判认定上海福喜公司、河北福喜公司、杨立群、贺业政、陆秋艳、杜平、胡骏、刘立杰、张晖、李亚军、张广喜、薛洪萍犯罪的事实清楚，证据确实充分，定性准确，审判程序合法，量刑适当。上诉人上海福喜公司、河北福喜公司、杜平、胡骏、刘立杰、张晖、李亚军在二审审理期间申请撤回上诉，符合法律规定，予以准许。据此，二审法院依照《中华人民共和国刑事诉讼法》第二百二十五条第一款第（一）项，《最高人民法院关于适用〈中华人民共和国刑事诉讼法〉的解释》第三百零五条第一款、第三百零八条之规定，裁定：一、准许上诉人上海福喜食品有限公司、福喜食品有限公司、杜平、胡骏、刘立杰、张晖、李亚军撤回上诉。二、驳回上诉人杨立群、贺业政、张广喜、薛洪萍的上诉，维持原判。

[评析]

本案是一起危害食品安全的刑事案件。涉嫌危害食品安全的罪名主要涉及《中华人民共和国刑法》第一百四十四条生产、销售有毒、有害食品罪；第一百四十三条生产、销售不符合安全标准的食品罪；第一百四十条生产、销售伪劣产品罪。根据《中华人民共和国刑法》及相关司法解释，符合第一百四十四条、第一百四十三条两罪的食品都属于伪劣产品的范畴，故生产、销售有毒、有害食品罪与生产、销售不符合安全标准的食品罪系生产、销售伪劣产品罪的特别规定，即第一百四十四条和第一百四十三条是特别法条，第一百四十条是一般法条。但对于生产、销售有毒、有害食品罪来说，法律要求在生产、销售的食品中掺入有毒、有害的非食品原料。本案中，两被告单位生产经营的涉案产品系以回收食品、超过保质期的食品作为原料，未使用非食品原料。所以，本案不符合此罪的犯罪构成。另外，对于生产、销售不符合安全标准的食品罪而言，该罪所指的食品不仅"不符合食品安全标准"，同时需满足"足以造成严重食物中毒事故或者其他严重食源性疾病"的构成要件要素规定，两被告单位生产经营的涉案产品属于不符合食品安全标准或要求的食品，但本案的证据尚不能证实涉案产品足以造成严重的食物中毒事故或其他严重食源性疾病，因而也不能定该罪。公诉机关起诉的罪名是生产、销售伪劣产品罪，认为两被告单位、十名被告人以不合格产品冒充合格产品，销售金额达到5万元以上，应当成立生产、销售伪劣产品罪。在庭审中，辩护人认为本案不构成生产、销售伪劣产品罪，主要理由是涉案产品不属于不合格产品，且被告单位、被告人不存在冒充的主观故意。一审法院最终认定两被告单位、十名被告人属于以不合格产品冒充合格产品，销售金额达5万以上，据此对两家被告单位及相关被告人定罪量刑。

　　生产、销售伪劣产品罪是指生产者、销售者在产品中掺杂、掺假，以假充真，以次充好或者以不合格产品冒充合格产品，销售金额5万元以上的行为。该罪的行为方式有四种：（1）在产品中掺杂、掺假；（2）以假充真；（3）以次充好；（4）以不合格产品冒充合格产品。具体到本案，起诉书指控被告人杨立群、贺业政、陆秋艳、杜平伙同被告单位上海福喜公司、河北福喜公司共同违反《中华人民共和国食品安全法》的禁止性规定，在生产过程中，以不合格产品冒充合格产品并予以销售，被告人胡骏、刘立杰、张晖、李亚军、张广喜、薛洪萍作为上述被告单位的主管人员和直接负责人员，其行为已触犯《中华人民共和国刑法》第二十五条、第一百四十条、第一百五十条的规定，犯罪事实清楚，证据确实充分，均应当以生产、销售伪劣产品罪追究其刑事责任。因为销售金额的多少容易从购销情况中予以查明，所以关于本案定性的关键应该是围绕涉案产品是合格产品还是不合格产品进行辨析。另外，关于被告单位、被告人主观上是否存在冒充的故意，也是审理中需要予以认定的。

一、涉案食品的原料是否为回收食品或过期食品？

　　福喜公司涉案的食品原料有两类：第一类是烟熏风味肉饼、冷冻香煎鸡排、灯影牛肉丝；第二类是冷冻腌制小牛排、冷冻香煎鸡排、灯影牛肉丝、冰鲜转冰冻的鸡皮、鸡胸肉。其中，第一类产品牵涉到的问题是是否属于回收食品，第二类产品涉及的问题是是否属于过期食品。

1. 涉案食品烟熏风味肉饼、冷冻香煎鸡排、灯影牛肉丝是否属于回收食品？

经查，该部分食品已由两被告单位发送至采购商百胜公司的配送部门，后由百胜公司退回。2009年颁布的《中华人民共和国食品安全法》（以下简称《食品安全法》）、2006年国家质量监督检验检疫总局发布的《关于严禁在食品生产加工中使用回收食品作为生产原料等有关问题的通知》、2007年国家质量监督检验检疫总局发布的《食品召回管理规定》，对回收食品、召回食品从名称、界定、处置上作出了不同规定。回收食品包括"因各种原因停止销售，由批发商、零售商退回食品生产加工企业的各类食品及半成品"，并"禁止生产经营用回收食品作为原料生产的食品"。而召回食品是"不符合食品安全标准的食品"，根据不同情形，处置时"采取补救、无害化处理、销毁等措施"。《食品召回管理规定》并不涉及回收食品的重新界定及处置。因此，回收食品不等同于召回食品。涉案产品售出后因不符合工艺和原料要求被退货，依法应认定为回收食品。故辩护人提出百胜公司退货的食品，不属于回收食品的辩护意见与事实、法律不符。

2. 涉案产品冷冻腌制小牛排、冷冻香煎鸡排、灯影牛肉丝、冰鲜转冰冻的鸡皮、鸡胸肉是否属于超过保质期的食品？

辩护人认为，两被告单位在管理系统内对冷冻腌制小牛排设置的180天期限不是保质期，对此应适用小牛排原料2年的保质期；针对不同客户的需求，对于冷冻香煎鸡排、灯影牛肉丝可以更改保质期；冰鲜转冰冻的鸡皮、鸡胸肉属于贮存条件发生变化，保质期自动延长，符合食品行业的操作规范。

经审理查明：上述冷冻腌制小牛排，根据百胜公司设定的工艺流程，两被告单位完成了主要生产加工程序，因百胜公司终止订单，遂包装后放入冷库储存。嗣后，销售人员积极寻找客户，在超过系统设定的180天期限后，又进行了再加工并销售。《食品安全法》对保质期作了相关规定，包括"保质期是指预包装食品在标签指明的贮存条件下保持品质的期限、预包装食品的包装上应当有标签、标签应当标明保质期"等内容。保质期的具体规定已由《食品安全法》予以明确，并为食品行业所明知，两被告单位应严格遵照执行。上述冷冻腌制小牛排经过解冻、注射、滚揉等生产加工程序后，添加了全蛋液、调味料等辅料，与小牛排原料已有明显区别，不能继续沿用原料供应商确定的保质期，应另行设定保质期，并在包装上标注。两被告单位对冷冻腌制小牛排设置了180天期限，并在管理系统内标注为保质期，该期限应视为新设定的保质期。两被告单位对上述小牛排超过180天保质期后，也在电子邮件、统计报表中确认已过期。故辩护人提出冷冻腌制小牛排设置的180天不是保质期，应适用小牛排原料2年保质期的辩护意见与事实、法律不符。

上述冷冻香煎鸡排、灯影牛肉丝，系百胜公司退回的回收食品或河北福喜公司的库存品，均已在包装上确定了生产日期、保质期。《食品安全法》第二十八条规定，禁止生产经营超过保质期的食品，该规定是对食品生产经营者的禁止性要求。确定保质期，也应是食品生产经营者对食品质量安全作出的承诺，保质期一经确定，不得随意更改。故辩护人提出针对不同客户的需求，对于冷冻香煎鸡排、灯影牛肉丝可以更改保质期的辩护意见与事实、法律不符。

上述冰鲜鸡皮、鸡胸肉，系上海福喜公司因生产计划发生变化，自行转为冻品并延长保质期。此行为既违反了《食品安全法》关于保质期的相关规定，又违反了中华人民共和国国家标准《鲜、冻禽产品》（GB 16869—2005）关于"分割禽体时应先预冷后分割；从放血到包装、入冷库的时间不得超过2小时"，"需冻结的产品，其中心温度应在12小时内达到零下18度，或零下18度以下"的规定，属于改变了原料供应商标签指明的贮存条件，并在超过原料保质期的情况下进行生产。故辩护人提出冰鲜转冰冻的鸡皮、鸡胸肉属于贮存条件发生变化，保质期自动延长，符合食品行业的操作规范的辩护意见与事实、法律不符。

二、用回收食品或超过保质期的食品作为原料生产的食品是否具有食品安全风险，能否据此认定为不合格产品？

在庭审中，辩护人提出，本案中涉案产品未检出有毒、有害的非食品原料，也未检出超出标准限量的致病性微生物等危害人体健康的物质，公诉机关也未指控被告单位、被告人构成生产、销售有毒、有害食品罪或生产、销售不符合安全标准的食品罪，故涉案产品没有食品安全问题，且未经鉴定不能认定为不合格产品。

法院认为,本案系一起涉及食品安全的刑事案件。首先,判断涉案产品是否具有食品安全风险,需从两被告单位在生产经营过程中是否遵守了《食品安全法》的相关规定进行分析。《食品安全法》是为保证食品安全,保障公众身体健康和生命安全而制定,该法的食品是"指各种供人食用或者饮用的成品和原料以及按照传统既是食品又是药品的物品,但是不包括以治疗为目的的物品",该法将用回收食品作为原料生产的食品和超过保质期的食品,均规定为不符合食品安全标准或者要求的食品范畴,并明令禁止生产经营。涉案产品系两被告单位出于销售给消费者食用的目的而生产,但原料使用了回收食品、超过保质期的食品。两被告单位的生产经营行为,违反了《食品安全法》的禁止性规定,涉案产品属于"不符合食品安全标准或者要求的食品",具有食品安全风险。《食品安全法》作出上述禁止性规定,是由于回收食品经过储存、运输、销售等多个环节,极易受到外来不明物质的污染,而超过保质期的食品容易腐败、变质,故使用回收食品、超过保质期的食品作为原料生产的食品具有较高的健康风险。其次,食品是否检出危害身体健康的物质,仅是食品是否安全的一个方面。《食品安全法》第二十八条的规定,禁止生产经营下列食品:"用非食品原料生产的食品或者添加食品添加剂以外的化学物质和其他可能危害人体健康物质的食品,或者用回收食品作为原料生产的食品"、"致病性微生物、农药残留、兽药残留、重金属、污染物质以及其他危害人体健康的物质含量超过食品安全标准限量的食品"、"营养成分不符合食品安全标准的专供婴幼儿和其他特定人群的主辅食品"、"腐败变质、油脂酸败、霉变生虫、污秽不洁、混有异物、掺假掺杂或者感官性状异常的食品"、"病死、毒死或者死因不明的禽、畜、兽、水产动物肉类及其制品"、"未经动物卫生监督机构检疫或者检疫不合格的肉类,或者未经检验或者检验不合格的肉类制品"、"被包装材料、容器、运输工具等污染的食品"、"超过保质期的食品"、"无标签的预包装食品"、"国家为防病等特殊需要明令禁止生产经营的食品"、"其他不符合食品安全标准或者要求的食品"。可见,食品有无安全风险不仅涉及食品是否存在危害人体健康的物质,还包括食品原料的来源及是否经过检疫、食品添加剂、食品包装材料、运输、保质期等多方面。对照《中华人民共和国刑法》及相关司法解释,《食品安全法》禁止生产经营的食品涵盖但不限于《中华人民共和国刑法》第一百四十三条中的"不符合安全标准的食品"、第一百四十四条中的"有毒、有害食品"。同时，《最高人民法院、最高人民检察院关于办理危害食品安全刑事案件适用法律若干问题的解释》第十三条规定，"生产、销售不符合食品安全标准的食品，无证据证明足以造成严重食物中毒事故或者其他严重食源性疾病，不构成生产、销售不符合安全标准的食品罪，但是构成生产、销售伪劣产品罪等其他犯罪的，依照该其他犯罪定罪处罚"。故辩护人以涉案产品不符合《中华人民共和国刑法》第一百四十三条、一百四十四条的规定，推导出涉案产品不具有食品安全问题，不能认定为不合格产品的结论，与法律及司法解释不符。最后，涉案产品所具有食品安全风险系由其使用原料所决定，根据《食品安全法》、国家质量监督检验检疫总局发布的《关于严禁在食品生产加工中使用回收食品作为生产原料等有关问题的通知》，不属于能够采取补救措施的范围。

法院还认为，本案系一起涉及产品质量的刑事案件。涉案产品属于"不符合食品安全标准或者要求的食品"，但能否认定为不合格产品，还需从《中华人民共和国产品质量法》(以下简称《产品质量法》) 的角度分析。《产品质量法》是为了加强对产品质量的监督管理，提高产品质量水平，明确产品质量责任，保护消费者的合法权益，维护社会经济秩序而制定，该法的产品是指"经过加工、制作，用于销售的产品"，产品质量应当符合"不存在危及人身、财产安全的不合理的危险"等要求。涉案产品系两被告单位生产并用于销售给客户供消费者食用，且部分已实际流入市场，故属于《产品质量法》中的"产品"，两被告单位对涉案产品的生产经营行为应遵守上述两法的规定。涉案产品具有食品安全风险，且属于食品原料违法，不符合《产品质量法》"不存在危及人身、财产安全的不合理的危险"的要求，依照《最高人民法院、最高人民检察院关于办理生产、销售伪劣商品刑事案件具体应用法律若干问题的解释》的规定，应认定为"不合格产品"。

对于本案的涉案产品是否具有鉴定问题。《最高人民法院、最高人民检察院关于办理生产、销售伪劣商品刑事案件具体应用法律若干问题的解释》第一条规定，对不合格产品难以确定的，应当委托法律、行政法规规定的产品质量检验机构进行鉴定。因涉案产品所具有的食品安全风险，系由其使用了回收食品、超过保质期的食品作为原料，该部分事实的证据确实、充分，不属于难以确定应当委托鉴定的情形。

三、被告单位、被告人是否具有以不合格产品冒充合格产品的主观故意？

法院认为，两被告单位系食品生产经营者，十名被告人系食品生产经营企业的从业人员，其在本案中的行为均属于食品生产经营行为，评判行为的合法性及是否具备违法的主观故意，应从《食品安全法》《产品质量法》的角度分析。经查，两被告单位、十名被告人无视法律对回收食品、超过保质期食品的禁止性规定，仍指令、组织、指挥、安排对涉案产品的加工生产，且涉案产品由两被告单位质量部门检测合格放行，部分销售给北京公明莅昌商贸有限公司、北京百胜益昌食品有限公司、北京鸿瀚天源商贸有限公司等客户，显然违背了《食品安全法》关于"依照法律、法规和食品安全标准从事生产经营活动，对社会和公众负责，保证食品安全，接受社会监督，承担社会责任"的规定，也违背了《产品质量法》关于产品质量的要求。至于涉案不合格产品所占两被告单位经营额的比重，以及是否按照企业的生产流程操作，不应作为其免除法律及社会责任的理由。

另外，涉案产品属于《食品安全法》明定禁止生产经营的范畴，依法不能作为食品销售，且两被告单位、十名被告人明知涉案产品的最终走向是实际消费者，而非经销商。故涉案产品是否存在降价销售的情形，经销商是否清楚涉案产品的原料来源，均不影响两被告单位、十名被告人以不合格产品冒充合格产品的主观故意认定。

综上，辩护人提出两被告单位、十名被告人不具有以不合格产品冒充合格产品主观故意的辩护意见与事实、法律不符，法院不予采纳。

（责任编辑：俞小海）

国家机关受法律委任制定的行政法规规章中规定的国家考试属于法律规定的国家考试

——张志杰等组织考试作弊案

曲　翔[*]

[案情]

公诉机关上海市崇明区人民检察院

被告人（上诉人）　张志杰

被告人（上诉人）　陈钟鸣

被告人（上诉人）　包周鑫

2015年年底，被告人张志杰、陈钟鸣、包周鑫三人预谋在2016年度全国会计专业技术中级资格考试中组织考生作弊，并从中牟利。后张志杰、包周鑫自行或委托他人招收考生报名参加该考试并收取费用，并将考试地点统一选定在上海市崇明区扬子中学考点。其间，张志杰、陈钟鸣通过网购等方式准备作弊工具，张志杰、包周鑫等人组织相关考生进行作弊器使用培训并将作弊器分发给考生。

2016年9月10日上午，陈钟鸣指使马某某、刘某（均另行处理）等人进入2016年度全国会计专业技术中级资格考试考点，利用随身携带的作弊器材拍摄考试试卷并将视频通过网络传送至场外。陈钟鸣安排付燕某、张某（均另行处理）利用电脑将上述视频截图，并将考题交由其和张志杰组织的人员进行答题。形成答案后，张志杰将答案通过网络传输给等候在扬子中学考

＊　曲翔，法学学士，上海市崇明区人民法院刑庭法官助理。

场周边的包周鑫，包周鑫等人再将答案通过作弊设备传送给相关考生。当日上午，上海市职业能力考试院工作人员在扬子中学考点巡考过程中，当场查获使用上述作弊设备进行作弊的考生60余名。

另查明，包周鑫从蔡永生、沈剑处分别收取招生费用54000元、42000元；张志杰从包周鑫处收取60000元。

公诉机关认为，被告人张志杰、陈钟鸣、包周鑫在法律规定的国家考试中组织作弊，其行为已触犯《中华人民共和国刑法》第二百八十四条之一第一款，应当以组织考试作弊罪追究刑事责任。

被告人张志杰、陈钟鸣、包周鑫及各自辩护人对公诉机关指控的犯罪事实无异议，被告人陈钟鸣的辩护人认为被告人陈钟鸣在共同犯罪中作用地位较小，被告人包周鑫的辩护人提出被告人包周鑫系从犯。

[审判]

一审法院经审理后认为，被告人张志杰、陈钟鸣、包周鑫在法律规定的国家考试中，组织作弊，其行为均已构成组织考试作弊罪，依法应予惩处。公诉机关的指控事实清楚，证据确实充分，指控的罪名成立，法院依法予以支持。关于三名被告人在共同犯罪中的作用，经查，三名被告人经预谋组织考试作弊，在招收生源、购买作弊器材、培训考生使用作弊器材、潜入考场拍摄试卷、场外截录拍摄内容、组织人员答题、传送答案等环节上互有分工，均对共同犯罪的实施起到了重要、积极的作用，在共同犯罪中的作用、地位基本相当，故陈钟鸣的辩护人关于陈钟鸣作用相对较小、包周鑫的辩护人关于包周鑫系从犯的辩护意见均与查明的事实不符，不予采纳。辩护人关于三名被告人具有坦白情节，认罪、悔罪态度较好且系初犯，请求法庭从轻处罚的辩护意见于法有据，予以采纳。综合考虑本案所涉考试的社会影响程度及该次犯罪的社会危害性，结合三名被告人在共同犯罪中的具体作用及认罪、悔罪态度，依照《中华人民共和国刑法》第二百八十四条之一第一款、第二十五条第一款、第六十七条第三款、第五十二条、第五十三条、第六十四条之规定，判决：一、被告人张志杰犯组织考试作弊罪，判处有期徒刑一年六个月，并处罚金人民币二万元；二、被告人陈钟鸣犯组织考试作弊罪，判处有期徒刑一年五个月，并处罚金人民币一万八千元；三、被告人包周鑫犯组织考试作弊罪，判处有期徒刑一年四个月，并处罚金人民币一万六千元；四、作案工具发射器二台、计算器六十六部予以没收；责令被告人张志杰、包周鑫分别退出违法所得人民币六万元、三万六千元，予以没收。

一审宣判后，被告人张志杰、陈钟鸣认为二人在共同犯罪中作用较小，原判量刑过重，提出上诉。

二审法院经审理后认为，原判三名被告人的行为均已构成组织考试作弊罪。三名被告人在共同犯罪中互有分工、相互配合，作用和地位基本相当，均不是辅助作用，原判根据各名被告人的犯罪事实、性质等综合考量，对各名被告人所作的量刑并无不当。据此，裁定驳回上诉，维持原判。

[评析]

本案系《刑法修正案（九）》正式施行后上海市首例组织考试作弊案件，该案的正确审理对准确理解和把握组织考试作弊罪这一罪名和其法律适用均有重要意义。该案审理过程中，有观点提出：本案所涉及的全国会计专业技术中级资格考试（以下简称"中级会计考试"）是由财政部、人事部于2000年9月制定颁布的《会计专业技术资格考试暂行规定》（以下简称《暂行规定》）所规定的，并非由全国人大及其常委会制定的法律所规定，因此不属于法律规定的国家考试，本案不能以组织考试作弊罪定罪处罚。经查明，中级会计考试的直接来源虽然是《暂行规定》，但是《中华人民共和国会计法》（以下简称《会计法》）第八条规定，"国家实行统一的会计制度，国家统一的会计制度由国务院财政部门根据本法制定并公布"。第三十八条规定，"担任单位会计机构负责人（会计主管人员）的，除取得会计从业资格证书外，还应当具备会计师以上专业技术职务资格或者从事会计工作三年以上经历"。不难看出，《会计法》中明确规定了国家会计制度是由财政部门制定并公布，要担任会计机构负责人的条件之一为具备会计师以上专业技术职务资格。

财政部、人事部联合制定的《暂行规定》第一条明确，"为加强会计专业队伍建设，提高会计人员素质。科学、客观、公正地评价会计专业人员的学识水平和业务能力，完善会计专业技术人才选拔机制，根据《中华人民共和国会计法》和《会计专业职务试行条例》的有关规定，制定本暂行规定"，此处是对该《暂行规定》直接依据的明确说明，即《会计法》；第五条第一款、第三款又规定，"会计专业技术资格分为初级资格、中级资格和高级资格；取得中级资格并符合国家有关规定，可聘任会计师职务"。此处是对可聘任为会计师职务的资格标准的规定，即必须取得会计专业技术中级资格；第三条规定，"会计专业技术资格实行全国统一组织、统一考试时间、统一考试大纲、统一考试命题、统一合格标准的考试制度"。这是对取得中级会计资格的方式作出说明，即必须通过统一考试取得，上述内容均与《会计法》第三十八条相呼应。

因此笔者认为，中级会计考试的直接来源虽然是《暂行规定》，但其是相关国家机关根据《会计法》的委任制定的法规规章中规定的国家考试。故从本质上看，本案中的中级会计考试应当属于"法律规定的国家考试"，三名被告人在该考试中组织作弊构成组织考试作弊罪。笔者从以下四个方面加以阐述：

一、组织考试作弊罪中的考试须为全国人大及其常委会制定的法律规定的国家考试

2015年11月1日正式施行的《刑法修正案（九）》中增设了组织考试作弊罪："在法律规定的国家考试中，组织作弊的，处三年以下有期徒刑或者拘役，并处或者单处罚金；情节严重的，处三年以上七年以下有期徒刑，并处罚金。为他人实施前款犯罪提供作弊器材或者其他帮助的，依照前款的规定处罚。"根据这一规定，组织考试作弊罪要求行为人在"法律规定的国家考试"中实施了组织作弊和帮助组织作弊行为。

根据该规定，刑法只惩治在法律规定的国家考试中作弊的行为，对于在其他考试中作弊的行为，不以犯罪论处。对于"法律规定的国家考试"的理解，笔者认为应当明确两点。第一，"国家考试"的范围。在理论上，根据考试举办者的不同，考试大体可以分为国家考试、社会考试和自治考试。国家考试是指由国家机关设立的、由国家法定机关组织实施的，为达到特定国家目的而进行的考试。因此只有在国家考试中组织作弊的，才能够构成该罪名。在其他社会考试或自治考试中组织作弊的，不能构成本罪。第二，"法律规定"的含义，笔者认为该"法律"不宜作扩大解释，它是指由全国人大及其常委会制定的法律。《刑法修正案（九）草案》在研拟和审议过程中，曾采

用过"国家规定的考试"等表述，按照《刑法》第九十六条关于"国家规定"的解释，则此类考试包括法律、行政法规规定的考试，但这类考试种类众多，不胜枚举。因增加组织考试作弊罪主要是从维护社会诚信、惩治失信背信行为的角度出发，对组织考试作弊犯罪等作出专门规定，因此对考试的范围有相对明确的限定是必要的①，以凸显刑法的谦抑性特点。相反，若不对考试范围作出限定，将多如牛毛的各类考试全部纳入刑法保护，会使本罪的犯罪圈过大，模糊了刑法的打击重点。因此立法者对纳入组织考试作弊罪予以刑事处罚的考试作了限定，即仅限于全国人大及其常委会制定的法律中规定的国家考试，而不包括其他国家规定中涉及的考试。这就从考试层级的角度将大量不符合条件的层级较低、范围较小的考试排除出刑法规制的范围，充分体现刑法的谦抑性。当然，在法律规定的国家考试范围之外的其他考试中作弊的行为若构成其他犯罪，如非法获取国家秘密罪、非法使用窃听、窃照专用器材罪等，仍可依法追究相应刑事责任。

既然组织考试作弊罪中规定的"考试"须为全国人大及其常委会制定的法律中规定的考试，是否意味着本案中的中级会计考试不符合该罪状条件呢？其实不然，《会计法》中规定了国家统一的会计制度由国务院财政部门根据本法制定并公布，根据《会计法》附则中对于"国家统一的会计制度"的说明，"国家统一的会计制度"是指国务院财政部门根据本法制定的关于会计核算、会计监督、会计机构和会计人员以及会计工作管理的制度，因此关于会计专业资质的考试制度理应属于会计制度的范畴。同时，《会计法》规定担任单位会计机构负责人（会计主管人员）的，除取得会计从业资格证书外，还应当具备会计师以上专业技术职务资格或者从事会计工作三年以上经历。其虽未直接言明需要通过考试才能取得会计师以上专业技术职务资格，也即没有对考试制度作出规定和说明，但此处的"留白"却通过委任的方式交由国家财政部对相关制度作出进一步的细化规定，为有关国家考试制度的制定出台提供了根本依据和遵循。这也就意味着国家财政部根据《会计法》的规定制定包括考试制度在内的会计制度，其本源实为《会计法》。

---

① 全国人大常委会法制工作委员会刑法室：《〈中华人民共和国刑法修正案（九）〉释解与适用》，人民法院出版社 2015 年 9 月版，第 268 页。

二、法律可委任相关国家机关就某一事项作出规定，考试制度亦不例外

法律在国家法律体系中的地位仅次于宪法，因其规定的内容调整的是全国范围内在某一领域的权利与义务关系，故其所作规定不可能"事无巨细"，一般均需要其他国家职能部门就某一专门领域作出进一步较为细致的规定；此外，相比于快速发展的社会，法律规范都具有相对滞后性，且法律的制定较之行政法规、部门规章、规范性文件有更加严格规范的程序，例如一般法律的制定提出法律草案、向社会征求意见建议、提交全国人大常委会或全国人大审议等，周期相对较长，因此其滞后性则往往更加明显。为了能够及时地对变化的社会新情况、新问题作出调整，法律中委任国家机关就某一方面作出较为细致的规定是较为常见和普遍的现象。例如《中华人民共和国安全生产法》第一百一十三条规定："本法规定的生产安全一般事故、较大事故、重大事故、特别重大事故的划分标准由国务院规定。"《中华人民共和国保险法》第一百条规定："保险保障基金筹集、管理和使用的具体办法，由国务院制定。"这种规定在法理学上被称为"委任性规则"，即具体内容尚未确定，只规定某种概括性指示，由相应国家机关通过相应途径或程序加以确定的法律规则。应当说，委任性规定在法律条文中的存在是一种能够较好地适应社会变化特点和避免法律"朝令夕改"的立法技巧，是值得参考、借鉴和提倡的。

本案中，《会计法》委任国务院财政部门对国家会计制度进行规定亦是一种委任性规则。之所以委任国家财政部作出规定，笔者认为原因同样无外乎以下两点：一是《会计法》作为规定我国会计领域相关规范的根本法律，其内容无法也无需面面俱到，往往只需其提纲挈领；二是我国经济社会发展水平较快，《会计法》有必要留出一定的余地，由国家财政部门针对变化的社会状况作出及时的新的调整，以适应新情况，保持法律的基本稳定。现实情况也印证了上述观点，我国《会计法》自1985年制定公布以来，分别在1993年和1999年经历过修订，而自此之后直到2017年11月才因国务院取消会计从业资格考试而再次对《会计法》的有关内容进行了修订，这也就意味着现行《会计法》历经18年之久才再次迎来了修订，在18年的时间里保持了相

对的稳定。试想，如若《会计法》中缺少此类委任性规定，取而代之的是直接对有关制度内容作出详细的规定，那么在社会发展变化如此迅速的背景之下，法律想保持较高的稳定性将非常困难。因此，《会计法》委任国家财政部门对有关考试制度作出规定本身是一种正确的选择。

三、法律规定的国家考试可扩大解释为受法律委任的国家机关制定的行政法规、规章中规定的国家考试

承上所述，组织考试作弊罪中的"考试"应限定为法律规定的国家考试，那么该考试是否必须直接规定在全国人大及其常委会制定的法律条文中？笔者认为，答案应当是否定的。原因有三：

第一，组织考试作弊罪将考试范围限定在"法律规定的国家考试"，但并没有限定必须是由法律"直接规定"的国家考试，也没有限定法律作出规定的具体方式。根据文义解释的解释方法，将法律规定解释为法律"直接"或"间接"规定符合基本语法规范，同时亦没有超出普通大众的认知范围，因此是一种合理解释。

第二，国家考试虽直接规定在受法律委任的国家机关制定的行政法规、规章中，但其本质上仍属于法律规定的考试。如上所述，虽然国家考试是直接规定在行政法规、规章中，但若该行政法规、规章是国家机关根据法律的授权、委任制定，且直接根据法律对国家考试作出了规定，那么本质上该国家考试与在法律中直接规定的国家考试并无实质差别。

第三，受法律委任的国家机关制定的行政法规、规章中规定的国家考试（为表述方便，下文中简称"法律间接规定的国家考试"）与法律直接规定的国家考试在组织主体级别、考试地域范围、考试影响力等方面均具有同质性。以《中华人民共和国旅游法》为例，其中规定参加导游资格考试成绩合格，与旅行社订立劳动合同或者在相关旅游行业组织注册的人员，可以申请取得导游证，也即在法律中直接对通过考试方式取得导游资格作出了规定，因此导游资格考试应当属于典型的"法律规定的国家考试"。导游资格考试的组织主体是国家旅游局，地域范围是全国，而设置该考试的核心目的则是为国家选拔专业导游以规范旅游市场，维护旅游者合法权益。而本案中涉及的中级会计考试虽然未在法律中被直接规定，但是其组织主体为国家财政部，地域

范围亦是全国，通过该考试取得中级会计资格更是被聘任为会计师的必要条件，由于会计工作的重要性和特殊性，中级会计考试能否为国家选拔好优秀会计人才，可直接影响到国家的财经体制甚至是市场经济秩序。因此从各方面来看中级会计考试的层级和重要性都并不亚于旅游法中直接规定的导游资格考试，两者之间具有同质性，在此考试中组织作弊均应当成为刑法所打击的对象。

四、对法律间接规定的国家考试中组织作弊的以组织考试作弊罪定罪处罚能够实现罪责相适应

承上所述，法律间接规定的国家考试与法律直接规定的国家考试在诸多方面尤其是社会危害性方面均具有同质性。在法律间接规定的国家考试中组织作弊同样严重违反公平、公正原则，破坏社会诚信体系，间接侵害了其他诚实参考的考生的合法权益，具有严重的社会危害性和刑罚当罚性。以本案所涉中级会计考试为例，其是由国家相关主管部门确定实施，由经批准的实施考试的机构承办，面向社会公众统一进行的考试，通过该考试选拔出优秀会计人才，于国家有利于国家会计制度的完善和维护良好的市场经济秩序；于个人则可能直接影响到升迁、待遇、异地落户等方方面面。若在此类考试中组织作弊不以组织考试作弊罪进行惩处，无法实现罪责相适应，且会给组织考试作弊的不法分子以反向引导，变相"鼓励"其铤而走险实施组织作弊行为，助长其嚣张气焰，以致社会信用体系受到更加严重的侵害。同时亦与民众一般观念相去甚远，容易引起负面舆论评价。由此，将法律间接规定的国家考试视为组织考试作弊罪中规定的"法律规定的国家考试"，有利于实现罪责刑相适应，填补法律的漏洞。

综上所述，相关国家机关根据法律的委任、授权制定的行政法规或部门规章对国家考试作出规定，则该考试仍应认定为法律规定的国家考试。在该考试中组织作弊的，应依法以组织考试作弊罪追究刑事责任。

由于组织考试作弊罪系《刑法修正案（九）》的新增罪名，现在尚缺少能够有效指引该类案件审理的司法解释或相关文件，司法实践中就有关问题存在争议在所难免。结合本案，笔者建议在制定相关司法解释时能够将法律间接规定的国家考试一并纳入刑法的规制范围，从而严密刑事法网，不给试

图挑战社会诚信体系以攫取非法利益的不法分子可乘之机。

回到本案，2000年7月1日起施行的《会计法》与同年9月8日财政部、人事部根据《会计法》的规定制定颁布的《暂行规定》相衔接，形成了一个关于会计专业技术考试、会计专业资格与任职资质三者关系的完整链条：通过中级会计考试——取得会计专业技术中级资格——聘任会计师——担任单位会计机构负责人，前两者由根据《会计法》制定的《暂行规定》加以明确，后两者则直接规定在《会计法》之中，中级会计考试表面上虽在链条前端（《暂行规定》），但经"环环相扣"，其本质实际在链条尾端（《会计法》），属于法律规定的国家考试。被告人张志杰、陈钟鸣、包周鑫经预谋在中级会计考试中组织考试作弊，实施了大量招收考生、采购作弊器材、教授学生使用作弊器材、进入考场拍摄试卷、组织人员答题、将答案通过无线电设备传入考场内等一系列行为。考点内共160余名考生参考，其中就有60余名考生参与作弊，且多为从上海市区甚至是中西部地区赶来集中作弊，十分猖獗。三名被告人在共同犯罪中作用、地位基本相当，但综合考虑在组织考试作弊环节中稍有差别，在量刑时予以稍加区别，故综上作出上述判决。

（责任编辑：俞小海）

数据竞争的法律制度基础

丁文联[*]

数字经济时代，数据资源成为关键竞争资源，数据竞争引发新的法律关切，其核心在于数据共享与专享之间、数据控制与使用之间的数据资源配置方式。区别于传统的数据资源，大数据技术及数字经济背景下的数据资源，具有一系列新的经济特征，包括数据载体的多栖性、数据使用的非排他性、数据使用的高盈利性、数据价值的差异性、数据使用方式的差异性、数据具体用途的不可预测性、数据使用效果的外部性。现有法律制度规则在数据产权安排、数据行为基本秩序和数据行为竞争规则三个层次上都不能适应数据资源的特点与数据竞争的需要，需要重新考虑数据资源的排他性与非排他性产权安排，需要将数据行为的规制重点由前端的数据采集转向后端的使用行为，在严格保护隐私和商业秘密的基础上设计促进数据利用的数据收集、获取与使用规则，还需要研究适用于数据竞争的反不正当竞争、反垄断分析框架。

一、数据竞争与法律关切

2017 年，几起涉及数据竞争的诉讼案件特别引人关注。如美国的 HiQ 诉 LinkedIn 案，中国的新浪诉脉脉案、汉涛诉百度案，都涉及经营者在经营过程中所收集的数据信息能否被其他经营者自由获取，或能否被其他经营者使用、以何种方式使用等问题。除了诉讼案件，2017 年，其他一些涉及数据竞争的事件也受到反垄断法的关注。比如，菜鸟与顺丰相互关闭与对方的数据接口，在国家邮政局的干预下，才恢复开放数据接口。

---

[*] 丁文联，法学博士，上海知识产权法院知识产权审判一庭庭长。

　　以上这些案例，不仅共同凸显了数字经济时代企业对数据资源的重视与争夺，更展示了数据竞争中共同的法律争议、利益冲突与法律关切。可以看到，在数据竞争中都存在的法律争议包括：数据信息的所有权归于谁，是通过自身属性和行为而产生信息的用户，还是数据收集、加工企业？数据收集、加工企业基于其收集、加工数据的资金与人力投入，对数据信息是否应当享有权利，或享有何种权利和享有权利的范围边界如何？可否禁止其他经营者抓取、使用数据？如果其他经营者可以抓取数据，那么这些经营者可以以何种方式使用数据，是否可以通过市场的方式得以实现数据的交易？

　　透过这些法律争议，可以进一步看到，在数据竞争中都存在这样四类群体的利益需要协调平衡，包括：第一，产生数据信息的用户。他们的个人隐私与财产权益在数据收集、加工和使用过程中如何得到保护。第二，数据收集、加工者。如何保护他们通过收集、加工数据可以获得的利益，以保护他们收集、加工数据的积极性和前期的资本投入。第三，数据使用者。如何保护他们充分使用数据的权利与利益，以鼓励他们在数据使用上的创新行为。第四，消费者。如何通过促进有效率的数据竞争，获得由数据竞争和有效使用所带来的溢出效应，进而从繁荣发展的数据市场中长期获益。

　　厘清上述各种法律争议与利益诉求后，更深层次的问题是：什么才应该是数据竞争中最核心的法律关切？比较而言，在诸多需要考虑的问题中，以下两个问题可能最为重要。一是对用户个人隐私的保护。用户个人隐私属于人身权利的一部分，充分保护用户隐私不仅是因为人身权利在所有法律权利中位阶最高，还因为如果没有隐私安全保障，用户就没有意愿令其个人数据信息被收集、加工，数字经济就会失去最基本的信息来源基础。二是对数据资源的配置方式，如何在数据经营者之间安排数据共享或专享，如何配置数据信息的控制权与使用权。这是数字经济发展的一个核心问题。如果不能促进数据的共享和利用，大数据将失去其巨大的经济和社会价值，数字经济的种种愿景将成为幻影。但如果不保护数据经营者在数据收集、加工和研发上应该获得的利益，又同样会削减对数据收集、加工和研发行为的激励，数字经济同样成为无源之水，断流枯竭终将成其宿命。个人隐私保护与数据资源配置，一个是数字经济发展需要解决的基础权利保障问题，另一个是数字经济发展的关键机制设计问题，两者是数据竞争中最为核心的法律关切。鉴于本文主题在于讨论如何构建合理的制度以促进数据竞争的经济效率，本文重点讨论后一问题，即数据资源的配置方式问题。对个人隐私保护的讨论可以在未来的研究中进行展开。

二、数据资源的经济特征与当前制度存在的问题

迄今为止，人类创造的法律制度，依据各种实物资源的自然属性与经济特征，比较好地解决了各种实物资源的权利配置问题，比如英美法系财产法、大陆法系物权法对于有体物财产权利的安排，以及各国法律对于智力成果的知识产权安排。现在面临的问题是，数据信息区别于以往各种实物资源，有其特别的物理属性与经济特征，需要特别的法律制度安排。

诚然，数据信息并不是最近产生的新鲜事物，在大数据技术和数字经济兴起之前，数据信息已然存在，并且也被纳入各国法律框架。比如，符合商业秘密、作品条件的数据信息，可以被作为商业秘密、作品受到保护；作为数据集合的数据库，在某些国家或地区受到特别法保护，在另一些国家或地区，根据具体情况被作为汇编作品保护或适用反不正当竞争法调整。但是，在大数据技术与数字经济兴起之后，数据信息的生产与使用方式发生翻天覆地的变化，信息技术使得数据的巨大经济价值和社会价值经商业运作后而日益凸显，既有的法律制度不能满足现实需要，数据竞争对法律制度的健全和完善提出了新的需求。

（一）数据资源的经济特征

与以往数据资源相比，大数据技术与数字经济背景下的数据资源，具有以下七个新的经济特征：

第一，数据载体上的多栖性。在数字经济时代，由于产业链由上下游直线型转化为多边网络型，数据信息产生和传递的方式变得更加复杂和多元化，数据往往不是栖息于一个主体，而是栖息于多个载体，具有"多栖性"（multi-homing）。一方面，数据信息在产生过程中，往往涉及多个主体，而导致数据信息栖息于多个载体。另一方面，越来越多的用户使用越来越多的数字产品，包括各种网站、APP提供的服务，以及各种终端设备，用户的数据信息广泛栖息于网站、APP和终端设备这些载体。因此，不同于以往的实物

资源，也不同于数字经济之前的数据信息，大数据时代数据资源的稀缺性只是相对的，而不是绝对的，换句话说，从某种角度而言数据资源相对不是那么稀缺。

第二，数据使用的非排他性。在经济学中，排他性是稀缺性成立的一个基础。而数据信息在使用上，和专利技术、技术诀窍、科学艺术作品等智力成果一样，具有非排他性，即一个数据经营者使用数据信息时，不妨碍另一数据经营者同时使用该数据信息。这意味着，数据信息在物理上可以被共享和多次使用，并由此可能产生更大的经济和社会价值。

第三，数据使用的高盈利性。比起传统工业经济体系内的实物资源，由于数据采集、加工和研发的成本相对很低，而数据使用所产生的收益非常大，数据信息在使用上具有相对较高的盈利性。一方面，数据信息的收集、加工主要为固定资产和人力的固定成本投入，其边际成本很低，甚至接近于零，随着大数据技术的进步，数据开发运用的成本也在不断降低。另一方面，大数据分析和机器学习利用在精准识别、描述、触达、转化、评估、预测上的超强能力，可以产生巨大的潜在商业价值，同时也可以在公共服务方面产生巨大的社会价值。

第四，数据价值的差异性。尽管数据信息都具有巨大价值且具有非排他性，但由于不同数据主体持有数据的完整性不同，不同数据主体所持有的数据在价值上也存在差异。例如，菜鸟与顺丰的数据之争中，虽然菜鸟拥有阿里电商平台的订单数据和部分快递数据，但依然想获得顺丰的快递数据，是因为顺丰的快递数据对于规划和优化干线运输业务更有价值。再如，点餐APP作为软件平台的提供方，对供需双方的信息数据掌握最为全面，不仅了解生成订单的终端用户和被选中的餐饮店信息，更了解终端用户的搜索偏好、餐饮店提供餐饮的品类价格等动态信息，能够优化匹配结果，为供需双方进行定向广告信息推送。而快递公司获得的是订单生成后的售后静态信息，其信息量小于前端 APP 平台，并很少主动向供需双方推送定向广告。

第五，数据使用方式的差异性。即便是相同的数据信息，不同使用主体的收集、使用和开发方式也不尽相同，从而得出不同的分析结果和服务品类。例如，点餐 APP 为了连接终端消费者和餐饮店铺，为彼此匹配和完成交易寻找成本最优的交易模式，所以该经济行为的发生是为了完成产品和服务的销售，而数据本身只是交易行为的副产品，并非经济行为的主要目的。点餐APP可以收集终端消费者的消费信息和餐饮店铺的销售信息，送餐快递公司也可以获取相同的信息，点餐APP获取该信息后可以优化供需双方的匹配，使双方可以更精准地找到彼此，而送餐快递公司获取该信息后可以优化配送物流的安排，使递送可以更及时、送餐人员可以进一步优化其配送路径。相同的数据对不同的使用主体价值是不同的，因而使用方式也存在差异。

第六，数据具体用途的难以预测性。数据信息的用途不仅有赖于数据使用方的先验经验，更有赖于使用方对数据利用的联想，有时甚至是天才的想象，即便如此，数据未来的用途也未完全被现有的方法所涵盖和发现。比如，Google 在 2009 年在对数十亿条网络用户搜索信息进行分析后，在美国成功地预测了甲型 H1N1 流感在何时何地爆发。比如，手机定位信息被广泛用于各种与位置相关的服务，未来也必将更广泛地用于未知的领域。大数据的开发利用不但依赖于当前实时发生的数据，还依赖于人类社会的历史数据积累。数据信息在被收集、加工时，使用方未必能确定这些数据信息未来的具体用途，但仍然有必要收集、加工这些数据。

第七，数据使用效果的外部性。数据信息在开发利用后，其效果往往远远超出原来产生数据信息的用户范围，而扩及更大的用户范围，甚至是扩及很大范围内的社会成员，体现出很强的外部效应。例如，点餐APP平台在分析了点餐终端消费者的搜索偏好之后，可以定向推荐在该餐厅消费过的消费者去过的其他餐厅；同样的，对于某一类型的餐厅，APP平台也可以根据点餐终端消费者的搜索偏好，将该餐厅推荐给有类似偏好的消费者。正是通过对数据的优化和分析，APP平台提升了精准营销的转化率。

（二）数据资源与现有法律制度的不匹配

数据资源区别于以往各种实物资源的特有经济特征，使得现有法律制度在调整这种实物资源上显现出很大的局限，在数据产权安排、数据行为基本秩序和数据行为竞争规则三个层次上，都很难产生理想的效果。

1. 现有法律制度很难解决数据产权制度的安排问题

现有法律制度中的权利类型很难适应数据产权安排的需要，具体来说有三个方面：一是针对有体物的财产权安排。由于对有体物的使用具有排他性，所以采用"一物一权"原则，不允许在同一财产上同时具有相互冲突的权利，这与一部分"单栖"的数据相适应，但不适应大部分数据信息的前述"多栖性"特征。二是针对智力成果的专利与版权制度。考虑到鼓励智力创新的利益激励，将专利与版权设计成较长期限内的排他权利，在利益激励上符合鼓励收集、加工数据信息的需要，但一方面数据信息毕竟不同于智力成果，数据的具体用途也存在不确定性和差异性，给予数据信息较长期限的排他性权利与收集、加工数据所作出的贡献不相称。此外，排他性的权利安排不适用于那些具有"多栖性"的数据。三是物权、知识产权以外的其他非排他性财产权利安排。比如合同债权、法定债权，由于完全不具有排他性，难以形成对收集、加工数据信息特别是创造高价值数据的利益激励。所以，现有的数据产权需要一个介于绝对排他性和非排他性之间的制度安排。

2．现有法律制度很难解决数据行为的基本秩序问题

在数据收集问题上，如果适用现有法律制度的"知情权"规则，那么必须在用户详细知晓数据具体用途的情况下，才可以在用户授权下收集数据。但数据具体用途在很多时候难以预测，适用"知情权"规则必然阻碍数据收集。此外，在数据抓取、使用行为规则上，哪些数据可以被抓取，哪些数据不能被抓取，哪些数据使用行为需要得到数据控制者的许可，哪些数据使用行为不需要得到数据控制者的许可，这些问题在现有法律制度中既没有具体规则，又因为数据资源的特殊性找不到合适的参照原则。所以，现有的数据行为急需相应的法律制度来规范其基本秩序。

3．现有法律制度很难解决数据行为竞争规则问题

现有竞争法规则本身在市场的不确定性面前就常常力不从心，而数据信息比任何以往实物资源具有更强的不确定性，使得现有制度规则在解决数据竞争纠纷上更加乏力。在反不正当竞争法的适用上，现行法律以"违背商业道德——损害竞争秩序"为认定不正当竞争行为的基本框架，如虚假宣传、商业诋毁、商业贿赂、仿冒商业标识这样的行为在商业道德与损害竞争秩序、效率上具有明显的一致性，但数据的商业使用行为很难在道德上进行评价，数据使用行为的效果也很不确定，很难用"违背商业道德——损害竞争秩序"这个框架作出分析判断。

在反垄断法适用上，现行法律理论与法律实践基本以"结构—行为—效

果"（SCP）为基本分析框架，由于数据资源具体用途与价值的不确定和差异性，数据资源会在哪些竞争领域、在多大程度上增加市场力量，数据使用行为会在哪些竞争领域、在多大程度上增进或降低市场效率，这会使得相关市场界定、市场力量测度、市场效果分析都变得模糊，而且，数据竞争是否遵循"结构—行为—效果"的逻辑，也是值得重新思考的问题。所以，数据竞争需要根据实际竞争状况对现有的分析框架进行调整，突破现有制度规则的局限。

三、数据竞争的制度基础

与传统实物资源相比，数据资源具有栖息于多个载体、使用上非排他、成本低而收益高、价值和使用方式存在差异、未来用途难以预测、存在外部效应等多方面的经济特征。现有法律制度不能在数据产权安排、数据行为基本秩序、数据行为竞争规则三个层次上很好地发挥作用。本文提出对于这三个层次制度建设的政策建议。

（一）数据产权安排

在产权制度上，考虑到数据信息的丰富多样和数据信息的经济特征，可以沿着以下路径探索数据产权的制度设计。一是以是否公开、迁徙、交易等为因素，确定是否给予排他性权利。首先，可以通过公开渠道获得的数据信息，不宜赋予排他性权利；其次，与具体用户相关的数据可以根据用户选择在不同经营者之间迁徙，经营者对此不具有排他性权利，不得妨碍数据迁徙；最后，数据进行交易后，原则上原数据控制主体不享有对原数据的排他性权利，但原数据控制者只是许可合同相对方使用数据的除外。二是以数据控制权替代所有权作为排他性权利安排。中国存在"所有权—使用权"的法理范式，即使用权来源于所有权，类似于"皮之不存，毛将焉附"，没有所有权就没有使用权。但鉴于数据信息的多栖性，数据所有权实际很难确定属于某个主体，而不确定数据所有权未必一定影响数据其他权利的配置。因此，建议突破"所有权—使用权"的法理范式，依据数据资源的物理属性与经济特征，不设置数据所有权，只设置具有排他效应的数据控制权。数据控制者可以决定是否将其控制的数据予以公开、许可使用、或是转让他人。

（二）数据收集、抓取、使用行为的基本秩序

用户个人数据信息在被收集时往往不能确定未来数据的具体用途，因此，"知情权"规则很难适用于数据采集行为。这种情况下，用户对于数据被采集只能表示概括的同意或不同意。保护用户利益的路径，要将重心从前端转向于后端，即从用户的同意转向数据使用者的使用行为，从规范数据使用行为入手保护用户人身权利等权利。对于数据使用行为则应规定严格的保护隐私、商业秘密的义务。至于哪些数据可以被抓取、使用，可以与数据产权安排相对应，公开的数据信息应该允许被自由抓取、使用，非公开的数据信息原则上需要经数据控制者许可才可以抓取、使用。

（三）数据竞争规则的基本框架

在反不正当竞争领域，虽然"违背商业道德—损害竞争秩序"的法理框架可以沿用于传统商业行为，但针对数据竞争的特点，应该建立新的分析框架。纵观反不正当竞争法所禁止的虚假宣传、商业诋毁、商业贿赂、串通投标、仿冒商业标识等传统不正当竞争行为，以及互联网技术发展以来司法实践上所认定的干扰他人转件运行、诱导他人用户转移使用网络服务等行为，本质上都是通过直接攫取他人竞争优势，或破坏他人的经营基础来获得竞争优势或交易机会的行为，其不当性在道德上评判是所谓"违反商业道德"。如果以客观标准衡量，从市场机制的运作原理看，则应该是通过扭曲市场的信号传递机制阻碍、误导市场信号的产生与传递，使得市场资源发生错配，降低市场效率，从而损害社会福利。因此，反不正当竞争领域"违背商业道德—损害竞争秩序"的分析框架，也许可以由"扭曲市场信号传递机制—损害市场效率与竞争秩序"这样一个新的分析框架代替。在这个分析框架中衡量数据竞争行为的核心问题，将是数据抓取与使用行为会不会产生阻碍数据信息产生和传递的效果。譬如，在汉涛诉百度案中，如果百度地图移用大众点评用户信息的行为将导致大众点评降低了数据信息的采集、加工和供应，破坏了竞争秩序，那么百度的行为将是一个扭曲市场信号传递机制而应被认定不正当竞争的行为。

在反垄断领域，为适应数据竞争，同样存在一个法理分析框架需要重新

检视和调整的问题。互联网兴起以来，传统的"结构—行为—绩效"的法理框架就越来越受到挑战。在软件、互联网等新兴产业中，市场份额一般不足以反映市场力量，网络效应、锁定效应往往更能带来市场力量，市场结构与市场力量之间的联系并不那么确定。大数据技术与数字经济兴起后，数据资源成为关键的生产要素，同时数据资源成为市场力量至关重要的要素，市场结构在测度市场力量上的作用进一步降低，分析市场结构的重要性，将逐渐让位于对数据竞争力的分析。

在数据竞争领域，"结构—行为—绩效"框架也许可以由"数据竞争力—数据行为—市场效果"代替。对数据竞争力的分析，对于数据行为的分析，都需要总结实践经验、及时提炼出具体规则，确定不同类型数据所具有的不同竞争力，在此基础上重新检视和调整反垄断法上纵向垄断协议、滥用市场支配地位、经营者集中这三种以市场结构为前提的现有反垄断分析方法与分析标准，以适应数据竞争的新特点。

（责任编辑：顾　全）

《上海市高级人民法院关于充分发挥审判职能作用 为企业家创新创业营造良好法治环境的实施意见》解读

上海市高级人民法院研究室

为深入贯彻落实党的十九大精神，为上海着力营造企业家健康成长、创新创业的良好营商环境提供更加优质的司法服务和有力的司法保障，根据中共中央、国务院《关于营造企业家健康成长环境弘扬优秀企业家精神更好发挥企业家作用的意见》、最高人民法院《关于充分发挥审判职能作用为企业家创新创业营造良好法治环境的通知》，结合《最高人民法院关于充分发挥审判职能作用切实加强产权司法保护的意见》《上海市高级人民法院关于贯彻落实〈上海市着力优化营商环境　加快构建开放型经济新体制行动方案〉的实施方案》和上海法院的工作实际，上海市高级人民法院制定了《上海市高级人民法院关于充分发挥审判职能作用　为企业家创新创业营造良好法治环境的实施意见》(以下简称《实施意见》)。为更好地贯彻落实《实施意见》的相关工作要求，本文就《实施意见》制定的背景、意义、思路及主要内容等作一简要解读。

一、《实施意见》的制定背景

2017年9月8日，中共中央、国务院印发《关于营造企业家健康成长环境弘扬优秀企业家精神更好发挥企业家作用的意见》，要求着力营造依法保护企业家合法权益的法治环境。2017年12月29日，最高人民法院下发了《关于充分发挥审判职能作用为企业家创新创业营造良好法治环境的通知》，要求各级人民法院加强组织领导，制定工作方案，切实将依法保障企业家合法权益的工作落到实处。根据上海市高级人民法院刘晓云院长关于"要结合上海实际，提出具体可行的落实措施，为打造国际一流的营商环境提供优质的司法服务和有力的司法保障"的要求，上海市高级人民法院研究室在广泛征求上海市高级人民法院各相关部门和高院党组成员意见，以及在上海市"两会"和大调研活动中听取社会各界意见的基础上，结合《最高人民法院关于充分发挥审判职能作用切实加强产权司法保护的意见》《上海市高级人民法院关于贯彻落实〈上海市着力优化营商环境　加快构建开放型经济新体制行动方案〉的实施方案》和上海法院的工作实际，制定了本《实施意见》。

二、《实施意见》的重要意义

企业家是经济活动的重要主体。改革开放以来，一大批优秀企业家在市场竞争中迅速成长，一大批具有核心竞争力的企业不断涌现，为积累社会财富、创造就业岗位、促进经济社会发展、增强综合国力作出了重要贡献。推进供给侧结构性改革，激发各类市场主体活力，实现经济社会持续健康发展，**必须着力为企业家创新创业营造良好法治环境**；增强企业家人身及财产财富安全感，稳定社会预期，使企业家安心经营、放心投资、专心创业，充分发挥企业家在建设现代化经济体系、促进经济持续平稳健康发展中的积极作用，**必须着力为企业家创新创业营造良好法治环境**；上海要建设卓越的全球城市，增强吸引力、创造力和竞争力，对标国际最高标准、最好水平，吸引更多的优秀企业家创新创业，**必须着力为企业家创新创业营造良好法治环境**。

人民法院充分发挥审判职能作用，促进营商环境建设，依法平等保护企业家合法权益，对营造企业家健康成长环境，弘扬优秀企业家精神，更好发挥企业家作用，对深化供给侧结构性改革、激发市场活力、实现经济社会持续健康发展具有重大意义。

三、《实施意见》的制定思路

本《实施意见》以《最高人民法院关于充分发挥审判职能作用为企业家创新创业营造良好法治环境的通知》确定的工作要求和九个方面的切入点为基本框架，上海高级人民法院各职能部门结合自身审判实际提出具体的实施意见和举措，并结合中共中央、国务院、最高人民法院关于产权司法保护、优化营商环境、加强知产审判领域改革创新等文件要求，以及司法体制综合配套改革方案，增加了加强涉自贸区和涉外民商事、海事案件审判，维护公司和中小股东合法权益，有效防范冤假错案等内容。从而实现"四个确保"：**一是确保**每项举措都有权威依据，符合中央及最高人民法院相关文件精神，符合国家法律精神。**二是确保**每项举措都是服务上海工作大局，符合优化营商环境的现实需要。**三是确保**每项举措都是紧密结合审判实际，具有可操作性和可落地性。**四是确保**每项举措都是从企业家参与经营和创新创业的实际需要和痛点出发，具有针对性。

四、《实施意见》的主要内容

《实施意见》主要分为三部分内容：

（一）总体要求

《实施意见》明确了依法平等保护企业家合法权益，为企业家创新创业营造良好法治环境的重要意义和总体目标。

（二）具体措施

《实施意见》主要包含 8 个领域 31 个方面举措。

一是依法保护企业家的人身自由和财产权利。主要针对企业家担心的利用刑事手段插手经济纠纷等问题，从刑事司法方面保护企业家人身及财产财富安全。具体包括严格执行刑事法律和司法解释，坚决防止利用刑事手段干预经济纠纷；坚持罪刑法定、法不溯及既往、从旧兼从轻、疑罪从无原则；严格非法经营罪、合同诈骗罪的构成要件，防止随意扩大适用；依法惩治侵犯企业和企业家权益的各类刑事犯罪；依法慎用强制措施和查封、扣押、冻结措施，依法保障企业的正常生产经营活动；严格区分企业家违法所得和合法财产等 6 个方面的举措，切实保护企业家的人身自由和财产权利。

二是依法保护诚实守信企业家的合法权益。主要针对企业家担心的行政部门违约，对市场交易秩序的需求等问题，从维护合同协议效力和执行力等方面保护企业家的合法权益。具体包括妥善认定政府与企业签订的行政协议效力，依法公正审理行政允诺案件；妥善审理因政府规划调整、政策变化引发的纠纷案件；依法公正审理企业家财产征收征用案件；正确认定民商事合同法律效力与责任，促进和保障市场交易；加强涉自贸区案件和涉外民商事、海事海商案件审判，平等保护国内外企业家合法权益等5个方面的举措，切实保护诚实守信企业家的合法权益。

三是依法保护企业家的知识产权。主要针对企业家担心的知识产权侵权成本低、企业家维权成本高等问题，从知识产权司法保护方面保障企业家的合法产权利益。具体包括完善符合知识产权案件特点的诉讼证据规则；推进知识产权民事、刑事、行政案件审判三合一；建立以知识产权市场价值为指引，补偿为主、惩罚为辅的侵权损害司法认定机制；依法保护用人单位的商业秘密等合法权益；依法打击不正当竞争等违法行为5个方面的举措，切实保护企业家的知识产权。

四是依法保护企业家的自主经营权。主要针对企业家担心的融资难、融资成本高等问题，从加强金融司法保护、规制虚假恶意诉讼等方面保障企业家正常生产经营。具体包括加强金融审判工作，促进金融服务实体经济；依法妥善审理权益纠纷案件；加强破产审判工作，完善市场主体救治和退出机制；加强对虚假诉讼和恶意诉讼的审查力度，防止恶意利用诉讼打击竞争企业，破坏企业家信誉等4个方面的举措，切实保护企业家的自主经营权。

五是努力实现企业家的胜诉权益。主要针对企业家担心的执行难等问题，从司法促进社会诚信建设等方面保障企业家的胜诉权益。具体包括综合运用各种强制执行措施，加快胜诉企业债权实现；强化对失信被执行人的信用惩戒力度；营造鼓励创新、宽容失败的社会氛围等3个方面的举措，努力实现企业家的胜诉权益。

六是有效防范和切实纠正涉企业家产权冤错案件。主要针对历史形成的涉产权冤错案件问题，从加强再审审查工作等方面防范和纠正涉企业家产权冤错案件。具体包括进一步加大涉企业家产权冤错案件的甄别纠正工作力度；从源头上、制度上有效防范冤错案件的发生；准确适用国家赔偿法，公正高效审理涉及企业家的国家赔偿案件等3个方面的举措。

七是不断完善落实保障企业家合法权益的司法政策。主要从信息化建设和统一法律适用等方面，健全完善落实保障企业家合法权益的司法政策。具体包括抓好涉企业家相关司法政策的落地生效；进一步加快"智慧法院""数

据法院"建设，强化涉企业家案件的调研工作；加强审判指引、司法公开和
典型案例发布工作，统一相关案件裁判尺度等 3 个方面的举措。

八是推动形成依法保障企业家合法权益的良好法治环境和社会氛围。主
要从加强法治宣传、弘扬优秀企业家精神等方面，推动形成企业家健康成长
良好法治环境和社会氛围。具体包括持续强化以案释法等法治宣传工作；依
法支持政府为营造良好企业家健康成长环境所进行的各项配套工作等两个方
面的举措。

（三）工作要求

一是明确全市法院要统一思想、深化认识，切实将中共中央、国务院、
最高人民法院关于为企业家创新创业营造良好法治环境的决策部署贯穿到上
海法院工作的方方面面。

二是要分工协作，统筹推进，在院党组领导下和院内各相关部门的分工
合作、协同努力下，凝神聚力，结合司法体制综合配套改革和《上海市高级
人民法院关于贯彻落实〈上海市着力优化营商环境　加快构建开放型经济新
体制行动方案〉的实施方案》的各项举措，统筹推进，确保相关工作取得
实效。

三是要真抓实干，重在落实，各相关部门结合各自实际，根据重点任务
分解表的要求，明确职责分工，并负责本条线的指导，扎实探索推进，务
求取得实效，确保服务保障企业家创新创业法治环境建设相关制度举措落地
生效。

附件 1：

上海市高级人民法院关于充分发挥审判职能作用为企业家创新创业营造良好法治环境的实施意见

为深入贯彻落实党的十九大精神，为上海着力营造企业家健康成长、创新创业的良好营商环境提供更加优质的司法服务和有力的司法保障，根据中共中央、国务院《关于营造企业家健康成长环境弘扬优秀企业家精神更好发挥企业家作用的意见》、最高人民法院《关于充分发挥审判职能作用为企业家创新创业营造良好法治环境的通知》，结合《最高人民法院关于充分发挥审判职能作用 切实加强产权司法保护的意见》、《上海市高级人民法院关于贯彻落实〈上海市着力优化营商环境 加快构建开放型经济新体制行动方案〉的实施方案》和上海法院的工作实际，制定以下实施意见。

一、总体要求

（一）深刻认识依法平等保护企业家合法权益，为企业家创新创业营造良好法治环境的重要意义

企业家是经济活动的重要主体。推进供给侧结构性改革，激发各类市场主体活力，实现经济社会持续健康发展，**必须着力为企业家创新创业营造良好法治环境**；增强企业家人身及财产财富安全感，稳定社会预期，使企业家安心经营、放心投资、专心创业，**必须着力为企业家创新创业营造良好法治环境**；上海要建设卓越的全球城市，增强吸引力、创造力和竞争力，对标国际最高标准、最好水平，吸引更多的优秀企业家创新创业，**必须着力为企业家创新创业营造良好法治环境**。

全市法院要认真贯彻中央、最高人民法院关于依法平等保护企业家合法权益弘扬优秀企业家精神的决策部署，充分认识良好法治环境对进一步提高上海现代化经济体系建设、提升城市软实力和核心竞争力的重大意义，切实把思想和行动统一到中央、市委的决策部署和工作要求上来；进一步发挥司

法职能作用，不断提高司法服务保障企业家创新创业环境建设的自觉性、主动性，切实增强司法服务保障企业家创新创业环境建设的责任感、使命感。

（二）总体目标

在习近平新时代中国特色社会主义思想指引下，准确把握新时代的新特点，充分发挥司法职能作用，依法履行好宪法和法律赋予的审判职责，着力营造依法保护企业家合法权益的法治环境、促进企业家公平竞争诚信经营的市场环境、尊重和激励企业家干事创业的社会氛围，引导企业家爱国敬业、遵纪守法、创业创新、服务社会，调动广大企业家积极性、主动性、创造性，充分发挥企业家作用，为促进上海经济持续健康发展和社会和谐稳定，提供更优质的司法服务与保障。

二、具体措施

（一）依法保护企业家的人身自由和财产权利

1. **严格执行刑事法律和司法解释，坚决防止利用刑事手段干预经济纠纷。** 严格把握刑事犯罪的认定标准，严格区分正当融资与非法集资、合同纠纷与合同诈骗、民营企业参与国有企业兼并重组中涉及的经济纠纷与恶意侵占国有资产等的界限。对于各类经济纠纷，特别是民营企业与国有企业之间的纠纷，要坚持依法办案，公正审判，坚决防止把经济纠纷认定为刑事犯罪。

2. **坚持罪刑法定、法不溯及既往、从旧兼从轻、疑罪从无原则。** 严格犯罪构成要件，禁止类推解释，对定罪依据不充分，事实不清、证据不足的，依法宣告无罪。以发展眼光客观看待、依法妥善处理改革开放以来各类企业，特别是非公有制企业经营发展过程中存在的不规范问题，对虽属违法违规、但不构成犯罪的，应当宣告无罪；对于法律界限不明、罪与非罪不清的，应当做有利于被告人的处理。对企业家在生产、经营、融资活动中的创新创业行为，不违反刑事法律规定的，不得以犯罪论处。

3. **严格非法经营罪、合同诈骗罪的构成要件，防止随意扩大适用。** 慎重把握非法经营罪中"其他严重扰乱市场秩序的非法经营行为"要件，防止随意扩大适用该要件。对于在合同签订、履行过程中产生的民事争议，如无确实充分的证据证明符合犯罪构成的，不得作为刑事案件处理。

4. **依法惩治侵犯企业和企业家权益的各类刑事犯罪。** 严厉打击黑恶势力寻衅滋事等危害企业家人身安全刑事犯罪；坚决打击在企业建设发展或者市场竞争中的村霸、行霸、市霸等的犯罪活动，为企业家正常经营提供良好的治安环境；严惩国家工作人员利用职务之便，向企业索贿、受贿以及市场管理中的失职渎职等犯罪行为。

5. **依法慎用强制措施和查封、扣押、冻结措施，依法适用非监禁刑，依法保障企业的正常生产经营活动。** 对确已构成犯罪的企业家，应当综合考虑行为性质、危害程度等决定适用强制措施的种类。对已被逮捕的被告人，符合取保候审、监视居住条件的，应当变更强制措施；对被依法羁押的被告人，依法保障其正常行使企业经营管理权等权利。对犯罪情节轻微的企业家，符合非监禁刑适用条件的，应当尽量适用非监禁刑。确需采取查封、扣押、冻结措施的，要严格按照法定程序进行，在条件允许的情况下可以为企业预留必要的流动资金和往来账户。不得查封、扣押、冻结与案件无关的财产。严格依法采取财产保全、行为保全等强制措施，防止当事人恶意利用保全手段，侵害企业正常生产经营。对于因错误实施保全等强制措施，致使当事人或利害关系人、案外人等财产权利受到侵害的，应当依法及时解除或变更强制措施。

6. **严格区分企业家违法所得和合法财产，没有充分证据证明为违法所得的，不得判决追缴或者责令退赔。** 严格区分企业家个人财产和企业法人财产，在处理企业犯罪时不得牵连企业家个人合法财产和家庭成员财产；在处理企业家个人犯罪时，要避免随意牵连处置企业法人财产和家庭成员财产。要按照公开公正和规范高效的要求，严格执行涉案财物保管、鉴定、估价、拍卖、变卖制度，对非法占有、处置、毁坏财产的，不论是公有财产还是私有财产，均应当及时追缴，或者责令退赔，依法维护企业和企业家的合法权益。

（二）依法保护诚实守信企业家的合法权益

7. **依法妥善认定政府与企业签订的行政协议效力，依法公正审理行政允诺案件。** 对因招商引资、政府与社会资本合作等活动引发的纠纷，要认真审查协议不能履行的原因和违约责任，切实维护行政相对人的合法权益。依法监督行政机关履行对企业的各项合法承诺,对有关政府违反承诺,特别是仅因政府换届、负责人更替等原因违约、毁约的,要依法支持企业的合理诉求。对确因国家利益、公共利益或者其他法定事由改变政府承诺的,要依法判令补偿企业的财产损失。

8. 依法妥善审理因政府规划调整、政策变化引发的纠纷案件。对于确因政府规划调整、政策变化导致行政协议不能履行,政府解除行政协议的,依法予以支持;对于企业请求返还已经支付的国有土地使用权出让金、投资款、租金或者承担损失补偿责任的,依法予以支持。依法审慎处理好企业改制相关纠纷,既要防止国有资产流失,也要防止超越法律规定和合同约定,不当损害民营企业正当权利。

9. 依法公正审理企业家财产征收征用案件,维护被征收征用者的合法权益。合理把握征收征用适用的公共利益范围,坚决防止公共利益不当扩大化。遵循及时合理补偿原则,对土地征收和房屋拆迁补偿标准明显偏低的,要综合运用多种方式进行公平合理的补偿,借助多元化纠纷解决机制,妥善处理涉企业家财产征收征用案件。

10. 正确认定民商事合同法律效力与责任,促进和保障市场交易。充分尊重和保护市场主体的契约自由,合理判断各类交易模式和交易结构创新的合同效力,促进市场在资源配置中起决定性作用;审慎判断"强制性规定导致民事法律行为无效"与"违背公序良俗"的情形;对法律、行政法规规定应当办理批准、登记等手续生效的合同,按照相关规定,允许当事人在判决前补办批准、登记手续的,尽量促使合同合法有效;严格依法认定合同可解除、可撤销情形及合同法律责任,制裁违约失信行为,保护守约方企业家的合法权益。

11. 加强涉自贸区案件和涉外民商事、海事海商案件审判,平等保护国内外企业家合法权益。继续创新涉自贸区案件审判工作体制机制,依法保障自贸区为全面深化改革、进一步扩大开放推出的制度创新举措,推动自贸区为国内外企业家创新创业提供国际化、法治化、便利化营商环境。进一步创新完善涉外民商事、海事海商案件审判机制,推动建立诉讼、调解、仲裁有效衔接的多元化纠纷解决机制,按照国际公约及互惠原则,依法妥善化解"一带一路"建设和上海国际航运中心建设中的商贸和投资争端,平等、高效保护国内外企业家合法权益，营造稳定、公平、透明的法治化营商环境。

（三）依法保护企业家的知识产权

12. **完善符合知识产权案件特点的诉讼证据规则，着力破解知识产权权利企业"举证难"问题。**根据不同类型知识产权案件的审理特点，适时向当事人释明举证要求及法律后果，引导当事人积极举证。通过多种方式充分发挥公证在知识产权案件中固定证据的作用。加强知识产权领域的诉讼诚信体系建设，发挥专家辅助人的作用，探索建立证据披露、证据妨碍排除等规则，合理分配举证责任。

13. **推进知识产权民事、刑事、行政案件审判三合一，增强知识产权司法保护的整体效能。**完善"三级联动、三审合一、三位一体"的集中型立体审判模式，实现各类诉讼案件审理有序衔接、统筹协调，促进实质性解决纠纷，提升知识产权审判质效。

14. **建立以知识产权市场价值为指引，补偿为主、惩罚为辅的侵权损害司法认定机制，着力解决实践中存在的侵权代价低、维权成本高的问题。**充分运用证据规则查明权利人实际损失或侵权人侵权所得，进一步提高损害赔偿计算的合理性。积极运用法律规定的惩罚性赔偿制度，坚决遏制恶意侵权、反复侵权等行为，提高侵权成本。对法定赔偿的适用情形以及法定赔偿金额进行深入调研，合理确定法定赔偿额参考标准。对权利人所主张的维权费用等合理开支，根据法律服务的市场价格予以相应支持。

15. **坚持依法维护劳动者合法权益与促进企业生存发展并重的原则，依法保护用人企业的商业秘密等合法权益。**依法妥善处理职务发明与职务作品的权利归属纠纷、奖励报酬纠纷和侵害商业秘密纠纷，兼顾发明人、作者、劳动者、用人企业及社会公众的利益，既要注重维护资本等要素在创新发展中的重要作用，也要充分调动劳动者的创新积极性。对于劳动者未按法律规定或协议约定保守商业秘密、违反竞业限制义务的行为，应由劳动者承担违约金或赔偿相应损失。

16. **依法打击破坏市场秩序、不正当竞争等违法行为。**及时受理反不正当竞争纠纷案件，依法制裁各种形式的不正当竞争行为，保障各类企业平等地参与市场竞争。加强反垄断案件的审理，依法制止占有市场支配地位的垄断者滥用垄断地位，严格追究违法垄断行为的法律责任，为各种所有制经济主体提供高效公平的竞争环境。

（四）依法保护企业家的自主经营权

17. **加强金融审判工作，妥善审理各类融资类金融纠纷案件，促进金融服务实体经济。** 深入推进金融审判体制机制改革，进一步完善金融审判专业化体系，发挥金融审判的规则导向和价值引领作用，依法、合理引导金融"脱虚向实"，促进金融服务实体经济能力。依法规范金融创新，对于违反法律、法规效力性强制性规定、逃避金融监管的金融交易行为，及时否定其法律效力，有效防控金融风险。依法审理各类融资类金融纠纷案件，促进降低企业融资成本。依法规范商业银行、融资租赁公司、保理公司、典当公司、小额贷款公司等金融机构和市场主体经营行为。对金融机构和企业在金融商事活动中存在变相收取高额利息等情形的，对超出法律、法规和司法解释允许范围的利息部分，不予保护。

18. **依法妥善审理权益纠纷案件，保护企业合法投资利益。** 依法审理股东的知情权、利润分配请求权、请求确认董事会、股东会或者股东大会决议无效或撤销董事会、股东会或者股东大会决议等纠纷案件，维护各类投资主体的股东权益。加强对中小股东依法享有的表决权、知情权、利润分配请求权、优先购买权、监督权等权利的司法保护。依法处理涉董事、监事、高管诉讼，促使董事、监事、高管等主体依法勤勉履职。审慎处置股东、企业经营管理者等自然人和企业法人的财产，依法平等保护各方主体的合法权益。

19. **加强破产审判工作，完善市场主体救治和退出机制。** 进一步完善破产案件各项审理机制，充分保障债权人及其他利害关系人在破产程序中的合法权利。发挥破产预防和救治功能，对于暂时经营困难但是适应市场需要尚有发展潜力和经营价值的企业，综合运用重整、和解等手段进行拯救，促使企业恢复信用和活力，促进生产要素的优化组合和企业转型升级。对确实资不抵债的"僵尸企业"依法宣告破产。

20. **加强对虚假诉讼和恶意诉讼的审查力度，防止恶意利用诉讼打击竞争企业，破坏企业家信誉。** 在涉民间借贷、以物抵债等虚假诉讼高发领域的案件审理中，要适当加大依职权调查取证力度，依法查明事实；确属诉讼虚假的，依法不予受理。对虚假诉讼参与人，要依法采取罚款、拘留等民事强制措施予以制裁；虚假诉讼侵害企业家民事权益，受害人起诉要求侵权人承担赔偿责任的，应予支持；涉嫌刑事犯罪的，应当移送侦查机关。探索建立虚假诉讼失信人名单制度，有效防范和制裁针对企业家的恶意诉讼和虚假诉讼行为。

（五）努力实现企业家的胜诉权益

21. **综合运用各种强制执行措施，加快胜诉企业债权实现。**对有财产可供执行的案件，依法用好用足法定强制执行措施，加大执行力度，规范执行行为，确保有财产可供执行案件在法定期限内得到及时依法执行，努力兑现企业胜诉权益。对无财产可供执行，但符合破产条件的案件，及时通过执转破机制移送破产审查，发挥破产重整制度的拯救功能，努力使债权得到清偿或部分清偿。

22. **强化对失信被执行人的信用惩戒力度，推动完善让失信主体"一处失信、处处受限"的信用惩戒大格局。**积极推进市高院、市发改委等 46 部门签署的《关于加快推进本市失信被执行人信用监督、警示和惩戒机制建设的合作备忘录》落地见效，将失信被执行人名单嵌入各相关职能部门的业务系统中，系统拦截、自动反馈，全面实现"一处失信、处处受限"效果。

23. **营造鼓励创新、宽容失败的社会氛围。**建立严格的操作规程和审核纠错机制，对已经履行生效裁判文书义务或者申请人滥用失信被执行人名单的，及时依法依职权或依申请予以撤销、屏蔽。及时处理相应的执行异议与复议，确保失信被执行人名单信息准确规范。

（六）有效防范和切实纠正涉企业家产权冤错案件

24. **进一步加大涉企业家产权冤错案件的甄别纠正工作力度。**规范涉产权错案冤案的甄别程序，畅通申请再审及申诉渠道，及时立案、规范审查，完善询问方式，充分听取再审申请人及申诉人的意见，充分尊重、依法保障当事人的再审申请权及申诉权，切实发挥申诉审查、审判监督在发现和甄别涉产权错案冤案中的积极作用。

25. **坚决落实有错必纠的要求，从源头上、制度上有效防范冤错案件的**

发生。审慎把握司法政策，严守法定程序，对于涉企业家产权确有错误的生效裁判，要依法及时再审，尽快予以纠正。探索建立纠防结合工作机制，在做好产权错案冤案甄别和纠正工作的同时，要不断强化产权保护意识，规范审执行为，提升审判质效，从源头上预防冤假错案发生。

26. **公正高效审理涉及企业家的国家赔偿案件，准确适用国家赔偿法，依法保护企业家的国家赔偿权益。**企业家的合法权益因国家机关的违法行为造成损害的，应当依法决定赔偿义务机关承担国家赔偿责任。造成企业家人身损害的，应当决定赔偿义务机关支付相应的赔偿金；侵犯企业家人身权造成精神损害的，应当依法决定赔偿义务机关在侵权行为范围内，为受害人消除影响，恢复名誉，赔礼道歉，造成更严重后果的，依法决定支付相应的精神损害赔偿金。企业家的财产被非法查封、扣押、冻结的，应当决定及时解除相应的强制措施；企业家的财产受到其他非法侵害的，依法决定赔偿义务机关予以返还或者承担相应的赔偿责任。加大赔偿决定执行力度，确保企业家的国家赔偿权益及时实现。

（七）不断完善落实保障企业家合法权益的司法政策

27. **围绕上海工作大局，抓好涉企业家相关司法政策的落地生效。**发挥好法治的规范、引领、保障作用，主动服务保障上海自贸试验区、"一带一路"和"五个中心"等建设。对于已经出台的服务保障上海自贸区建设、科技创新中心、"一带一路"、长江经济带等专项工作意见，要切实抓好落实。对于需要出台其他保障措施，要及时制定完善，确保涉企业家的各项司法政策不断完善落实。

28. **进一步加快"智慧法院""数据法院"建设，强化涉企业家案件的调研工作。**充分利用信息技术，对接全国企业法人库，利用大数据分析系统自动识别涉企业家权益保护类案件，及时掌握、准确研判涉企业家案件的审判执行工作态势，深入研究、妥善解决涉企业家案件的审判执行疑难复杂问题，总结审判经验，健全裁判规则，为企业家创新创业提供行为规范和指引。加强涉新兴行业企业家案件的数据研究，充分运用现代技术搜集新兴行业所面对的各类疑难法律问题，积极听取企业家特别是从事互联网、新型金融等行业企业家的意见与建议，加强实务研究，及时回应新兴行业发展的现实需求，保护企业家创新创业，大力支持新兴行业发展。

29. 加强审判指引、司法公开和案例发布工作，统一相关案件裁判尺度。通过明确立案标准，细化庭审指引，完善送达规则，加强流程管理，强化对审判程序的制度约束，保障企业家程序性权利；通过推行流程公开、庭审公开、裁判文书公开等方式，强化对审判程序的监督，确保涉企业家案件适用程序的规范。加大发布依法保护企业家合法权益的典型案例工作力度，统一司法尺度和裁判标准，确保法律适用统一。及时总结加强产权保护的好经验、好做法，为完善相关司法政策积累实践素材。

（八）推动形成依法保障企业家合法权益的良好法治环境和社会氛围

30. 持续强化以案释法等法治宣传工作，营造公平、公正、透明、稳定的法治环境。结合案件审判和保护企业家合法权益的典型案例发布等工作，及时总结宣传一批上海法院有效保护企业家合法权益的好做法、好经验、好案例，大力宣传党和国家依法平等保护企业家合法权益弘扬优秀企业家精神的方针政策和法律法规，使平等、全面、依法保护产权的观念深入人心。增强企业家依法维护权益、依法经营的意识，提高企业家依法维护自身合法权益的意识和能力，积极引导企业家在经营活动中遵纪守法、诚实守信、公平竞争、恪尽责任，弘扬优秀企业家精神。落实"谁执法谁普法"普法责任制，深化与报刊、电视、广播等传统媒体及新型自媒体的合作，在栏目中突出优化营商环境主题和典型案例宣传，推动形成企业家健康成长良好法治环境和社会氛围。

31. 依法支持政府为营造良好企业家健康成长环境所进行的各项配套工作。依法支持各级政府转变政府职能、强化"放管服改革"、改善监管方式、优化政府服务。加强与相关行政机关的沟通交流，建立常态化的信息交流、共享机制，及时反馈案件审理中发现的与营造良好企业家健康成长环境体制机制相关的信息，及时向有关方面提出司法建议，促进政府治理机制完善。

三、工作要求

（一）统一思想，深化认识。全市法院要切实将中共中央、国务院关于营造企业家健康成长环境弘扬优秀企业家精神以及最高人民法院关于为企业家创新创业营造良好法治环境的决策部署贯穿到上海法院工作的方方面面。要立足审判执行工作实践，以高度的责任感和使命感，认真研究、主动作为，为营造企业家健康成长、创新创业环境提供更加优质的司法服务和有力的司法保障。

（二）分工协作，统筹推进。营造企业家创新创业良好法治环境事关全局，牵涉面广，涉及司法体制综合配套改革试点相关工作，是一项系统工程。既需要不同单位之间加强沟通配合，又需要法院内部不同部门之间密切分工协作，结合司法体制综合配套改革各项举措集成统筹推进。市高院成立司法服务保障企业家创新创业法治环境建设领导小组，指导协调全市法院推进此项工作。各级法院要在党组的领导下，积极沟通、努力作为、主动汇报、寻求支持；在法院党组领导下和院内各相关部门的分工合作、协同努力下，凝神聚力、共同推进，确保相关工作取得实效。

（三）真抓实干，重在落实。要认真执行《最高人民法院关于充分发挥审判职能作用 为企业家创新创业营造良好法治环境的通知》、《上海市高级人民法院关于贯彻落实〈上海市着力优化营商环境 加快构建开放型经济新体制行动方案〉的实施方案》和本《实施意见》，结合各自实际，根据重点任务分解表的要求，明确职责分工，加强条线指导，扎实探索推进，务求取得实效，确保服务保障企业家创新创业法治环境建设相关制度举措落地生效。

附件2：

以良善司法呵护企业家精神

罗培新*

近日，《上海市高级人民法院关于充分发挥审判职能作用　为企业家创新创业营造良好法治环境的实施意见》（下称《实施意见》）发布。**这是一份价值引领与技术理性完美契合的司法文件。**

企业家精神是社会最宝贵的资源。关于企业家作用的论断，最为精当者，当推"创新理论"之父——奥地利经济学家熊彼特。熊彼特认为，企业家是市场的中坚，创新的灵魂，他们能够在生产要素和生产条件之间，极为精巧地引入种种新的组合，实现创新性发展和迭代式变革。企业家精神（Entrepreneurship）因而成为了推动社会进步的不竭动力。

自古以来，我国的企业家群体灿若群星，共同谱写着中华文明的不朽篇章。

中共中央、国务院多次发文，明确要求为企业家营造健康成长环境，弘扬优秀企业家精神。正致力于建设全球科创中心和卓越城市的上海，更加需要企业家精神。

有鉴于此，《实施意见》指出，企业家是经济活动的重要主体，必须着力为企业家创新创业营造良好法治环境，增强企业家人身及财产财富安全感，稳定社会预期，使企业家安心经营、放心投资、专心创业。

见微知著，积沙成塔。司法裁判所承载的如此宏大的社会价值，是通过无数个案裁判来完成的。而其中，司法政策对裁判技术的引领极为关键。在这方面，《实施意见》的安排可谓精细，洋溢着价值引领下的技术理性。

首先，《实施意见》牢牢抓住关键领域，不惜笔墨，举重明轻。例如，《实施意见》要求"严格执行刑事法律和司法解释，坚决防止利用刑事手段干

---

* 罗培新，法学教授，博士生导师，上海市人民政府法制办公室党组成员、副主任。

344

预经济纠纷",对于法律界限不明、罪与非罪不清的,应当做有利于被告人的处理……又如,《实施意见》要求"审慎判断强制性规定导致民事法律行为无效与违背公序良俗的情形,对法律、行政法规规定应当办理批准、登记等手续生效的合同,允许当事人在判决前补办批准、登记手续的,尽量促使合同合法有效",此为促进交易之价值的维护,固为良善安排。

其次,《实施意见》要求守住公正底线,对于政府参与的合同项目,不能偏倚裁判,而要依法审理,保护企业家合法权益。《实施意见》要求依法妥善认定政府与企业签订的行政协议效力,依法公正审理行政允诺案件。对因招商引资、政府与社会资本合作等活动引发的纠纷,要切实维护行政相对人的合法权益。依法监督行政机关履行对企业的各项合法承诺。此种司法政策,对于时下正在普遍推行的公私合营项目(PPP),尤具指导意义。

第三,《实施意见》要求善用信用及信息化手段,以良法谋善治。强化对失信被执行人的信用惩戒力度,将失信被执行人名单嵌入各相关职能部门的业务系统中,系统拦截、自动反馈,推动完善让失信主体"一处失信、处处受限"的信用惩戒大格局。另外,充分利用信息技术,对接全国企业法人库,利用大数据分析系统自动识别涉企业家权益保护类案件,健全裁判规则,为企业家创新创业提供行为规范和指引……凡此种种,均为以技术理性实现价值引领的适例。

不谋万世者,不足谋一时;不谋全局者,不足谋一域。《实施意见》呵护的不仅是企业家群体,更是呵护社会进步之源泉。

(责任编辑:高佳运)

《上海审判实践》征稿启事

　　《上海审判实践》是由上海市高级人民法院主办的应用法学类刊物。为进一步提升《上海审判实践》的办刊质量，更好地服务法官执法办案，更好地汇聚法律共同体的真知灼见，进一步扩大刊物的社会影响力，自 2018 年 5 月起，《上海审判实践》将改版公开发行。在改版之际，本刊编辑部正式向全市法院系统及社会公开征稿，欢迎全市法院干部、法学理论界和司法实务界同仁惠赐佳作。

一、办刊宗旨

　　《上海审判实践》将秉持求真务实的原则，秉承兼容并蓄的风格，倡导实务研究，鼓励理论创新，传递"法律人共同的声音"，努力构筑法学理论界、司法实务界探索交流的实践与学术高地。刊物以季刊形式每年四辑公开出版。

二、栏目简介

　　1. 专稿：主要展示司法实务部门业务专家、权威学者等的理论研究佳作。

　　2. 专题策划：以相关法律热点为专题开展深入探讨，形成对热点问题的系统、全面解读。

　　3. 司法实务：主要展示对司法实践突出问题的深入分析与认真思考，突出文章的现实指导意义和实践参考价值。

　　4. 学术争鸣：主要展示专家学者、实务界精英对前沿理论问题的思考。

　　5. 司法大数据分析：以司法大数据为基础，梳理实践中的突出问题，深入剖析内在原因，探索解决路径。

　　6. 改革前沿：主要展示司法改革的内容、成效以及相关思考。

　　7. 案例精解：精选最高人民法院指导性案例、公报案例、上海法院精品案例等，进行深度解读。

8. 审判业务文件：对最高人民法院、上海市高级人民法院等发布的审判业务文件进行研究解读。

9. 审判答疑：对审判实务中的热点、难点，尤其是法律适用不统一问题，组织经验交流和总结答疑。

三、征稿要求

1. 字数：《上海审判实践》以稿件的学术水平及文稿质量作为辑录依据。普通稿件 8000—10000 字为宜，最多不超过 15000 字；案例分析 6000—7000 字为宜。

2. 稿件要求：《上海审判实践》编辑部拥有《上海审判实践》辑录作品的相关知识产权。来稿需未在任何纸质和电子媒介上发表过；译稿请同时寄送原文稿，并附作者或出版者的翻译书面授权许可；作者应保证对其作品具有著作权并不侵犯其他个人或组织的著作权。稿件需注明作者身份、联系方式和投稿栏目信息。

3. 格式要求（见附件）。

四、来稿方式

上海法院内部的稿件可通过《上海审判实践》投稿系统直接投送；其他稿件可以电子邮件方式发送至电子邮箱 zgshsfzk@163.com。同时，请寄送稿件纸质版至上海市高级人民法院《上海审判实践》编辑部，地址：上海市徐汇区肇嘉浜路 308 号。

五、辑录说明

1.《上海审判实践》公开出版发行后，"中国上海司法智库"微信公众号将作为其唯一电子版及电子增刊发布平台。除作者在来稿时声明保留外，则视为同意将《上海审判实践》投稿作品供"中国上海司法智库"微信公众号进行编辑推送。

2. "中国上海司法智库"微信公众号已发布的优秀原创作品，将择优辑录入《上海审判实践》；未辑录入《上海审判实践》的作品，也将择优以

《上海审判实践》电子增刊形式在"中国上海司法智库"微信公众号进行编辑推送。

3.《上海审判实践》及"中国上海司法智库"微信公众号上刊登的上海法院原创来稿，将录入上海法院调研工作考核系统。

《上海审判实践》辑录所有文章的转载、摘登、翻译和结集出版事宜，均须得到编辑部的书面许可。

上海市高级人民法院研究室

《上海审判实践》编辑部

2018年4月2日

请扫右侧二维码

即时关注《上海审判实践》网络版及电子增刊

发布平台

附：注释体例

来稿一般应有摘要及关键词，应做到"三统一"，即体例统一、数字用法统一和注释规范统一。

（一）本书提倡引用正式出版物，出版时间应精确到月；根据被引资料性质，可在作者姓名后加"主编"、"编译"、"编著"、"编选"等字样。

（二）文中注释一律采用脚注，全文连续注码，注码样式为：①②③等。

（三）非直接引用原文时，注释前加"参见"；非引用原始资料时，应注明"转引自"。

（四）数个注释引自同一资料时，注释体例为：前引①，哈耶克书，第48页。

（五）引文出自于同一资料相邻数页时，注释体例为：……，第67页以下。

（六）引用自己的作品时，请直接标明作者姓名，不要使用"拙文"等自谦词。

（七）具体注释体例：

1. 著作类

① 胡长清：《中国民法总论》，中国政法大学出版社 1997 年 12 月版，第 20 页。

2. 论文类

① 苏永钦：《私法自治中的国家强制》，载《中外法学》2001 年第 1 期。

3. 文集类

① ［美］J. 萨利斯：《想象的真理》，载［英］安东尼·弗卢等著：《西方哲学演讲录》，李超杰译，商务印书馆 2000 年 6 月版，第 112 页。

4. 译作类

① ［法］卢梭：《社会契约论》，何兆武译，商务印书馆 1980 年 2 月版，第 55 页。

5. 报纸类

① 刘均庸：《论反腐倡廉的二元机制》，载《法制日报》2004 年 1 月 3 日。

6. 古籍类

①《史记·秦始皇本纪》。

7. 辞书类

①《新英汉法律词典》，法律出版社 1998 年 1 月版，第 24 页。

8. 外文类

依从该文种注释习惯。

《上海审判实践》（网络版）目录

序号	栏目	题目	作者	责编
1	精品案例	全国首例证券支持投资者诉讼案	单素华 黄佩蕾	高佳运
2	司法改革	静安区法院庭审方式改革实战获人大代表点赞	上海市静安区人民法院	李岳 伍红梅
3	法官论坛	民事庭审方式改革的探索与思考	席建林	陈树森 高佳运
4	精品案例	从两起典型案例看网购消费者权益保护的法律途径	奚鹏	张心全 高佳运 俞小海 邓梦婷
5	司法改革	徐汇区法院积极探索家事审判方式改革 构建"专业化、人性化、社会化"家事审判新机制	上海市徐汇区人民法院	丁戈文 伍红梅
6	精品案例	虹口法院办理首例拒执罪自诉案件 助力破解"执行难"	上海市虹口区人民法院	毛译宇 顾全 陈树森
7	适法研究	新行诉法司法解释有关受案范围排除规定的精读	侯丹华 崔胜东	李岳 蔡一博
8	法律人说	庭审方式改革的目标与任务	章武生	陈树森 李瑞霞
9	司法改革	市二中院积极探索法官助理管理与培养机制 取得较好成效	上海市第二中级人民法院	李岳 伍红梅
10	智库笔记	案件权重系数是什么？靠谱吗？——五分钟让你读懂权重系数	孙慧	戴书龙 谢钧 丁戈文
11	精品案例	未成年人刑事责任年龄证据审查的原则	王建平	俞小海 牛晨光

序号	栏目	题 目	作者	责编	
12	适法研究	继承及婚姻家庭纠纷案件若干法律适用问题观点	上海市高级人民法院民一庭	余冬爱	高佳运
13	司法改革	闵行区法院探索完善法官业绩考核制度 为全面落实司法责任制夯实基础	上海市闵行区人民法院	李 岳	伍红梅
14	精品案例	网约车未取得营运资质擅自从事客运活动构成非法营运	王 岩	俞小海	牛晨光
15	法律人说	解读世界银行全球营商环境评估的法律要素,占55%权重的上海如何提高中国得分	罗培新	顾 全	高佳运
16	适法研究	商事审判实践若干程序与实体问题例评	俞 巍	高佳运	
17	司法改革	上海铁路运输法院以创新思维构建行政案件集中管辖改革配套机制	上海铁路运输法院	李 岳	伍红梅
18	精品案例	从本案看连带保证中权利主张方式、对象对诉讼时效、保证期间及保证责任的影响	范雯霞	俞小海 牛晨光	邓梦婷
19	法官论坛	审判庭专业建设和保障平台的建立	庞闻淙	顾 全	索 欣
20	适法研究	房屋确权与买卖、公房居住权纠纷案件若干法律适用问题观点	上海市高级人民法院民一庭	余冬爱	高佳运
21	司法改革	虹口区法院积极探索审判监督管理新机制	上海市虹口区人民法院课题组	李 岳	伍红梅
22	决策参考	司法保障生态文明建设相关问题研究	上海市奉贤区人民法院课题组、上海市崇明区人民法院课题组	顾 全	高佳运
23	适法研究	行政诉讼原告"合法权益条款"的理解与适用	孙焕焕	林俊华	高佳运
24	精品案例	网络游戏的整体画面可以作为类电影作品进行保护	叶菊芬	俞小海	牛晨光

图书在版编目(CIP)数据

上海审判实践.2018年.第1辑/郭伟清主编.——
上海:上海人民出版社,2018
ISBN 978-7-208-15144-4

Ⅰ.①上… Ⅱ.①郭… Ⅲ.①法院-审判-工作-研
究-上海 Ⅳ.①D926.22

中国版本图书馆 CIP 数据核字(2018)第 087814 号

责任编辑 秦 堃 夏红梅
封面设计 夏 芳

上海审判实践
(2018 年第 1 辑)
上海市高级人民法院 主办
郭伟清 主编

出　　版　上海人民出版社
　　　　　(200001　上海福建中路 193 号)
发　　行　上海人民出版社发行中心
印　　刷　上海商务联西印刷有限公司
开　　本　720×1000　1/16
印　　张　22.75
插　　页　2
字　　数　352,000
版　　次　2018 年 5 月第 1 版
印　　次　2018 年 5 月第 1 次印刷
ISBN 978-7-208-15144-4/D・3207
定　　价　75.00 元